MARKUS BEUTER

POWERLIFTING
TRAINING 2.0

**EINE EINFÜHRUNG IN DIE WICHTIGSTEN
PROGRAMME ALLER ZEITEN**

#1 Disclaimer

Sportwissenschaftliche und evidenzbasierte Erkenntnisse unterliegen einem stetigen Wandel. Die Inhalte dieses Werks wurden vom Autor auf Basis vertrauenswürdiger Quellen zum Zeitpunkt der Veröffentlichung erarbeitet.

Bevor man die physischen Aktivitäten in diesem Buch absolviert, sollte man seinen Arzt konsultieren. Alle Ratschläge in diesem Buch entbehren keiner präventiven Beratung durch einen studierten Mediziner oder zugelassenen Physiotherapeuten. Wer sich dazu entscheidet, schwere Gewichte mit seinen Händen zu heben, drücken oder auf dem Rücken zu beugen, sollte sich vorab medizinisch durchchecken lassen. Eventuell sollte man sich auch ein psychologisches Gutachten zur eigenen mentalen Verfassung einholen, da hier ziemlich verrückte Dinge mit Langhanteln gemacht werden.

#2 Copyright
White Hand Powerlifting & The Grinning Skull Logo
© Markus Beuter

Dieses Buch, mit sämtlichen Inhalten, darf nicht ohne schriftliche Genehmigung seitens des Autors vervielfältigt, verbreitet oder in jedweder Form gespeichert werden. Ich denke, wir verstehen uns.

Bibliografische Information der Deutschen Nationalbibliothek: Die Deutsche Nationalbibliothek verzeichnet diese Publikation in der Deutschen Nationalbibliografie; detaillierte bibliografische Daten sind im Internet über http://dnb.dnb.de abrufbar.

© 2022 Markus Beuter

Coverdesign: Viktoria Beirer
Autorenbild: Thorsten Wolff
Coverfoto: Anastase Maragos on Unsplash,

Herstellung und Verlag: BoD – Books on Demand, Norderstedt

ISBN: 9783755767046

Inhalt

Für Klarheit sorgen   11
Ein Wort zur zweiten Auflage   15

I. Powerlifting Training   16
Grundlagen   16
Allgemeines Anpassungssyndrom 17
Superkompensation 18
SRA-Kurve 20   *Neu*
Arten der Hypertrophie 29
SAID Prinzip 31
Spezifität 33
Progressive Überlastung 34
Ermüdungsmanagement 35
Individuelle Unterschiede 36

Trainingsvariablen   38
Intensität 39   *Neu*
  Beschreibung der Intensität: RPE & RIR 40   *Update*
  Intensität & Spezifität 41
  Intensität & Wiederholungsbereiche 43
  Intensität & Hypertrophie 45
  Maximalkrafttests 45
Volumen 47
Frequenz 49
Übungsauswahl 53
Übungsreihenfolge 55
Satzpausen 56
Kadenz & Time Under Tension 57

Periodisierungsmodelle 59
Lineare Periodisierung.. 63
Nicht-lineare Periodisierung............................... 65
Radikale Blockperiodisierung.............................. 67
Holistische Periodisierung................................. 68
Konjugierte Methode... 71
Wellenförmige Periodisierung............................. 74
Periodisierung für Anfänger, Geübte
& Fortgeschrittene... 76
Der Powerlifting Anfänger.................................. 84
Der geübte Powerlifter..................................... 85
Der fortgeschrittene Powerlifter........................ 88

II. Powerlifting Programme 93
Westside Barbell
Louie Simmons... 96
Reactive Training Systems
Mike Tuchscherer.. 113
Cube Method
Brandon Lilly... 135
10/20/Life
Brian Caroll.. 140
Base-Building
Paul Carter... 145
Sheiko Routine
Boris Sheiko.. 153
Smolov Routine
Sergey Smolov & Pavel Tsatsouline..................... 164
Squat Every Day &
The Bulgarian Method *revisited*
Abadschiew feat. Perryman & Broz..................... 171   *Update*
3 x 3 System
Stephan Korte.. 189

6 Week Strength Program Jonnie Candito...	199	*Update*
Destroy the Opposition Jamie Lewis...	205	
5/3/1 for Powerlifting & Beyond 5/3/1 Jim Wendler..	221	
20 Wochen Classic Vorbereitung Francesco Virzi...	234	*Update*
ProgrammingToWin2 Izzy Narvaez..	258	
Calgary Barbell 16 Week Program Bryce Krawczyk..	270	
The Prep – Build Your Total Simon Wetzel & Thomas Gajda.............................	294	*Update*

III. Daywalker Programme 304

Starting Strength Mark Rippetoe...	312	
Strong Lifts 5 x 5 Mehdi...	318	
5 x 5 Madcow..	321	
Texas Method Mark Rippetoes..	327	
5/3/1 Original Jim Wendler...	331	
The Juggernaut Method 2.0 Chad Wesley Smith..	337	
Grey Skull Linear Progression John Sheaffer...	341	
Westside For Skinny Bastards Joe DeFranco...	346	*Neu*

IV. Programme anpassen 370
Warm-Up 374 *Neu*
Nachbelastung 383 *Neu*
After Sets.. 383
AMRAP/Plus Sets... 383
Joker Sets.. 384
Back-Off Sets.. 385
Myo-Reps.. 386
Dynamic Effort... 386
Isometrics... 387
Vorteile und Möglichkeiten der
Nachbelastungsphase... 387

Organisation der Übungsreihenfolge 389 *Neu*
Strikte Trennung: Blocked Approach..................... 390
Supersätze... 393
Filler.. 393
Supersatz Oberkörper-Unterkörper........................ 398
Supersatz Einfach-Komplex................................... 398
Supersatz mit Vorermüdung.................................. 399
Supersatz mit Nachermüdung................................ 399
Supersatz mit Verbundübungen............................. 400
Supersatz mit Isolationsübungen........................... 400
Giant-Sets... 400
Antagonistische Supersätze.................................... 401
Supersätze nach der
Kontrastmethode: grinden vs. ballistisch............... 401
Supersätze als Zirkeltraining.................................. 403
Komplexes.. 404
Combos... 406
Kombinierte Übungen.. 406
Hub & Spoke Methode... 407

Kontakt 412
Quellen 414

Ehre, wem Ehre gebührt

Von Herzen gilt mein Dank
meiner Frau & unserer Tochter,
meinen Eltern,
Freunden & Trainingskameraden

Für Klarheit sorgen

Wenn ihr dieses Buch in erster Linie erworben habt, um möglichst schnell einen Überblick über die Grundlagen der Trainingsplanung und die Programmlandschaft des Powerliftings zu gewinnen, dann dürft ihr sofort auf Seite 16 weiterblättern.

Das folgende Intro dient lediglich dazu, euch meine Hintergründe für die Relevanz dieser Lektüre zu schildern. Ich lege alle Fakten dazu auf den Tisch, greife etwas zynisch, aber stets liebevoll, in die Psychotrickkiste und möchte euch davon überzeugen, dass ich es am Ende stets ehrlich mit euch gemeint habe.

Immer wenn sich jemand dazu entscheidet ein Buch zu schreiben, dürfen vorangestellte Zitate nicht fehlen. Ganz frappierend ist es bei deutschen Autoren, die einen Bildungshintergrund in Geisteswissenschaften vorzuweisen haben und dies mit belesenen Zitaten untermauern möchten. Oder sie verwenden hochgestelzte Begriffe wie "frappierend", um ihren Intellekt und ihre geschulte Rhetorik der Leserschaft zu demonstrieren.

Damit zwischen uns beiden während der Lektüre dieses Buches so wenig wie mögliche peinliche Momente entstehen, sag ich dir, wie es tatsächlich um mich, meinen Bildungshintergrund und das Verwenden von Zitaten, bestellt ist. Im realen Leben unterrichte ich als Lehrer an einer Gemeinschaftsschule in Baden-Württemberg, ungefähr 40 Kilometer südlich von Stuttgart. Auch wenn ich Sprach- und Geisteswissenschaften studiert habe, so bin ich einer von vielen, die beim Verwenden von Zitaten nur eines im Sinn haben: Angeberei. Da geht es mir doch nicht darum, dass eine Person des öffentlichen Lebens etwas besser formuliert hat, als ich es je könnte. Nein – ich will dir einfach nur zeigen, dass ich einer bin, der genau weiß, was andere einmal gesagt haben. Und wenn dieser Mensch zu alldem eine beeindruckende Persönlichkeit war oder noch ist, so färbt das doch auch etwas auf mich ab. Das sind ganz stumpfe, kleine menschliche

Motive. Jeder, auch ich, möchte sich doch so gut wie möglich darstellen und Eindruck schinden.

Zitate sollen unterhaltsam sein, Tiefe erzeugen und zum Nachdenken anregen. Diese beiden Eigenschaften vermisst man bei vielen Büchern, Artikeln oder Blogposts nur allzu oft. Also wertet man diese am besten mit passenden Zitaten auf. Wenn der Leser den genannten Urheber eines Zitates kennt, hat man ihn sofort auf seiner Seite, das erzeugt Augenhöhe. Sollte man den Zitatgeber nicht kennen, so darf man als Leser immerhin noch hoffen, an der Fortbildung durch den Autor teilhaben zu dürfen. So oder so, mit einem ausgewiesenen Zitat kann man nichts falsch machen. Wenn ich an neuen Artikeln schreibe, dann liebe ich es, Henry Rollins zu zitieren.

> *»The Iron never lies to you. You can walk outside and listen to all kinds of talk, get told that you're a god or a total bastard. The Iron will always kick you the real deal. The Iron is the great reference point, the all-knowing perspective giver. Always there like a beacon in the pitch black. I have found the Iron to be my greatest friend. It never freaks out on me, never runs. Friends may come and go. But two hundred pounds is always two hundred pounds«.*
>
> **Henry Rollins**[1]

Da geht doch jedem Kraftsportler sofort das Herz auf, selbst wenn man nur den ersten und den letzten Satz gelesen oder verstanden haben sollte. Wer Rollins nicht kennt, muss wissen, dass er seit Jahrzehnten in der Lage ist, eine beeindruckende körperliche Verfassung mit einem hochgradig reflektierten Geist und Unterhaltungstalent zu vereinen. Er war Sänger der einflussreichen Hardcore-Punk Band *Black Flag* in den 1980ern, Schauspieler, Schriftsteller, Fotograf und, im Rahmen seiner legendären *Spoken Word* Touren, weltweit unterwegs.

Ach ja, und er hegte schon immer eine Leidenschaft fürs Powerlifting, Tätowierungen und er lebt tatsächlich den Straight Edge Lifestyle. Eine Ikone für die Iron Community. Natürlich klingt sein Zitat absolut spannend und motivierend, erst recht, wenn man weiß, wer Henry Rollins ist. Selbiges Prinzip gilt auch bei den Programmen in diesem Buch. Wenn man die Personen im Hintergrund etwas besser kennt, hat das immensen Einfluss auf die Durchführung. Es macht einen Unterschied, ob das Programm X von einem Internet-Papst stammt oder von einem renommierten Strength Coach wie Mark Rippetoe oder Mike Tuchscherer. Die Autorität im Hintergrund spielt eine wichtige Rolle. Dieser Tatsache geschuldet, gibt es zu den meisten Autoren der Programme einen kurzen Abriss ihrer Biografie.

So, wir nähern uns dem Kernthema dieser Lektüre. Bei der Zusammenstellung und Analyse der Programme und Trainingssysteme bleibt kein Urheber ungenannt, sie stehen sogar im Inhaltsverzeichnis gleich unter ihren Werken. Sich mit fremden Federn zu schmücken wäre nicht nur falsch, sondern reduziert die Klarheit. Vieles, was ich im Laufe meiner eigenen Kraftsportlaufbahn zunächst geglaubt, recherchiert und versucht habe praktisch umzusetzen, ist gescheitert. Teilweise wusste ich zu wenig. Aber so geht es den meisten. Anstatt die Grundlagen zu verstehen, ballern wir sofort mit Trainingsprogrammen los, für die wir noch nicht bereit sind.

Das liegt zum einen daran, dass wir zu gierig sind. *Viel hilft viel* denken wir. Zum anderen täuschen uns die Schöpfer vieler Trainingsprogramme. Einige erfolgreiche Programme sind nur abgeänderte Varianten eines noch älteren Programmes, kommen aber in einem neuen, stylischen Format und in Verbindung mit einem charismatischen und erfolgreichen Athleten um die Ecke, und schon glauben wir, dass damit alles besser wird. Fast jeder schreibt vom anderen ab und hofft, dass er damit durchkommt. Und ich meine dies gar nicht despektierlich und frei von Ironie: Viele Programme sind sinnvolle und erfolgreiche Weiterentwicklungen bestehender Systeme. Das ist weder schlecht, noch unehrenhaft. Aber man muss darüber sprechen und die Basics verstehen.

Wie soll ich ein neues Programm, das großflächig gefeiert wird, beurteilen können, wenn ich die zugrundeliegenden Basics oder verwandte Programme nicht kenne? Wird schwierig werden. Schließlich will jeder auch etwas verkaufen und wird sich hüten, die Grundstruktur seines Systems bis ins kleinste Detail zu offenbaren und mit ähnlichen, älteren Systemen zu vergleichen. Kann ich verstehen. Würde ich aber nicht machen wollen.

Man erfindet im Kraftsport das Rad auch nicht mehr neu. Alles basiert auf Erkenntnissen, die schon vor vielen Jahrzehnten gewonnen wurden. Die aktuelle Forschung kann vieles einfach nur bestätigen, was schon vor dreißig oder vor über fünfzig Jahren erfolgreich in der Trainingspraxis umgesetzt wurde. Ungern möchte ich hier das Feld in wissenschaftlich und evidenzbasiert, praxisbasiert oder Bro Science aufteilen, das wird der Sache nicht gerecht.
Es ist aufregend, was die neuere Forschung mit Leuten wie (Namedropping!) Brad Schoenfeld, Mladen Jovanovic, Alan Aragon, Greg Nuckols, Eric Helms oder Mike Israetel von Renaissance Periodization im Bereich Kraft- und Muskelaufbau gerade erfährt und noch erfahren wird, da sind wir uns sicherlich einig.

Aber bevor wir uns von der Paralyse durch Analyse völlig lähmen lassen und kein Eisen mehr in die Hand nehmen, ohne dass wir dazu ein aktuelles Paper aus der Studie X gelesen haben, arbeiten wir mit dem, was es schon immer gab: Ein ganzer Haufen guter Programme, die es alle wert sind, mal ganz pragmatisch und die Lupe genommen zu werden – Studienlage hin oder her!
Lasst uns gemeinsam herausfinden, aus wessen Feder die Programme in diesem Buch stammen, wie sie funktionieren und für wen und wann sie geeignet sind.

Markus Beuter
Sommer 2020

Ein Wort zur zweiten Auflage

Seit dem Release von *Powerlifting Training* sind fast zwei Jahre vergangen und ich bin während dieser Zeit nicht müde geworden, ergänzendes und neues Material zu sichten und einzupflegen. Die Ergänzungen zu bereits bestehenden Kapiteln sind im Inhaltsverzeichnis mit *Update* gekennzeichnet – alle Neuerungen wurden mit dem originellen Stempel *Neu* versehen. Da ist mir nichts Besseres eingefallen.

In Unterscheidung zur Erstauflage sind im Wesentlichen drei neue aufschlussreiche Kapitel mit einem Umfang von gut neunzig Seiten entstanden. Die Grundlagen wurden um das ausführliche Kapitel **SRA-Kurve** ergänzt, deren Verständnis maßgeblich dazu beitragen kann, zu verstehen, wie Stress, Erholung und Anpassung aufeinander abgestimmt werden müssen, um starke Ergebnisse zu erzielen.

Die Daywalker Programme wurden um das bekannte **Westside for Skinny Bastards** von **Joe DeFranco** erweitert – man könnte es als den Paten für alles, was sich Powerbuilding nennen darf, bezeichnen.

Im letzten großen Kapitel erwartet dich unter der Überschrift **Programme anpassen** genau das, was hier verkündet wird: du kannst dein gewähltes Programm anpassen, was aber nichts mit einer Veränderung zu tun haben soll. Speziell die Parts des **Warm-Ups**, der **Nachbelastung** und die **Organisation der Übungsreihenfolge** sind bei den meisten Programmen absolut unterrepräsentiert und man weiß zu wenig darüber, wie sich diese drei Bereiche effizient und effektiv gestalten lassen – damit ist nun ein für alle Mal Schluss und es wird für Klarheit gesorgt.

Markus Beuter
Frühling 2022

I. Powerlifting Training
Grundlagen

Es gibt einen entscheidenden Faktor, wenn es darum geht, ob ein Powerlifting Programm funktioniert, oder eben nicht. Die Grundlagen, wie sie in diesem Kapitel definiert werden, sind nur ein untergeordneter Baustein. Der Hauptfaktor ist der Athlet selbst. Sogar ein nach allen Kriterien der Kunst gestaltetes Programm taugt nicht das Papier, auf dem es verfasst wurde, wenn der Athlet nicht die nötige Arbeitshaltung und Beständigkeit aufbringt, um in diesem unglaublich fordernden Sport des Powerliftings, die für ihn bestmöglichsten Ergebnisse, zu erzielen.

Umgekehrt gilt das Gleiche: Wenn ein Sportler absolut alles daransetzt, sein Ziel zu erreichen, dann wird das bis zu einem kritischen Zeitpunkt X auch mit einem miserablen Programm und widrigen Trainingsbedingungen möglich sein. Ausreden gibt es schließlich genug, manchmal muss man es eben einfach kompromisslos durchziehen.

Da man mit der Wahl des richtigen Programmes natürlich versucht, das Optimum herauszuholen, sollte eines klar sein: Die einzige Objektive eines Powerlifting Programmes ist es, Wettkampfleistungen zu verbessern.

Powerlifting Programme wurden nur für dieses eine Ziel geschaffen. Ihr Zweck liegt nicht darin, Muskelmasse aufzubauen oder Muskelgruppen zu definieren. Es ist nicht ihre Aufgabe, dich schneller zu machen oder deine Körperzusammensetzung zu verbessern. Diese Faktoren werden zwar bei bestimmten Programmen berücksichtigt und sind wünschenswerte Begleiterscheinungen, aber kein Primärziel. Du sollst in erster Linie mit ihrer Hilfe mehr Gewicht auf einem Wettkampf oder Testtag in den drei Disziplinen Kniebeugen, Bankdrücken und Kreuzheben, beugen, drücken und heben können.
That´s it!

Allgemeines Anpassungssyndrom

Sollte man hauptsächlich in der englischsprachigen Literatur zu Hause sein, kennt man das **AAS** unter der Bezeichnung **GAS General Adaption Syndrom**. Das klingt meiner Meinung nach etwas cooler, aber in der Kraftsport- und Fitnesswelt wimmelt es ohnehin schon von zu vielen Anglizismen. Das AAS ist ein Stress-Reaktionsmodell und basiert auf der Arbeit von Hans Selye[2]. Im Wesentlichen geht es darum, wie der Körper auf Stress reagiert und in der Lage ist, sich zu wehren und kurzfristig anzupassen. Ist ein Körper längere Zeit einem externen Stressor wie Hitze, Lärm, Hunger oder auch psychischer Belastung ausgesetzt, reagiert er mit einer kurzfristen Erhöhung der Widerstandskraft. Langfristig kann dies aber bei zu hohem Stress nicht aufrechterhalten werden und es folgen Schädigungen, Krankheiten oder sogar der Tod. Die Arbeit von Selye unterscheidet drei Phasen der Stressreaktion:

Alarmreaktion (alarm stage)
Die unmittelbare Anpassungsreaktion erfolgt mit Hilfe von Stresshormonen (Adrenalin, Noradrenalin, Cortisol), die es ermöglichen, Energiereserven zu mobilisieren. Erhöhte Aktivität und Leistungsbereitschaft sind die Folgen.

Widerstandsstadium (resistance stage)
Der Körper möchte nach der Alarmreaktion wieder den Zustand der Homöostase einleiten, versucht zu regenerieren und das aktuelle Stressniveau durch Beseitigung der stressauslösenden Reize zu reduzieren. Die Stresshormone aus Phase 1 werden abgebaut. Die Widerstandsphase kann aber nur begrenzt aufrechterhalten werden, wenn der Stressor bestehen bleibt. Die Leistungsbereitschaft ist bereits reduziert.

Erschöpfungsstadium (exhaustion stage)
Permanenten Stressreizen ausgesetzt zu sein fordert seinen Tribut und es kommt zu Schädigungen des gesamten Systems. Es treten Störungen auf kognitiver, muskulärer und emotionaler Ebene auf.

Die Denkweise ist verzerrt, Ängstlichkeit entsteht, die Leistungsbereitschaft sinkt und die gesamte Handlungsfähigkeit wird ineffektiv. Der Körper gerät schneller in den Alarmzustand, die Reaktion hierauf wird intensiver und die Phasen der Erholung dauern länger an. Stressinduzierte Krankheitsbilder können entstehen, z.B. Hautkrankheiten, Magen-Darm-Krankheiten, Burnout Syndrom, Depressionen, Rückenschmerzen und Bandscheibenprobleme sowie Schlafstörungen oder Übertraining.

Der Übertrag für das Krafttraining lässt sich einfach herleiten. Im Idealfall ist das Heben von schweren Gewichten ein Wechselspiel innerhalb der Alarmreaktion und des Widerstandsstadiums. Der Körper wird belastet, sowohl auf muskulärer Ebene durch Mikrotraumata in den Muskelfibrillen (Muskelkater), als auch auf neuraler Ebene durch eine Belastung des zentralen Nervensystems bei sehr schweren Gewichten (85% des 1RM und höher). Der Körper antwortet mit einer Reihe hormoneller Reaktionen um Stoffwechselprozesse in Gang zu setzen. Die Homöostase wird unterbrochen, der Stress wird als solcher erkannt und die daraus resultierenden Schäden müssen repariert werden. Durch Essen, Schlafen und Ruhezeiten zwischen den Trainingseinheiten können wir uns von diesem Stress erholen. Die Belohnung für das Durchlaufen dieses Prozesses ist eine fortgeschrittene Anpassung (Adaption): Wir sind stärker und muskulöser geworden.

Superkompensation

Das Modell der Superkompensation bezieht sich ebenfalls auf die Anpassung an äußere Reize bei sportlichem Training. In der Trainingslehre beschreibt es die Leistungssteigerung, die nach dem Training eintritt[3].
Die Superkompensation ist ein theoretisches, stark vereinfachtes Modell, das uns aber wunderbar dabei helfen kann, ein grundlegendes Verständnis für die Auswirkungen des Trainings zu entwickeln.

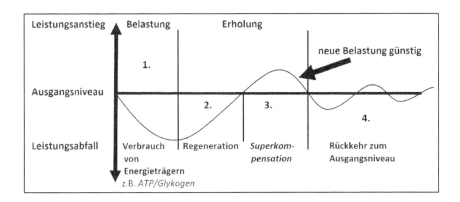

In der **ersten Phase** führt die Belastung (Training) zu einer Zerstörung der Homöostase. Die Linie in der Grafik[4] sinkt. Energiereserven werden entleert (ATP, Glykogen), die Muskulatur ermüdet und es entstehen die bekannten Mikrotraumata in den Muskelfibrillen.

Die **zweite Phase** zeigt die Regeneration, wobei die Linie in der Grafik wieder das Ausgangsniveau trifft. Energiespeicher füllen sich auf und das geschädigte Muskelgewebe erholt sich.

Die **dritte Phase** ist die Phase der Superkompensation, wobei die Linie in der Grafik das Ausgangsniveau sogar übersteigt. Der Körper bereitet sich auf eine erneute Belastung vor und wappnet sich sogar darüber hinaus, um erneute Schäden zu vermeiden.

Die **vierte Phase** ist die Phase der Reversibilität (Umkehrphase), wobei das Ausgangsniveau wieder erreicht wird und sogar unter dieses sinken kann. Wenn nun kein erneuter Reiz gesetzt wird, entsteht der sogenannte **Detraining Effect**, man könnte auch use-it-or-lose-it dazu sagen. Trainiert man zu selten, verliert man also seine Ergebnisse wieder und fängt bei null an. Wer wiederum zu früh, zu lange oder zu unverhältnismäßig intensiv trainiert und die Erholungsphasen vernachlässigt, wird ins Übertraining abrutschen und in einen katabolen (abbauenden) Zustand geraten.

In der neueren Forschung wird das seit den 1970er Jahren bestehende Modell kritisiert, was durchaus berechtigt ist. Die Erholzeiten sind für die unterschiedlichen Funktionssysteme auch unterschiedlich lang, somit kann man nicht von einem einzigen, isoliert betrachteten Zeitraum sprechen. Bei der Regeneration bezog man sich ursprünglich nur auf die aktiven Energiesysteme wie die Muskulatur. Für die Steigerung der sportlichen Leistung sind es aber gerade die passiven Strukturen wie Sehnen und Bänder, die sich anpassen müssen und die länger dafür brauchen als die Muskeln. Die spezifische Belastbarkeit über das Bindegewebe erfordert andere Anpassungszeiten, die man respektieren muss. Sehnenreizungen, Bänderrisse und ähnliche Verletzungen, können sonst die Folge sein. Im Powerlifting kommt diesen passiven Strukturen eine größere Bedeutung zu, als beispielsweise im Bodybuilding, was wiederum die Trainingsplanung vor andere Herausforderungen stellt.

SRA-Kurve

SRA steht für Stimulus-Recovery-Adaptation und beschreibt die Abfolge von Prozessen, die während und nach dem Training auftreten, eben jene Prozesse, die zur Verbesserung und Zunahme von Muskelmasse und Kraft führen. Es ist eine sportwissenschaftliche Ableitung des viel älteren und bereits erklärten Allgemeinen Adaptionssyndroms (GAS).

Stimulus
Der **Stimulus** ist die Phase, in der das eigentliche Training stattfindet. In dieser Zeit werden verschiedene mechanische und molekularbiologische Systeme in ihrer Leistungsfähigkeit geschwächt und eine Signalkaskade ausgelöst, die diese geschwächten Systeme auf die Erholung und Anpassung vorbereitet. Je nach Art der Belastung kann die Leistung auch noch Stunden und Tage nach dem eigentlichen Stimulus weiter abnehmen. Die funktionelle Muskulatur ist nach einem harten Training tagelang beeinträchtigt, da das Immunsystem und die Satellitenzellen geschädigte Muskelfasern reparieren, die in dieser Zeit teilweise nicht auf Aktivierung und Nutzung reagieren. Ähnliche Prozesse laufen auch im Nervensystem ab, so dass sich die Leistung der gesamten Bewegung über mehrere Stunden und Tage nach einem Training mit Überbelastung verschlechtern kann, bevor sie sich zu erholen beginnt[5].

Innerhalb der Anpassungsfähigkeit des Körpers führen Reize, die am stärksten stören und die Leistung am längsten beeinträchtigen, tendenziell auch zu den stärksten Anpassungen, aber der gesamte SRA-Zyklus dauert dann länger.

Recovery/Erholung

Unmittelbar nach der Reizung beginnen die Erholungssysteme, die homöostatischen Beeinträchtigungen zu reparieren und versuchen, die Leistung des Systems wieder auf ein normales Niveau zu bringen. Wenn die Störung sehr groß ist, kann es Stunden oder Tage dauern, bis einige Systemleistungen ihren Tiefpunkt erreicht haben und wieder auf das Ausgangsniveau ansteigen. Es ist sehr wichtig zu beachten, dass während dieser Zeit weitere Überlastungen die Leistung noch weiter stören können und werden. Wenn die zusätzliche Störung innerhalb der langfristigen Fähigkeit des Systems liegt sie zu überwinden, kann nach der Erholung eine noch größere Leistungssteigerung erreicht werden, was dem Prinzip des **Overreaching** entspricht. Wenn jedoch während der Erholung eine oder mehrere Überlastungen auftreten, deren Ausmaß die Systeme *nicht* bewältigen können, kann es zu einer unvollständigen Erholung mit geringer oder gar keiner Anpassung kommen[6].

Abgesehen von der gelegentlichen Anwendung geplanter Überlastungen bedeutet dies, dass auf ein Überlastungs-Training Ruhephasen oder ein Training ohne Überlastungen folgen sollten, um eine Störung der Erholung zu vermeiden.

Adaption/Anpassung

In dem Maße, wie die Erholung eintritt, erfolgt auch die Anpassung. Die Adaptation wird technisch als der Grad der Leistungssteigerung gegenüber dem Ausgangswert, bei dem der Reiz auftrat, gemessen. Tatsächlich kann die Anpassung unmittelbar nach Abschluss des Reizes oder kurz danach erfolgen und verläuft parallel zur Erholung, endet aber in der Regel nach der Erholung, da es ein physiologisch aufwändigerer und komplizierterer Prozess ist, neue Gewebestrukturen zu bilden oder vorhandene neu anzuordnen, um die

Leistungsfähigkeit zu verbessern. Es ist fast immer einfacher, ältere Leistungen wiederherzustellen als neue zu schaffen.

In der Zeit, in der die Anpassung stattfindet, können Überbelastungen den Anpassungsprozess direkt stören und den Gesamtanpassungsgrad, der durch den Stimulus erreicht wird, einschränken. Dies ist eine sehr wichtige Überlegung, denn sie impliziert, dass Training und Erholung außerhalb der funktionellen Überlastung in einer abgestimmten Weise strukturiert sein müssen. Insbesondere die Kombination von Reiz, Erholung und Anpassung macht das Paradigma "Training-Erholung-Training" erforderlich: Anstatt einfach wahllos in der Woche zu trainieren oder viel zu viel Training viel zu dicht aneinander zu reihen und dann die nächste Woche zu pausieren, schafft das SRA-Prinzip die Notwendigkeit, einen gezielten Reiz (Trainingseinheit) zu setzen und genügend Zeit für Überlastungsunterbrechungen (Erholung und Anpassung) einzuplanen, bevor der nächste Reiz (Trainingseinheit) gesetzt wird.

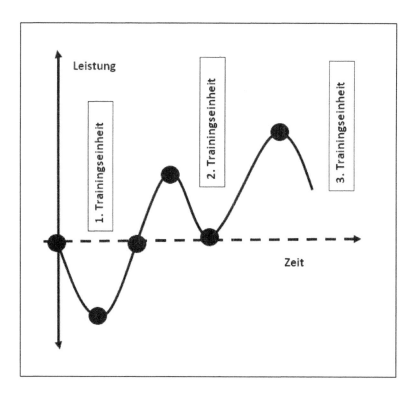

Anders ausgedrückt: Das Ziel des Trainings besteht darin, ein Programm so zu gestalten, dass die nächste Trainingseinheit auf dem adaptiven Höhepunkt der generierten SRA-Kurve der vorangegangenen Sitzung stattfindet, und so weiter und so fort – vergleiche dazu die Grafik auf der vorigen Seite.

Auf diese Weise lassen sich die schnellsten Verbesserungen erzielen, da die Anpassungen aufeinander aufbauen, ohne dass das Training zu früh erfolgt, um weitere Anpassungen zu stören, oder zu spät, um die erzielten Fortschritte unnötigerweise zu verlieren.

Ok, an diesem Punkt scheinen das AAS, die Superkompensation und die SRA-Kurve am Ende doch alles mehr oder weniger dasselbe zu erklären. Ja, da stimme ich zu – aber das SRA-Prinzip vermag darüber hinaus vier wesentliche Prozesse zu unterscheiden, die für das Powerlifting absolut wichtig sind zu verstehen.

Die 4 systemspezifischen SRA-Kurven

Jedes Mal, wenn ein Reiz dargeboten wird und eine Überlastung das System stört, wird eine SRA-Kurve (wie oben dargestellt) erzeugt. In Wirklichkeit handelt es sich bei einer SRA-Kurve lediglich um einen Durchschnittswert der verschiedenen SRA-Kurven, die bei jeder Trainingseinheit erzeugt werden. Jedes Mal, wenn eine Überlastung auftritt, erlebt jedes System seine eigene SRA-Kurve, und zwar auf einer anderen Zeitskala. Beim Krafttraining erzeugt jede harte Trainingseinheit mindestens vier verschiedene SRA-Kurven, die für diese Untersuchung von Bedeutung sind, wobei jede Kurve eine andere durchschnittliche Zeitspanne aufweist: **die Kurve für die technische Fähigkeit des Nervensystems (1), die Hypertrophiekurve (2), die Kurve für die Kraftentwicklung des Nervensystems (3) und die Kurve für die Faserausrichtung des Bindegewebes (4).**

(1) Technische Fähigkeiten des Nervensystems

Während einer Trainingseinheit erhält das Nervensystem viel Übung in der technischen Ausführung der Übungen. Sowohl das zentrale als auch das periphere Nervensystem sind an der Erzeugung der Abfolge von Muskelkontraktionen und -entspannungen beteiligt, die dazu führen, dass sich die Knochen in genau dem gewünschten Muster bewegen. Je mehr Übung eine Trainingseinheit zulässt, desto größer ist der Anreiz für technische Verbesserungen, aber desto mehr Ermüdung tritt auch auf und desto mehr bricht die Technik zusammen. Am Ende einer Trainingseinheit und noch Stunden danach ist die technische Ausführung schlechter als vor der Trainingseinheit. Innerhalb weniger Stunden nach der letzten Trainingseinheit führen Erholung und Anpassung jedoch zu einer Verbesserung der technischen Fähigkeiten. Bei den meisten menschlichen Bewegungen (und erst recht bei relativ einfachen Bewegungen wie dem Powerlifting) dauern die Anpassungsprozesse, die die Technik bestimmen, selten länger als einen Tag, und oft sogar noch viel kürzer. Daher gibt es in fast allen Sportarten ein mehrtägiges Techniktraining innerhalb einer Woche und oft auch mehrere Trainingseinheiten am selben Tag. Wenn wir nur die Hebetechnik verbessern wollten, könnten wir an fast jedem Tag der Woche mehrmals täglich trainieren. Wenn wir nur die Technik beibehalten wollten, würden mehrere Trainingseinheiten pro Woche ausreichen, vor allem, wenn die Technik gut etabliert ist. Aber natürlich geht es beim Powerlifting nicht nur um das Techniktraining, denn Hypertrophie und neurale Kraftproduktion sind mindestens gleichwertige, wenn nicht sogar wichtigere Anliegen.

(2) Die Hypertrophiekurve

Da der grundlegendste physiologische Faktor für die Kraft die Muskelgröße ist, ist die SRA-Dynamik für den Aufbau eines Krafttrainingsprogramms von großem Interesse. Während einer Trainingseinheit mit Überlastungen steigt der Muskelabbau an und die Muskelmasse geht verloren! Nach einer Trainingseinheit steigt die FSR-Kurve (fraktionierte synthetische Muskelwachstumsrate: die gemessene Rate des Muskelzuwachses im Körper[7]) jedoch in den Plus-Bereich und bleibt in der Regel mehrere Tage lang erhöht. Die Länge der SRA-Kurve für Muskelhypertrophie ist sehr unterschiedlich und hängt vom Grad der homöostatischen Störung, dem Fasertyp der Muskeln, dem Trainingsniveau der Person, ihrer Muskelgröße, der trainierten Muskelgruppe und verschiedenen anderen Faktoren ab. Diese Kurve wird jedoch in der Regel in Tagen gemessen, und wenn unser einziges Ziel darin bestünde, auf Muskelgröße zu trainieren, würden wir zwischen zwei und vier Mal pro Woche den Muskel überlasten. Es ist keine Ironie des Schicksals, dass die noch dünnen Anfänger, bei denen die technischen und hypertrophen Anpassungen den größten Unterschied ausmachen, die Heber sind, die scheinbar am meisten von der Programmierung mit der höchsten Frequenz profitieren. Erfahrenere Heber haben eine stabilere Technik und sind resistenter gegen Muskelwachstum (bereits hohes Maß an Muskelmasse) und müssen sich daher mehr auf die nächsten beiden Faktoren verlassen, um ihre Kraftdreikampf-Fähigkeiten zu verbessern.

(3) Kraftentwicklung durch das zentrale Nervensystem

Das Nervensystem hat hier zwei Funktionen, die für uns von Interesse sind. Die eine, bereits erwähnte, ist die Koordination von Muskelkontraktion und -entspannung in einer bestimmten Reihenfolge, um ein bestimmtes Bewegungsmuster zu entwickeln. Die andere Funktion, die es zu berücksichtigen gilt, ist das Ausmaß dieser Bewegung. Genauer gesagt, wie viel Kraft das Nervensystem den Muskeln signalisieren kann, um sie zu erzeugen. Dies ist eine Eigenschaft, die trainiert werden kann. Jedes Mal, wenn diese Fähigkeit des Nervensystems eine Überlastung erfährt folgt es der SRA-Kurve durch kurzfristige Depression, Erholung und Anpassung. Im Durchschnitt dauert die SRA-Kurve für die durch das Nervensystem vermittelte Kraftleistung etwa eine Woche, um den Höhepunkt der Anpassung zu erreichen, aber der Grad der Varianz scheint hoch zu sein, da stärkere Lifter SRA-Kurven haben, die wesentlich länger sind, bis zu zwei Wochen bei höheren Trainingsumfängen und -intensitäten. Wenn unser einziges Ziel darin bestünde, ausschließlich die Fähigkeit des Nervensystems zur Kraftproduktion zu verbessern, könnten wir nur einmal pro Woche oder sogar noch seltener eine Überlast realisieren. Equipment Lifter, die Überlastungen von mehr als 100 Prozent ihres RAW 1RM durchführen, tun genau das! Das Westside-System sieht vor, dass jede Muskelgruppe genau einmal pro Woche überlastet wird, was sehr sinnvoll ist, wenn man bedenkt, dass die Heber dort bereits über ein gutes technisches Können und Muskelmasse verfügen, die sie unterstützen.

(4) Faserausrichtung des Bindegewebes

Bei schwerem Training erleidet das Bindegewebe Schäden. Diese Schäden stimulieren Anpassungsprozesse, aber die Erholungszeit ist unglaublich lang, was zum Teil auf die schlecht durchblutete Struktur von Sehnen, Bändern und Knochen zurückzuführen ist. Die Reize der strukturellen Veränderungen des Bindegewebes können die Funktionsfähigkeit dieses Gewebes wochen- und monatelang beeinträchtigen, bevor die Erholung überhaupt eine Chance hat, sich zu erholen. Durch ein immer härteres Training werden vor allem die Sehnen immer weiter geschädigt, und nur in Phasen leichteren Trainings (Hypertrophie oder aktive Erholung) können Erholung und Superkompensation in bestmöglicher Geschwindigkeit erfolgen. Wenn wir nur für die Anpassung des Bindegewebes trainieren würden, könnten wir Wochen mit wahnsinnig schwerer Belastung mit Wochen fast ohne Belastung abwechseln. Die ultimative Veranschaulichung der Länge der SRA-Kurve ist in diesem Fall die Heilungszeit einer Stress-Fraktur (z.B. Sehnenentzündung), für die monatelang eine eingeschränkte Aktivität erforderlich ist[8].

Zusammengefasst

Jede Krafttrainingseinheit erzeugt immer individuelle SRA-Kurven für jede spezifische Kategorie aus den vier oben genannten Bereichen. Jede Trainingseinheit bewirkt eine gewisse technische Verbesserung, Hypertrophie, Verbesserung der Kraftproduktion des Nervensystems und Stärkung des Bindegewebes. Aber verschiedene Trainingsformen führen zu einer Erhöhung der Werte bestimmter Systeme, und zwar in folgender Weise:

Leichtes Techniktraining: Die technischen neuralen Anpassungen erfahren die größte Veränderung der Amplitude in der erzeugten SRA-Kurve, wodurch sowohl eine größere Ermüdung als auch eine größere Anpassung eintritt.

Hypertrophietraining: Ein hohes Trainingsvolumen im Hypertrophie-Intensitätsbereich stimuliert die SRA-Kurven des Muskelwachstums am stärksten, während andere Systeme weniger betroffen sind.

Krafttraining: Die Kurven des Nervensystems für die Kraftproduktion steigen am stärksten an, andere Qualitäten in geringerem Ausmaß.

Direkte Wettkampfvorbereitung: Das Training mit niedrigen Volumina bei einer Intensität von 90 Prozent und mehr hebt die technischen und kraftproduzierenden Kurven beträchtlich an, aber wahrscheinlich hebt es die Kurven für den Wiederaufbau des Bindegewebes am meisten an. Um nur für ein System zu trainieren und alle anderen zu ignorieren, müssen wir die nächste Trainingseinheit auf den adaptiven Höhepunkt der SRA-Kurve der letzten Trainingseinheit ausrichten.

Wenn wir nun darauf trainieren würden, dass die Ausprägung aller oben genannten Systeme gleichmäßig ist, könnten wir einfach den Durchschnitt der Dauern ermitteln, die alle vier systemspezifischen SRA-Kurven benötigen, um einen Spitzenwert zu erreichen und unser Training auf diese Spitzenwerte abstimmen.

Für den durchschnittlichen fortgeschrittenen Lifter könnte das dazu führen, dass er jede(n) Übung/Körperteil etwa alle 3-5 Tage trainiert[9]. Dies würde zu einer angemessenen allgemeinen Entwicklung aller Systeme führen, würde aber die Phasenpotenzierung verletzen (lies dazu das Kapitel über **Blocktraining**) und wäre daher nicht der beste Ansatz. Stattdessen können wir das Training so strukturieren, dass alle Systeme trainiert werden, aber bestimmte Systeme je nach den Erfordernissen der Trainingsphase vorrangig behandelt werden. Auf diese Weise können wir die Häufigkeit der Trainingsmaßnahmen so ausrichten, dass sie den phasenspezifischen Bedürfnissen besser entsprechen.

Für ein Training, das die **technische Entwicklung** und das Beibehalten maximiert, können wir unsere Trainingshäufigkeit auf eine kürzere Zeitspanne als die durchschnittliche SRA-Kurve für alle Systeme verlagern, die bei den meisten Sportlern zwischen täglichem und viermal wöchentlichem Training liegen kann.

Um den **Muskelzuwachs** zu maximieren (oder den Verlust beim Abnehmen/Reduktionsdiät zu verhindern), würden wir etwas seltener trainieren als bei einem technikdominierten Design, aber immer noch zwischen 2 und 4 Einheiten pro Woche für die einheitlichen Muskelgruppen der meisten Heber.

Das **Krafttraining** kommt mit 1-3 Einheiten pro Woche für die einheitlichen Muskelgruppen/Bewegungen dem SRA-Durchschnitt recht nahe. Leichte Trainingseinheiten können auch eingefügt werden, um das Ermüdungsmanagement zu verbessern und mehr hypertrophe und technische Anpassungen zu erhalten.

Die direkte **Wettkampfvorbereitung/Leistungsmaximum** mit den höchstmöglichen Intensitäten kann eine niedrigere Frequenz als die durchschnittliche SRA-Kurve des Gesamtsystems sein, aber nur geringfügig. Dies liegt daran, dass die SRA-Kurve des Gesamtsystems durch die unverhältnismäßig langen Bindegewebsumbaukurven so stark verzerrt ist. Das Training zur Erreichung von Spitzenwerten könnte nur einmal oder vielleicht zweimal für die einheitliche Bewegung/Muskulatur erfolgen, kann aber mit leichteren Einheiten unterbrochen werden, die die technische und hypertrophe Erhaltung fördern.

Bis jetzt haben wir alle Kurven berücksichtigt, mit Ausnahme derer des **Bindegewebes**. Glücklicherweise werden die SRA-Kurven des Bindegewebes nur durch das häufige schwere Training in den Kraft- und Spitzenbelastungsphasen absinken. Während der Hypertrophiephasen, der aktiven Pausen und der Entlastung aller Phasen versuchen die SRA-Kurven des Bindegewebes ihre Erholungs- und Anpassungsphasen zu durchlaufen. Die Anpassungen des

Bindegewebes dauern so lange, dass sie einen ganzen SRA-Zyklus über die Länge eines Meso- oder sogar Makrozyklus benötigen, während technische Systeme im anderen Extrem nur Stunden brauchen, um ihre SRA-Zyklen zu durchlaufen!

Train! Eat! Sleep! Repeat!
Hat man die Modelle des AAS, der Superkompensation und der SRA-Kurve(n) verinnerlicht, ergeben auch markige Sprüche und Mottos, wie »*Train! Eat! Sleep! Repeat!*« auf den T-Shirts, Kaffeetassen oder Profilbanner von Kraftsportfans, plötzlich Sinn. Ob wir es wussten oder nicht, aber genau dieser Ablauf beschreibt die vorhin dargelegten Modelle eigentlich ganz gut: Du trainierst (Stress), musst essen und schlafen (Wiederherstellung und Erholung), dein Körper hat sich angepasst (Adaption und Superkompensation), und wenn alles richtig dosiert und getimt war, bist du leistungsfähiger als zuvor. Nun wiederholst du diesen Prozess, immer wieder und wieder. Wie bereits erwähnt, ist dies sehr vereinfacht und eindimensional dargestellt, im Kern trifft es aber die Sache ganz gut.

Mit dieser simplen Vorannahme im Gedächtnis gehen wir im nachfolgenden Abschnitt eine Stufe weiter. Egal ob es sich um Powerlifting oder Bodybuilding handelt, beide Sportarten sind sehr spezifisch und verlangen, dass sich der Körper auf entsprechende Weise individuell anpasst.

Arten der Hypertrophie

Ohne die Details von Umkleidekabinen-Konversationen besprechen zu wollen, so komme ich nicht umher, zu konstatieren, dass ich schon vor Jahren zu hören bekam, dass es wohl einen Unterschied zwischen "Gewichtheber"- und "Pumper-Muskeln" gäbe. Da fielen gerne mal Worte wie *nicht wirklich stark, nur aufgepumpt, richtige Muskeln* und *nicht funktional*. Nun, es gibt tatsächlich zwei Arten der Hypertrophie, die durch unterschiedliche Trainingsreize provoziert werden können. Und es ist somit nicht verwunderlich, dass Wachstum sowohl durchs Pumpen, als auch durch schweres Heben ausgelöst werden kann.

Spoiler
Die nachfolgend beschriebenen Hypertrophiearten stellen die Extreme auf beiden Seiten eines breiten Spektrums an Mischformen dar. Es ist ein hypothetisches Modell, um die Prozesse voneinander zu trennen und zu erklären.

Sarkoplasmatische Hypertrophie
Diese Muskelquerschnittsverdickung wird durch Training mit hohen Wiederholungszahlen, kurzen Pausen und hohen Laktatwerten erreicht. Zatsiorsky & Kraemer beschreiben diesen Prozess[10] durch das Wachstum (Zunahme im Volumen) des **Sarkomerplasmas** (eine halbflüssige, interfibriläre Substanz) und **nichtkontraktiler Proteine.** Beide sind nicht an der direkten Kraftentwicklung des Muskels beteiligt. Schneidet man eine Muskelfaser quer durch, würde man sehen, dass sich der Muskelquerschnitt vergrößert hat, die Myofibrillen aber im Verhältnis weniger sind, da sie sich weder verändert, noch erhöht haben. Man denke wieder an das Beispiel des 130kg IFBB Bodybuilders, der im Vergleich zu einem 85kg Olympischen Gewichtheber gigantisch breit ist. Was die Fähigkeit zur Maximalkraft betrifft, ist der Gewichtheber aber deutlich effektiver.

Myofibrilläre Hypertrophie
Die Herren Zatsiorsky & Kraemer sind sich einig, dass dieser Vorgang genau das Gegenteil zum sarkoplasmatischen Modell beschreibt. Die Muskelfasern nehmen an Volumen zu. Diese Verdickung entsteht nun aber durch einen Zuwachs an Myofibrillen, sprich, mehr **Aktin- und Myosinverbindungen**. Diese sind besser bekannt als die **kontraktilen Elemente des Proteins**. Das sind die Elemente, die die Arbeit verrichten und Muskelkontraktionen erzeugen. Wenn die Filamentdichte zunimmt, steigert dies auch die Kraft, die ein Muskel erzeugen kann. Es entsteht somit bei geringerem Massezuwachs mehr Kraft.

Der 85kg Gewichtheber nimmt durch seine Art des Trainings im niedrigen Wiederholungsbereich mit hoher Intensität zwar konstant an Kraft zu, aber weniger an Gesamtmuskelmasse. Wäre das Gegenteil der Fall, würden Athleten, die stärker werden, in regelmäßigen Abständen in die nächst höheren Gewichtsklassen wechseln müssen.

SAID Prinzip

Versucht man das Akronym SAID (**S**pecific **A**daptations to **I**mposed **D**emands) aus dem Englischen zu übersetzen, würde es die **spezifische Anpassung an die gestellten Anforderungen** heißen.

Dieses Prinzip wird in erster Linie im Sport berücksichtigt, zum besseren Verständnis ziehe ich das Beispiel von Austin & Mann[11] heran: Stell dir einen Bauarbeiter vor, dessen Aufgabe neuerdings darin besteht, täglich mit einem 4-Kilo Vorschlaghammer Betonwände einzureißen. Wenn er nach Feierabend nach Hause kommt, ist er so fix und fertig, dass er nur noch auf seine Couch fallen kann und ohne zu duschen schlafen geht.

Drei Wochen später schwingt er denselben 4-Kilo Hammer, als hätte er nie etwas anderes gemacht. Nach Feierabend kann er sich wieder problemlos mit seinen Jungs zum Fußballspielen treffen. Wenn man ihm aber nun einen 6-Kilo Hammer für seine Tätigkeit in die Hand gibt, wird er nach dem ersten Tag wieder völlig abgekämpft abends auf die Couch fallen, bis er sich an den neuen Hammer gewöhnt hat. Sein Körper hat sich lediglich an den Stimulus des ersten Hammers gewöhnt. Der Hammer war eine Anforderung an seinen Körper, die zu einer spezifischen Anpassung in seinen Muskeln geführt hat. Sein Körper war noch nicht bereit, mit einem schwereren Hammer zu arbeiten.
Unser Körper versucht so effizient wie möglich mit seinen Ressourcen zu arbeiten. Er veranlasst den Arbeiter nur, sich an die gestellten Anforderungen anzupassen (4-Kilo Hammer), hat aber keinen Grund zusätzliche Energie für darüberhinausgehende Leistungen bereitzustellen. Erst wenn die neue Belastung eintritt (6-Kilo Hammer),

muss der Körper nachlegen und sich anpassen. Aber das dauert und funktioniert nicht von heute auf morgen.

So erklärt es sich auch, dass manche Fitnessstudio-Krieger, die beim Bankdrücken monate- oder jahrelang dieselben fünf Arbeitssätze mit acht Wiederholungen und 75kg Hantelgewicht absolvieren, keine Fortschritte mehr machen. Hier muss sich der Körper an nichts mehr anpassen. Erst wenn der Stress erhöht wird (dazu mehr im Kapitel **Trainingsvariablen**), können sich Verbesserungen einstellen.

Das SAID Prinzip kann sowohl **vertikal**, als auch **horizontal** verstanden werden. Vertikal, im Sinne einer ansteigenden Leistungskurve, bedeutet, wenn ich mich an 5x8 Wiederholungen und 75kg gewöhnt habe, bedeuten 5x8 Wiederholungen mit 80kg einen neuen Stimulus, an den ich mich anpassen muss. Ich spreche hierbei von einer Intensivierung innerhalb einer motorischen Aufgabe (z.B. Bankdrücken) durch die Erhöhung der Gewichtsbelastung.

Horizontal würde bedeuten, ich arbeite mehrere Wochen an einem Kraftausdauergerät, sagen wir ein Rudergerät, und bin nach sechs Wochen problemlos in der Lage, für 20min einem Widerstand von 400 Watt standzuhalten. Wechsle ich jetzt zu einem Crosstrainer, werde ich sehr wahrscheinlich große Probleme haben, dieselben 400 Watt leisten zu können. Mein Körper hat sich zwar an die 400 Watt für 20min gewöhnt, aber die Anpassung war spezifisch auf das Rudergerät ausgelegt. Der Crosstrainer hat ein völlig anderes Bewegungsmuster, welches mein Körper erstmal adaptieren muss. Wer kennt es nicht: Obwohl man monatelang regelmäßig intensiv joggen gegangen ist und Intervallsprints absolviert hat, bekommt man aber nach einer Mountainbike-Tour dennoch Muskelkater.

Das Powerlifting ist sehr spezifisch. Neben der Belastung an die Muskulatur, das zentrale Nervensystem und die passiven Strukturen, müssen motorische Muster verinnerlicht werden, um die Wettkampfübungen regelgerecht ausführen zu können. Auch im Bodybuilding spielt die Motorik eine spezielle Rolle. Versucht der

Powerlifter in erster Linie so viele Muskelgruppen wie möglich mit einzubeziehen, um möglichst effizient ein schweres Gewicht von Punkt A zu Punkt B zu bewegen, so versucht ein Bodybuilder gezielt einzelne Muskelgruppen anzusteuern, um dort den größtmöglichen Wachstumsimpuls (Hypertrophie) auszulösen.

Oder wie Dr. Christian Zippel es formuliert hat »*Je besser und erfolgreicher wir in Etwas werden wollen, desto öfter und exakter müssen wir genau dies auch ausführen.*«[12]

Spezifität, progressive Überlastung, Ermüdungsmanagement & individuelle Unterschiede

Das Fundament eines ordentlichen Powerlifting Trainingsplans sollte gemäß diesen vier Prinzipien gestaltet werden.

Spezifität
Schwere, korrekt ausgeführte Kniebeugen, Bankdrücken und Kreuzheben

Progressive Überlastung
Stetiges Steigern von Trainingsgewichten um sich daran anzupassen.

Ermüdungsmanagement
Ausgeglichene Planung der Trainings- und Erholungsphasen

Individuelle Unterschiede
Jeder Athlet reagiert unterschiedlich auf die gestellten Trainingsreize

Spezifität

Wenn wir im Powerlifting, entsprechend den Prinzipien des AAS (Allgemeinen Anpassungssyndrom), der Superkompensation und SAID, erfolgreich sein wollen, müssen wir auch trainieren wie ein Powerlifter. Das klingt jetzt banal, aber man verliert sich gerne in den Details und das Hauptziel fällt hinten vom Tisch runter. Wenn man sich für ein Programm entscheidet, welches nicht regelmäßig einfordert, dass man schwere Kniebeugen, Bankdrücken und Kreuzheben ausführt, dann ist dieses Programm vielleicht nicht spezifisch genug, um die entsprechende Adaption auszulösen.

SAID hat uns gezeigt, dass sich der Körper in erster Linie an den Stress anpasst, dem er ausgesetzt wird. Widmest du dich primär hohen Wiederholungszahlen, Cardio und dem Training an Maschinen, anstelle von Kniebeugen, Bankdrücken und Kreuzheben, erwarte bitte keine großartigen Ergebnisse im Powerlifting.

Spoiler!
Ich betone dies aus gutem Grund, da die in diesem Buch ebenfalls besprochenen **Daywalker Programme** nicht spezifisch genug sind, um optimale Resultate für das Powerlifting zu produzieren. Sie verbessern die allgemeine Kraft und somit auch deine drei Powerlifts, aber sie sind, wie der Name schon sagt, Programm, die eine gute Basis für Kraft und Muskelmasse schaffen sollen.

Progressive Überlastung

Der Stress, der durch das Training induziert wird, muss wiederholt und gesteigert werden. Hat sich unser Körper an eine bestimmte Dosierung angepasst, sind rückläufige Ergebnisse die Folge, wenn man diese Dosierung nur noch gelegentlich anwendet.

Zu einem bestimmten, nicht willkürlichen Zeitpunkt im Training, muss man mehr machen, als man zuvor gemacht hat, um neue

Ergebnisse zu erzielen. Der Körper muss regelmäßig und wohldosiert überlastet werden. Je weiter deine Anpassung fortgeschritten ist, desto größer muss die Dosierung ausfallen. Höhere Gewichte, mehr Arbeitssätze, mehr Gesamtvolumen und vor allem eine höhere Trainingsfrequenz, sind entscheidende Faktoren, das Stress-Erholung-Anpassung-Prinzip zu deinen Gunsten zu manipulieren.

Ermüdungsmanagement

Das Ermüdungsmanagement ist eng mit der progressiven Überlastung verbunden. Im Powerlifting, aber auch in anderen Kraftsportarten, ist alles stets nach dem Use-it-or-lose-it-Muster gestrickt: Wenn du weniger trainierst, wirst du deine Anpassungen verlieren. Wenn du eine spezifische Übung nicht ständig übst und verfeinerst, wird sich die Fähigkeit diese Übung effizient zu absolvieren, verlieren.

Wie bei der progressiven Überlastung erklärt, muss die Trainingsbelastung schrittweise erhöht werden. Ein fortgeschrittener Athlet benötigt einen höheren Trainings-aufwand, um sein Niveau halten zu können bzw. noch mehr Aufwand, um sich zu verbessern. Ein blutiger Anfänger könnte seine Kniebeugeleistung schon durch Intervallsprints auf einem Spinning-Bike verbessern, allein schon aus dem Grund, dass ein völlig unvorbereiteter Körper auf jede Art von Belastung, spezifisch oder nicht, zunächst mit einer Anpassung reagiert, die sein gesamtes System verbessert. Aber dieser Anfänger ist noch soweit am unteren Ende seines Leistungsspektrums, dass er sich von den Auswirkungen seines Trainings schnell erholt, da die Intensität noch sehr gering ausfällt. Ein Anfänger verdaut ein bis zwei Einheiten Kniebeugen pro Woche, mit der Hälfte seines Körpergewichts auf der Stange für 5er Serien, besser, als ein etablierter Athlet, der regelmäßig das Zweifache seines Körpergewichts für 3er Serien beugen muss.

Je höher die Leistung, desto höher der Stress, desto länger die Regeneration. Programmiert die Arbeitslast im Kreuzhebetraining zu hoch und ist für die nächsten sechs Tage unfähig, erneut schwer zu heben, setzt eventuell schon der Detraining Effect ein. Stress muss sinnvoll erzeugt und angehäuft werden, um zwischen zwei Einheiten die bestmögliche Regeneration zu erlangen, ohne dass zu viel Zeit verstreicht und ein unnötiger Detraining Effect einsetzt.

Das Ermüdungsmanagement eines Programmes muss es irgendwie schaffen, die optimale Dosierung (Stress) und den optimalen Zeitpunkt (Erholungsphase) für das Training zu vereinen. Sollte das Programm den Athleten unterfordern oder überfordern, sind Untertraining oder Übertraining die Folge.

Individuelle Unterschiede

Ein weit unterschätzter Faktor ist das Gesetz der individuellen Unterschiede[13]. Angesichts der Tatsache, dass es unzählige Faktoren gibt, die das Training beeinflussen, so wird auch jeder Athlet etwas unterschiedlich darauf reagieren. Selbstverständlich haben sich unsere menschlichen Körper alle nach demselben Bauplan entwickelt, aber dennoch bestehen genügend Unterschiede, die sich bemerkbar machen. Offensichtliche Unterschiede bestehen im Geschlecht, Proportionen, Körpergröße, Gewicht oder der jeweiligen Hormon- und Stoffwechselsituation. Ebenso zählt die Verletzungshistorie oder sonstige körperliche Einschränken dazu.

Übungsauswahl
Im Sport des Powerliftings kommt diesem Phänomen eine Schlüsselrolle zu. Wenn es um die Auswahl der Übungen geht, so sind wir hier limitierter, als beim Bodybuilding. Ein Powerlifter muss seine drei Disziplinen abliefern, er kann hierbei lediglich seine Technik innerhalb seiner Wettkampfübung den körperlichen Voraussetzungen anpassen. Beispielsweise kann er sich zwischen dem Sumo-Kreuzheben und dem Kreuzheben im konventionellen Stand entscheiden. Und auch hier gibt es für den jeweiligen Stand weitere technische Modifikationen, die die Hebelverhältnisse der individuellen Anatomie begünstigen. Tatsache ist aber, er muss Kreuzheben. Ähnlich

verhält es sich bei der Kniebeuge und beim Bankdrücken. Die Kniebeuge muss mit einer Langhantel in der Wettkampftechnik trainiert werden, Varianten sind natürlich möglich, aber nur als Ergänzungsübung. Ein Powerlifter muss ebenfalls mit einer Langhantel auf einer horizontal ausgerichteten Bank drücken, Varianten bei der Wahl der Langhantel (z.B. eine Swiss- oder Football Bar) oder des Neigungswinkels, sind ebenfalls nur als ergänzende Maßnahmen zu verwenden.

Ein Bodybuilder verwendet jede Übung als Mittel zum Zweck des optimalen Muskelaufbaus. Bei der Wahl seiner Grundübungen, die vorzugsweise aus eher komplexen Mehrgelenksübungen bestehen, ist er wesentlicher freier in seiner Entscheidung. Für die Maximierung seiner Oberschenkelmuskulatur steht ihm ein breites Arsenal an Übungen zur Verfügung, z.B. Olympische Kniebeugen (hohe Hantelablage), Powerlifting Kniebeugen (tiefere Hantelablage), Frontkniebeugen oder Safety Bar Squats. Was aber, wenn eine aktuelle Verletzung ihn dabei einschränkt, diese freien Langhantelkniebeugen auszuführen? Dann entscheidet er sich für geführte, aber dennoch anspruchsvolle Übungen, wie Hackenschmid Kniebeugen oder die Beinpresse. So einfach ist das.

Stress & Anpassung
Jeder benötigt ein unterschiedliches Maß an Trainingsvolumen, Arbeitslast, Intensität und Frequenz, um Fortschritte zu machen. Einige können hohe Intensitäten ertragen, müssen aber beim Volumen und der Frequenz Abstriche machen, oder eben umgekehrt (ausführlich dargelegt im Abschnitt **Trainingsvariablen**).

Ein Powerlifter hat zudem drei Baustellen, mit denen er zurechtkommen sollte. Er muss die neurale Belastung des zentralen Nervensystems bei Belastungen zwischen 85-100% des 1RM (1-5 Wiederholungen), die muskulären Schäden bei Wiederholungen zwischen 5-7 sowie den Verschleiß der passiven Strukturen durch wenig Abwechslung in den drei Wettkampfübungen, unter einen Hut bringen.

Pusht man sein Training zu hart in die eine oder andere Richtung, wird eines der Systeme (zentrales Nervensystem, Muskulatur, passive Strukturen) ausbrennen oder schlimmstenfalls nachhaltig geschädigt werden.

Das hört sich jetzt alles natürlich sehr vernünftig und logisch an, aber ich betone es aus gutem Grunde: die meisten s.g. Cookie Cutter Programme (dt. *Ausstechform*, wie beim Plätzchenteigbacken) ignorieren diesen Umstand der individuellen Unterschiede. Die weniger guten Programme drücken dem Anwender scheinbar kompromisslose Vorgaben auf, denen man Folge zu leisten hat. Wären sie ordentlich individualisiert, könnte man sie aber wohl nicht großangelegt an die Massen verkaufen. Es ist ein Marketingproblem. Man hätte dann auch kein Programm, sondern ein System. Diesen Umstand werden wir bei der Analyse der *Programme* in diesem Buch genau prüfen. Abschließend sei aber zur Versöhnung erwähnt, dass natürlich auch Cookie Cutter Programme ganz gut funktionieren, das darf ich vorab schon mal verraten. Würden sie das Gesetz der individuellen Unterschiede berücksichtigen, könnte man mit ihnen aber noch bessere Ergebnisse produzieren.

Trainingsvariablen

Das oberste Ziel eines guten Powerlifting Programmes liegt in der Verbesserung der Wettkampfleistung. Ein relevanter Faktor im Powerlifting ist die Perfektionierung der Übungstechnik. Der Unterschied zwischen einer guten und einer perfekten Technik kann beim RAW Bankdrücken den Unterschied zwischen 160kg und 175kg innerhalb derselben Gewichtsklasse ausmachen. Bei einem Anfänger hat dies sogar drastischere Auswirkungen. Zu Beginn einer Trainingslaufbahn ist es weniger ein Mangel an Kraft, sondern ein Defizit innerhalb der Motorik und der Fähigkeit, den Körper als Ganzes richtig einzusetzen. Diesen Bereich der Trainingslehre blende ich hier aber bewusst aus, da er mit der Programmierung der Trainingsplanung per se nichts zu tun hat.

Nachdem wir grundlegend besprochen haben, wie der Körper sich an die gestellten Anforderungen anzupassen versucht, gehen wir nun in die Details. In diesem Abschnitt besprechen wir die Trainingsvariablen, die wir korrekt manipulieren müssen, um den geschilderten Anforderungen gerecht zu werden.

Intensität

Die Intensität ist der primäre Bestimmungsfaktor für den Trainingseffekt. In Bezug auf das Powerlifting Training, beziehen sich meiner Meinung nach, und auch der von Mike Tuchscherer, die wichtigsten Überlegungen auf die Intensität:

> *»Ich habe schon oft gesagt, dass bei den meisten Kraftsportarten die Intensität der Parameter ist, der den größten Teil des Trainingseffekts bestimmt. Wenn das Ziel darin besteht, absolute Kraft zu entwickeln, sind bestimmte Intensitätswerte erforderlich. Wenn das Ziel darin besteht, Hypertrophie zu entwickeln, macht es auch wenig Sinn, mit sehr leichten Gewichten zu trainieren. Das Gewicht auf der Hantel - oder genauer gesagt die Anstrengung, die erforderlich ist, um die Hantel zu bewegen - bestimmt den größten Teil des Trainingserfolgs. Das Volumen bestimmt das Ausmaß dieses Effekts. Wenn man also mit einem Ziel trainiert - egal welchem - und nicht auf die Intensität achtet, ist die Wahrscheinlichkeit groß, dass man nicht den gewünschten Effekt erzielt.«*
>
> **Mike Tuchscherer**[14]

Wer sich hier noch wenig auskennt, dem sei erklärt, dass die Intensität sich nicht auf einen psychischen Zustand oder das Level deiner Anstrengung im Gym bezieht. Sprechen wir über Intensität in Verbindung mit Trainingsplanung, dann beschreibt die Intensität wie schwer deine Gewichte in Relation zu deinem **1-Wiederholungsmaximum (1-Repetition-Maximum)** sind, abgekürzt als **1RM** geschrieben. Das Limit an Intensität ist folgerichtig 100%. Liegt deine Leistung in der Kniebeuge für eine einzige, gerade noch so korrekt ausgeführte Wiederholung unter absoluter Anstrengung bei 100kg, ist dies dein aktuelles 1RM, sprich deine aktuellen 100% an Intensität. Führst du Trainingssätze mit 80kg im Beugen für mehrere Wiederholungen aus, liegt die relative Intensität dieser Sätze bei 80%. Soweit klar.

Beschreibung der Intensität: RPE & RIR

Diese beiden Kürzel stehen für **Rates of Perceived Exertion (RPE)** und **Reps in Reserve (RIR)**. Diese beiden Werte drücken das subjektive Empfinden der Anstrengung bei der Ausführung einer Wiederholung oder Wiederholungsserie (Satz) aus. Im Grunde sind beide Begriffe gegensätzlich zu interpretieren, was die folgende Tabelle ganz gut verdeutlichen kann. Mehr zu RPE findest du auch im Kapitel zum **Reactive Training System und Mike Tuchscherer**.

Rates of Perceived Exertion vs. Reps in Reserve

RPE	Alles unter 5 RPE/über 5 RIR interessiert nicht!	RIR
@5,5	War das zu einfach, um überhaupt als Hauptsatz zu gelten?	@4,5
@6	War das eher so leicht wie ein Aufwärmgewicht? Noch 4 Wdh möglich.	@4
@6,5	War dies ein grenzwertiges Aufwärmgewicht? Noch 3-4 Wdh möglich.	@3,5
@7	War das Tempo so schnell wie bei einem leichten Eröffnungsversuch? Noch 3 Wdh möglich.	@3
@7,5	Hättest du **vielleicht** noch **drei** Wiederholungen mehr machen können?	@2,5
@8	Hättest du **definitiv** noch **zwei** Wiederholungen mehr machen können?	@2
@8,5	Hättest du **vielleicht** noch **zwei** Wiederholungen mehr machen können?	@1,5
@9	Hättest du **definitiv** noch **eine** Wiederholung mehr machen können?	@1
@9,5	Hättest du **vielleicht** noch **eine** Wiederholung mehr machen können?	@0,5
@10	**Maximale Anstrengung 100%!** Mehr ist nicht zu schaffen! Muskelversagen und/oder technisches Versagen!	@0

Intensität & Spezifität

Bei der Arbeit im Bereich einer Intensität von 90% und höher, sind typische Arbeitssätze im Bereich von 1, 2 und höchstens noch 3 Wiederholungen, auszuführen. Diese Anforderungen haben hauptsächlich einen neuralen Trainingseffekt. Einfach ausgedrückt, dein zentrales Nervensystem verbessert seine Effektivität durch ein höheres Maß an muskulärer Rekrutierung. Zusätzlich wird die Koordination dieser Rekrutierung oder auch Aktivierung, die Leistungszuwächse in zukünftigen Situationen verbessern. Diese Trainingsform bezeichnet man auch als IK Training. **IK** steht hier für **intra**muskuläre **Koordination** und **inter**muskuläre **Koordination**.

Intramuskuläre Koordination[15] bezieht sich auf die Zusammenarbeit der Nerven und Muskelfasern in einem Muskel während eines gezielten Bewegungsablaufes. Es ist ein Wechselspiel von Nervensystem (Impulsgeber) und Skelettmuskulatur (Impulsempfänger), in Bezug auf Einsatz (was soll gemacht werden?) und Beanspruchungsgröße (wie schwer ist das?) der motorischen Einheiten (Muskelfasern).

Die **inter**muskuläre Koordination beschreibt die Zusammenarbeit verschiedener Muskeln bei einem bestimmten Bewegungsablauf.[16] Vorrangig geht es um das Zusammenspiel der ausführenden **Agonisten** und **Antagonisten**. Anschaulicher wird es, wenn wir uns einen Bizepscurl vorstellen. In der konzentrischen Phase (Verkürzung der Muskulatur/ Anheben des Gewichts) sind die Agonisten all diejenigen Muskelgruppen, die als Armbeuger vorgesehen sind: Bizeps, Brachialis und der Brachioradialis. In der exzentrischen Phase, wenn sich die Armbeuger unter Spannung wieder verlängern, dem Absenken, muss sich nun der Antagonist Trizeps verkürzen und kontrahieren, um eine ausgleichende Gegenspannung zu erzeugen.

Damit wir uns bei der Intensität und die damit einhergehenden Wiederholungsbereiche und Satzzahlen über dieselbe Bezugsnorm verständigen können, sei hier als ewiger Klassiker die Prilepin´s Table abgebildet[17]

Prilepin´s Table			
Work Intensity (%)	Repetitions per set	Optimal volume*	Volume range*
55-69	3-6	24	18-30
70-79	3-6	18	12-24
80-89	2-4	15	10-20
90+	1-2	7	4-10
*Gesamtwiederholungen pro Trainingseinheit			

Zusammenfassend merken wir uns, durch den Einsatz hoher Intensitäten, verbessert das IK Training die Aktivierung aller beteiligten Muskelfasern und Muskelgruppen.

Für das Powerlifting bedeutet dies, dass häufig, oder zumindest regelmäßig, Trainingszeit für diesen 90%+ Bereich in bestimmten Phasen deines Programms eingeplant werden muss.

Intensität & Wiederholungsbereiche

Wir alle kennen die klassische Einteilung der verschiedenen Kraftqualitäten Maximalkraft, Hypertrophie und Kraftausdauer. Das Wiederholungsspektrum bewegt sich von einem **neuralen Effekt (1-5Wdh)**, über die **Muskelhypertrophie (5-12)**, bis hin zu einem Effekt auf die muskuläre **Ausdauerleistung (12-25+)**. Sätze mit niedrigen Wiederholungen und hoher Intensität sind limitiert durch die Kraftproduktion, Sätze mit höheren Wiederholungszahlen sind wiederum abhängig von Stoffwechselprozessen wie der Entleerung von ATP, Laktatschwelle, Glykogenverbrauch, etc. Das äußere Ende dieses Spektrums ist für Powerlifter nicht allzu relevant, wenn aber auch nicht unwichtig.

Nachfolgend möchte ich mich auf die Gegenüberstellung der Muskelhypertrophie und der Muskelkraft beschränken, wie sie bei Zatsiorsky & Kraemer vorgenommen wird[18]:

Trainingspläne zur Entwicklung von Muskelhypertrophie oder Muskelkraft (neurale Faktoren)		
Trainingsvariable	Muskelhypertrophie	Muskelkraft (neurale Faktoren)
Zielstellung	Aktivierung und Ermüdung der einbezogenen Muskeln	Rekrutierung einer maximalen Anzahl motorischer Einheiten mit optimaler Entladefrequenz
Intensität (Wiederholungsmaximum)	Von 5-7 bis 10-12	1-5
Pausen zwischen den Sätzen	Kurz 1-2 min	Lang 2-5 min
Pause zwischen Trainingseinheiten, die auf die gleichen Muskelgruppen zielen	Lang 48-72 Stunden	Kurz 24-48 Stunden
Übungen in einer Trainingseinheit	3 oder weniger Muskelgruppen (Split-System)	Viele Muskelgruppen
Abwechseln von Übungen in einer Trainingseinheit	Übungen für eine Muskelgruppe können variieren, Übungen für verschiedene Muskelgruppen wechseln einander nicht ab	Empfehlenswert
Trainingsvolumen Last, Wiederholungen, Sätze	Größer 4-5mal	Geringer 4-5mal

Pauschal formuliert, würde tatsächlich so, oder so ähnlich in der Praxis aussehen, dass wir hohe Intensitäten mit niedrigem Volumen bei hoher Frequenz für die Kraft verwenden sollten. Für den Muskelaufbau hingegen moderate Intensität mit hohem Volumen und mäßiger Frequenz.

Intensität & Hypertrophie

Powerlifter trainieren auch in den niedrigeren Intensitätsbereichen, vermutlich aber nicht mit weniger als 75%, sieht man von ein paar Ausnahmen ab – dazu aber später mehr. Muskelhypertrophie ist ein notwendiger Bestandteil eines andauernden und konstanten Trainingsfortschritts. Es ist bis zu einem gewissen Punkt möglich, die Leistung durch Perfektionieren der Technik und neurale Effizienz zu steigern, aber irgendwann ist hier Schluss. Möchte man stärker werden, muss man einen größeren Motor bauen, sprich: man benötigt mehr Muskelmasse, um sein Kraftpotential zu erhöhen. Ein sinnvolles Powerlifting Programm arbeitet neben dem Maximalkraftbereich (90-100%) auch im moderaten Bereich von 75-85% und lässt den Athleten Arbeitssätze mit 4-8 Wiederholungen ausführen, um eine muskuläre Basis zu schaffen.

Maximalkrafttests

Das 1RM kann in drei Varianten eingeteilt werden:

Wettkampf Maximum

Nur unter Wettkampfbedingungen leistbar. Hohes Niveau an Erregung und Aufgeputscht sein. Höchstes Maß an Leistung möglich. Ein langer Vorbereitungszyklus wurde vorab durchgeführt, um die absolute Peak Performance zu erreichen. Manche sind hier besser, manche schlechter. Dieser Wert ist nur bedingt für die Trainingsplanung einsetzbar, da er bei guten Ergebnissen (starke Wettkampftypen) sehr hoch liegt. Für die Trainingsplanung müssen davon pauschal ca. 10 Prozent abgezogen werden.

Training Maximum

Höchstes Maß an Leistung unter Trainingsvoraussetzungen. Hohes Niveau an Erregung und Aufgeputscht sein. Alles wird passend gemacht: Timing, Musik, Helfer, Ablauf, etc. und man verwendet das bekannte Equipment in vertrauter Umgebung. Es gibt Trainingsweltmeister, die in dieser Komfortzone am besten performen. Für die Trainingsplanung entstehen hier aber meist recht verlässliche Werte. Nur sparsam austesten.

Tägliches Maximum (Every Day Maximum)

Das Every Day Maximum[I] beschreibt die Leistung, die man jederzeit vollbringen kann, ohne Vorbereitung, ohne Aufputschen und ohne harte Musik. Du gehst an einem x-beliebigen Tag ins Gym, wärmst dich auf und arbeitest dich auf dein Tagesmaximum hoch. Kein gequältes Hochkrüppeln bei RPE @10, eher im Bereich @8 bis maximal @9. Beinhaltet oftmals auch hohe Schwankungen in der Tagesform, bildet aber ein realistisches Bild der Tagesform ab.

Das 1RM testen - wozu?[19]

* Für prozentbasierte Programme sehr wichtig.
* Das 1RM beschreibt deine Kraft – es ist ein Indikator.
* Die Erhöhung des 1RM ist relevant, aber nicht Selbstzweck, sonst könnte man durchgehend mit linearer Periodisierung und 1er Wiederholungen arbeiten.
* Das 1RM ist keine objektive Größe, da sie von zu vielen Variablen abhängt und schwanken kann.
* Ein hohes Tagesmaximum resultiert in einer Verbesserung des Trainings- und Wettkampfmaximums.
* Das tägliche Maximum zeigt die **Entwicklung der Leistung** – das Training Max und das Wettkampf Max sind der **Ausdruck** bzw. die **Realisation dieser Leistung**.
* Kann man mit Push-Pull Faktoren vergleichen:
    Pull →Tägliches Maximum
    Push → Training Maximum, Wettkampf Maximum
* Die einzige Objektive sollte es ein, das Tagesmaximum zu fördern und nicht das Training Maximum zu pushen.
* Das tägliche Maximum liegt ca. bei 80-90% deines Training Maximums. Liegt dein tägliches Maximum zu dicht am

---

[I] Vgl. dazu das Kapitel **Squat Every Day – The Bulgarian Method Revisited** und S. 380 **Tagesmaximum (Every Day Maximum) ermitteln**

Training Maximum, besteht das Overshooting-Problem und du hypst dich zu hart beim Tagesmaximum.

Echter 1RM Test
Ein verlässlicher, sicherer Wert, der Goldstandard, der nicht umgerechnet werden muss. Ist aber sehr aufwendig und hinterlässt ein hohes Maß an Ermüdung (wenn man ein Wettkampf/Training Max plant) und kann nicht aus der laufenden Trainingswoche umgesetzt werden, ohne das weitere Training des Tages/der Woche zu stören. Alternativ dazu wäre das Tagesmaximum zu testen wesentlich milder.

Wiederholungstest
Wiederholungen bis zum technischen Versagen bei 2-5er Wiederholungen sind weniger aufwändig und weniger ermüdend für das zentrale Nervensystem. Das 1RM wird aus der Rep-Max-Formel oder der Load-Max Reps Table (S. 381) abgeleitet – keine perfekte Abbildung deines 1RM, aber eine sehr praktikable Option, die sich im Training einplanen lässt, ohne die gesamte Trainingswoche zu stören.

Keine Missverständnisse: You have to go heavy!
Man erhält, wofür man trainiert. Besteht dein Training nur aus 5er Wiederholungen, erhältst du einen netten Mix aus Kraft- und Muskelaufbau. Genaugenommen sind 5er Wdh weder optimal für den Kraftaufbau, noch für den Muskelaufbau. Es gibt durchaus viele nützliche Gründe, phasenweise im 5er Bereich zu trainieren. Aber permanent damit zu arbeiten ist ein klares Signal dafür, dass solch ein Programm nicht spezifisch genug für das Powerlifting ist. *Sorry! You have to go heavy, Bro!*

Volumen

Der Auszug aus Mike Tuchscherers Artikel im vorherigen Abschnitt **Intensität** bringt es auf den Punkt: Wenn die Intensität den

Trainingseffekt bestimmt, dann bestimmt das Volumen das Ausmaß dieses Effekts.

Denken wir nochmal an die Ausführungen im Kapitel **Allgemeines Anpassungssyndrom** und **Superkompensation** zurück. Setzen wir unsere helle Haut der Sonne aus, erhalten wir eventuell eine schicke Sommerbräune (Trainingseffekt). Verbringen wir eine Minute in der Sonne, ist das vermutlich zu wenig Zeit, um diesen Effekt zu provozieren. Es ist zu wenig Stress (**progressive Überlastung**), um sich daran anzupassen. Halten wir uns aber ungeschützt für zwei Stunden in der Sonne auf, lösen wir eine sehr akute Stressreaktion aus, die vermutlich zu aggressiv ist und wir ziehen uns einen sehr schlimmen Sonnenbrand zu. In diesem Fall war unser **Ermüdungsmanagement** fehlerhaft.

Zwischen diesen beiden Resultaten (kein Bräunungseffekt vs. Sonnenbrand) gibt es ein breites Spektrum an Möglichkeiten. Die Intensität kann hier nicht beeinflusst werden, da wir für dieses Beispiel einfach davon ausgehen, dass die Sonne um 12.00 Uhr in Mitteleuropa im August, bei wolkenlosem Himmel, stets gleich stark scheint. Also bleiben wir beim Sonnenbaden: 15min in der Sonne entspricht einem bestimmten Bräunungslevel. 30min in der Sonne entspricht einem weiteren, höheren Level. Die Zeit, die wir in der Sonne verbracht haben ist unser **Stressvolumen** und das Bräunungslevel ist das Ausmaß dieses Trainingseffekts.

Im Training können wir das Volumen auf verschiedene Arten definieren: **Die Anzahl der Gesamtwiederholungen** (*total number of reps*) – **Die Anzahl der Arbeitssätze** (*total number of sets*) – **Die bewältigte Gesamtlast** (*tonnage*)

Die Gesamtlast berechnet sich ganz simpel aus den verwendeten Trainingsgewichten, multipliziert mit den Sätzen und Wiederholungen:

180kg x 5 Sätze x 5 Wiederholungen pro Satz = 4500kg

Stark vereinfacht ausgedrückt lautet die Faustregel:
Je mehr Gesamtlast bewältigt wurde, desto größer fällt der zu erwartende Trainingseffekt aus. **Dementsprechend gilt gemäß dem AAS und der Superkompensation:** Je mehr Gesamtlast bewältigt wurde, desto länger muss die Regenerationsphase dauern, bevor man wieder dasselbe Training durchführen kann. Wie bei allen anderen Variablen auch, ist man versucht, immer die optimale Relation zwischen Stress, Reaktion und Adaption herbeizuführen.

Frequenz

Die Frequenz beschreibt die Anzahl der Trainingseinheiten, die man in einem bestimmten Zeitraum, in der Regel eine 7-Tage-Woche, absolviert. Sie kann auch die Häufigkeit bestimmter Übungen festlegen, die innerhalb z.B. dieser 7-Tage-Woche trainiert werden. Geht man von diesen Definitionen aus, wenn man von Frequenz spricht, kann man daraus eine Relation ableiten. Wenn du fünfmal die Woche trainierst und nur an einer Einheit Kniebeugen ausführst, machst du relativ wenig Kniebeugen im Verhältnis zu deiner Trainingshäufigkeit. Gehst du dreimal die Woche ins Gym und beugst an allen drei Tagen, dann hast du eine relativ hohe Frequenz an Kniebeugetraining gemäß deiner wöchentlichen Trainingsfrequenz. Selbiges Schema gilt für das Verhältnis von Oberkörper- zu Unterkörpertraining oder generell der Tatsache, wie oft du eine bestimmte Muskelgruppe innerhalb eines festgelegten Zeitraums trainierst. Du verstehst, worauf ich hinauswill?!

Volumen und Frequenz

Der verwirrende Faktor ist immer das **Verhältnis** von der **Dosierung** und dem zu erwartenden **Trainingseffekt**.
Die Grundannahme lautete, dass je höher das Volumen bei entsprechender Intensität ausfällt, desto größer ist der Trainingseffekt. Gleichzeitig gilt, dass je höher das Volumen ist, desto länger muss die Erholungsphase sein. Somit folgt die optimale Frequenz dem optimalen Volumen. Wenn du dein Trainingsvolumen steigerst, benötigst du also weniger Frequenz – und umgekehrt auch. Aber wie

dosiert man das Volumen sinnvoll, bevor man die Frequenz erhöhen kann?

Gehen wir zurück zur Bräunungs-Analogie. Je weniger du an die Sonne angepasst bist (hellhäutig und ungebräunt), desto weniger Zeit benötigst du in der Sonne, um dich an diesen Reiz anzupassen. Sonnst du dich länger als nötig, um eine Anpassungsreaktion zu erzielen, erhöht sich dein Sonnenbrandrisiko. Dein Ergebnis kann sich bei zu hohem und zu langen Sonnenbaden somit sogar verschlechtern. Im Training ist das Verhältnis von Volumen und positivem Trainingseffekt ebenfalls nicht linear. Viel hilft nicht immer viel. Ab einem gewissen Punkt im Training erhältst du von zusätzlichem Volumen keinen Nutzen mehr, der in Relation zum Aufwand steht. Sagen wir mal, du weißt, dass deine 1RM Kniebeugeleistung sich bei einem Schema von 5 Sätzen x 5 Wdh mit 180kg um 5kg verbessert hat. Verdoppelst du das Volumen auf 10 Sätze x 5 Wdh mit 180kg wird sich deine Verbesserung nicht ebenfalls auf 10kg verdoppeln lassen. Im Idealfall holst du 7,5kg raus.

Das Norwegische Frequenzprojekt NFP

Spätestens jetzt werden sich einige unter euch Lesern den Panikschweiß von der Stirn wischen, da bis Seite 35 noch von keiner Studie die Rede war. Da dürfen wir uns aber keinesfalls missverstehen: Nur weil ein Autor alle zwei Seiten aus Studien rezitiert, deutet dies nicht auf Allgemeingültigkeit hin.

Was genau ist dieses Norwegische Frequenzprojekt? Zunächst klingt es schon mal wahnsinnig cool. Würde es das *Saarländische Frequenzprojekt* heißen, hätte es international sicherlich nicht für Furore gesorgt. Wer sich in die Ergebnisse im norwegischen Original[20] einlesen möchte, sollte unbedingt die Übersetzungsfunktion seines Browsers nutzen. Norwegisch ist eine harte Sprache. Für weiterführende Informationen[21] von Leuten, die deutlich smarter sind als ich, reichen im Normalfall eure Englischkenntnisse aus der Mittelstufe, wobei es auch einen guten Artikel dazu auf Deutsch[22] gibt.

Kurze Zusammenfassung des NFP

Es wurden 27 trainierte Powerlifter des Norges Styrkeløftforbund (Norwegischer Powerliftingverband) für drei Monate in zwei Gruppen eingeteilt. Beide Gruppen hatten denselben Trainingsumfang bzw. dasselbe Trainingsvolumen. Die eine Gruppe teilte sich das Gesamtvolumen auf drei Trainingseinheiten auf, die andere Gruppe verteilte es auf sechs Trainingseinheiten. Um es abzukürzen, waren die Ergebnisse eindeutig. Die Athleten, die sechs Einheiten pro Woche absolvierten, verdoppelten ihre Fortschritte gegenüber ihrer Vergleichsgruppe, die dreimal pro Woche trainierte.

Natürlich handelt es sich nur um eine einzige Studie, die man für die Untermauerung der These, die Frequenz sei die entscheidende Variable im Training, herangezogen hat. Es hängt einiges vom jeweiligen Entwicklungsstand des Athleten ab. Anfänger müssen sich erst an die Intensität und an das Volumen gewöhnen, Frequenz spielt hier eine untergeordnete Rolle. Fortgeschrittene Athleten, die bereits schon sehr intensiv und mit hohen Arbeitsumfängen bzw. Volumen trainieren, haben folglich nur noch die Option, öfters zu trainieren. Intensität und Volumen sind nicht beliebig steigerbar. Es stellt keine Option dar, dreimal die Woche vier bis fünf Stunden mit Intensitäten von 90%+ zu trainieren. Aber sechsmal pro Woche 2,5 Stunden im selben Intensitätsbereich zu trainieren erscheint realistischer.

Die Volumen-Falle

Wenn wir uns zu sehr an diese genannte Faustregel klammern, fallen wir womöglich in die Volumen-Falle:

> *»Je mehr Gesamtlast bewältigt wurde, desto größer fällt der zu erwartende Trainingseffekt aus.«*

Annahme 1

Wie lange und wie oft wir als Athleten trainieren können, unterliegt praktischen Einschränkungen. Haben wir uns bereits an ein hohes Maß an Intensität und Volumen gewöhnt und führen die genannten

10x5x180kg in der Kniebeuge aus, um unser Niveau zu halten, ratet mal, was wir machen müssten, um weitere Fortschritte zu erzielen? Noch mehr Volumen! Es ist aber auch klar, 99 Prozent von uns sind keine hochprofessionellen Athleten. Keiner hat die Zeit, Energie, Willenskraft und Konzentration, täglich sechs bis acht Stunden im Kraftraum zu verbringen.

Annahme 2
Spring man zu früh auf den High-Volume-Train auf, opfert man eventuell langfristige Ergebnisse zu Gunsten von kurzfristigen Verbesserungen. Erhöhe ich mein Volumen schrittweise über mehrere Wochen und Monate von 5x5 auf 10x5, unterläuft mein Körper viele kleine Stress-Adaptions-Zyklen und ich kann diese gewachsene Leistungsfähigkeit aufrechterhalten ohne auszubrennen. Wenn ich aber innerhalb einer Woche mein Pensum total stumpf von 5x5 auf 10x5 verdopple, ist mein Körper mit einem einzigen Stress-Adaptions-Zyklus beschäftigt. Mehrere kleine Anpassungszyklen resultieren in einem besseren Gesamtergebnis, als ein gewaltiger Zyklus. Abgesehen davon ist es aus verletzungstechnischer Sicht ebenfalls sinnvoll, nicht mit kopflosen Hau-Ruck-Aktionen zu arbeiten. Eure Sehnen und Gelenke werden es euch danken.

Die optimale Frequenz?
…wird von deinem Gesamtvolumen und deiner benötigten Regenerationsphase bestimmt. Wir erreichen früher oder später einen Punkt, an dem das benötigte Pensum an Volumen zu zeitintensiv für eine einzelne Trainingseinheit sein wird. An diesem Punkt angekommen wird es nötig sein, die Arbeitslast auf zusätzliche Einheiten aufzuteilen. Auf diese Weise steigert man die Frequenz schrittweise in Relation zum Trainingsvolumen. Trainingseinheiten müssen immer im Kontext zur Erholungsphase ausgerichtet sein. Eine hundertprozentige Lösung wird es nicht geben. Aber wir können versuchen, einen erneuten Trainingsreiz immer dann zu setzen, wenn wir erholt und leistungsfähig sind, ohne zu lange oder zu kurz pausiert zu haben.

Weitere Variablen
Übungsauswahl, Übungsreihenfolge, Satzpausen, Kadenz & Time Under Tension

»Training: It´s simple, but not easy«

Dieses Zitat habe ich so oft gehört, ich kann es keinem Urheber mehr konkret zuordnen. Wolfgang Unsöld (YPSI) hat es bei Grappling Weltmeister Dean Lister aufgeschnappt[23] und ich habe dutzende Social Media Memes damit gesehen. Aber egal. Am Ende geht es darum, die Basisprinzipien sind für 99% der Trainierenden immer anzuwenden und funktionieren auch. *Trainingsplanung ist einfach, aber nicht leicht.*

Der Hauptunterschied, und damit meine ich die 1-Prozenter, besteht in einem genetischen, neuronalen oder mechanischen Vorteil. Diese Freaks sind durch besondere, angeborene Voraussetzungen, in der Lage, auch mit einem eher ungünstigen Programm, sehr gute Ergebnisse zu erzielen. Nicht immer sind diese Freaks diejenigen, die den Kraftsport dominieren. Gerne sind es diejenigen, die ohne intelligenten Trainer oder besondere Kenntnisse in Sachen Trainings- und Ernährungslehre, einfach ihr Training durchgeballert haben und es mit viel Freude und Motivation ganz easy auf ein recht hohes Niveau geschafft haben. Sie haben Talent. Es fiel ihnen immer leicht. Und wer immer gewinnt, der muss auch nicht viel umdenken und erst recht nichts Neues lernen. Aber früher oder später, wenn man an die Spitze will, entsteht der Turning Point: Bin ich bereit dazuzulernen oder begebe ich mich in die Obhut eines Trainers oder Mentors, der mir hilft, mich weiterzuentwickeln? Disziplin und intelligente Trainingsplanung wird sich gegenüber einer chaotischen Vorgehensweise, die sich auf Talent und Bauchgefühl stützt, immer durchsetzen.

Die weiteren Variablen sind, wie das oftmals so ist, nicht als absolut zu verstehen. Es kommt darauf an. Ein richtig oder falsch gibt es nicht, eher ein *was, für wen, wann* und *warum?* Man sollte sich aber dennoch darüber bewusst sein, dass dies erfolgsrelevante Faktoren sind, die sich genau bestimmen lassen und sich für bestimmte Ziele variieren und manipulieren lassen.

Übungsauswahl

Ist man sich über die grundlegenden Variablen Intensität, Volumen und Frequenz, einig geworden, geht es an die Auswahl der Übungen. Die Ziele diktieren die Auswahl der Übungen. Ein Bodybuilder strebt primär nach Muskelaufbau, die Wahl der Übung, die ihm dabei hilft, ist zweitrangig. Der Powerlifter muss größtenteils spezifisch an der Verbesserung seiner drei Wettkampfübungen arbeiten und ein Footballspieler muss explosiv und stark sein.
Verschiedene sportwissenschaftliche Modelle teilen die Übungen in bspw. Verbundübungen und Isolationsübungen ein, andere in Grund- und Hilfsübungen. Auch hier spielt die Sportart eine tragende Rolle. Powerlifter sprechen von **Hauptübungen** (main lift), **Assistenzübungen** (assistance lift) und **Ergänzungsübungen** (supplemental lift).

Wenn es um Sport im Allgemeinen geht, ist mir persönlich die Unterscheidung in **Mehrgelenksübungen (multi-joint exercises) Eingelenksübungen/Isolationsübungen (single-joint/isolation movements)**[24] unmissverständlicher. Sprünge, Reißen (Snatch), Umsetzen und Stoßen (Clean & Jerk), im Sinne des Olympischen Gewichthebens, beinhalten eine Extension im Sprung-, Knie- und Hüftgelenk und sind demnach mehrgelenkige Übungen. Richtige Eingelenksübungen arbeiten lediglich mit der Beugung und Strecken über ein Gelenk, wie z.B. der Bizepscurl. Dazwischen sind Übungen wie das Bankdrücken oder das Schulterdrücken als Zweigelenksübungen einzuordnen, da hier neben der Extension im Ellbogen, das Schultergelenk ebenfalls für die Ausführungen einbezogen wird.

Der Key Point liegt letztlich darin, zu verstehen, dass weder die eine, noch die andere Übung besser ist. Es geht immer um das Ziel, das man verfolgt. Im Rahmen einer sinnvollen Übungsauswahl muss das Ziel klar definiert sein. Wenn das Ziel in der Verbesserung der Kniebeuge liegt, muss als Hauptübung eben das Kniebeugen ausgewählt werden und nicht das Beinpressen oder die Beinstreckermaschine. Möchte der Athlet seine Kraft allgemein verbessern, bieten Mehrgelenksübungen ein höheres Steigerungspotential als Isolationsübungen. Je mehr Muskelgruppen innerhalb einer Bewegung zusammenarbeiten müssen, desto mehr Kraft kann erzeugt werden. Wer 200kg mit einer Langhantel beugen kann, der wird diese 200kg nicht am Beinstrecker ausführen können.

Aus praktischer Sicht hat es sich bewährt, die komplexen Grundübungen auf den Beginn einer Trainingseinheit zu legen, da diese mehr Koordination und Konzentration fordern, als die simpleren Isolationsübungen. Dies optimiert die Kraftentfaltung und reduziert das Verletzungsrisiko.

Übungsreihenfolge

Hinweis: Im Kapitel **Organisation der Übungsreihenfolge** (S. 390) finden sich ausführlichere Erklärungen und Beispiele dazu.

Im Krafttraining werden Grundübungen vor Hilfsübungen ausgeführt. Die Annahme, die diesem Vorgehen zu Grunde liegt ist logisch: Wenn alle Muskelgruppen noch frisch sind, können sie gemeinsam höhere Gewichte bewältigen, was wiederum den Kraft- und den Muskelaufbau bevorteilt. Führt man Hilfs- und Isolationsübungen zu Beginn aus, reduziert dies das potentielle Gewicht, welches für nachfolgende Grundübungen verwendet werden kann und erhöht eventuell das Risiko einer Verletzung.

Eine Ausnahme dieser klassischen Planung ist das Prinzip der Vorermüdung im Bodybuilding. Hier wird eine Isolationsübung ausgeführt (Butterflymaschine) und direkt im Anschluss eine komplexere Grundübung (Bankdrücken) absolviert. Der Hintergedanke liegt darin, die Zielmuskulatur (Agonist: Brustmuskel) gezielt zu erschöpfen ohne dass die beteiligte Hilfsmuskulatur (Synergist: Trizeps) der limitierende Faktor wird. Wenn das Bankdrücken bei mittlerer Griffweite eingeschränkt wird, weil der Trizeps noch vor der Brustmuskulatur schlapp macht, so kann man durch gezielte Vorermüdung der Brustmuskulatur das Kraftniveau beider Muskelgruppen zu Gunsten des Trizepses nivellieren.

Trainiert man nach einem Ganzkörperprogramm und führt pro Muskelgruppe eine Übung durch, beginnt man mit den großen Muskelpartien wie den Beinen, Rücken oder der Brustmuskulatur. Kleinere Muskelgruppen wie Bizeps oder Trizeps werden am Ende eingeplant. Der Grund ist derselbe, wie zuvor: Größere Muskelgruppen werden vor Einsetzen des Muskelversagen trainiert.

Satzpausen

Ich sage es euch in Zeiten der evidenzbasierten Trainingswissenschaft nur ungern, aber mit einem gewissen Maß an persönlicher Genugtuung: Die Bro Science hatte nicht ganz unrecht. Zwischen sehr schweren Sätzen mit hohem Gewicht und geringen, einstelligen Wiederholungszahlen, hat man sich gerne mal fünf Minuten Pause gegönnt, weil es nötig war. Wohingegen man ein strapazierendes Pumpertraining mit 10-25 Wdh so zügig wie möglich durchgepeitscht hat, um es endlich hinter sich zu haben. Die oben aufgeführte **Grafik** *Trainingspläne zur Entwicklung von Muskelhypertrophie oder Muskelkraft* bestätigt dies im Grunde auch (1-2min vs. 2-5min).

Die Wissenschaft dahinter liefert die Erklärung dazu. Maximal- und Schnellkraft gewinnt seine Energie aus dem anaeroben Stoffwechsel Adenosintriphosphat + Kreatinphosphat. Ohne hier den Grundkurs Chemie in der Oberstufe aufarbeiten zu wollen, merken wir uns, dass dieses System mehr als drei Minuten benötigt, um den verbrauchten Vorrat wiederherzustellen. Somit empfiehlt sich bei Maximalkrafttraining eine Pause von 3-5 Minuten.

Bei einem bodybuildinglastigen Training liegt der traditionell empfohlene Wiederholungsbereich bei 8-12, hierbei sind entsprechend kürzere Satzpausen besonders lohnenswert (bis 3min).

Noch wissenschaftlicher? OK! Gemäß William J. Kraemer[25] sind bei einem Widerstand von weniger als 5RM mehr als 5min Pause einzulegen. Bei einem 5-7RM seien es noch 3-5min, ein 8-10RM entspräche noch 2-3min, ein 11-13RM gut 1-2min und bei einem 13RM oder höher, genügen 1min.
Diese Richtwerte sollen garantieren, dass zu Beginn des Folgesatzes die Erschöpfung auf einem Minimum gehalten wird und die Kraft maximal abgerufen werden kann.

Kadenz & Time Under Tension TUT

Wie so oft, gibt es unterschiedliche Ansichten darüber, mit welchen Kadenzen man am besten arbeiten soll. Grundsätzlich ist es zunächst mal wichtig, sich darüber verständigen zu können und genau zu wissen, was die Kadenz überhaupt beschreibt

Die Kadenz[26] unterteilt eine Wiederholung in vier Bereiche und beschreibt diese mit ebenfalls vier Zahlen, die für Sekunden stehen. Für unser Beispiel wählen wir die hypothetische Kombination:

3 – 0 – 2 – 1

Die erste **Zahl 3** steht für die negative Phase (exzentrisch). In der Regel ist dies das Absenken oder Herablassen eines freien Gewichts, z.B. das Absenken der Langhantel auf die Brust beim Bankdrücken oder das Beugen vom Stand in die Hocke beim Kniebeugen. Achtung bei Kabelübungen: Beim Latpull ist das Herablassen nach oben gerichtet, ebenso bei Klimmzügen. In unserem Beispiel wird das Gewicht drei Sekunden lang abgelassen.
Die zweite **Zahl 0** beschreibt die Verweildauer am untersten Punkt (Endposition/exzentrischer Umkehrpunkt). Hier ist in der Regel die Spannung am höchsten. In unserem Beispiel befindet sich die

Langhantel also jetzt auf der Brust bzw. bei der Kniebeuge ist der Athlet am tiefsten Punkt der Hocke.

Die folgenden **Zahl 2** steht für die positive Phase (konzentrisch). Darunter versteht man bei freien Gewichten die Aufwärts- oder Hebebewegung, z.B. das Drücken der Hantel von der Brust bis zur vollständigen Streckung der Arme. Auch hier wieder: Bei Kabelübungen und Klimmzügen gilt teilweise ein vertauschtes Prinzip.

Die letzte **Ziffer 1** definiert die Verweildauer am obersten Punkt (Startposition/konzentrischer Umkehrpunkt). Hier findet normalerweise eine Entlastung, oder zumindest die geringste Belastung, statt.

Die **Time Under Tension** (TUT/Zeit unter Spannung) fasst nun die Gesamtzeit eines Arbeitssatzes zusammen und gibt Auskunft darüber, wie lange der Muskel seine Arbeit verrichten muss. Bei unserem Beispiel für die Kadenz 3-0-2-1 würde eine Wiederholung insgesamt sechs Sekunden dauern. Bei 10 Wiederholungen wären es dann sechzig Sekunden. Gemäß den Brüdern Alexander und Andreas Pürzel liegen die Empfehlungen für die TUT wie folgt:[27]

* **TUT für Maximalkraft bzw. maximale Spannung**
  ca. 5-15 Sekunden
* **TUT für maximale Schäden (Hypertrophie)**
  ca. 15-40 Sekunden
* **TUT für maximale metabolische Belastung (Hypertrophie)**
  ca. 40-90 Sekunden.

Aus diesen Angaben leiten sich die jeweiligen Wiederholungszahlen für die Sätze ab. Gemäß den Pürzel Bros. ist eine maximale konzentrische Geschwindigkeit sowohl für Hypertrophie, als auch Maximalkraft, zielführend. Dementsprechend kann die dritte Zahl nach dem Kadenzschema gerne mal als »X« gekennzeichnet sein, da man davon ausgeht, diesen Teil der Bewegung mit maximalem Tempo auszuführen.

Anstelle des hypothetischen Beispiels auf Seite 42 (3-0-2-1), verwenden Alex und Andi eine praxisnahe Kadenz von 2-0-X-0. Vorsicht: Die Kadenz ist immer der planerische Idealfall. Bei einer echten Kniebeuge würde die exzentrische Phase wie geplant 2 Sekunden dauern, der exzentrische Umkehrpunkt (0) tatsächlich 0,5 Sekunden und die mit X angegebene konzentrische Phase in der Realität auch 0,5 Sekunden. Somit dauert eine Wiederholung mit einem 2-0-X-0 Schema trotzdem ca. 3 Sekunden. Diesen Umstand muss man im Kopf berücksichtigen. Es besteht immer eine leichte Diskrepanz zwischen der idealen Kadenz und der mechanischen Umsetzung des Athleten. Geht man vom Beispiel der Pürzels[28] aus, ergibt sich aus der TUT und der Kadenz (2-0-X-0) folgende Planungshilfe:

* **Maximalkraft bzw. maximale Spannung**
  2-5 Wiederholungen
* **Maximale Schäden (Hypertrophie)**
  5-12 Wiederholungen
* **Maximale metabolische Belastung (Hypertrophie)**
  12-35 Wiederholungen

Periodisierungsmodelle

»Strength is never a weakness!«
Mark Bell

Kraft ist niemals eine Schwäche – dieser Aussage lässt sich vorbehaltlos zustimmen. Davon kann man nie zu viel haben. Ich bin der festen Überzeugung, wenn ein 80kg schwerer Mann 140kg Kniebeugen für 3 Wiederholungen schafft, dann ist er recht stark. Wenn man diesem Mann zeigt, wie er innerhalb eines Jahres 160kg für 5 Wiederholungen bewältigen kann, dann meine Damen und Herren, wird er dieses Angebot sicherlich nicht ablehnen, denn stärker heißt auch stets besser. Auch wenn sein Ziel nicht darin besteht, mehr Muskelmasse aufzubauen, so wäre diese verbesserte Kraftleistung eine Bereicherung für sein gesamtes Leben. Er wird stärker, schneller, robuster und belastbarer sein, als zuvor. Seine Knochendichte hat zugenommen, sein Körperfettgehalt ist gesunken und er hat Muskelmasse zugelegt, obwohl er immer noch seine 80kg auf der Waage hält. Wer würde das nicht wollen?

Sollte man sich lange genug durch die Kraftsportwelt bewegt haben, so wird einem aufgefallen sein, dass es für den Aufbau von Kraft und Muskelmasse genau durchgeplante Programme gibt. Vielleicht hast du sogar schon den Trainingsplan von einem Athleten, Trainer oder ominösen Fitness-Youtuber kopiert und bist von den Ergebnissen frustriert gewesen. Aber dann hast du wenigstens etwas gelernt: Erfolg im Kraftsport basiert auf Gesetzmäßigkeiten und nicht auf Zufall. Die Modelle, wie wir unsere Ziele von mehr Kraft und Muskelmasse erreichen können, werden im weiteren Verlauf dieses Kapitels ausführlich erklärt werden.

Aber hier, und das meint Kraft im eigentlichen Sinne, geht es nicht zwangsläufig um den kilomäßigen Zuwachs an Muskelmasse, sondern um die Steigerung deiner körperlichen Kraft in Verbindung mit bestimmten Basisübungen. Eine Steigerung deiner Körperkraft steht zwar oftmals eng in Verbindung mit einer Zunahme an Muskelmasse, das muss aber nicht zwangsläufig der Fall sein. Sonst würden sämtliche Kraftsportathleten, die in Gewichtsklassen antreten, mit steigender Kraftleistung in die nächst höheren Gewichtsklassen wechseln müssen. Das ist aber nicht der Fall.

Sollte dir der Unterschied zwischen Kraft und Muskelwachstum noch nicht ganz schlüssig geworden sein, lies dich nochmal in den Abschnitt **Arten der Hypertrophie** ein. Kraftzuwachs und Muskelaufbau sind positive Effekte des Trainings. Wenn ich von Effekten spreche, meine ich aber meistens nicht die Art von Effekten, die überraschend oder willkürlich aufgetaucht sind. Erfolg im Kraftsport ist kein Glücksspiel – er ist planbar. Mit Respekt zur vorausgegangenen Forschung, mit deren Erkenntnissen wir heute selbstverständlich arbeiten dürfen, kann ich behaupten, dass viele

Resultate, oder eben auch Effekte, dem Zufall geschuldet waren. Viele Trainer haben mit ihren Athleten in der Vergangenheit experimentiert und durch Versuch & Irrtum praxisrelevante Ergebnisse gewonnen, die sich reproduzieren ließen. Die gezielte Forschung in Form von Vergleichsstudien und medizinisch-technischen Überprüfungsverfahren hat Jahre oder Jahrzehnte später bestätigen können, was die Trainingspraxis bereits als Common Sense bezeichnete.

Ironischerweise sind die nachfolgenden Periodisierungsmodelle nicht alle wissenschaftlich verifiziert, obwohl sie in der Praxis seit Jahrzehnten erfolgreiche Anwendung erfahren. Also einigen wir uns bitte darauf, dass historisch gewachsene und praxiserprobte Modelle in friedlicher Co-Existenz zur aktuellen Forschungslage bestehen bleiben dürfen. Wenn wir geduldig sind, wird die zukünftige Forschung deren Wirksamkeit bestätigen können. Aber bis dahin darf man trotzdem gerne mit diesen Systemen arbeiten – denn wenn man genau hinschaut, erkennt man bei allen Modellen grundlegende Muster, die sich übertragen lassen.

Den Begriff **Periodisierung** können wir uns als die eigentliche Organisierung der Trainingsplanung vorstellen. Es geht im Wesentlichen um die systematische Anpassung der grundlegenden Trainingsvariablen über einen Zeitraum, der von Tagen bis hin zu mehreren Jahren, reichen kann.[29] Gerade für Wettkampfathleten ist die Periodisierung immer anhängig von den Wettkampfterminen, an denen der Formhöhepunkt abgerufen werden soll.

Nach Aussagen verschiedener Autoren bietet die Periodisierung diverse Vorteile:

- ✦ Das Training wird auf einen bestimmten Zeitpunkt hin ausgerichtet,
- ✦ es bleibt variabel und gehorcht somit dem Prinzip der Überlastung und
- ✦ das Training bleibt interessant.[30]
- ✦ In den Bereichen Maximalkraft, Muskelaufbau und Fettabbau ist periodisiertes Training dem nicht-periodisierten Training gegenüber von Vorteil.[31]

* Je besser der Athlet trainiert ist, desto mehr muss auf die Periodisierung Wert gelegt werden.[32]

Teilt man das Trainingsjahr eines Wettkampfathleten auf, ergeben sich gemäß Pürzel drei Phasen[33]:
* **Off-Season**
  Zeitraum der Vorbereitung
* **Pre-Season**
  Übergangsphase von der Vorbereitung hin zur Wettkampfphase
* **In-Season**
  Wettkampfphase oder Tag des Wettkampfes

Diese Einteilung, die von Sportart zu Sportart zeitlich extrem variieren kann, wird in weitere Zyklen unterteilt[34]:
* **Makrozyklus**
  z.B. das komplette Trainingsjahr, 6-12 Monate
* **Mesozyklus**
  z.B. die Off-Season, 6-8 Wochen
* **Mikrozyklus**
  z.B. eine Trainingswoche
* **Trainingseinheit**
  wortwörtlich ein Tag

Es lässt sich Stoppanis Unterteilung auch eine Ebene nach unten rücken:
* **Makrozyklus**
  Ein Monat
* **Mesozyklus**
  Eine Woche
* **Mikrozyklus**
  Eine Trainingseinheit

Die Begrifflichkeiten sind nicht in Stein gemeißelt, müssen aber immer in der richtigen Relation zu einander stehen.
Ursprünglich gehen die Konzepte zur Periodisierung in ihrer Grundidee auf den Russen Leonid Matveyev zurück. Er analysierte die Ergebnisse russischer Olympiateilnehmer, um zu ermitteln, warum manche Athleten zu genau diesem Zeitpunkt von Olympia fähig waren, ihre Bestleistungen abzurufen und andere nicht. Basierend auf seinen Ergebnissen, wurden die Trainingspläne der Olympiamannschaft Russlands angepasst. Seine Arbeit bezieht sich eng auf die Arbeit von Hans Selye und das bereits erwähnte General Adaption Syndrome GAS. 1965 veröffentlichte er ein Modell, welches das Training in verschiedene Phasen unterteilt[35] und als klassische Periodisierung bekannt wurde.

Lineare Periodisierung (klassische Periodisierung)

Dies ist die erste systematische Abfolge verschiedener Phasen im Training, die auf mehr oder weniger wissenschaftlichen Erkenntnissen basierend entwickelt wurde. Du kannst es dir so vorstellen: Du beginnst mit hohem Volumen und geringer Intensität. Im Laufe der Vorbereitung sinkt das Volumen und die Intensität steigt.
1. **Kraftausdauer/Hypertrophie** → 2. **Kraftaufbau**
→ 3. **Schnellkraft** → 4. **Wettkampf**

Folgendes Beispiel erklärt das Prinzip am besten[36]:

1. Allgemeine Vorbereitungsphase (*general preparation/hypertrophy*)			
Woche	Sätze	Wdh	Belastung
1	5	12	62%
2	4	10	64%
3	3	10	68%
4	3	8	68%
5	3	8	70%
2. Spezielle Vorbereitungsphase (*specific preparation/strength*)			
1	5	6	75%
2	4	6	77%
3	4	5	79%
4	4	5	82%
5	3	4	85%
3. Formbringende Wettkampfphase (*pre-competition*/strength & power)			
1	3	4	87%
2	3	3	89%
3	3	3	91%
4	3	3	93%
4. Formerhaltende Wettkampfphase/Wettkampftag (*main-competition/peaking*)			
1	3	3	95%
2	2	2	97%
3	2	1	99%
4	x	x	100%+
5. Übergangsphase (*transition/maintenance*)			
x	x	x	Leichte Betätigung

Dieses stellt den Klassiker und die Grundlage für alle weiteren Formen dar, die daraus abgeleitet wurden. Heutzutage gilt diese Programmierung als überholt und umstritten.

Problematisch sind hierbei aber vor allem folgende Punkte: Die Basis der Prozentwerte sind 100 Prozent. Dieser Wert stammt sicher immer aus dem letzten Wettkampf, als der Athlet seine Spitzenleistung abrufen konnte. 100 Prozent Leistung am Wettkampftag entsprechen aber nie 100 Prozent Leistung im normalen Training. Hier ist in der Regel bei 90% oder 95% Schluss. Daher sind diese Prozentwerte meist zu hoch gegriffen. Des Weiteren verschlechtern sich im Verlauf der Trainingswochen die Fähigkeiten, die in einer vorausgegangenen Phase aufgebaut wurden (Dekonditionierung). Bei ungeplanten Ausfällen, z.B. Krankheiten, ist ein Wiedereinstieg schwierig. Gerade bei Sportarten, die eine lange Wettkampfsaison haben, z.B. Fußball, ist dies kaum geeignet.

Nicht-lineare Periodisierung

Als Reaktion auf die oben genannten Nachteile, wurde die nicht-lineare Periodisierung, Block-Periodisierung oder auch konkurrierende Periodisierung (engl. *concurrent periodization*) auf den Weg gebracht. Um den Unterschied zur linearen Programmierung zu verstehen, muss uns klar sein, dass die nicht-lineare Periodisierung immer den Umständen und Zielen des Athleten angepasst werden kann. Die lineare Methode arbeitet immer von hohem zu geringem Volumen und gleichzeitig von niedriger zu hoher Intensität. Das Ziel ist das Peaking für einen Wettkampf bei maximalem Kraftpotential. Nichts anderes.

Das Gegenmodell der nicht-linearen Periodisierung macht zwei Dinge anders: Erstens, das Endziel kann entweder im Bereich Hypertrophie, Kraft, Kraftausdauer oder Explosivkraft liegen. Zweitens, auch wenn die Zyklen Schwerpunkte haben, so werden die weiteren Kraftqualitäten auf einem moderaten oder einem Mindestniveau gehalten.

Der Makrozyklus wird beispielsweise in drei Mesozyklen aufgeteilt, die jeweils einen anderen Schwerpunkt haben. Man behält immer ein Minimum der vorausgegangenen Kraftqualität im wöchentlichen Training (Mikrozyklus) bei, um die Dekonditionierung zu minimieren. Die Sätze und Wiederholungen in diesem sehr einfachen Beispiel sind lediglich Anhaltspunkte, um das Prinzip zu verdeutlichen und nicht als absolut zu verstehen.

Schwerpunkt Kraft/Power			
Block 1	Einheit 1	Einheit 2	Einheit 3
	Kraft	**Hypertrophie**	**Kraft**
	Intensiv	Erhaltend	Intensiv
Woche	Sätze x Wiederholungen		
1	6 x 5	3 x 10	3 x 5
2	6 x 5	3 x 10	3 x 5
3	6 x 5	3 x 10	3 x 5
Schwerpunkt Hypertrophie			
Block 2	Einheit 1	Einheit 2	Einheit 3
	Hypertrophie	**Kraft**	**Hypertrophie**
	Intensiv	Erhaltend	Intensiv
Woche	Sätze x Wiederholungen		
1	6 x 10	3 x 5	3 x 10
2	6 x 10	3 x 5	3 x 10
3	6 x 10	3 x 5	3 x 10
Schwerpunkt Kraftausdauer			
Block 3	Einheit 1	Einheit 2	Einheit 3
	Kraftausdauer	**Hypertrophie**	**Kraftausdauer**
	Intensiv	Erhaltend	Intensiv
Woche	Sätze x Wiederholungen		
1	6 x 20	3 x 10	3 x 20
2	6 x 20	3 x 10	3 x 20
3	6 x 20	3 x 10	3 x 20
			Beuter/eigene Darstellung

Diese Systeme sind sowohl für Freizeit- als auch für Wettkampfsportler geeignet. Je nach persönlichem Schwerpunkt wird z.B. die Hypertrophie mehrere Wochen betont, während z.B. die Kraft nur auf Erhaltungsniveau trainiert wird. Je nach Bedarf kann das Training der Kraftausdauer vorübergehend ausgesetzt oder auf ein Minimum reduziert werden. Gerade für Saisonathleten wie Footballer, Basketballer, die über längere Phasen bestimmte Qualitäten beibehalten müssen, macht dies Sinn.

Ein etwas elaborierteres Modell von den Pürzel Brüdern[37] stellt diese Periodisierung im Detail folgendermaßen dar:

Volumenverteilung der Schwerpunkte nach A. & A. Pürzel			
Block 1 Woche 1-6	60% Hypertrophie	30% Kraft	10% Explosivkraft
Block 2 Woche 9-16	30% Hypertrophie	50% Kraft	20% Explosivkraft
Block 3 Woche 17-24	10% Hypertrophie	60% Kraft	30% Explosivkraft

Jeder dieser Blöcke wird nochmals in Phasen aufgeteilt:

Block 1 Woche 1-4	**Volumenphase (Accumulation)** Aufbau von Arbeitsbelastung mit leicht erhöhtem Volumen und etwas reduzierter Intensität.
Block 1 Woche 5-8	**Intensivierungsphase (Intensification)** Etwas mehr Intensität bei leicht verringertem Volumen.

Radikale Blockperiodisierung

Im Grunde ist die Blockperiodisierung die Hardliner-Version der nicht-linearen Periodisierung. Es wird auf den Erhalt weiterer Kraftqualitäten in den jeweiligen Blöcken komplett verzichtet und man widmet sich pro Block einem Schwerpunkt. Dies ist eine Methode für fortgeschrittene Athleten, die mit der nicht-linearen Periodisierung keine Erfolge mehr erzielen können. Innerhalb eines Mesozyklus (Block) steigt die Intensität entweder durch Erhöhung des Volumens oder der Intensität. Die Dauer eines Blocks ist vom Ziel abhängig. Auch das Verbessern persönlicher Schwächen wird hier radikal gelöst und man fokussiert sich auf eine bestimmte Kraftqualität.

Ein einfaches Beispiel könnte so aussehen:

Block 1	
Hypertrophie	
Woche	Sätze x Wiederholungen
1	5 x 15
2	5 x 12
3	4 x 10
4	4 x 10
Block 2	
Kraft	
Woche	Sätze x Wiederholungen
1	6 x 7
2	6 x 6
3	5 x 5
4	5 x 4
Block 3	
Maximalkraft oder Explosivkraft (Power)	
Woche	Sätze x Wiederholungen
1	5 x 3
2	4 x 3
3	3 x 2
4	2 x 1
	Beuter/eigene Darstellung

Diese Darstellung ähnelt der linearen Periodisierung, dies täuscht jedoch. Es wäre problemlos möglich, innerhalb des 16wöchigen Makrozyklus die Dauer der Mesozyklen zu verändern oder die Reihenfolge zu verändern – es kommt auf das Ziel an.

Holistische Periodisierung

Zu den unbestrittenen Erkenntnissen der Trainingsphysiologie zählt die Tatsache, dass die Muskeln über verschiedene Leistungsbereiche angesprochen werden: Intra- und intermuskuläre Koordination (Kraft), die Fähigkeit zum Wachstum (Hypertrophie) und ihre Anpassung an lange Belastungen (Kraftausdauer).
Dr. Frederick Hatfield, legendärer Weltklasse-Powerlifter und Sportwissenschaftler, führte verschiedene Belastungsbereiche

innerhalb eines Mesozyklus, und sogar innerhalb einer Trainingseinheit, zusammen. Er schuf eine ganzheitliche Methode, um diesem Potential in einer Trainingseinheit gerecht zu werden.

Streng genommen handelt es sich bei der holistischen Periodisierung nicht um eine Form der Periodisierung, sondern um eine Art der Trainingsmethodik, eine Intensitätstechnik. Viele Autoren haben hier für Missverständnisse gesorgt. Das holistische Training ist nur eine Methodik (C Workout), die erst in Verbindung mit zwei weiteren Methoden (A und B Workout) als Periodisierungskonzept funktioniert.

Sein Fokus lag darauf, alle Kraftqualitäten das ganze Jahr hinweg zu trainieren. Maximalkraft, Schnellkraft, Hypertrophie und Kraftausdauer, müssten seinen Ergebnissen zufolge immer berücksichtigt werden, wenn ein Athlet das Maximum seiner muskulären Entwicklung erreichen wolle.

Er plante, soweit zu gehen, dass, nicht wie beim traditionellen Blocktraining, die verschiedenen Kraftqualitäten für mehrere Wochen im Wechsel betont werden oder nur auf wöchentlicher Ebene (wellenförmige Periodisierung), sondern in jeder Trainingseinheit. Je nach Trainingslevel entwarf er seine berühmten ABC-Workouts, die er das Holistische Prinzip nannte. Anfänger trainierten bei ihm vorrangig mit A-Workouts, Fortgeschrittene mit A und B Workouts und erst die sehr weit fortgeschrittenen Bodybuilder durften die brutalen C Workouts einbauen.

Ein klassisches Beintraining nach Hatfield sieht folgendermaßen aus:[38]

Körperpartie und Intensitätslevel	Bevorzugte Übung	Wiederholungszahlen, Sätze, Intensität und Ausführung
A-Workout Beine	A. Safety Bar Squats*	8Wdh/5 Sätze/80 % Max.
	A. Squats	8Wdh/5 Sätze/80 % Max
	A. Leg Extension	12Wdh/8 Sätze/70 % Max
	A. Hamstring Curls	10Wdh/10 Sätze/60 % Max
*wähle eine Übung (A.) pro Einheit aus.		
B-Workout Beine	B1. Safety Bar Squats oder Squats**	5Wdh/3 Sätze/85 % Max./explosiv
	B2. Hack Squats oder Beinpresse	12Wdh/3 Sätze/70 % Max./gleichmäßig
	B3. Leg Extensions	40Wdh/3 Sätze/40 % Max./kontrolliert langsam
**Absolviere erst alle drei Sätze der Übung B1, wechsle dann zu B2 und dann zu B3.		
C-Workout Beine	C1. Safety Bar Squats***	5 Wdh/85 % Max./explosiv
	C2. Hack Squats	12Wdh/75 % Max./gleichmäßig
	C3. Leg Extensions	40Wdh/40 % Max./kontrolliert langsam
***C-Workouts werden im Zick-Zack-Stil ausgeführt, eine Art Giant Set mit 10-12 Sätzen ohne Pause: C1-C2-C3-C1-C2-C3-C1-C2-C3-C1-C2-C3.		

Hatfield baut die holistischen Trainingseinheiten immer nach demselben Schema auf: Komplexe Mehrgelenksübung (Kraft), moderat komplexe Zweigelenksübung (Hypertrophie) und Isolationsübung (Kraftausdauer). Hatfields Konzeption ist eine der wenigen, die sich sowohl praktisch etabliert hat als auch erfolgreich wissenschaftlich untersucht wurde und gezielt an den Bodybuildingathleten gerichtet ist.

Konjugierte Methode

Die *Conjugated Method* wurde von Powerlifting Trainer Legende Louie Simmons entwickelt und durch seinen Westside Barbell Club bekannt. Daher ist diese Methode auch als das Westside-System bekannt. Das teuflische Genie des Kraftsports, Louie Simmons, studierte die Trainingsliteratur des Ostblocks und war mutig genug, diese Erkenntnisse in einer Vorlage zu vereinigen. Ich sage bewusst Vorlage, da Westside kein pauschales Programm darstellt. Es ist ein System, das man erlernen und anpassen muss.

Das System stützt sich hauptsächlich auf wissenschaftliche Erkenntnisse, wie sie auch bei Zatsiorsky & Kraemer (2006)[39] nachzulesen sind. Simmons führt, ebenfalls wie Hatfield, verschiedene Kraftqualitäten zusammen. Da dieses System in erster Linie an Powerlifter gerichtet ist, wird man z.B. keine Kraftausdauermethoden finden. Simmons baut auf die Methoden der Maximalkraft (*maximal effort method*), Schnellkraft (*dynamic effort method*) sowie die Methode wiederholter Anstrengung (*repeated effort method*). Letztere kann als Hypertrophiearbeit verstanden werden.[40]

Zweiter wichtiger Stützpfeiler dieses Systems ist die Tatsache, dass an den Max Effort Tagen die Hauptübungen jedes Mal ausgetauscht werden, damit ein neuer Belastungsreiz gesetzt werden kann. Beispielsweise trainiert man am Max Effort Tag für den Unterkörper immer Kniebeuge- oder Kreuzhebevarianten und wechselt diese regelmäßig durch: Kniebeugen, Good Mornings, Kniebeugen mit der Safety Squat Bar, Kreuzheben von Blöcken, etc. Hauptsache, es handelt sich um eine schwere Beuge- oder Hebeübung.

Gemäß Simmons Theorie, beugt man damit dem sogenannten **Repeated Bout Effect**[41] vor. Dieser Effekt beschreibt den Umstand, dass eine bestimmte Übung nach einer bestimmten Verwendungsdauer nicht mehr dieselben muskulären oder nervalen Schäden bzw. Anpassungen veranlassen wird.

Der traditionelle Aufbau der Westside-Methode sieht generell wie folgt aus:

1. Unterkörper Max Effort Tag
Hauptübung Kniebeuge- oder Kreuzhebevarianten
Maximalkraft 1-3 Wdh
Nebenübung
Hypertrophie 5-8 Wdh
Unterstützende Übung
Hypertrophie 6-10 Wdh
Unterstützende Übung
Hypertrophie 8-12 Wdh
Präventionsübung
10-15 Wdh

2. Oberkörper Max Effort Tag
Hauptübung Bankdrück-Varianten
Maximalkraft 1-3 Wdh
Nebenübung
Hypertrophie 5-8 Wdh
Unterstützende Übung
Hypertrophie 6-10 Wdh
Unterstützende Übung
Hypertrophie 8-12 Wdh
Präventionsübung
10-15 Wdh

3. Unterkörper Dynamic Effort Tag
Hauptübung Box Squats mit Bändern
Schnellkraft 10 x 2 Wdh
Nebenübung
Hypertrophie 5-8 Wdh
Unterstützende Übung
Hypertrophie 6-10 Wdh
Unterstützende Übung
Hypertrophie 8-12 Wdh
Präventionsübung
10-15 Wdh

4. Oberkörper Dynamic Effort Tag
Hauptübung Bankdrücken mit Bändern
Schnellkraft 10 x 2 Wdh
Nebenübung
Hypertrophie 5-8 Wdh
Unterstützende Übung
Hypertrophie 6-10 Wdh
Unterstützende Übung
Hypertrophie 8-12 Wdh
Präventionsübung
10-15 Wdh

Dieses System eignet sich in seiner originalen Form nur für den Powerlifting Sport. Die Idee dahinter, verschiedene Kraftqualitäten innerhalb eines Meso- oder sogar Mikrozyklus aufzubauen, hat sich aber auch in anderen Kraftsportbereichen etabliert.

Wellenförmige Periodisierung

Im Training gibt es drei Variablen, die das Training beeinflussen: Das Volumen, die Intensität und die Frequenz. Das Volumen hängt mit der Zahl der Gesamtwiederholungen zusammen. 4x5 Wiederholungen oder 2x10 Wiederholungen ergeben dasselbe Gesamtvolumen von 20 Wiederholungen. Die Intensität ergibt sich aus dem Zusammenhang zwischen Gewicht und damit absolvierten Wiederholungen. Wenn ich 4x5 Wiederholungen mit 60% Gewicht meiner Maximalleistung absolviere, dann müssen 4x5 Wiederholungen mit 75% anstrengender sein. Die Frequenz beschreibt, wie oft ich pro Woche eine Übung bzw. einen Muskel trainiere. Wenn ich einmal die Woche Kniebeugen mache, ist die Frequenz niedrig, wenn ich drei Mal die Woche beuge, ist die Frequenz logischerweise höher. Soweit klar.

Die wellenförmige Periodisierung, oder auch *undulating periodization*, wechselt sowohl das Volumen in der s.g. Akkumulationsphase (*accumulation*), mit Phasen höherer Intensität, die s.g. Intensivierung (*intensification*), ab.
Dazu ein Beispiel für einen 8-wöchigen Mesozyklus:

Woche	Wiederholungsbereich
1	8RM
2	10RM
3	5RM
4	7RM
5	12RM
6	8RM
7	3RM
8	6RM

Charles Poliquin hat in einem Artikel von 1988[42] bereits die Vorteile dieser Art der Trainingsplanung ins Visier genommen.

Um dem Meister den nötigen Respekt zu zollen, habe ich hier seine Originaltabelle ohne deutsche Übersetzung übernommen:

Alternating accumulation and intensification phases for strength development						
Weeks	1-2	3-4	5-6	7-8	9-10	11-12
Reps	10-12	4-6	8-10	3-5	5-7	2-3
Sets	3	5	4	6	4	6
Intensity	70-75%	82-88%	75-78%	85-90%	80-85%	90-95%
Volume (Total Reps)	30-36	20-30	32-40	15-25	20-28	12-18

Der Vorteil dieses Ansatzes besteht ganz klar darin, dass der Athlet das ganze Jahr über kurzfristig mit allen Kraftbereichen in Kontakt kommt und somit nicht nur immer eine bestimmte Fähigkeit, wie z.B. die Maximalkraft, verbessert. Für die Freizeitsportler im Bodybuilding, Fitness oder auch sonstigen Sportbereichen, gewährleistet dies eine Möglichkeit, sich fortwährend zu verbessern und kraftmäßig ein breites Leistungsspektrum abrufen zu können. Für Wettkampfsportler, die am Tag X ihren Leistungshöhepunkt abfeuern müssen, ist dies natürlich nicht zielführend.

Es ist weniger planerischer Aufwand nötig, als bei anderen Periodisierungsvarianten. Es kann spontaner entschieden werden, wie die Planung gehalten werden soll. Auch die Tagesform, die von Müdigkeit, Krankheit und Motivation abhängen kann, sollte berücksichtigt werden. Während Poliquin innerhalb von 12 Wochen mit identischen 2-Wochen-Blöcken arbeitet, kann nach Stoppani[43] die wellenförmige Periodisierung auch in einem zweiwöchigen Mesozyklus mit drei bis vier Workouts pro Woche umgesetzt werden. Beispielsweise, wenn eine Art Ganzkörpertraining ausgeführt wird, findet am Montag das Kraftausdauertraining (15-30Wdh), am Mittwoch die

Hypertrophiearbeit (8-12Wdh) und am Freitag das Maximalkrafttraining statt (2-4Wdh).

Wellenförmige Workouts			
Art des Workouts	Sätze	Wdh	Satzpausen
Kraftausdauer-Workout	3-4	15-30	1-2min
Hypertrophie-Workout	3-4	8-12	2-3min
Maximalkraft-Workout	3-5	2-4	4-5min

Im Allgemeinen basiert die Periodisierung darauf, dass ein physiologisches System, wie unser Körper, sich anpasst, wenn es einem Stressreiz ausgesetzt wird. Dauert eine Stressphase mit demselben, gleichbleibenden Reiz, zu lange, hören die Anpassungen auf oder werden sogar rückläufig. Gemäß Stoppanis Ausführungen[44], ermöglicht es hier die wellenförmige Periodisierung, dass der Stressreiz Krafttraining nur für kürzere Zeitspannen wirkt, bevor er verändert wird und der Zyklus wieder von vorne beginnt. Beide Trainer, Stoppani und Poliquin, stimmen in ihren Ausarbeitungen überein, dass bei diesem Modell verschiedene Kraftqualitäten im Zyklus öfters gewechselt werden, was verhindern soll, dass sich der Muskel an den Stimulus gewöhnt – diesem aber gleichzeitig oft genug ausgesetzt wird, um fortschreitend Anpassungen zu erzielen.

Periodisierung für Anfänger, Geübte und Fortgeschrittene

In den letzten zwei Kapiteln haben wir die kritischen Trainingsvariablen analysiert, die gewissenhaft manipuliert werden müssen, um die grundlegenden Prinzipien der (Kraft-)Trainingsplanung zu erfüllen. Im Klartext heißt das, dass wir die Intensität, das Volumen und die Frequenz besprochen haben. Dies war ein recht theoretischer Vorlauf, der die Trainingsvariablen in Relation zueinander betrachtet hat. Unberücksichtigt ist bisher das Leistungsniveau des Athleten geblieben.

In diesem letzten Teil werden wir versuchen, die gelernten Konzepte praktisch anzuwenden und im Rahmen eines echten Powerlifting Programmes umzusetzen. Dies bedeutet, ich lege einen klaren Fokus auf die Planung und Organisation eines Powerlifting Trainings. Laut Mark Rippetoe, Autor des Buches *Programmgestaltung im Krafttraining*, können die Athleten im Allgemeinen in vier Gruppen eingeteilt werden, je nach Niveaustufe: Anfänger (*novice*), Geübter (*intermediate*), Fortgeschrittener (*advanced*) und Eliteathlet (*elite*) – vergleicht mal dazu die folgende grafische Darstellung[45].

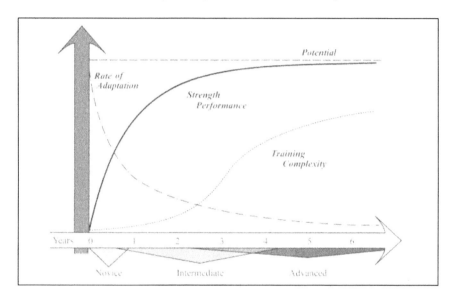

Bei der Planung des Krafttrainings sollte man stets das Niveau des Hebers berücksichtigen, da es innerhalb jeder Gruppe unterschiedliche Merkmale gibt. Wie man erkennt, steht die Beziehung zwischen Leistungssteigerung und Trainingskomplexität immer im Verhältnis zu der verstrichenen Zeit. Die Anpassungsrate an das Training nimmt im Laufe der Trainingskarriere hingegen ab.

Three Zoom Levels
Der aus Belgrad stammende Coach Mladen Jovanovic hat im Jahr 2010 auf **complementarytraining.net**[46] einen sehr guten, leider

nicht allzu bekannten Artikel verfasst, der die Funktion der Periodisierung anschaulich erklärt. Die von ihm gestellte Frage »*What the heck is the periodization anyway?*« hat er auf eine sehr pragmatische Art in diesem Artikel beantwortet – kein Vergleich zu den doch sehr theoretisierten sport-wissenschaftlichen Ausführungen aus meinen bisherigen zwei Kapiteln zum Thema **Trainingseffekte**. Natürlich ist es von Vorteil, ja sogar nötig, diesen theoretischen Unterbau zu kennen. Nur so ist der Transfer in die Praxis einer leistungsorientierten Trainingsgestaltung machbar.

Nun, ich schätze, es gibt zwar keine umfassende und allgemeingültige Antwort auf die von Mladen Jovanovic gestellte Frage »What the heck is the periodization anyway?«, aber meiner Meinung nach ist sein praktischer Ansatz sehr dicht an der Lösung. Viele Menschen definieren die Periodisierung unterschiedlich, wobei sie verschiedene Teile des Planungsprozesses berücksichtigen. Ich persönlich bin nicht so mutig, meine eigene Definition zu benennen, was die Periodisierung eigentlich ist – aber ich stimmte Mladens Modell der drei Zoomstufen (*Three Zoom Levels*) zu. Es mag komisch klingen, dass Mladen den Begriff *Zoom Level* gewählt hat, aber wenn du, sagen wir mal Google Earth benutzt hast, verstehst du, worauf er hinaus möchte. Man *zoomt* sozusagen von außerhalb ganz langsam bis ins Detail rein: Land-Region-Stadt-Stadtteil-Bezirk-Straße-Hausnummer. Das Wort *Zoom* könnte man auch leicht durch das Wort *Planung* ersetzen und die Bedeutung wird ebenfalls sofort ersichtlich.

First Zoom Level

Das erste Level spiegelt die Planung von LTAD (*long term athlete development/ Langzeit Athletenentwicklung*), Jahresplan und olympischem Zyklus, wider. Dazu gehört die Festlegung von Vorbereitungsphasen, Wettkampfphasen, Übergangsphasen und deren Strukturen in Abhängigkeit vom Wettkampfplan, das Alter und Niveau des Athleten innerhalb seiner Disziplin. Dazu gehören auch Faktoren wie verfügbare Trainingseinrichtungen und das Zeitbudget für die Trainingseinheiten. Man kann die Bestimmung von Trainingskomponenten (Zielen) oder motorischen Fähigkeiten hinzufügen, die angesprochen werden müssen, um eine Leistungssteigerung zu erreichen.

Second Zoom Level
Auf dieser Ebene gehört die zeitliche Einteilung der Entwicklung mehrerer Trainingsziele wie motorische Fähigkeiten & Fertigkeiten dazu, welche durch die erste Zoomstufe definiert ist. Hier können wir zwischen einem **traditionellen Ansatz** (*concurrent, parallel, complex-parallel*)[II], **Blockperiodisierung** und **Pendelansatz** unterscheiden. Die Wahl ist abhängig von der ersten Zoomstufe, denn diese definiert, wie viel Zeit wir haben und unter welchen Bedingungen wir trainieren. Man muss die Trainingsziele, die entwickelt werden müssen, priorisieren und entsprechend einplanen.

Third Level Zoom
Der dritte Planungsabschnitt hat den Fortschritt und die Programmierung der Entwicklung der jeweiligen Trainingsziele im Blick. Im Wesentlichen bestimmt das dritte Level, wie und in welchem Umfang Belastungsprotokolle organisiert werden sollen. Wie muss trainiert werden: allgemein oder spezifisch in Richtung Wettkampf? Welches sind die adäquaten Methoden? Wie sind die Lasten in puncto Intensität, Frequenz, Volumen und Erholung verteilt? Auch die Idee des verzögerten Trainingseffektes durch gezielte Überbeanspruchung, der die Peak Performance gezielt auf den Tag X hinsteuern lässt, kann eingeplant werden.
Dies alles sollte auf den vorherigen zwei Zoomstufen, dem Niveau des Athleten, seiner Arbeitsbelastung (Fähigkeit, die

---

[II] **Achtung – Terminologie!** Es gibt Trainer und Autoren, wie den guten Mladen Jovanovic, die die verschiedenen Arten von Periodisierungsmodellen als ***concurrent, parallel*** oder ***complex-parallel approach*** bezeichnen. Dazu zählen die nicht-lineare Periodisierung, die holistische, die konjugierte und die wellenförmige Periodisierung. Eben all die Ansätze, bei denen verschiedene Qualitäten gleichzeitig oder einigermaßen parallel trainiert werden. Periodisierungsmodelle wie die Blockperiodisierung/Block-Training bezeichnet er als ***serial approach***, da hier in festgelegten Abschnitten unterschiedliche Kraftqualitäten/Fähigkeiten getrennt voneinander trainiert werden.

Trainingsbelastung aufrechtzuerhalten und sich davon zu erholen), Nahrungsergänzungen, Verletzungstoleranz und der optimalen Belastung für jedes Trainingsziel basieren.

Grundsätzlich bestimmen zahlreichen Faktoren die verwendete Periodisierung. Es gibt kein Gut oder Böse, nur optimal ausgewählt, basierend auf den beteiligten Faktoren, dem Kontext, den Zielen und dem Athleten.

Bei der Analyse von Trainingssystemen und der Diskussion über die Periodisierung und Planung müssen wir unterschiedliche Zoomstufen verwenden. Verschiedene Autoren halten sich an eine Zoomstufe, ohne andere Stufen des Zooms zu berücksichtigen. Wenn die Periodisierung erwähnt wird, sprechen die meisten Autoren über Vorbereitungs-, Wettbewerbs- und Übergangszeiten (*preparatory, competition & transition phase = First Zoom Level*).

Einige von ihnen sprechen über die Progression der Belastung, wie z. B. 3 Wochen steigern, 1 Woche entladen/deloaden[III], wellenförmige Belastung[IV] (*accumulation & intensification = Second Zoom Level*).

Bei den meisten Sportarten gibt es zahlreiche Trainingsziele, z.B. motorische Fähigkeiten, die erreicht werden müssen, um die Leistung zu verbessern. Einige dieser Ziele sind miteinander kompatibel und andere nicht.

Die Frage lautet also:
wie plant man die Entwicklung mehrerer Ziele in vordefinierter Zeit im Kontext der ersten Zoomstufe? Dazu gibt es zwei verschiedene Ansätze: **paralleler und serieller Ansatz.**

Der **parallele Ansatz** entwickelt alle definierten motorischen Fähigkeiten in der gleichen Zeit. Je nach Definition *der gleichen Zeit* kann dieser Ansatz unterschiedliche Variationen aufweisen. So können

---

[III] bspw. Jim Wendlers 5/3/1.
[IV] bspw. wellenförmige Periodisierung nach Charles Poliquin.

beispielsweise alle definierten motorischen Fähigkeiten in einer Trainingseinheit, einem Trainingstag, mehreren Trainingstagen und einem Trainingsmikrozyklus (in der Regel eine Woche) entwickelt werden.

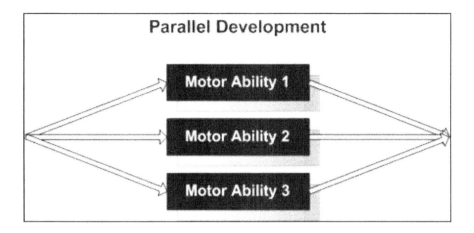

Der **serielle Ansatz** entwickelt die motorischen Fähigkeiten nacheinander in sequentieller/konsekutiver Weise. Abhängig von der Reihenfolge der Entwicklung, können zahlreiche Varianten festgelegt werden.

Dies ist der erste Fehler, wenn s.g. Experten über die zweite Zoomstufe diskutieren. Was die Menschen vergessen, ist, dass es ein **Kontinuum** zwischen diesen beiden Extremen gibt, und, was noch wichtiger ist - die parallelen und seriellen Ansätze sind sehr, sehr vage Begriffe! Sie hängen sehr von der Klassifizierung der motorischen Fähigkeiten und Trainingsziele ab, die überhaupt erst entwickelt werden müssen.

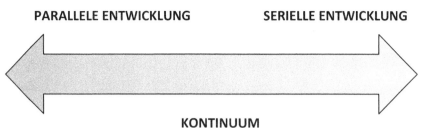

Komplex-paralleler Ansatz
Der traditionelle Trainingsansatz nutzt die parallele Entwicklung, daher der Begriff nicht-lineare (*concurrent*) und komplex-parallele Periodisierung.

Und jetzt entsteht Verwirrung
Es gibt eine Menge Informationen, die besagen, dass der traditionelle Ansatz tatsächlich sequentiell (seriell) ist. Sequentielle Modelle entstanden nach dem komplex-parallelen Modell, und um einige der Mängel dieses Systems in Bezug auf Elitesportler zu beheben. Jeder, der versucht, nicht-lineare (*concurrent periodization*) Methoden als etwas Neues darzustellen, lügt oder hat es nicht richtig verstanden.

Der traditionelle Trainingsansatz ist eigentlich ein gleichzeitiger Ansatz (komplex-parallel/nicht-linear), bei dem alle Fähigkeiten gleichzeitig entwickelt wurden.

Bei Elitesportlern traten Probleme mit diesem traditionellen Trainingsansatz auf. Um sich bei einer gegebenen motorischen Leistungsfähigkeit weiter zu verbessern, bräuchten Eliten immer mehr Trainingsvolumen und da alle Fähigkeiten gleichzeitig entwickelt werden, war ein übermäßiges (Gesamt-)Volumen erforderlich. Dies war die Zeit, in der Doping das notwendige Übel war, um ein enormes Trainingsvolumen aufrechtzuerhalten und gleichzeitig ein Vollzeitsportler zu sein, der mehrmals täglich trainierte. Nach dem Doping-Verbot gab es folglich einen Trend zur Volumenreduzierung.
Ein komplex-paralleler Ansatz hat, wie jeder andere, Pros & Cons, die bei der Wahl deines Ansatzes berücksichtigt werden sollten.

Abhängig vom Niveau des Athleten, dem Sport, der verfügbaren Zeit und anderen Faktoren, kann ein komplex-paralleler Ansatz die beste Lösung sein. Bei der Anwendung dieses Ansatzes müssen einige wichtige Faktoren berücksichtigt werden, wie z.B. die Optimierung der Trainingszeit und der motorischen Fähigkeiten, die Gestaltung des Mikrozyklus in Abhängigkeit von der Kompatibilität der motorischen Fähigkeiten, die wellenartige Belastung, etc.

Jedenfalls ist dieser Ansatz eine der besten Lösungen für die Arbeit mit Kindern und Leichtathleten und mit einigen Fortgeschrittenen, die nicht viel Zeit haben, motorische Fähigkeiten (hier *Kraft*) zu entwickeln. Ein Profi-Fußballspieler, der 1-2 Monate Vorbereitungszeit hat und dann 10 Monate ran ans Leder muss, wäre ein gutes Beispiel.

Blocktraining Ansatz

Der Blockansatz wurde mit Blick auf fortgeschrittene Athleten entwickelt, die nicht alles auf einmal entwickeln können. Sie müssen die Trainingsziele priorisieren, sonst leiden sie unter Übertraining und begrenztem Fortschritt. Während des Blocktrainings werden also eine oder mehrere kompatible motorische Fähigkeiten entwickelt und nach einiger Zeit wechselt das Training zu einer anderen Gruppe von Fähigkeiten. Ein Trainingsblock ist eine Zeitspanne unidirektionaler und konzentrierter Belastung, die darauf abzielt, eine oder mehrere kompatible motorische Fähigkeiten zu entwickeln.

Mit diesem Ansatz ist der gesamte Trainingsstress im Vergleich zum komplex-parallelen Ansatz geringer, aber der individuelle Stress (der auf eine oder mehrere motorische Fähigkeiten abzielt) ist größer, daher der Begriff **konzentrierte Belastung**.

Im Grunde ist die Blockperiodisierung die Hardliner-Version der nicht-linearen Periodisierung. Es wird auf den Erhalt weiterer Kraftqualitäten in den jeweiligen Blöcken komplett verzichtet und man widmet sich pro Block einem Schwerpunkt. Dies ist eine Methode für fortgeschrittene Athleten, die mit der nicht-linearen Periodisierung keine Erfolge mehr erzielen können. Innerhalb eines

Mesozyklus (Block) steigt die Intensität entweder durch Erhöhung des Volumens oder der Intensität. Die Dauer eines Blocks ist vom Ziel abhängig. Auch das Verbessern persönlicher Schwächen wird hier radikal gelöst und man fokussiert sich auf eine bestimmte Kraftqualität.

Der Powerlifting Anfänger
(*Novice*)

Um das Zusammenspiel zwischen den verschiedenen Planungsebenen am besten zu verstehen, halte ich es für angebracht, sich durch eine Reihe von hypothetischen Powerlifting Fallstudien zu arbeiten. Zuerst beginnen wir mit den Anfängern.

In *Programmgestaltung im Krafttraining* leistete Mark Rippetoe Pionierarbeit bei der Idee, dass Anfänger, Geübte und fortgeschrittene Sportler unterschiedliche Periodisierungslängen benötigen, um die Progressionsraten zu optimieren. Nach Rippetoes Definition ist ein Anfänger ein Heber, der ein Training durchführen kann, das eine Anpassung an das Training auslöst und sich rechtzeitig für seine nächste Trainingseinheit erholt. Einfach ausgedrückt, ein Anfänger kann einen PR am Montag beim Kniebeugen aufstellen und wenn das Training am Mittwoch ansteht, ist er bereit einen neuen PR in der Beuge abzuliefern.

Für Anfänger bedeutet ein wettkampforientierter Trainingsplan immer, dass alles verbessert wird. In erster Linie brauchen sie eine bessere Technik, mehr Muskeln und mehr Kraft. Nun, in Bezug auf die Periodisierung ist es völlig unangebracht, die Ausbildung eines Anfängers in verschiedene Perioden zu organisieren, in denen jedes Trainingsziel für eine bestimmte Zeit fokussiert wird, bevor ein anderes dann den Schwerpunkt einnimmt.
Eines der Markenzeichen des Anfängers ist, dass er sehr wenig Volumen benötigt, um Fortschritte zu erzielen. Aus diesem Grund können und sollten Anfänger alle ihre Trainingsziele gleichzeitig entwickeln - dies wird als komplex-parallele Periodisierung bezeichnet.

Sogar kombiniert, ist die Menge des Volumens, das sie benötigen, um ihre Muskelmasse, Technik und maximale Stärke zu verbessern, nicht genug, um ihre Anpassungsfähigkeit zu überwältigen.

Zusätzlich, wenn wir über die Programmierung für einen Anfänger sprechen, ist es Tatsache, dass es unnötig ist, Intensität und Volumen innerhalb einer bestimmten Trainingswoche oder Trainingsperiode zu manipulieren. Die Optimierung des Volumens für einen Anfänger ist so einfach wie die Sicherstellung, dass er in jeder Session genug macht, um eine Anpassung zu provozieren, und nicht so viel, dass er sich nicht rechtzeitig für seine nächste Session erholen kann. Eine hohe Varianz an Volumen ist schlicht und ergreifend nicht nötig.

Da der Anfänger leicht in der Lage ist, alle physischen Eigenschaften gleichzeitig zu verbessern, ist es sinnvoll, einen Intensitätsbereich von 80-85% zu wählen, der eine schöne Mischung aus technischer Verbesserung, erhöhtem Muskelaufbau und verbesserter Maximalkraft bietet. In jüngster Zeit, oder vielleicht schon immer, wurden zu diesem Zweck 5x5 Programme verwendet. 5er sind für den Anfänger geeignet, weil sie eine schöne Mischung aus Hypertrophie und Maximalkraft bieten, ohne zu viel von einer muskulösen Ausdauerkomponente einzuführen. Damit will ich sagen, dass die Sätze mit 8ern oder 10ern Wdhs oft die Technikentwicklung beim Anfänger stören – der Athlet ermüdet ab der Hälfte des Satzes zu sehr auf muskulärer Ebene und seine Technik wird schlechter.

Der geübte Powerlifter
(*Intermediate*)

Um auf die Definitionen von Rippetoe zurückzukommen, ist ein geübter Trainee einer, der die Verbesserung von Workout zu Workout nicht mehr leisten kann. Für den geübten Powerlifter erfordern die zur Herstellung einer Anpassung erforderlichen Lasten Wiederherstellungszeiten, die deutlich länger als 48-72 Stunden sind. So wird in diesem Leistungsstadium eine erhöhte Varianz notwendig. Das heißt, Intensität und Volumen müssen manipuliert werden.

Betrachten wir die von Rippetoe hier empfohlene Texas Method:

Montag	Mittwoch	Freitag
Squat	Squat	Squat
90% (von Freitag)	Leicht (ca. 80% von Freitag)	5RM
5 Sätze x 5 Wdh	2-3 Sätze x 5 Wdh	

Bei der Texas Method dient der Montag als Volumenreiz, der Mittwoch als leichter Tag, der eine weitere Erholung ermöglicht, aber hilft, eine Dekonditionierung zu verhindern, und am Freitag demonstriert der Heber seine Leistungssteigerung durch den Versuch eines neuen PRs. Jede Woche wird der Zyklus wiederholt.

Der Wettkampfvorbereitungsplan für den Geübten unterscheidet sich deutlich von dem des Anfängers. Wenn ein Trainee diese Zwischenphase des Krafttrainings erreicht, sollte er an Wettkämpfen teilnehmen. Damit wird der Wettkampfkalender (First Zoom Level) zu einem wichtigen Bestandteil des gesamten Makrozyklus.

Dennoch bleibt der komplex-parallele-Ansatz in Bezug auf die Periodisierung völlig angemessen. Geübte benötigen in der Regel keine Zeiträume, in denen sie sich besonders auf einzelne Leistungsmerkmale konzentrieren. Die Varianz zu erhöhen, also Volumen und Intensität zu ändern, ist alles, was nötig ist, um den Fortschritt aufrechtzuerhalten.

Mesozyklen und Mikrozyklen

An dieser Stelle muss ich die Konzepte der Mesozyklen und Mikrozyklen nochmal neu einführen. Für den Anfänger stellt jedes Training und die folgende Erholungsphase sowohl einen gesamten Mesozyklus als auch einen Mikrozyklus dar. Bei Verwendung des oben beschriebenen wöchentlichen Texas Method Modells würden Montag, Mittwoch und Freitag alle Mikrozyklen darstellen, die jeweils einen individuellen Zweck haben, und jede Trainingswoche würde einen vollständigen Trainingsmesozyklus darstellen.

Mo:	Volumentag	-	Mikrozyklus
Mi:	Erholungstag	-	Mikrozyklus
Fr:	Intensitätstag	-	Mikrozyklus
Komplette Trainingswoche		-	Mesozyklus

Du erkennst, wie die Texas Method auf eine dreiwöchige Welle angewendet werden könnte, anstatt innerhalb einer einzigen Woche. In diesem Fall würde jede Woche mit ihrer besonderen Volumen- und Intensitätskombination einen Mikrozyklus und die vollen drei Wochen einen Mesozyklus darstellen.

Woche 1: Volumen Woche	- Accumulation - Mikrozyklus
Woche 2: Erholungswoche	- Deload - Mikrozyklus
Woche 3: Intensitätswoche	- Intensification - Mikrozyklus
Drei-Wochen-Welle	- Mesozyklus

Ein Definitionsversuch zum "geübten Powerlifter"

Rippetoes Definition des geübten Trainees endet, wenn der Heber die PRs in einem wöchentlichen Mesozyklus nicht mehr aufrechterhalten kann. **Persönlich finde ich es jedoch nützlicher, den geübten Powerlifter als jemanden zu betrachten, der noch einen komplex-parallelen Ansatz für seine Periodisierung anwenden kann.**

Während die von Rippetoe vorgestellten Kategorien für Anfänger/Geübte/Fortgeschrittene sehr nützlich sind, so ist auch Tatsache, dass es einen Grad an Anpassungsfähigkeit entlang eines Kontinuums gibt. Eine Woche ist lediglich ein willkürliches Maß an Zeit, das der Mensch aus sozialen Gründen wählt. Als Geübter benötigst du möglicherweise nur 5 Tage, um einen vollständigen Anpassungszyklus abzuschließen. Aber wenn du stärker wirst, benötigst du schließlich 7 Tage, dann 9 und so weiter. Das Verhältnis zwischen Volumen und Regeneration ist nicht nur für alle unterschiedlich, sondern verändert sich auch ständig, wenn ein Sportler Fortschritte macht. Die Unterscheidung nach der Länge jedes Trainingsmesozyklus und Mikrozyklus verliert schnell an Nutzen.

Aus diesem Grund ziehe ich es vor, wie oben erwähnt, einen geübten Powerlifter als einen Athleten zu definieren, der <u>zeitgleich gleichwertige Fortschritte</u> in allen physikalischen Eigenschaften machen kann, solange Volumen und Intensität richtig manipuliert werden.

Der fortgeschrittene Powerlifter
(*Advanced*)

Schließlich wird ein Athlet den Punkt erreichen, an dem die Volumina, die erforderlich sind, um weitere Verbesserungen bestimmter körperlicher Eigenschaften zu stimulieren, so hoch sind, dass es physisch unmöglich wird, sie gleichzeitig weiter zu entwickeln.

Es ist zwar richtig, dass sich die Arbeits- und Erholungsfähigkeit im Laufe der Trainingskarriere eines Athleten verbessert, aber dies ist rein aus absoluter Sichtweise richtig. Für jeden gibt es eine Obergrenze hinsichtlich der Genesung. Wenn dieser Punkt erreicht ist, riskiert ein Athlet ein Übertraining, wenn er weiterhin auf den komplex-parallelen Ansatz vertraut.

Wenn dies zu geschehen beginnt, greifen die meisten Athleten zu leistungssteigernden Medikamenten, um ihre allgemeinen Erholungsgrenzen künstlich zu verbessern. Dies ermöglicht es ihnen, einfach mehr Volumen hinzuzufügen, anstatt die Komplexität der Periodisierung zu erhöhen.

Die Alternative: Blockperiodisierung

Die Blockperiodisierung verwendet geplante Trainingszeiten oder Mesozyklen, um sich auf bestimmte körperliche Eigenschaften wie Muskelhypertrophie, Maximalkraft oder Explosivkraft zu konzentrieren. Bei den strengsten Interpretationen der Blockperiodisierung wird sich pro Block (festgelegter Zeitraum) nur auf eine Qualität fokussiert. Die Blöcke sind in strategischer Reihenfolge so organisiert, dass die Auswirkungen des vorherigen Blocks positiv in den nächsten übertragen werden.

Die Darstellung von Derek Evely[47] in Jovanovics Ausführungen veranschaulicht das System ganz ordentlich:

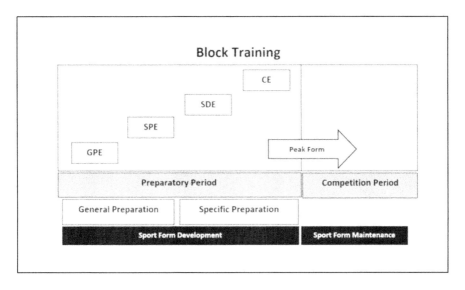

Du siehst, beim Blocktraining wird jede Qualität sequentiell (seriell) entwickelt. Die Akronyme in dieser Grafik sind nicht wichtig: ersetze sie durch die gewünschten oder für deinen Sport sinnvollen Fähigkeiten. Wem es aber keine Ruhe lässt, was sie zu bedeuten haben, dem sei hiermit geholfen:

* **Competitive (CE)**
* **Specialized developmental (SDE)**
* **Specialized preparatory (SPE)**
* **General preparatory (GPE)**

Pendulum-Emphasis Periodization

An einem Ende des Spektrums haben wir also die komplex-parallele Periodisierung, bei der praktisch alle physischen Attribute gleichzeitig trainiert werden, und am anderen Ende die Blockperiodisierung, bei der jede Qualität einzeln trainiert wird.

Wie du vielleicht schon bemerkt hast, ist die Realität so, dass die große Mehrheit von uns am meisten von etwas zwischen den beiden Extremen profitieren wird.

Ein sehr intelligenter Ansatz ist die Pendulum-Emphasis Periodization[48]. Jetzt ist nicht jeder im Christian Thibaudeau Fan Club, aber sein Artikel von 2003 auf T-Nation hat bis heute etwas losgetreten, über das es sich lohnt, nachzudenken:

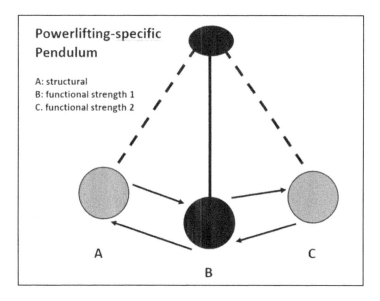

Man könnte es sich nach Thibaudeau so vorstellen – dies wäre ein Pendulum-Cycle:

* **Woche 1: A**
  Strukturelle Hypertrophie
  →moderates Volumen/mittlere Intensität

* **Woche 2: B**
  Funktionelle Kraft 1
  →80-90%
* **Woche 3: C**
  Funktionelle Kraft 2
  →90-100%
* **Woche 4: B**
  Funktionelle Kraft 1
  →80-90%
* **Woche 5: A**
  Strukturelle Hypertrophie
  →moderates Volumen/mittlere Intensität

In der Nebensaison könnten beispielsweise 67% unseres Trainings auf Muskelhypertrophie ausgerichtet sein, während nur 33% auf die Verbesserung der Maximalkraft ausgerichtet wären. Für "frühe" Fortgeschrittene (denk daran, es ist ein Kontinuum!) führt dies zu kleinen Verbesserungen der Maximalkraft und großen Gewinnen bei der Muskelhypertrophie. Im Laufe des Trainingszyklus würde das Pendel schwingen und der Schwerpunkt könnte 67% der Maximalkraft erreichen. Auf diese Weise werden mehrere physikalische Eigenschaften gleichzeitig verbessert, aber die Belastung wird in eine bestimmte Richtung konzentriert.

Meiner Meinung nach ist dieser Pendel-Stil der Periodisierung für die meisten Powerlifter mit mehrjähriger Trainingserfahrung optimal.

Zusammenfassung

Wenn wir unser Training organisieren, müssen wir als erstes den Wettkampfkalender berücksichtigen. Wann ist der nächste Wettkampftag? Wie viele Wochen haben wir noch? In welcher Klasse starten wir und wo liegen die Standards der Topathleten?
Wenn wir noch **Anfänger** sind, ist nur sehr wenig Planung und Training mit der Manipulation von Trainingsvariablen erforderlich.

Der Anfänger kann eine komplex-parallel Periodisierung nutzen, alle wichtigen Trainingsqualitäten gleichzeitig verbessern und dies ohne Unterschied in puncto Intensität und Volumen von Training zu Training.

Wenn wir nun per Definition schon als **Geübter** gelten, werden wir in Bezug auf Intensität und Volumen von Mikrozyklus zu Mikrozyklus eine höhere Varianz benötigen. Typischerweise erfordern Programme für Geübte Perioden der Akkumulation (höheres Volumen) und der Intensivierung (geringes Volumen, aber schwere Gewichte). Die Dauer der Akkumulation und Intensivierung hängt von der genauen Anpassungsfähigkeit des Geübten ab. Du kannst noch innerhalb eines wöchentlichen Mesozyklus wie der Texas Method arbeiten oder einen monatlichen Mesozyklus wie Jim Wendlers 5/3/1 verwenden.

Nur **fortgeschrittene Powerlifter** benötigen komplexere Periodisierungsmodelle. Für den fortgeschrittenen Athleten sind die Volumina, die erforderlich sind, um den Fortschritt in einem bestimmten physischen Attribut voranzutreiben, so hoch, dass es einfach unmöglich ist, sie alle gleichzeitig zu entwickeln. Daher werden Perioden der Betonung bestimmter Attribute notwendig, und genau hier kommt die Blockperiodisierung ins Spiel.
Der fortgeschrittene Athlet muss komplexe Programmiermodelle integrieren. Das heißt, er muss das Volumen und die Intensität angemessen manipulieren, gleichzeitig muss er diese Manipulation mit den Zielen seines Periodisierungsplans zu den festgelegten Zeiten in seinem Trainingszyklus kombinieren.

Planungsbeispiele			
Anfänger	Meso 1	Meso 2	Meso 3
Periodisierungsschwerpunkt	Alle Bereiche	Alle Bereiche	Alle Bereiche
Programmierung	Statisch	Statisch	Statisch
Geübter	Meso 1	Meso 2	Meso 3
Periodisierungsschwerpunkt	Alle Bereiche	Alle Bereiche	Alle Bereiche
Programmierung	Hohes Volumen Mittlere Intensität	Niedriges Volumen Mittlere Intensität	Mittleres Volumen Hohe Intensität
Fortgeschrittener	Meso 1	Meso 2	Meso 3
Periodisierungsschwerpunkt	Hypertrophie	Speed/Power	Kraft/Max. Kraft
Programmierung	Hohes Volumen Mittlere Intensität	Niedriges Volumen Mittlere Intensität	Mittleres Volumen Hohe Intensität

Du siehst, dass, wenn du eine neue Stufe des Trainingsfortschritts erreichst, sich der Komplexitätsgrad deines Trainings erhöht.

Genug jetzt!

Ich habe mein Bestes getan, das theorielastige und sehr komplexe Monsterthema **Periodisierung** irgendwie auf populärwissenschaftliche Ebene herunterzubrechen!

II. Powerlifting Programme

Das Powerlifting ist ein sehr übungsspezifischer Sport. Wer im Stil eines Powerlifters trainiert, hat einzig und allein das Ziel vor Augen, in der Kniebeuge, dem Bankdrücken und dem Kreuzheben ein maximales Gewicht für eine einzige Wiederholung nach den Kriterien des jeweiligen Powerlifting-Verbandes zu bewältigen. Um seine Leistung in diesen drei Powerlifts zu verbessern, muss man logischerweise sehr oft Kniebeugen, Bankdrücken und Kreuzheben sowie das Ganze nach bestimmten Wiederholungs- und Satzschemata planen.

Kraft hat nichts mit Zufall zu tun, Kraft kann geplant werden. Wenn man in diesen drei Disziplinen sehr stark wird, ist man natürlich in allen anderen Hantelübungen sicherlich auch stärker geworden. Und hier liegt die Kunst, das richtige Mittelmaß auszuwählen. Nicht jeder Powerlifter kann, will oder sollte das ganze Jahr über durchgehend nur mit diesen drei Powerlifts arbeiten. Es gibt Programme, die ich hier bespreche, die ziehen diesen Kurs kompromisslos durch. Manche wiederum lassen aber auch verschiedene Varianten der drei Powerlifts zu und arbeiten mit Assistenzübungen, die einer zu einseitigen Belastung vorbeugen sollen. Die Wahl eines bestimmten Programmes hängt sehr stark vom jeweiligen Leistungsstand des Sportlers ab: Anfänger, Geübter, Fortgeschrittener, Profi und diejenigen, die sich im Übergang zwischen diesen Phasen befinden.

Im Powerlifting gibt es grob gesagt zwei Varianten, das Training zu organisieren: Die amerikanische und die osteuropäische Idee.

Die **amerikanischen Programme** planen jede der drei Hauptübungen nur einmal die Woche ein, sprich es gibt einen Kniebeuge-, Bankdrück- und Kreuzhebetag. Diese Programme weisen in der Regel ein höheres Maß an Assistenz- und Ergänzungsübungen auf.

Die **osteuropäischen Systeme**, die die Powerlifts mehrmals pro Woche einplanen, verlagern sich weniger auf den Einsatz von Assistenz- und Ergänzungsübungen, da sonst das Trainingsvolumen zu hoch werden würde, sprich die Einheiten würden zu lange dauern. Hier steht die Frequenz der drei Powerlifts im Vordergrund. Charakteristisch ist die Reduktion auf die Basis Lifts, wenig Accessory Work und eine hohe Frequenz der Wettkampfübungen während der Trainingswoche.

Eines sei gleich vorneweg gesagt: Amerikanische Systeme planen teilweise den Einsatz von Steroiden mit ein bzw. setzen diesen unausgesprochen voraus. Das kann man jetzt nicht wegdiskutieren, das ist einfach Tatsache, da macht auch keiner einen Hehl daraus. Auch wenn viele naturale Powerlifter mit diesen US-Programmen erfolgreich arbeiten können, ist der Grundgedanke der, dass man eine chemische Unterstützung eingeplant hat. Die amerikanischen Powerlifting-Verbände sind weitgehend nicht drogengetestet. Anabol-androgene Steroide, speziell Testosteron und seine Derivate, verbessern die neuronale Effizienz, sprich, der Körper erhält länger die Fähigkeit aufrecht, hohe Gewichte zu bewältigen. Daher genügt es meistens, nur einmal die Woche einen Lift schwer zu trainieren, um sich zu verbessern. Diese Tatsache sollte man im Hinterkopf behalten. Nichtsdestotrotz können natürlich auch steroidfreie Athleten von diesen Programmen profitieren, vorausgesetzt, sie nehmen gewisse Änderungen vor.

Es geht immer darum, möglichst effizient an die Regeneration angepasst, mit einer individuellen Mischung von Volumen, Intensität und Frequenz zu arbeiten. Volumen meint hier, wie viele Sätze werden pro Einheit gemacht. Intensität beschreibt die prozentuale Höhe der Gewichte in Relation zum Wiederholungsmaximum (1RM = 100%). Diese prozentuale Leistung wird in ein bestimmtes Wiederholungsverhältnis gesetzt. Ein Gewicht das 90% meines 1RM beträgt, kann ich für zwei oder bestenfalls für drei Wiederholungen bewältigen. Die Intensität ist hier sehr hoch. Ein Gewicht mit 65% aber nur dreimal zu stemmen, ist gerade mal ein besserer Aufwärmsatz. Zudem hat Intensität auch mit Muskelversagen zu tun. Wenn ich 90% zweimal hebe ist das sehr intensiv, die dritte Wiederholung sogar sehr brutal – hier spielt aber mein zentrales Nervensystem eine Rolle. Mit 2-3 Wiederholungen über 90% zerschieße ich mein ZNS, aber nicht meine Muskulatur.

Wenn ich 15Wdh mit 65% absolviere, zwingt dies meine Muskulatur durch Übersäuerung zum Aufgeben, das ist ebenfalls sehr intensiv – mein ZNS lässt sich dadurch aber wenig beeindrucken. Im Powerlifting dreht sich alles um die Leistungsfähigkeit des ZNS, dies setzt die regelmäßige Verwendung hoher Gewichte voraus. Muskuläre Arbeit muss natürlich auch geleistet werden, spielt aber eine untergeordnete Rolle. Je näher und öfter man pro Trainingseinheit das Muskelversagen erreicht hat, desto höher ist dementsprechend die

Intensität. Es gilt zu beachten, dass hier eine Mischung zwischen ZNS-Stress und muskulärer Belastung gefunden werden muss.

Die Frequenz wiederum betrifft die Anzahl der Trainingseinheiten, in der Regel auf die 7-Tage-Woche betrachtet. Schließlich kann man nicht auf Dauer sieben Tage die Woche, 30 Sätze pro Einheit mit Gewichten über 90% absolvieren. Das würde einen nicht stark, sondern nur kaputt machen.

Westside Barbell
Louie Simmons

Die Westside Barbell Methode ist eine der Periodisierung und basiert auf der Konjugierten Methode. Wer sich den Einstieg in dieses sowohl erfolgreiche, als auch widersprüchliche, wenn nicht sogar kritisch zu betrachtenden Systems, erleichtern möchte, der liest sich die Ausführungen im **Kapitel Periodisierungsmodelle** durch.

Die *Conjugated Method* wurde von Powerlifting Trainerlegende Louie Simmons entwickelt und durch seinen Westside Barbell Club bekannt. Daher ist diese Methode auch als das Westside-System bekannt. Das teuflische Genie des Kraftsports, Louie Simmons, studierte die Trainingsliteratur des Ostblocks und war mutig genug, diese Erkenntnisse in einer Vorlage zu vereinigen. Ich sage bewusst *Vorlage*, da Westside kein pauschales Programm darstellt. Es ist ein System, das man erlernen und anpassen muss. Das System stützt sich auf wissenschaftliche Erkenntnisse, wie sie auch bei Vladimir M. Zatsiorsky nachzulesen sind[49]. Simmons führt ebenfalls wie Hatfield verschiedene Kraftqualitäten zusammen. Da dieses System sich in erster Linie an Powerlifter richtet, wird man z.B. keine Kraftausdauermethoden finden. Simmons baut auf die Maximalkraft (*maximal effort method*), Schnellkraft (*dynamic effort method*) sowie auf die Methode der wiederholten Anstrengung (*repeated effort method*). Letztere kann als Hypertrophiearbeit verstanden werden[50].

Zweiter wichtiger Stützpfeiler dieses Systems ist die Methode, dass an den Max Effort Tagen die Hauptübungen jedes Mal ausgetauscht werden, damit ein neuer Belastungsreiz gesetzt werden kann. Beispielsweise trainiert man am Max Effort Tag für den Unterkörper immer Kniebeuge- oder Kreuzhebevarianten und wechselt diese regelmäßig durch: Kniebeugen, Good Mornings, Kniebeugen mit der Safety Squat Bar, Kreuzheben von Blöcken, Hauptsache, es handelt sich um eine schwere Beuge- oder Hebeübung. Simmons Theorie nach beugt man einem Verschleiß durch schnelle Anpassungen des zentralen Nervensystems durch diese Methode vor (***repeated bout effect***).

Der traditionelle Aufbau der Westside-Methode sieht generell wie folgt aus:

Montag 1. Unterkörper Max Effort Tag	
Hauptübung Kniebeugen o. Kreuzheben	Maximalkraft 1-3 Wdh
Nebenübung (*supplemental lift*)	Hypertrophie 5-8 Wdh
Unterstützende Übung (*accessory lift*)	Hypertrophie 6-10 Wdh
Unterstützende Übung	Hypertrophie 8-12 Wdh
Präventionsübung (*prehab exercise*)	10-15 Wdh

Mittwoch 2. Oberkörper Max Effort Tag	
Hauptübung	Maximalkraft 1-3 Wdh
Nebenübung	Hypertrophie 5-8 Wdh
Unterstützende Übung	Hypertrophie 6-10 Wdh
Unterstützende Übung	Hypertrophie 8-12 Wdh
Präventionsübung	10-15 Wdh

Freitag 3. Unterkörper Dynamic Effort Tag	
Hauptübung Kniebeugen	Schnellkraft 10 x 2 Wdh
Nebenübung	Hypertrophie 5-8 Wdh
Unterstützende Übung	Hypertrophie 6-10 Wdh
Unterstützende Übung	Hypertrophie 8-12 Wdh
Präventionsübung	10-15 Wdh

Sonntag 4. Oberkörper Dynamic Effort Tag	
Hauptübung Bankdrücken	Schnellkraft 10 x 2 Wdh
Nebenübung	Hypertrophie 5-8 Wdh
Unterstützende Übung	Hypertrophie 6-10 Wdh
Unterstützende Übung	Hypertrophie 8-12 Wdh
Präventionsübung	10-15 Wdh

Dieses System eignet sich in seiner originalen Form nur für den Powerlifting Sport. Die Idee dahinter, verschiedene Kraftqualitäten innerhalb eines Meso- oder sogar Mikrozyklus aufzubauen, hat sich aber auch in anderen Kraftsportbereichen etabliert. Der Schöpfer der Methode[V] ist der hoffentlich allseits bekannte Amerikaner Louie Simmons. Mittlerweile baut sich ein regelrechter Kult um diesen Erfolgstrainer auf, was nicht zuletzt auch am Internet und sozialen Netzwerken liegt. Der Erfolg seiner Methoden wuchs proportional zur Verwendung von Multiply Equipment[VI] im Powerlifting Sport. Seitdem das RAW Powerlifting auch in den USA wieder auf dem Vormarsch ist, kommen aber immer mehr Zweifel an diesem System auf.

Geschichte und Kontext

Die Methoden, die der verrückte Wissenschaftler Simmons zusammengeführt hat, haben ihren Ursprung in der sportwissenschaftlichen Literatur der alten Ostblockländer. Es wurde aus den Prinzipien der bulgarischen Gewichtheber, der russischen Gewichtheber

---

[V] **Anmerkung** Ich verwende die Begriffe *Methode, Systeme, Programme* oder *Vorlagen* meistens synonym. Die begrifflichen Unterschiede sind mir zwar bekannt, jedoch ergibt eine peinlich genaue Begriffsunterscheidung im Kraftsport oft keinen Sinn. Die meisten Übergänge sind hier fließend und schwer voneinander anzugrenzen.

[VI] **Multiply Equipment** Dieses Material wird aus einer unbegrenzten Menge an textilem Gewebe gefertigt. Es gibt keine stärkeren Materialien im Powerlifting und nicht jeder Verband lässt dies zu. Die IPF gestattet ausschließlich Singleply Equipment. Multiply Equipment ist so stark, dass bei den Kniebeugen in diesen Verbänden, nur bis parallel gebeugt werden muss. Beim Bankdrücken ist es kaum möglich die Brust mit der Stange zu berühren, wenn nicht mindestens das zwei- bis zweieinhalbfache Körpergewicht des Athleten auf die Stange geladen wurde.

und den Arbeiten von Alexander Sergeyevitch Prilepin entwickelt. Simmons war von den Ergebnissen der bulgarischen Gewichtheber unter der Trainerschaft von Iwan Abadschiew[VII] sehr angetan. Abadschiew ließ seine Athleten nur eine handvoll Gewichtheberübungen verwenden und sie damit täglich oder sogar mehrfach täglich auf einen Maximalversuch hocharbeiten. Simmons übernahm dies als seine Maximum Effort Method.

Der andere Einfluss waren die Ideen des russischen Dynamo Clubs, ebenfalls Olympische Gewichtheber. Diese Truppe verwendete um die 50 verschiedene Varianten an Übungen, die aus den Gewichtheberübungen abgeleitet wurden. Louie gefiel sowohl die Idee der regelmäßigen Maximalversuche als auch die Verwendung vieler verschiedener Übungen. Die dritte Zutat in seinem Erfolgsmix war die Auswertung der Arbeiten von A. S. Prilepin. Prilepin war in den 70er Jahren zunächst Trainer der sehr erfolgreichen russischen Jugend-Nationalmannschaft der Gewichtheber, danach Cheftrainer der Nationalmannschaft. Er produzierte multiple Goldmedaillen bei Weltmeisterschaften und den Olympischen Spielen und nutzte seine Tätigkeit, um die Leistungsfähigkeit von hunderten seiner Athleten zu erforschen. Das unbestritten aufschlussreiche Ergebnis seiner Arbeit ist die Prilepin's Table oder auch Prilepin's Chart. Diese Tabelle beschreibt das optimale Verhältnis von Intensität (Prozent vom 1RM) zu Wiederholungen, Gesamtwiederholungen und Sätzen.

Prilepin´s Table			
Prozent vom 1 RM (100%)	Wdh-Bereich	Gesamt-Wdh (min-max)	Optimale Gesamt-Wdh
55-65	3-6	18-30	24
70-80	3-6	12-24	18
80-90	2-4	10-20	15
90+	1-2	10	4

Für das Verständnis muss man berücksichtigen, dass es sich um Werte handelt, die im Gewichtheben ermittelt wurden. Prilepins

---

[VII] **Anmerkung** Die Amerikaner schreiben *Ivan Abadjiev*.

Studien nach, spiegeln diese Werte, die im jeweiligen Intensitätsbereich optimalen Bedingungen für Schnellkraft, Entwicklung der Technik und Kraft bei Olympischen Gewichthebern wider.

Wenn ich mit 60% Leistung trainieren möchte, dann gibt die Tabelle vor, dass der ideale Wiederholungsbereich für Intensitäten von 55-65% bei 3-6 Wiederholungen liegt. 60% wären genau dazwischen, somit könnte man sich für 5er Wiederholungen entscheiden. Die optimale Gesamtwiederholungszahl liegt bei 24, die Obergrenze wäre bei 30 Gesamt-Wdh erreicht. Also teilt man 24 durch 5 Wiederholungen und erhält als Ergebnis die nach Prilepin sinnvolle Anzahl an Trainingssätzen für diesen Intensitätsbereich mit den ausgewählten Wiederholungen: 60% Leistung mit 5 Wiederholungen sollte mit mindestens 4 bis 6 Sätzen trainiert werden.

Einmal die Woche sollte der Unterkörper, an einem anderen Tag der Oberkörper nach der Maximal Effort Method trainiert werden. Prilepins Forschungsergebnisse ebneten den Weg für Simmons Dynamic Effort Method. An den anderen zwei Trainingstagen trainiert man bei Westside nämlich auf Speed. Und ich meine nicht das lustige weiße Zauberpulver, sondern den Dynamic Effort nach den Vorgaben von Prilepin. Es werden 1er-, 2er- und 3er-Wiederholungen mit 50-60% des 1RM ausgeführt. Simmons Theorie nach erholt sich das zentrale Nervensystem an diesen Tagen vom schweren Max Effort, weil man mit leichteren Gewichten arbeitet. Da man aber versucht, maximale Power und Geschwindigkeit in die Lifts zu packen, wird man dennoch schneller und explosiver und somit stärker in den drei Powerlifts werden.

Das Programm
Es gibt nicht "Das Westside Programm". Vielmehr ist es eine Art Idee oder Richtlinie, die sich entlang der beiden Max Effort und Dynamic Effort Tagen entfaltet. Sowohl Louies Buch als auch die Vorschläge, die man im Internet findet, einigen sich immer auf folgende Einteilung:

Woche 1

Prozent x Wdh x Sätze

Montag 1. Unterkörper Max Effort Tag

Hauptübung Kniebeugen Variante	90+% x 1 x 3-5
3-5 Assistenzübungen	pro Übung 8-20 x 3-5
für Beinbizeps, unteren Rücken, Bauchmuskulatur	

Mittwoch 2. Oberkörper Max Effort Tag

Hauptübung Bankdrücken Variante	90+% x 1 x 3-5
3-5 Assistenzübungen	pro Übung 8-20 x 3-5
Für Trizeps, Schultern, Latissimus, Bizeps	

Freitag 3. Unterkörper Dynamic Effort Tag

Kniebeugen mit Bändern/Ketten	**50%** x 2 x 12
3-5 Assistenzübungen	pro Übung 8-20 x 3-5
für Beinbizeps, unteren Rücken, Bauchmuskulatur	

Sonntag 4. Oberkörper Dynamic Effort Tag

Bankdrücken mit Bändern/Ketten	**50%** x 3 x 8
3-5 Assistenzübungen	pro Übung 8-20 x 3-5
Für Trizeps, Schultern, Latissimus, Bizeps	

Woche 2

Montag 1. Unterkörper Max Effort Tag

Hauptübung Good Morning Variante	90+% x 1 x 3-5
3-5 Assistenzübungen	pro Übung 8-20 x 3-5
für Beinbizeps, unteren Rücken, Bauchmuskulatur	

Mittwoch 2. Oberkörper Max Effort Tag

Hauptübung Bankdrücken Variante	90+% x 1 x 3-5
3-5 Assistenzübungen	pro Übung 8-20 x 3-5
Für Trizeps, Schultern, Latissimus, Bizeps	

Freitag 3. Unterkörper Dynamic Effort Tag

Kniebeugen mit Bändern/Ketten	**55%** x 2 x 12
3-5 Assistenzübungen	pro Übung 8-20 x 3-5
für Beinbizeps, unteren Rücken, Bauchmuskulatur	

Sonntag 4. Oberkörper Dynamic Effort Tag

Bankdrücken mit Bändern/Ketten	**55%** x 3 x 8
3-5 Assistenzübungen	pro Übung 8-20 x 3-5
Für Trizeps, Schultern, Latissimus, Bizeps	

Woche 3	
Montag 1. Unterkörper Max Effort Tag	
Hauptübung Kreuzheben Variante	90% x 1 x 3-5
3-5 Assistenzübungen	pro Übung 8-20 x 3-5
für Beinbizeps, unteren Rücken, Bauchmuskulatur	
Mittwoch 2. Oberkörper Max Effort Tag	
Hauptübung Bankdrücken Variante	90% x 1 x 3-5
3-5 Assistenzübungen	pro Übung 8-20 x 3-5
Für Trizeps, Schultern, Latissimus, Bizeps	
Freitag 3. Unterkörper Dynamic Effort Tag	
Kniebeugen mit Bändern/Ketten	60% x 2 x 10
3-5 Assistenzübungen	pro Übung 8-20 x 3-5
für Beinbizeps, unteren Rücken, Bauchmuskulatur	
Sonntag 4. Oberkörper Dynamic Effort Tag	
Bankdrücken mit Bändern/Ketten	60% x 3 x 8
3-5 Assistenzübungen	pro Übung 8-20 x 3-5
Für Trizeps, Schultern, Latissimus, Bizeps	

Am dynamischen Kniebeuge Tag wird ausschließlich auf eine Box gebeugt (Box Squats), die in der Regel das Beugen auf der parallelen Höhe, oder knapp tiefer, ermöglicht.

Der Dynamic Effort ist in einer Dreierwelle periodisiert und steigert sich von 50% des RAW 1RM (nicht das Wettkampf Maximum mit Equipment) auf 55 und 60%. Bei der dynamischen Kniebeuge reduziert sich mit zunehmenden Prozentwerten auch die Satzzahl (50% x 2Wdh x 12, 55% x 2Wdh x 12, 60% x 2Wdh x 10). In der vierten Woche beginnt man wieder mit der ersten Woche.

Beim Max Effort Tag arbeitet man sich jedes Mal auf schwere Einzelwiederholungen im Bereich von 90+% hoch. Die Übungen werden wöchentlich getauscht, man rotiert Kniebeuge-, Good Morning- und Kreuzhebevarianten innerhalb von drei Einheiten einmal durch. Selbiges gilt für das Bankdrücken. Man rotiert z.B. Floor Press, 2-Board Press und Reverse Band Press. Auffällig ist die große Menge an Assistenzübungen, die im Prinzip wie Bodybuildingübungen ausgeführt werden, da hier das Ziel die Muskelhypertrophie ist. Simmons nennt das die Repetition Method, die Wiederholungsmethode.

Zusätzlich, nicht im Plan aufgeführt, wird bei Westside zum eigentlichen Training eine Tonne an extra Workouts pro Woche für ca. 20-30min eingebaut. Hauptsächlich geht es hier um die GPP, die *General Physical Preparation*, also die Arbeitsleistungsfähigkeit (*work capacity*) und die Ausdauer. Dafür wird viel mit dem Gewichtsschlitten gearbeitet, aber auch normale Muskelaufbauübungen haben hier ihren Platz. Louies Meinung nach kann man von sinnvollen Übungen wie der Reverse Hyperextension[VIII], Glute Ham Raise, Trizepspushdowns oder auch Bauch- und Rumpfübungen, nie genug machen.

Wettkampfvorbereitung Circa-Max-Phase

Die Circa-Max-Phase ersetzt den Dynamic Effort Tag. Am Max Effort Tag wird in diesen sieben Wochen etwas leichtere Wiederholungsarbeit absolviert, aber keine Maximalversuche.

Wettkampfvorbereitung nach Westside Die Circa-Max-Phase Ein Beispiel für die Kniebeuge				
	Hantelgewicht	Bänderspannung	Sätze	Wdh
Woche 1	42.5%	50%	5	2
Woche 2	45%	50%	4	2
Woche 3	47.5%	50%	3	2
Woche 4	50%	25%	5	2
Woche 5	50%	12.5%	4	2
Woche 6	50%	-	3	2
Woche 7	Wettkampfwoche – Wettkampf am Samstag			

[VIII] **Reverse Hyperextension** Eine Maschine, die sowohl für den Kraft- und Muskelaufbau als auch für Regenerationszwecke einzusetzen ist. Ist im Übrigen Louies Patent und darf sich offiziell nur *Reverse Hyper*™ nennen. Gibt es seit 2021 auch als zusammenfaltbare Variante namens *Scout Reverse Hyper*™ - nur über rogueeurope.eu erhältlich.

Allein schon die ersten drei Wochen sind unglaublich hart für das ZNS – die Prozentwerte addieren sich hier zu 90-97.5% vom letzten Wettkampfmaximum. Louie arbeitet immer mit den Ergebnissen des letzten Wettkampfes, so etwas wie ein Training Max kennt er nicht. Daher müssen seine Heber auch regelmäßig bei Wettkämpfen antreten, schließlich trainiert er Weltmeister und keine Trainingsweltmeister.

Periodisierung

Louies Westside Philosophie entwickelte sich aus dem Frust, den er bei der bis dato üblichen Blockperiodisierung erlebt hatte. Er wollte, dass seine Athleten alle Bereiche gleichzeitig nach vorne bringen, nicht immer nur einen Schwerpunkt, der alle zwei oder drei Wochen geändert werden musste, wie es bei der Blockperiodisierung der Fall ist. Er nennt es Konjugierte Methode, da er alle Methoden, die ihm sinnvoll erscheinen, verbindet und zusammenführt.

Wenn man alle Methoden zusammenführt, erhält man aber eigentlich nichts anderes als nicht-lineare Periodisierung (*concurrent periodization*). Und ironischerweise wurde die Blockperiodisierung für fortgeschrittene Athleten entwickelt, weil hier die nicht-lineare Periodisierung keinen Erfolg mehr hat. Im Grunde genommen ist Louie einen Schritt zurückgegangen, hat etwas herumgezaubert und einem bereits existierenden System einen neuen Namen verpasst. "Alter Wein in neuen Schläuchen" würde man hierzulande sagen.

Und wenn man es ganz genau nimmt, und ich bin sicherlich kein Frevler, ich persönlich feiere Louie Simmons im ganz großen Stil ab, so hat er aber in Bezug auf die Periodisierung ein Trainingssystem für mäßig Fortgeschrittene entwickelt. Mäßig Fortgeschrittene, die gerade ihr Anfängerstadium hinter sich gelassen haben, brauchen kaum Variation bei Intensität und Volumen. Sie können auch mehrere Kraftqualitäten parallel entwickeln. Das Programm arbeitet mit einem wöchentlichen Mesozyklus wie z.B. die Texas Method. Die einzige Periodisierung, die tatsächlich stattfindet, ist der Unterschied in Volumen und Intensität beim Wechsel von Max Effort zu

Dynamic Effort, eine Eigenschaft der nicht-linearen Periodisierung. Auch durch die leichten, wellenförmigen Veränderungen beim Volumen und der Intensität an den Dynamic Effort Tagen von 50, 55, 60% sowie die Reduktion von 2 x 12 auf 2 x 10 Wdh, bleibt das Gesamtvolumen und die Gesamtintensität von Woche zu Woche relativ konstant. Natürlich wechseln zwar die Übungen sich so oft ab wie in keinem anderen Programm, das hat aber mit Periodisierung nichts zu tun – es ist ein rein technischer und motorischer Aspekt.

Spezifität

Westside wurde einzig und allein für das Powerlifting konzipiert. Dennoch gibt es Widersprüchlichkeiten in den Grundsätzen, die mich nicht überzeugen, warum es sich für diesen Sport eignen sollte:

1. Nur Box-Squats

Westside arbeitet im Training nur mit Box Squats. Richtige, freie Kniebeugen werden nur bei Wettkämpfen ausgeführt. Wie kann sich dies zu einer korrekten technischen Ausführung entwickeln? Speziell für RAW-Athleten ist dies nicht zu gebrauchen. Eventuell eignet sich diese Methode nur für Multiply Powerlifter, die nur bis zur Parallele beugen müssen.

2. Pause auf der Brust beim Bankdrücken nur an Turnieren

Weder am Speed noch am Max Effort Tag, wird mit der regelkonformen Pause auf der Brust gearbeitet. Louie meint, der Stretch Reflex sei bei einem trainierten Athleten zwei Sekunden oder länger vorhanden und muss nicht speziell trainiert werden. Selbst wenn dem so wäre, ist die auf Kommando gehaltene Pause eine motorische Fähigkeit, die regelmäßig trainiert werden muss – egal ob mit oder ohne Bankdrückshirt. Wer immer nur Touch & Go trainiert, der wird am Wettkampftag keine gültigen Versuche einfahren.

3. Kein richtiges Kreuzheben

Im Training wird höchstens mit Varianten wie Block Pulls, Defizit Kreuzheben oder Ähnlichem gearbeitet. Westside geht davon aus, dass das Kniebeugetraining automatisch das Kreuzheben verbessert.

Zudem werden oft Good Mornings gemacht und die sind ja angeblich für beide Übungen wertvoll. Es gibt begnadete Kreuzheber, die nur sporadisch mal etwas Kreuzheben trainieren und dennoch bärenstark und technisch gut dabei sind. Dies sind aber Ausnahmen. Die meisten von uns müssen regelmäßig schwer heben.

4. Die konjugierte Methode innerhalb der Max Effort Übungsauswahl

Der Körper eines trainierten Sportlers passt sich schnell an neue Veränderungen an, egal ob an Wiederholungen, Sätze oder die Übungsauswahl. Louie spricht hierbei von »the law of accommodation«, der Gesetzmäßigkeit der Anpassung. Louie will dieses Anpassungssyndrom umgehen, indem er am Max Effort ständig andere Übungen in Form von Varianten der Powerlifts ausführen lässt.

Louie gibt zu verstehen, dass nach drei Wochen im 90%+ Bereich sich die Leistungen verschlechtern werden, da das ZNS ermüdet. Er bedient sich dieses Tricks und ja, dadurch verhindert man, dass das ZNS sich zu sehr anpasst und folglich ermüdet. Aber was passiert noch? Verwendet man nur Good Mornings, Board Press, Floor Press, Block Pulls und Box Squats in weiteren unendlichen Varianten, verhindert man zwar, dass sich das ZNS anpasst, aber was gewinnt man dadurch? Es sind schließlich nur Ergänzungsübungen und nicht die eigentlichen Wettkampfdisziplinen. Wie hoch ist der Übertrag (*carryover*) von diesen Übungen zu den eigentlichen Wettkampfübungen? Egal, wie clever ich diese Übungen auswähle und rotiere, den höchsten Übertrag zu meinen drei Wettkampfdisziplinen haben doch *Achtung: Überraschung!* die drei Wettkampfdisziplinen Kniebeugen, Bankdrücken und Kreuzheben selbst.

5. Macht der Dynamic Effort Sinn?

Powerlifting ist kein dynamischer Sport. Ein Kugelstoßer kann seine Kugel nicht langsam werfen, ebenso wenig der Diskuswerfer den Diskus oder der Speerwerfer seinen Speer. Würden sie es versuchen, würde ihnen ihr Sportgerät einfach auf ihre Füße fallen. Beim Powerlifting findet auch keine ballistische Kraftentwicklung wie z.B.

beim Olympischen Gewichtheben statt. Beim Olympischen Gewichtheben kann man kein Gewicht langsam umsetzen, wie im ersten Teil der Bewegung eines Cleans & Jerk oder Snatch. Man kann auch nicht langsam hoch oder weit springen. Was man aber machen kann, ist die Kniebeuge, das Bankdrücken und das Kreuzheben langsam auszuführen.

Louie behauptet, man hat biochemisch gesehen nur ein bestimmtes Zeitfenster einen Lift zu absolvieren, danach ist der Adenosintriphosphat-Speicher leer. Dieser Speicher hat aber gut und gerne 10sec lang Power bis er leer ist. Wer würde einen Maximalversuch über 10 Sekunden lang absolvieren? Kraftsportler wurden bereits getestet in Bezug auf ihre RFD (r*ate of force development*), die Geschwindigkeit ihrer Kraftentwicklung. Die meisten hatten eine Geschwindigkeit von 0,3-0,4 Sekunden, bis ihr maximales Kraftpotential aktiviert wurde[51]. Würde ein Spitzenathlet diesen Wert irgendwann mal in seiner Karriere um die Hälfte verbessern, sagen wir um 0.2sec, hätte er sich darin verbessert, einen Maximalversuch schneller zu beenden. Ich habe im Powerlifting aber noch nie einen knapp verfehlten Maximalversuch gesehen, der länger als sechs Sekunden gedauert hat und mich selbst anschließend sagen hören »Mensch! Hätte er noch für 0,2 oder 0,3 Sekunden mehr Kraft gehabt, hätte er es geschafft!«

Es wäre für diesen Sport völlig nutzlos, denn 0,2 Sekunden spielen hier keine Rolle.

Es gibt die Lehr- und die Praxismeinung, dass man maximale Kraftentwicklung durch submaximale Trainingsgewichte aufbauen kann. Das Einzige, was sich hierbei aber verbessert, ist die Kraftentwicklung für submaximale Gewichte. Wenn ich mit submaximalen Gewichten zwischen 50-70% meinen Speed trainiere, werde ich einfach nur schneller und stärker darin, Gewichte zwischen 50-70% zu bewegen. Sobald ich aber 90% meines 1RM auf der Hantel habe, spielt diese Fähigkeit keine Rolle mehr. Ich bin es schlicht und ergreifend nicht gewohnt, diese 90% schnell zu bewegen. Das Einzige, was grundsätzlich Sinn macht ist, jedes Gewicht, ob 50, 70 oder 90%, kontrolliert und so explosiv wie möglich konzentrisch zu bewegen. Es ist eine Fähigkeit, die begleitend miterworben werden sollte. Diese Fähigkeit kann im Powerlifting aber nicht durch gezieltes Speed Training oder den Dynamic Effort merklich verbessert werden.

6. Westside betont die Arbeit mit Ketten und Bändern viel zu sehr

Louie spricht hier von *accommodating resistance*, die Anpassung des Widerstandes. Tatsache ist, dass eine konzentrische Aufwärtsbewegung in der Beuge, im Drücken oder Heben leichter wird, je weiter sie sich dem Lockout nährt. Sprich, kurz vor dem Durchdrücken der Knie oder Ellbogen ist die Kniebeuge oder das Bankdrücken einfacher als am unteren Wendepunkt. Das ist klar. Das versteht jeder. Simmons verändert diese natürliche Kraftkurve durch das Anbringen von Bändern und Ketten. Dies hat zur Folge, dass je weiter die Bewegung nach oben geht, die Bänder oder Ketten zusätzlichen Widerstand aufbauen und diese Phase der Bewegung erschweren.

Für Powerlifter, die mit Equipment arbeiten, macht dies noch irgendwo Sinn, da ihr Equipment sie am untersten Bewegungspunkt am stärksten unterstützt. Je höher sich das Gewicht bewegt, desto mehr muss der Heber selbst arbeiten. Und da beim Equipment das Hantelgewicht grundsätzlich höher ist als RAW, muss er diese Mehrbelastung gegen Ende der Bewegung verkraften. Um diese *sticking points* zu trainieren, kann man Bänder und Ketten gezielt anbringen.

Für RAW-Powerlifter macht es aber wenig Sinn, jede Übung mit Bändern und Ketten auszustatten. Ihr schwächster Punkt ist am untersten Wendepunkt, also in der Hocke, auf der Brust oder direkt über dem Boden. Warum sollten sie also den oberen Teil der Bewegung überlasten? RAW Lifter können aus Gründen der Abwechslung oder um gelegentlich die Endposition und ihr ZNS zu überlasten, mit diesen Tools arbeiten, aber grundsätzlich macht es wenig Sinn, so exzessiv Bänder und Ketten wie in Westside zu verwenden.

7. Autoregulation

In Bezug auf Intensität, gestattet Westside seinen Hebern von Einheit zu Einheit, die Intensität selbst zu bestimmen. An jedem Max Effort Tag arbeite man sich auf das Maximum hoch, das an diesem Tag machbar ist, am besten aber immer über 90% der Bestleistung für 3-5 Sätze. Am Dynamic Effort Tag richtet sich das Gewicht zwar nach Prozentwerten zwischen 50-60% des RAW-1RM, aber die Geschwindigkeit mit der die Stange bewegt wird, ist das entscheidende Kriterium. Wenn heute 60% nicht schnell genug bewegt werden können, reduziert man auf 55%. Die Autoregulation für die Intensität ist somit gewährleistet, und das ist auch wichtig. Was überhaupt nicht geregelt ist, ist das Volumen. Es wird immer mit denselben Satz- und Wiederholungszahlen gearbeitet – ein langfristig nicht unbedingt gewinnbringender Ansatz. Volumen ist ein Stressor, der auch variiert werden muss.

Fazit I

Die Pluspunkte des Programmes sind gleichzeitig seine Schwächen. Jeder vermeintliche Pluspunkt, kann nicht ohne die damit verbundenen Kontras diskutiert werden.

Wie kann es sein, dass ein Programm, sei es auch noch so ausgetüftelt und möge es auch noch so viel Spielraum für individuelle Veränderungen bieten, so viele Weltmeister und Rekordhalter produziert hat? Schon lange kursiert die Meinung, Westside Training macht nur für Steroidnutzer in den nicht getesteten amerikanischen Verbänden Sinn. Es gibt nachweislich keinen international erfolgreichen RAW Lifter, der in einem dopinggetesteten Verband aktiv ist und seinen Erfolg Westside zuschreibt. Ich persönlich teile diese Ansicht.

Stellen wir uns es so vor: Warum müssen weit fortgeschrittene Athleten ihre Fähigkeiten über das Jahr in Blöcke oder Abschnitte verteilen? Ganz einfach: Je weiter deine Leistung voranschreitet, desto mehr Arbeit musst du investieren, um sie weiterhin zu steigern. Würde ein Fortgeschrittener versuchen, alle Eigenschaften (Kraft, Schnellkraft, Muskelmasse) gleichzeitig zu steigern, so wäre das

Volumen, die Frequenz oder die dafür erforderliche Intensität, nicht zu bewerkstelligen. Die Regenerationskapazitäten sind irgendwann am Ende. Also muss sich der Athlet dafür entscheiden, abschnittsweise eine bestimmte Qualität zu verbessern und die anderen in dieser Zeit etwas zu vernachlässigen oder höchstens auf Erhaltungsniveau zu trainieren.

Welches ist die beste Methode die Erholungsfähigkeit zu verbessern? Genau: Steroide. Anstatt sich um ausgefuchste Periodisierungsmodelle zu kümmern, Volumen und Intensität intelligent zu variieren, nimmt man eine Wagenladung Steroide und muss sich wenig um diese Probleme kümmern. Genau wie ein Anfänger sehr lange mit progressiver linearer Überlastung (Steigerung von Einheit zu Einheit) oder nicht-linearer Periodisierung arbeiten kann, so kann ein Steroidnutzer noch viel länger damit erfolgreich arbeiten, auch wenn er schon fast ein Profisportler ist.

Wer jetzt genetisch etwas für das Powerlifting bevorteilt ist, der kann mit der Kombination aus einem Programm für mäßig Fortgeschrittene und den richtigen Steroiden Powerlifting Champion auf höchster Ebene werden. Westside wird als High-End-Programm für weit fortgeschrittene Powerlifter propagiert, sein Aufbau übersteigt aber nicht die Grenzen einer mittleren Periodisierungsstufe.

Fazit II
Abschließend kann ich nur versuchen, meine Analyse und persönliche Ansichten in fünf Gedankengänge zu gliedern:

Punkt Nummer Eins
Das Westside Buch der Methoden ist eine sehr interessante Lektüre, vor allem auch die gelungene deutsche Übersetzung von Dr. Hermann Korte. Es liest sich in seinen Ausführungen wahnsinnig aufregend und man möchte schnell ins Gym eilen und sofort bis ans Ende seiner Tage nur noch nach Westside trainieren. Wenn man es liest, ergibt alles einen Sinn: Die wissenschaftlichen Ausführungen von Louie, die beeindruckenden Leistungen seiner Lifter, und vieles

mehr. Aber was passiert wirklich? Nicht selten laufen diese Versuche folgendermaßen ab: Man trainiert sechs Monate als drogenfreier RAW Powerlifter nach Westside, berücksichtigt alle Prinzipien und hält sich fanatisch an Louies Vorgaben. Dann kommt der Tag X und man testet unter Wettkampfbedingungen oder tatsächlich an einem Wettkampf seine Leistung. Das Ergebnis ist oftmals so frustrierend, dass man gar nicht versteht, wo der Fehler lag. Hat man zu viel oder zu wenig Bänderspannung verwendet? Hat man nicht häufig genug die Max Effort Übung gewechselt? Hat man beim Speed Bankdrücken nur zwei und nicht drei der empfohlenen Griffweiten verwendet? Waren es durchschnittlich leider nur fünf anstatt zehn Extra-Mini-Workouts pro Woche? Hat man die Good Mornings mit durchgedrücktem oder rundem Rücken gemacht? Hätte man eine tiefere Box für die Kniebeugen verwenden sollen? Es ist, als würde man schier wahnsinnig werden.

Punkt Nummer Zwei
Mit dem RAW Powerlifting hat Westside nicht viel zu tun. Die meisten Methoden haben hierfür keinen großen Übertrag. Es ist nicht spezifisch genug, um für RAW Powerlifting geeignet zu sein. Man beschäftigt sich viel zu sehr mit Übungen, die am Wettkampftag nicht gefordert sind. Wenn ich eine freie Kniebeuge tiefer als parallel am Turnier abliefern muss, dann muss ich das doch auch trainieren, oder? Wie soll ich ein starker Kreuzheber werden, wenn ich die wenigste Zeit, laut Louie, überhaupt Kreuzheben trainieren soll? Abgesehen davon wird die Hälfte meiner Hauptübungen am Dynamic Effort Tag absolviert, obwohl Powerlifting doch gar keine Schnellkraft verlangt.

Punkt Nummer Drei
Oft habe ich persönlich von Leuten die Information erhalten, dass die Vorgaben im Buch nicht das repräsentieren, was Louies Schützlinge tatsächlich in Westside so zusammentrainieren. Diese Leute waren selbst vor Ort und haben gastweise bei Louie trainiert und sich persönlich mit ihm und seinen Athleten unterhalten. Aber wenn es so wäre, dass die erfolgreichen Schützlinge von Louie bei ihm ganz

anders trainieren, was könnte die weltweite Westside Community mit dieser Tatsache anfangen? Man geht doch davon aus, dass das Buch und auch die vielen kostenlosen Artikel auf Louie Simmons Website verwertbare Inhalte bieten und die Quintessenz seiner Theorien darstellen. Wenn tatsächlich ein so signifikanter Unterschied zwischen den öffentlich zugänglichen Informationen und der echten Praxis unter Simmons selbst besteht, kann das doch nicht in seinem Sinne sein.

Punkt Nummer Vier
Mit ziemlicher Sicherheit gibt es Modifikationen, die auch dopingfreie RAW Lifter voranbringen. Aber dies ist dann ihre individuelle Version von Westside und nicht die allgemeine Vorlage, die im Buch und im Internet zu finden ist.

Punkt Nummer Fünf
Westside macht dennoch vieles richtig, die Frage ist aber: Bringt es dich weiter? Oder gibt es nicht geeignetere Programme, die von der Grundidee her schon besser zu deinen Voraussetzungen passen?

Tipp für Fans
Bestellt euch die Dokumentation *Westside vs The World: The Story behind the Madness* (2019), wenn sie gerade mal nicht vergriffen ist. Über das Westside Programm lernt man nicht viel, aber das gesamte Konstrukt sowie Louies Mindset dahinter, kommen darin sehr gut zur Geltung.

Wer sich medial mit Westside auseinandersetzen möchte, der versucht auch an die alten Training DVDs ranzukommen oder durchforstet mal das Internet zu diesen Inhalten. Die Bildqualität ist zwar auf dem Stand von 90er Jahre VHS-Filmen, aber es sind die einzigen originalen Quellen dazu in Bild und Ton.

Reactive Training Systems
Mike Tuchscherer

Wolfgang Unsöld hat mal vor Jahren scherzhaft zu mir gesagt, dass erfolgreiche Autoritäten im Kraftsport immer einen komplizierten Nachnamen haben müssen: Poliquin, Verstegen, Tsatsouline, Thibaudeau, Zatsiorsky, Israetel oder eben Unsöld. Und so ist es auch mit Mike Tuchscherer. Würde man seinen Nachnamen so schreiben, wie man ihn aussprechen sollte, müsste es ungefähr *Tuhschähr* geschrieben werden.

Mike Tuchscherer, oder eben einfach nur Mike T., ist nicht nur ein sehr erfolgreicher Powerlifting Coach, der mit seiner Firma Reactive Training Systems (RTS) viele Athleten im Amateur und internationalem Profi-Bereich betreut, sondern auch derzeit einer der stärksten RAW Powerlifter der IPF in der Gewichtsklasse bis 120kg. Er kann bereits auf drei IPF RAW-Weltrekorde zurückblicken. Seine persönlichen Bestleistungen im Wettkampf liegen in der Kniebeuge

---

[IX] *Westside Barbell™* alle Rechte liegen bei Louie Simmons.

bei 347,5kg, im Bankdrücken bei 271,5kg und im Kreuzheben bei 377,5kg, sein bestes Overall-Ergebnis waren phänomenale 535,91 Wilks-Punkte[52]. Mike begann seine Powerlifting Karriere sehr erfolgreich im Equipmentbereich, wechselte dann aber zum RAW Powerlifting.

Mikes Trainingsphilosophie steht aus gutem Grund an zweiter Stelle meiner Liste: Louie steht zwar an Nummer eins, dies ist aber hauptsächlich dem Respekt für seine jahrzehntelange Arbeit geschuldet. Abgesehen davon ist Westside weltweit eines der bekanntesten Programme.

Mike Tuchscherer hat jedoch ein System entwickelt, das meines Erachtens das Innovativste ist, was bisher an die breite Öffentlichkeit vorgedrungen ist. RTS wurde 2008 gegründet – sprich, es sind gut 10 Jahre vergangen, als er u.a. für die RPE Chart als Hilfe zur Autoregulation und als Ergänzung zu Prozentwerten, bekannt wurde.

Sein System ist eines der durchdachtesten und komplexesten Programme und Methoden, denen ich während meinen Recherchen und meiner eigenen Trainingserfahrung begegnet bin.
Ich lege es jedem ans Herz, sich sein *The Reactive Training Manual* zu besorgen – am besten über den Shop seiner Website

https://www.reactivetrainingsystems.com/Home/Main

Hier finden sich zudem unglaublich hochwertige Informationen und Gratisartikel als Download.

Die Programme
Um die Bandbreite eines Mike Tuchscherers besser darstellen zu können, werden zwei Programme vorgestellt.

Das erste ist das *Generalized Intermediate Program*, ein Programm, das sich an den mittleren Fortgeschrittenen richtet. Das Programm findet sich auch kostenlos unter:

https://articles.reactivetrainingsystems.com/2015/12/01/the-rts-generalized-intermediate-program-by-mike-tuchscherer/

Danach gibt es als Zugabe die *RTS Basic Template*, diese Vorlage kann praktisch von jedem Lifter in jedem Entwicklungsstadium angepasst werden, unabhängig ob RAW oder Equipment Athlet.

Generalized Intermediate Program:
Wer ist die Zielgruppe?
Für wen eignet sich dieses Programm am besten? Tuchscherer hat für diese Frage einen Beispiel-Powerlifter namens David erfunden und beschreibt ihn wie folgt:

> »David ist 30 Jahre alt, wiegt 95kg und ist im mittleren Fortgeschrittenenstatus, er ist kein Beginner mehr, aber auch noch kein weit Fortgeschrittener. Er trainiert seit vier Jahren als Powerlifter und seine aktuelle Leistung wird im russischen Klassifikations-Raster als "Klasse 3 Athlet" eingestuft. Er versucht gerade, von drei Einheiten pro Woche auf vier Einheiten umzustellen, hat sich aber noch nicht daran angepasst. Sein Background sind diverse 5x5-Programme und ein kurzer Ausflug ins 5/3/1-Programm. Ihm steht normales Trainingsequipment zur Verfügung und er trainiert komplett RAW. Seine Kreuzhebetechnik ist der konventionelle Stil. Seine Schwachpunkte sind stets der untere Punkt der Bewegungen«.

Die Übungsauswahl auf Tuchscherers Website zum Generalized Intermediate Program wurde folglich auf Davids Bedürfnisse zugeschnitten – dies müssen aber nicht eure Bedürfnisse sein, beachtet also diese Tatsache.

Im Forum von RTS findet man das komplette 9-wöchige Programm mit allen Übungen, die Tuchscherer für sinnvoll hält. Dieses Programm hier komplett abzudrucken wäre aber nicht Sinn und Zweck der Übung. Es sei nur ein Beispiel, das betont Mike mehrfach bei den Ausführungen zu diesem Programm. Die Gefahr, es blind zu übernehmen, sei zu groß. Stattdessen habe ich versucht, sein Programm in ein Baukastenprinzip zu gliedern, dies schafft Verständnis für den inneren Aufbau und die Aufgaben, die die Übungen im Einzelnen übernehmen sollen.

RTS Generalized Intermediate Program by Mike Tuchscherer				
	Mo	Di	Do	Fr
Woche 1-4	·Haupt Beuge ·Haupt Bank ·Bank Assistenz	·Haupt Kreuzheben ·Zweite Bank Assistenz ·Beuge Ergänzung	·Beuge Assistenz ·Zweite Bank ·Bank Ergänzung	·Kreuzheben Assistenz ·Zweite Bank Ergänzung ·Kreuzheben Ergänzung
	Mo	Mi		Fr
Woche 5-8	·Haupt Beuge ·Zweite Bank ·Ergänzung	·Haupt Bank ·Haupt Kreuzheben ·Bank Ergänzung ·Beuge Ergänzung		·Beuge Assistenz ·Bank Assistenz ·Kreuzheben Ergänzung

Haupt Beuge/Bank/Kreuzheben
Die Wettkampfausführung der drei Powerlifts.

Zweite Beuge/Bank
Zweitwichtigste Übung nach der Wettkampfausführung, sehr nah an der Wettkampfübung z.B. Bankdrücken ohne Pause, Kreuzheben im alternativen Stand, Kniebeugen ohne Gürtel.

Assistenz
Eine Variante der Wettkampfübung um eine Schwäche zu verbessern, z.B. Kniebeugen mit 3sec Pause in der Hocke, Bankdrücken mit 3sec Pause auf der Brust.

Ergänzung
Allgemeine Ergänzung um bestimmte Muskelgruppen gezielt zu trainieren, z.B. Frontkniebeugen, Overhead Press, Rumänisches Kreuzheben, enges Bankdrücken, Schrägbankdrücken.

Zweite Ergänzung
Zweitwichtigste Ergänzung um bestimmte Muskelgruppen gezielt zu trainieren, hängt von der Wahl der ersten Ergänzungsübung ab.

Zugegeben, das klingt jetzt tatsächlich sehr sperrig und verwirrend. Einfacher wäre es, wie wir es aus anderen Programmen kennen, uns nur zu sagen, welche Übungen wir machen sollen. Aber dies entspricht nicht dem Prinzip der Individualisierung. Woher soll Tuchscherer wissen, wo bei dir der schwächste Punkt im Bankdrücken liegt? Hast du Probleme mit dem Lockout? Kommst du nicht mit der Pause auf der Brust klar und solltest dies gezielt trainieren? Man erkennt jetzt schon, es ist kein Copy-&-Paste-Programm. Jeder muss individuell die Übungen auswählen, immer nach dem Prioritätsprinzip. Mir ist aber schon klar, dass nun jeder dieses Originalprogramm sehen möchte, also gut, bitte schön: RAW und unverändert[x].

Week 1
Monday
Squat w/belt Work up to x4 @9 (Load Drop) No Drop Sets
Competition Raw Bench Work up to x4 @9 (Load Drop) No Drop Sets
3ct Pause Bench Work up to x5 @9 (Load Drop) No Drop Sets
Tuesday
Deadlift w/belt Work up to x4 @9 (Load Drop) No Drop Sets
Floor Press Work up to x4 @9 (Load Drop) No Drop Sets
Front Squat Work up to x6 @9 (Load Drop) No Drop Sets
Thursday
Pin Squat Work up to x5 @9 (Load Drop) No Drop Sets
Bench (touch and go) Work up to x6 @10 (Load Drop) No Drop Sets
Push Press Work up to x6 @9 (Load Drop) No Drop Sets

---

[x] Alle Rechte liegen bei Mike Tuchscherer

Friday
2" Deficit Deadlift Work up to x5 @9 (Load Drop) No Drop Sets
Close Grip Bench Work up to x6 @9 (Load Drop) No Drop Sets
Snatch Grip SLDL Work up to x6 @9 (Load Drop) No Drop Sets

Week 2
Monday
Squat w/belt Work up to x5 @9 (Load Drop) 4-6% Fatigue
Competition Raw Bench Work up to x5 @9 (Load Drop) 4-6% Fatigue
2ct Pause Bench Work up to x4 @9 (Load Drop) 4-6% Fatigue
Tuesday
Deadlift w/belt Work up to x5 @9 (Load Drop) 4-6% Fatigue
Pin Press (mid range) Work up to x3 @9 (Load Drop) 4-6% Fatigue
303 Tempo Squat Work up to x7 @9 (Load Drop) 4-6% Fatigue

Thursday
Squat w/belt, wraps Work up to x4 @9 (Load Drop) 4-6% Fatigue
Bench (touch and go) Work up to x5 @9 (Load Drop) 4-6% Fatigue
Close Grip Incline Work up to x7 @9 (Load Drop) 4-6% Fatigue
Friday
Rack Pull (below knee) Work up to x4 @9 (Load Drop) 4-6% Fatigue
J.M. Press Work up to x7 @9 (Load Drop) 4-6% Fatigue
Lever Rows Work up to x7 @9 (Load Drop) 4-6% Fatigue

Week 3
Monday
Squat w/belt Work up to x3 @9 (Load Drop) 6-9% Fatigue
Competition Raw Bench Work up to x3 @9 (Load Drop) 6-9% Fatigue
3ct Pause Bench Work up to x5 @9 (Load Drop) 6-9% Fatigue
Tuesday
Deadlift w/belt Work up to x3 @9 (Load Drop) 6-9% Fatigue
Floor Press Work up to x4 @9 (Load Drop) 6-9% Fatigue
Front Squat Work up to x5 @9 (Load Drop) 6-9% Fatigue

Thursday
Pin Squat Work up to x5 @9 (Load Drop) 6-9% Fatigue
Bench (touch and go) Work up to x8 @10 (Load Drop) 6-9% Fatigue
Push Press Work up to x5 @9 (Load Drop) 6-9% Fatigue
Friday
2" Deficit Deadlift Work up to x5 @9 (Load Drop) 6-9% Fatigue
Close Grip Bench Work up to x5 @9 (Load Drop) 6-9% Fatigue
Snatch Grip SLDL Work up to x5 @9 (Load Drop) 6-9% Fatigue

Week 4
Monday
Squat w/belt Work up to x4 @9 (Load Drop) 4-6% Fatigue
Competition Raw Bench Work up to x4 @9 (Load Drop) 4-6% Fatigue
2ct Pause Bench Work up to x3 @9 (Load Drop) 4-6% Fatigue
Tuesday
Deadlift w/belt Work up to x4 @9 (Load Drop) 4-6% Fatigue
Pin Press (mid range) Work up to x2 @9 (Load Drop) 4-6% Fatigue
303 Tempo Squat Work up to x6 @9 (Load Drop) 4-6% Fatigue
Thursday
Squat w/belt, wraps Work up to x3 @9 (Load Drop) 4-6% Fatigue
Bench (touch and go) Work up to x4 @9 (Load Drop) 4-6% Fatigue
Close Grip Incline Work up to x6 @9 (Load Drop) 4-6% Fatigue
Friday
Rack Pull (below knee) Work up to x3 @9 (Load Drop) 4-6% Fatigue
J.M. Press Work up to x6 @9 (Load Drop) 4-6% Fatigue
Lever Rows Work up to x6 @9 (Load Drop) 4-6% Fatigue

Week 5
Monday
Squat w/belt Work up to x3 @9 (Load Drop) 4-6% Fatigue
Bench (touch and go) Work up to x7 @10 (Load Drop) 4-6% Fatigue
Close Grip Bench Work up to x5 @8 (Repeat) 4-6% Fatigue

Wednesday
Competition Raw Bench Work up to x3 @9 (Load Drop) 4-6% Fatigue
Deadlift w/belt Work up to x3 @9 (Load Drop) 4-6% Fatigue
Push Press Work up to x5 @8 (Repeat) 4-6% Fatigue
Front Squat Work up to x5 @8 (Repeat) 4-6% Fatigue
Friday
2ct Pause Squat Work up to x4 @9 (Load Drop) 4-6% Fatigue
Pin Press (chest level) Work up to x4 @9 (Load Drop) 4-6% Fatigue
Snatch Grip SLDL Work up to x5 @8 (Repeat) 4-6% Fatigue

Week 6
Monday
Squat w/belt Work up to x4 @9 (Load Drop) 6-9% Fatigue
Bench (touch and go) Work up to x3 @9 (Load Drop) 6-9% Fatigue
Close Grip Floor Press Work up to x6 @8 (Repeat) 6-9% Fatigue
Wednesday
Competition Raw Bench Work up to x4 @9 (Load Drop) 6-9% Fatigue
Deadlift w/belt Work up to x4 @9 (Load Drop) 6-9% Fatigue
Military Work up to x6 @8 (Repeat) 6-9% Fatigue
2ct Pause Squat Work up to x6 @8 (Repeat) 6-9% Fatigue
Friday
Squat w/belt, wraps Work up to x2 @9 (Load Drop) 6-9% Fatigue
2ct Pause Bench Work up to x2 @9 (Load Drop) 6-9% Fatigue
Pendlay Rows Work up to x6 @8 (Repeat) 6-9% Fatigue

Week 7
Monday
Squat w/belt Work up to x2 @9 (Load Drop) 4-6% Fatigue
Bench (touch and go) Work up to x6 @10 (Load Drop) 4-6% Fatigue
Close Grip Bench Work up to x4 @8 (Repeat) 4-6% Fatigue
Wednesday
Competition Raw Bench Work up to x2 @9 (Load Drop) 4-6% Fatigue
Deadlift w/belt Work up to x2 @9 (Load Drop) 4-6% Fatigue
Push Press Work up to x4 @8 (Repeat) 4-6% Fatigue
Front Squat Work up to x4 @8 (Repeat) 4-6% Fatigue

Friday
2ct Pause Squat Work up to x3 @9 (Load Drop) 4-6% Fatigue
Pin Press (chest level) Work up to x3 @9 (Load Drop) 4-6% Fatigue
Snatch Grip SLDL Work up to x4 @8 (Repeat) 4-6% Fatigue

Week 8
Monday
Squat w/belt Work up to x3 @9 (Load Drop) 4-6% Fatigue
Bench (touch and go) Work up to x2 @9 (Load Drop) 4-6% Fatigue
Close Grip Floor Press Work up to x5 @8 (Repeat) 4-6% Fatigue
Wednesday
Competition Raw Bench Work up to x3 @9 (Load Drop) 4-6% Fatigue
Deadlift w/belt Work up to x3 @9 (Load Drop) 4-6% Fatigue
Military Work up to x5 @8 (Repeat) 4-6% Fatigue
2ct Pause Squat Work up to x5 @8 (Repeat) 4-6% Fatigue
Friday
Squat w/belt, wraps Work up to x2 @9 (Load Drop) 4-6% Fatigue
2ct Pause Bench Work up to x2 @9 (Load Drop) 4-6% Fatigue
Pendlay Rows Work up to x5 @8 (Repeat) 4-6% Fatigue

Week 9
Monday
Squat, Bench and Deadlift. Work up to 92% of previous 1RM for one set of one.
Wednesday
Squat, Bench and Deadlift. Go through your warm up routine (not heavier than 80%)
Friday / Saturday
Practice competition.
Test 1RM in Squat, Bench and Deadlift

Rates of Perceived Exertion: RPE Chart

Man kann nicht mit den Methoden und Systemen arbeiten, die von Mike und seinem RTS Team generiert werden, wenn man sich nicht mit der RPE Tabelle auseinandergesetzt hat. RPE bedeutet *Rates of Perceived Exertion*. Übersetzt könnte das so viel wie "Der Grad der wahrgenommenen Anstrengung" bedeuten. Es ist eine Klassifikationstabelle, die den Grad der Anstrengung eines Satzes bzw. der absolvierten Wiederholungen bewertet. Die Skala endet bei @10, dies wäre ein absolutes Wiederholungsmaximum – hat man eine @10 absolviert, wäre keine zusätzliche Wiederholung mehr denkbar. Eine @9 würde bedeuten, es wäre noch eine zusätzliche Wiederholung machbar gewesen.

	Rates of Perceived Exertion
RPE Chart	*Alles unter 5 RPE interessiert nicht!*
@5,5	War das zu einfach, um überhaupt als Arbeitssatz zu gelten?
@6	War das eher so leicht, wie ein Aufwärmgewicht?
@6,5	War dies ein grenzwertiges Aufwärmgewicht?
@7	War das Tempo ziemlich schnell, wie bei einem leichten Eröffnungsversuch?
@7,5	Hättest du **vielleicht** noch **drei** Wiederholungen mehr machen können?
@8	Hättest du **definitiv** noch **zwei** Wiederholungen mehr machen können?
@8,5	Hättest du **vielleicht** noch **zwei** Wiederholungen mehr machen können?
@9	Hättest du **definitiv** noch **eine** Wiederholung mehr machen können?
@9,5	Hättest du **vielleicht** noch **eine** Wiederholung mehr machen können?
@10	**Maximale Anstrengung!** Mehr ist nicht zu schaffen! 100%

Es ist ein wichtiges Instrument, um sich und die erbrachte Anstrengung bzw. Leistung einschätzen zu können. Mal angenommen, ich beuge heute 180kg für zwei Wiederholungen. Das entspricht vielleicht heute einem RPE von @10, da geht nichts mehr. In zwei oder drei Wochen beuge ich dieselben 180kg erneut für zwei Wiederholungen und kann dies eindeutig als einen RPE von @9 einstufen, dann weiß ich automatisch, dass ich mich verbessert habe, auch wenn es dieselben 180kg für 2Wdh waren.

Die Verwendung von RPE hat große Vorteile gegenüber der Verwendung von Prozentwerten. Prozentwerte sind erbarmungslos und akzeptieren keine schlechte Tagesform durch zu wenig Schlaf oder beruflichen Stress. Wenn der Plan vorgibt, dass heute Kniebeugen mit 4 x 4Wdh x 80% gemacht werden müssen, dann gibt es daran nichts zu rütteln. Wenn mein 1RM 200kg sind, dann muss ich 4 x 4Wdh x 160kg machen. Da ich aber schlecht geschlafen und Überstunden im Büro gemacht habe, fühlen sich die 180kg heute wie 190kg an – also wie 90% meines Maximums. Soll ich mich dennoch durchkämpfen und bei den 180kg bleiben? Oder riskiere ich dadurch eventuell eine Verletzung, überanstrenge mich oder beuge mit einer schlampigen Technik? Was ist aber, wenn sich 180kg heute wie 160kg anfühlen? Es gibt Tage, da ist man unbesiegbar und könnte die Hantelstange zerreißen. Bleibe ich da auch bei 4 x 4Wdh x 180kg? Wäre es nicht besser, ich lege 190kg auf? Ihr versteht, worauf das hinausläuft, oder?

Die RPE-Falle

Selbst RPE sind aber nicht der Heilige Gral der Autoregulation. Gerade für Anfänger ist die Verwendung von RPE heikel. Wer eine @8 oder @9 abliefern soll, der muss auch wissen, was eine @10 ist. Einen Anfänger unter die Hantel zu spannen und ein @10 zu provozieren oder sogar über das Ziel hinauszuschießen und aus Versehen konzentrisches Muskelversagen zu initiieren, ist strukturell verantwortungslos. Ein Anfänger hat kein richtiges 1RM, da sein ZNS und seine Muskulatur sowie seine Technik noch nicht zusammenarbeiten. Wenn schon eine @10 erproben, dann höchstens mit einem

5RM und dann die Rep-Max-Formel[XI] hinzuziehen. Prozentbasierte Anfangswerte sind für Beginner stets die bessere Wahl.

Wenn mein Trainingsplan heute davon ausgeht, dass ich 4 x 4Wdh @9 mache, dann ist der Fall klar: Ich führe vier Arbeitssätze mit vier Wiederholungen aus und jeder Satz hätte noch eine Wiederholung zugelassen, aber auch nicht mehr. Dann sieht an einem guten Tag mein Training folgendermaßen aus:

    4 x 182,5kg @8,5
    4 x 187,5kg @9
    4 x 192,5kg @9,5
    →*ok, wird zu schwer, ich muss etwas reduzieren!*
    4 x 187,5kg @9

Wenn das Programm von Mike T. angibt »work up to 3 @9«, dann arbeitet man sich auf einen Satz mit drei Wiederholungen hoch, bis man die @9 erreicht hat. Aus diesem Grund arbeitet Tuchscherer auch nicht mit klassischen Angaben von Satzzahlen. Seiner Ansicht nach kann man nicht wissen, wie das heutige oder morgige Training verläuft.

Fatigue Stops

Dies ist eine effiziente Methode, mit der man durch persönliche Autoregulation sein Training optimieren kann. Sagen wir mal, das Programm verlangt, dass du Folgendes machen sollst:

    Squat w/belt Work up to x4 @9

Das bedeutet, es werden Kniebeugen mit Gürtel gemacht und du arbeitest dich auf vier Wiederholungen @9 hoch:

[XI] **Rep-Max-Formel**
Hantelgewicht * Erreichte Wdh = Gesamtgewicht * 0,0333 = X kg + Hantelgewicht: 100kg*5 Wdh=500kg*0,0333 = 16,65kg + 100kg = **116,65kg** theoretisches 1RM

4 x 100kg @8
4 x 105kg @8
4 x 110kg @8,5
4 x 115kg @9

Du hast mit 115kg deinen heutigen Top Satz erreicht, da @9 nicht überschritten werden sollte. Dies ist dein Initialsatz (*initial set*).

Wenn das Volumen deiner Hauptübung erhöht werden soll, dann würden traditionelle Systeme einfach noch ein paar zusätzliche Sätze mit vielleicht etwas reduziertem Gewicht verlangen. Aber auch hier ist das Problem: Wieviel Volumen erträgt dein Körper an diesem Trainingstag? Tuchscherer wollte dieses Problem durch Autoregulation lösen und hat den s.g. *Fatigue Stop* konzipiert (Ermüdungsgrenze). Nehmen wir nochmal den Arbeitssatz aus dem vorherigen Beispiel und ergänzen ihn mit diesem Fatigue Stop:

Squat w/belt Work up to x4 @9
(Load Drop) 4-6% Fatigue

Dein Top Satz aus dem vorherigen Beispiel sind 4 x 115kg @9 RPE. Mike gibt nun 4-6% Fatigue an. Wir können das Gewicht also um 4, 5 oder 6 Prozent reduzieren. Wir entscheiden uns mal für die 6 Prozent und reduzieren von 115 auf 108kg. Nun werden mit diesen 108kg weitere Sätze mit vier Wiederholungen gemacht, bis man wieder bei einem RPE von 9 angekommen ist. Dein Körper hat dann 6% Ermüdung angehäuft und die Übung ist beendet. An guten Tagen brauchst du eventuell fünf oder sechs Sätze bis du wieder bei @9 angelangt bist, an schlechten Tagen reicht vielleicht nur ein Satz:

4 x 115kg @ 9 (Top Satz/initial set)
6% Fatigue Stop
= ca. 7kg abziehen (Werte gerundet)
4 x 108kg @ 7,5
4 x 108kg @ 8

4 x 108kg @ 8,5
4 x 108kg @ 9
= Serie beendet, du hast nun wieder 6% Fatigue angehäuft.

Diese Methode ist eine sehr praktikable Verfahrensweise, um das Trainingsvolumen individuell zu regeln.

Wettkampfvorbereitung

Das Generalized Intermediate Program geht davon aus, dass man in der neunten Woche einen Wettkampf oder zumindest einen wettkampfähnlichen Test des aktuellen 1RM in der Kniebeuge, Bankdrücken und Kreuzheben vornimmt.

RTS Generalized Intermediate Program Die Wettkampfwoche			
	Mo	Mi	Sa
Woche 9	Einzelwiederholungen (Singles) bis zu ca. **92%** →dies entspricht ca. dem Eröffnungsversuch (Opener)	Einzelwiederholungen (Singles) bis zu ca. **80%** →dies entspricht ca. den letzten schweren Warm-ups vor dem Opener	Wettkampf/ Testtag

Periodisierung

Diese recht komplexe Zusammenstellung ähnelt dem Prinzip der nicht-linearen Periodisierung, wo Kraft, Power und Hypertrophie innerhalb einer Trainingswoche adressiert werden. Aber es ähnelt dieser Periodisierungsform lediglich, denn wie man sieht, verschieben sich die Wiederholungen und das Volumen von hoch nach niedrig – eine Eigenschaft der linearen Periodisierung.

Was aber wesentlich wichtiger ist, denn so baut Tuchscherer fast alle seine Mesozyklen auf, ist die Tatsache, dass hier mit einem Volumen und einem Intensitätsblock gearbeitet wird. Die ersten vier Wochen bilden den Volumenblock, bestehend aus vier Einheiten pro Woche.

Die Wiederholungen der Wettkampfübungen liegen zwischen 3 und 5 Wiederholungen und es wird vier Mal die Woche trainiert:

Woche 1: 4 Wdh
Woche 2: 5 Wdh
Woche 3: 3 Wdh
Woche 4: 4 Wdh

Der fünfwöchige Intensitätsblock reduziert sowohl die Einheiten auf drei Mal pro Woche als auch die Wiederholungen der Wettkampfübungen:

Woche 5: 3 Wdh
Woche 6: 4 Wdh
Woche 7: 2 Wdh
Woche 8: 3 Wdh
Woche 9: 1 Wdh

Tuchscherer passt individuell für jede der neun Wochen das Volumen (Fatigue Stops) an die Intensität (RPE) an, somit ist jede Woche verschieden.

Spezifität

Ihr habt bemerkt, dass es keine zusätzlichen Bodybuilding- oder sonstigen Pumper Movements in diesem Programm gibt. Tuchscherer arbeitet mit den Wettkampfübungen sowie eng verwandten Varianten und ein paar wenigen Zusatzübungen – aber immer nur mit dem Ziel, Schwächen zu verbessern und etwas Abwechslung ins Spiel zu bringen. Das nenne ich saubere Powerlifting-

Programmierung: absolut zweckgebunden! Allein zwei Drittel des Volumens stammt von den direkten Wettkampfübungen und den ganz engen Varianten davon. Selbst das verbleibende Drittel an Ergänzungsübungen, um bestimmte Muskelgruppen gezielt zu fördern, ist kein Fu-Fu-Schnick-Schnack: Wer den Trizeps pushen will, macht enges Bankdrücken, aber keine Cable-Pushdowns am Seil. Wer den Quadrizeps aufbauen muss, der macht Frontkniebeugen aber kein Beinstrecken oder Beinpressen.

Überlastung

Das Programm macht sich die progressive Überlastung zu Nutze und arbeitet sich von moderaten Gewichten bei hohem Volumen hin zu schweren Gewichten bei moderatem Volumen. Das Programm ist komplett autoreguliert, jedoch müssen von Woche zu Woche schwerere Gewicht bewältigt werden.

Fazit I

Das Programm eignet sich hervorragend um Lifter von drei Einheiten pro Woche auf vier Einheiten vorzubereiten. Wer bisher mit amerikanischen Programmen, die auf einen Powerlift pro Tag mit viel Bodybuilding Assistenzübungen und niedrigem Volumen vertrauen, gearbeitet hat, der wird hier in ein ernsthaftes Powerlifting-System eingeführt.
Ein Programm, dessen Parameter sich an RPE und Volumenregulatoren wie den Fatigue Stops orientiert, reguliert seine Intensität und Volumen höchst individuell.

Zwischenfrage:

Woran erkennt man ein Programm, das überhaupt **keine** Autoregulation beinhaltet?

Richtige Antwort:

Wenn dafür geplante Deloads im Programm enthalten sind.

Durch diesen billigen Trick umgeht der Programm-Kreator das Risiko, dass sich seine Athleten verheizen, weil sie überhaupt kein

Gefühl für ihren Körper haben und immer Vollgas geben, auch wenn es mal besser wäre, etwas weniger hart oder etwas weniger lang zu trainieren. Aber dieses *Gefühl* und *Hör-auf-deinen-Körper-Konzept* sind eine schwammige Angelegenheit. Anfänger können sich hier gar nicht einschätzen und Fortgeschrittene wollen es sich nicht eingestehen, dass sie heute mal nicht so gut in Form sind.

Die RPE Chart ist nicht schwammig, sie kann zu einer festen Konstante werden, einem Referenzwert, über den man sich genauestens austauschen kann. Es erfordert sowohl Übung, als auch ehrliche Selbsteinschätzung. Manchmal ist es auch erforderlich, dass einem der Trainingspartner oder der Trainer seine Meinung zurückmeldet. Oft war ich der Meinung, der letzte Satz im Kreuzheben wäre eine @8,5 gewesen. Ich hätte behauptet, da wäre noch eine zusätzliche Wiederholung drin gewesen. Mein Trainingspartner Daniel schüttelte aber den Kopf, es sei wohl eine @9 oder eher eine @10 gewesen. Da sei bei ordentlicher Technik keine Wiederholung mehr im Tank gewesen, so der feine Herr Mezger:

> *»Wenn du jetzt mit mehr Gewicht weitermachst, sieht das technisch eher wie bei Gollum in 'Der Herr der Ringe' aus, der mit einem Radkreuz die Schrauben an seinen Winterreifen nicht gelöst bekommt«*
>
> **Dan "The Man" Mezger**

Dieses spezielle *Generalized Intermediate Program* ist aber keine Routine, die beliebig oft wiederholt werden kann. Um genau zu sein, ist sie nur als einmalige Übergangslösung konzipiert worden. Daher gibt es jetzt als Bonus die RTS Basic Template, wie sie Mike Tuchscherer auch in seinem Buch The Reactive Training Manual[53] vorstellt.

> **The Basic Template for Reactive Training**
> **1. Montag**
> **Kniebeugen/Kreuzheben**
> Equipment Kniebeugen Variante – rotieren
> Kreuzheben Assistenz – rotieren
> Kniebeugen Ergänzung 4-5 Sätze, 5-8 Wdh
> Bauchmuskeln
> **2. Dienstag**
> **RAW Bankdrücken**
> Hauptübung RAW Bankdrücken – rotieren
> RAW Bankdrücken Assistenz – rotieren
> Schulterübung 4-5 Sätze, 5-8 Wdh
> Latissimus
> **3. Donnerstag**
> **Kreuzheben/Kniebeugen**
> Hauptübung Kreuzheben Variante – rotieren
> RAW Kniebeugen Variante – rotieren
> Kreuzheben Ergänzung 4-5 Sätze, 5-8 Wdh
> Bauchmuskeln
> **4. Freitag**
> **Equipment (Shirt)-Bankdrücken**
> Hauptübung für den Lockout – rotieren
> Lockout Assistenz – rotieren
> Lockout Ergänzung (Trizeps) 4-5 Sätze, 5-8 Wdh
> Latissimus

Erklärungen von Mike Tuchscherer zur Übungsauswahl
1. Equipment Kniebeugen Variante

Hier kann/sollte eine Kniebeuge mit Anzug und/oder Kniebandagen erfolgen. Hier muss hart und schwer trainiert werden. Es kann auch eine enge Variante sein, die der Kniebeuge mit Equipment ähnlich ist, am besten mit Bändern oder Ketten. Für RAW Athleten sollte dies ebenfalls der schwerste Beugetag sein, der Fokus liegt hier natürlich auf der RAW Kniebeuge.

2. Kreuzheben Assistenz
Diese sollte mit einer Langhantel ausgeführt werden und eurem Kreuzhebestil sehr ähnlich sein. Beispiele sind Kreuzheben mit Ketten, Reverse Bands, Defizit Kreuzheben oder eurem Nicht-Wettkampf-Stil, sprich wer Sumo antritt, macht hier konventionelles Kreuzheben.

3. Kniebeugen Ergänzung
Hier geht es um etwas höhere Wiederholungszahlen. Der Fokus liegt hier etwas mehr auf dem unteren Teil der Bewegung und muskulärem Aufbau. Beispiele: Kniebeugen mit hoher Hantelablage, tiefe Box Squats, Safety Squat Bar Kniebeugen, Frontkniebeugen, pausierte Kniebeugen, Kniebeugen auf Safety Pins.

4. Hauptübung RAW Bankdrücken
Betont wird hier die untere Drückposition, da dies der schwächste Punkt für das RAW-Bankdrücken ist. Die Übung sollte vom Griff eurer normalen Bankdrücktechnik entsprechen. Gute Varianten neben dem regulären Wettkampfstil sind u.a. Bankdrücken mit 3sec Pause auf der Brust oder Pin Press knapp über Brusthöhe.

5. RAW Bankdrücken Assistenz
Hier gibt es viele Optionen, solange es eine Bewegung über den vollen Bewegungsumfang ist und keine verkürzte Ausführung. Es geht um den untersten Punkt, nicht den Lockout.
Die Beispiele variieren von Schrägbankdrücken, enges Bankdrücken, auch in Kombination mit 2-3sec Pause auf der Brust oder tief eingestellte Pin Press.

6. Schultern
Hier entscheidet man sich am besten für eine Überkopf-Drückbewegung mit Lang- oder Kurzhanteln. Wem dies aus Mobilitätsgründen unmöglich ist, kann auch mit einer steilen Schrägbank arbeiten. Es geht darum, die Schultern stark und gesund zu erhalten. Auch die Rotatoren können hier mal gezielt trainiert werden. Übungen regelmäßig alle 3-6 Wochen austauschen.

7. Hauptübung Kreuzheben Variante

Primär sollte die Wettkampfvariante mit Equipment oder RAW schwer trainiert werden. Es kann auch mit Varianten gearbeitet werden wie Kreuzheben von Blöcken oder gegen Ketten oder Bänder.

8. RAW Kniebeugen Variante

Dies müsste eine Kniebeugevariante sein, die den untersten Punkt betont. Es geht darum, mit Speed und Kontrolle aus der Hocke zu kommen und allgemein Kraft und Sicherheit zu haben, wenn man wieder mit Equipment arbeitet (bspw. tiefe Box Squats, extra tiefe Kniebeugen, 3sec pausierte Kniebeugen oder olympische Kniebeugen/High Bar Squats).

9. Achtung RAW!

Für RAW-Athleten sollte hier der obere Lockout Bereich betont werden um sich an höhere Lasten zu gewöhnen (bspw. mit Ketten, Bänder, Weight Releasern oder Pin Squats). Daher sollten in der Programm-Vorlage die Bausteine für die *Equipment Kniebeugen Variante* und die *RAW Kniebeugen Variante* ausgetauscht werden.

10. Hauptübung für den Lockout

Diese Übung sollte eine schwere Drückbewegung über den vollen Bewegungsablauf gegen Bänder, Ketten oder Reverse Bands sein. Es sollte der Kraftverlauf mit dem Bankdrückshirt simuliert werden. Auch die Arbeit mit einem Bankdrückshirt selbst sollte hier eingebaut werden.

11. Achtung RAW II!

Ihr verwendet hier deutlich weniger Ketten oder Bänderspannung, aber dennoch geht es hier auch um euren Lockout und das Handling mit schweren Gewichten. Die Bausteine im Programm müssen aber nicht getauscht werden.

12. Lockout Assistenz

Hier kann mit verkürzten Bewegungen gearbeitet werden, die den oberen Teil der Bankdrückbewegung betonen: Board Press, Floor

Press oder Pin Press mit hoher Ablage. Mit Ketten oder Bändern kann je nach Bedarf gearbeitet werden.

13. Lockout Ergänzung (Trizeps)
Bitte keine Kickbacks oder Pushdowns. Enges Bankdrücken, enges Bankdrücken von hohen Safety Pins, J. M. Press, Skullcrusher oder Floor Press mit engem Griff, alles schwere Trizepsübungen. Wer sich sicher ist, dass es für ihn funktioniert, der kann auch Dips mit aufrechtem Oberkörper machen.

Volumen und Intensität
Wer das Wort *rotieren* bei den Hauptübungen und Assistenzübungen bemerkt hat, wird jetzt aufgeklärt. RTS arbeitet mit zwei Mesozyklen: Einem **Volumenblock** und einem **Intensitätsblock**.
Jeder vollzielt sich über durchschnittlich drei Wochen. Rotieren bedeutet, dass die Übungen die rotiert werden sollen, diesem Volumen/Intensitätsschema angepasst werden müssen.

Beispiele zu Volumen und Intensität
Anmerkung: Dies betrifft immer nur die Haupt- und Assistenzübungen in Bezug auf Wiederholungen und Sätze, nicht die Übungsauswahl. Ergänzungsübungen bleiben immer bei 4-5 Sätzen und 5-8 Wiederholungen. Im Volumenblock orientiert man sich bei Ergänzungsübungen eher Richtung 8 Wdh, im Intensitätsblock Richtung 5 Wdh.

Volumenblock Wiederholungen @RPE	Intensitätsblock Wiederholungen @RPE
3er@8-9	1-3er@10
2er@8-9	3er@9-10
5er@9-10	2er@9-10
4er@8-9	1er@9-10

Stress Management

Intensität und Volumen sind die beiden Hauptstressoren eines Krafttrainingsprogramms. Tuchscherer variiert zusätzlich innerhalb der Volumen-/Intensitätsblöcke die Intensität, in dem er Abstufungen mit
medium, *hoch* oder *sehr hoch* vornimmt. Seiner Meinung nach kann bzw. muss man nicht in einem dreiwöchigen Volumen- oder Intensitätsblock durchgehend mit gleichbleibender Intensität arbeiten. Den Stress kann man durch höhere RPE und höhere Fatigue Stops regulieren. Hier ein Beispiel anhand eines Volumenblocks von drei Wochen Dauer und der jeweiligen Hauptübung:

1. Woche: Stress medium
Hauptübung 3Wdh x @RPE 8-9
2. Woche: Stress sehr hoch
Hauptübung 5Wdh x @RPE 9-10 + 6% Fatigue Stop
3. Woche: Stress hoch
Hauptübung 3Wdh x @RPE 8-9 + 4% Fatigue Stop

Anders als über die bloßen RPE und Fatigue Prozente kann zusätzlich ein Zeitlimit das Volumen regeln:

Volumenstress
Zeit pro Übung (ohne Warm-ups)
15min →niedrig
20min →medium
25min →hoch
30min →sehr hoch

Fazit II

Man erkennt, hier liegt eine durchgeplante Vorgehensweise in Form eines ausgetüftelten Programmes bzw. Systems vor. Einige der Ideen erscheinen zunächst etwas kantig, da man sie noch nicht kennt. Hat man sich in der Methodik von Mike Tuchscherer zurechtgefunden, wünscht man sich, man hätte manche Dinge schon früher gewusst. Wer noch mehr Hintergründe und Informationen zum Reactive Training System und Mastermind Mike Tuchscherer kennenlernen will, dem sei nochmals seine Website empfohlen.

Vieles gibt's hier kostenlos im Artikelbereich, wer aber noch genauer durchsteigen möchte, der bestellt sich *The Reactive Training Manual*. Leider gibt es das kleine Buch nur als Import aus den USA und auf Englisch. Die paar Dollar an Kosten sind aber eine gelungene Investition für jeden, der mal tatsächlich durchblicken möchte und die Schnauze von gehypten Steroid-Powerlifting-Programmen voll hat.

Cube Method
Brandon Lilly

Brandon Lillys Biografie liest sich sehr mächtig, hat er doch diverse Rekorde in verschiedenen Powerlifting Federations aufgestellt, sowohl im RAW, als auch im Multiply Bereich. Seine Sozialisation in puncto Training ist durch Westside und Louie Simmons geprägt, zu dieser Zeit war er auch in erster Linie mit ultra-hartem Multiply-Equipment aktiv. Lilly wollte, als er sich zunehmend für das unkompliziertere RAW Powerlifting interessierte, den ganzen aufwändigen Westside-Style mit unzähligen Ketten, Bändern, etc. hinter sich lassen. Abgesehen davon liegt heute sein Fokus wohl eher im Bereich MMA und Bogenschießen und nachhaltigem Jagen. Bei der Programmierung seiner Cube Method erkennt man aber nach wie vor die charakteristischen Westside Elemente:

The Cube Method

	Mo	Mi	Fr	So
	Prozent x Wdh x Sätze	*Prozent x Wdh x Sätze*	*Prozent x Wdh x Sätze*	
Woche 1	Kreuzheben Schwer 80% x 2 x 5	Bankdrücken Wiederholungen 70% x 2 x 5	Kniebeugen Explosiv 65% x 3 x 8	BB Tag*
Woche 2	Kreuzheben Explosiv 65% x 3 x 8	Bankdrücken Schwer 80% x 2 x 5	Kniebeugen Wiederholungen 70% x 8-12 x 2-3	BB Tag
Woche 3	Kreuzheben Wiederholungen 70% x 8-12 x 2-3	Bankdrücken Explosiv 65% x 3 x 8	Kniebeugen Schwer 80% x 2 x 5	BB Tag
Woche 4	Kreuzheben Schwer 85% x 2 x 3	Bankdrücken Wiederholungen 80% x4-8 x 2-3	Kniebeugen Explosiv 70% x 2 x 6	BB Tag
Woche 5	Kreuzheben Explosiv 70% x 2 x 6	Bankdrücken Schwer 85% x 2 x 3	Kniebeugen Wiederholungen 80% x 4-8 x 2-3	BB Tag
Woche 6	Kreuzheben Wiederholungen 80% x 4-8 x 2-3	Bankdrücken Explosiv 70% x 2 x 6	Kniebeugen Schwer 85% x 2 x 3	BB Tag
Woche 7	Kreuzheben Schwer 90% x 2 92,5% x 1 95% x 1 80% x AMRAP*	Bankdrücken Wiederholungen 85% x 3-5 x 2-3	Kniebeugen Explosiv 75% x 2 x 5	BB Tag

Woche 8	Kreuzheben Explosiv 75% x 2 x 5	Bankdrücken Schwer 90% x 2 92,5% x 1 95% x 1 80% x AMRAP	Kniebeugen Wiederholungen 85% x 3-5 x 2-3	BB Tag
Woche 9	Kreuzheben Wiederholungen 85% x 3-5 x 2-3	Bankdrücken Explosiv 75% x 2 x 5	Kniebeugen Schwer 90% x 2 92,5% x 1 95% x 1 80% x AMRAP	BB Tag
*Bodybuilding Tag **As Many Reps As Possible				

Woche 10 Wettkampfwoche			
Mo	Di	Do	Sa
Kniebeuge 30% x 8 x 3 Bankdrücken 30% x 8 x 3 Kreuzheben 30% x 8 x 3	Bankdrücken 75% x 1 x 3	Kniebeuge 30% x 8 x 3 Bankdrücken 30% x 8 x 3 Kreuzheben 30% x 8 x 3	Wettkampf

Zum Programm

In meiner Darstellung ist nur die Aufstellung der Powerlifts abgebildet. Würde man alle Assistenzübungen und ergänzenden Übungen, die Lilly für die jeweiligen Tage vorschlägt, aufführen wollen, es wäre unüberschaubar. Pauschal kann man anfügen, dass nach jedem Powerlift noch mindestens zwei bis vier zusätzliche Übungen mit 2-4 Sätzen und 5-15 Wiederholungen eingeplant werden sollten. Es sollte eine Mischung aus Varianten der Powerlifts, wie z.B. Block Kreuzheben, olympische Kniebeugen und klassischen Bodybuilding Übungen wie Kurzhantelbankdrücken, Langhantelrudern, Trizepsstrecken, Curls, usw. sein.

Periodisierung

Lilly stellt uns hier eine nicht-lineare Periodisierung zur Verfügung. In jeder Woche wird jeweils einer der Powerlifts für Kraft, Schnellkraft oder Hypertrophie trainiert. Das neunwöchige Programm teilt sich für die Powerlifts in drei Blöcke, die jeweils drei Wochen dauern. Die Kniebeuge wird z.B. in Woche 1 explosiv, in Woche 2 auf Wiederholungen und in Woche 3 schwer trainiert. Von Block zu Block erhöht sich die Intensität und das Volumen nimmt etwas ab.

Es gibt moderate Änderungen in Volumen und Intensität von Woche zu Woche. Jede Woche innerhalb eines Blocks hat andere Parameter für Gewicht, Wiederholungen und Sätze. Diese Tatsache bietet sowohl dem mittelmäßigen Beginner als auch dem schon sehr weit fortgeschrittenen Athleten die nötige Variation. Für Neueinsteiger eignet sich diese Programmierung jedoch noch nicht.

Progressive Überlastung

Die Cube Method basiert auf Prozentwerten, daher ist es obligatorisch, dass ein Heber seine aktuellen Zahlen kennt. Die Gewichte werden alle drei Wochen um fünf bis zehn Prozent erhöht. Was die Autoregulation betrifft, so hinkt Lilly hier mit der schwammigen Empfehlung »listen to your body« etwas hinterher. Ein erfahrener Athlet kann hier mit Vernunft agieren, ein Anfänger gibt aber einfach immer Vollgas, egal wohin ihn das führen wird.

Specials

Die Zusammenstellung von drei Kraftqualitäten innerhalb einer Trainingswoche in den Powerlifts ist eine interessante Methode, alle drei Fähigkeiten beizubehalten. Das kennt man nur, Achtung – jetzt kommt's, vom Westside Barbell System! Aber warum auch nicht. Schließlich hat Brandon Lilly jahrelang erfolgreich damit gearbeitet und übernimmt die Parts, die er für sinnvoll erachtet. Lilly kloppt die drei Bereiche in drei Trainingstage und spendiert dem geneigten Pumper, der in jedem von uns schlummert, einen Bodybuilding Tag. An diesem Tag kann man seine muskulären Schwächen in Angriff nehmen. Und wer hat die nicht, oder? Wer hier sinnvoll trainieren möchte, der nutzt diesen Tag aber lieber noch für andere Übungen als nur für Bizepscurls und Trizeps Pushdowns.

Fazit

Die Cube Method ist ein traditionelles amerikanisches Ein-Powerlift-Pro-Tag-System. Es stammt wenig Volumen von den eigentlichen Wettkampfübungen, dafür aber viel von den Assistenz- und Ergänzungsübungen. Dies ist ein historisch gewachsener Umstand, da viele amerikanische Powerlifter über das Bodybuilding zum Sport gekommen sind. Und die werden den Teufel tun, Curls, Seitheben und Shrugs zu eliminieren. Das amerikanische Powerlifting hat eine größere Nähe zum Bodybuilding, als es in Europa der Fall ist. Das sieht man schon bei den Veranstaltungen selbst: Viele US-Powerlifter sehen aus wie Bodybuilder in der Off-Season. Und das liegt nicht immer nur an den Steroiden, auf die in den meisten US-Verbänden nicht getestet wird. Bei uns hier in Europa hat das Powerlifting schon immer eine enge Verbindung zum Olympischen Gewichtheben gehabt, was sich auch deutlich in den Trainingsprogrammen widerspiegelt.

Aber nicht nur das Gesamtvolumen, auch die Trainingsfrequenz der Powerlifts ist bei der Cube Method mit einer Trainingseinheit pro Woche sehr gering, für einige Athleten ist das definitiv zu wenig und sollte zumindest durch sinnvolle Assistenzübungen nachjustiert werden.

Grundsätzlich berücksichtigt die Cube Method aber alle Bereiche eines soliden Powerlifting Programmes. Es ist absolut ein Powerlifting Programm, zumindest eindeutiger als es die originale Version von z.B. Wendlers 5/3/1 ist. Es ist eine Frage der persönlichen Philosophie bzw. der persönlichen Einschätzung: genügt mir ein Powerlift pro Trainingseinheit? Benötige ich viele Assistenz- und Ergänzungsübungen? Benötige ich einen zusätzlichen Bodybuilding Tag? Habe ich muskuläre Defizite, die ich mit solch einem Tag, der nur für Hypertrophie abgestellt ist, in den Griff bekommen könnte? Brandon Lilly würde sagen »Listen to your body«!

10/20/Life Program
Brian Caroll

Bei diesem Programm kann man tatsächlich davon ausgehen, dass es genau die Art und Weise ist, wie Brian Caroll selbst trainiert. Caroll ist ein ehemaliger Weltrekordhalter in der Kniebeuge mit Multiply Equipment und brutalen 532,5kg in der Gewichtsklasse bis 125kg. Er hält noch immer Top-Ten Rekorde in drei verschiedenen Gewichtsklassen in einem Verband, der ein 24-Stunden-Einwiegen zulässt und keine Dopingtests durchführt[XII]. Caroll selbst verdingt sich schon seit Jahren ebenfalls als Coach von Powerliftern, die in diesen nicht getesteten *Wir-Beugen-bis-Parallel-mit-Muliply-Gear-Verbänden* aktiv sind. Sein Programm basiert neben seinen Erfahrungen auch auf den Erfolgen, die seine Heber damit erzielen konnten.

Das Programm
Caroll teilt das Powerlifting Training in eine zehnwöchige Off-Season und in eine zehnwöchige Vorbereitungsphase ein. Nach einem Turnier geht er von vier bis sechs Wochen lockerem Deload Training aus.

Im nachfolgenden Programm ist es zwar nicht aufgeführt, aber er empfiehlt einen vierten Trainingstag mit Bodybuilding-Training für den Oberkörper, ähnlich der Cube Methode, jedoch nur mit ca. 30min pro Workout. Dies könnte auch ein Mini-Workout a lá Louie Simmons sein.

Vorneweg kann ich behaupten, dass das was Caroll von den ganzen anderen Powerlifting-Routinen aus den Staaten unterscheidet, die Verwendung von RPE ist. Zudem bespricht er wirklich sehr qualitativ die Suche und Entscheidung zur richtigen Assistenz-Übungsauswahl um individuelle Schwachstellen zu adressieren.

[XII] In den USA gibt es insgesamt 19 Powerlifting Organisationen. Sieben davon testen auf Steroide, zwölf testen nicht. (Stand 2018)

Auffällig sind in der Off-Season die sehr niedrigen RPE. Der Hauptgrund, warum die RPE so niedrig sind, könnte darin liegen, dass viele US-Powerlifter in der Off-Season keine oder fast keine Steroide verwenden und sich hier etwas schonen wollen. Dies ist aber lediglich eine Vermutung meinerseits.

10/20/Life Off-Season Chart			
Woche	Kniebeugen	Bankdrücken	Kreuzheben
	Sätze x Wdh		
1 RPE @6	5 x 5 (1 Top Satz) a. 2 x 5 b. 3 x 12 c. 2-3 Sätze	5 x 5 (1 Top Satz) a. 2 x 5 b. 3 x 12 c. 2-3 Sätze	5 x 5 (1 Top Satz) a. 2 x 5 b. 3 x 12 c. 2-3 Sätze
2 RPE @6	4 x 4 (1 Top Satz) a. 3 x 6 b. 4 x 12 c. 3 Sätze	4 x 4 (1 Top Satz) a. 3 x 6 b. 4 x 12 c. 3 Sätze	4 x 4 (1 Top Satz) a. 3 x 6 b. 4 x 12 c. 3 Sätze
3 RPE @5 Deload	5 x 1 a. 2 x 6 b. 3 x 15 c. 2 Sätze	5 x 1 a. 2 x 6 b. 3 x 15 c. 2 Sätze	5 x 1 a. 2 x 6 b. 3 x 15 c. 2 Sätze
4 RPE @7 Reload	3 x 3 (1 Top Satz) a. 4 x 6 b. 3 x 10 c. 3 Sätze	3 x 3 (1 Top Satz) a. 4 x 6 b. 3 x 10 c. 3 Sätze	3 x 3 (1 Top Satz) a. 4 x 6 b. 3 x 10 c. 3 Sätze
Erklärung Die erste Angabe zu *Sätzen x Wiederholungen* bezieht sich auf die Hauptwettkampfübung. Auch die RPE bezieht sich nur auf die Hauptübung. **a.** = enge Variante des vorausgegangenen Powerlifts **b.** = allgemeine Assistenzübung **c.** = Assistenzübung für Rumpfstabilität			

10/20/Life			
Pre-Contest Chart Vorbereitungsphase			
Woche	Kniebeugen	Bankdrücken	Kreuzheben
	Sätze x Wdh		
5	70% x 3 x 3 a. RPE @7: 2 x 3 b. 3 x 12 c. 2-3 Sätze	70% x 3 x 3 a. RPE @7: 2x3 b. 3 x 12 c. 2-3 Sätze	70% x 3 x 3 a. RPE @7: 2 x 3 b. 3 x 12 c. 2-3 Sätze
6	75% x 3 x 3 a. RPE @7: 3 x 3 b. 4 x 12 c. 3 Sätze	75% x 3 x 3 a. RPE @7: 3 x 3 b. 4x12 c. 3 Sätze	75% x 3 x 3 a. RPE @7: 3 x 3 b. 4 x 12 c. 3 Sätze
7	50% x 5 x 1 a. RPE @5: 2 x 2 b. 3 x 15 c. 2 Sätze	50% x 5 x 1 a. RPE @5: 2 x 2 b. 3x15 c. 2 Sätze	50% x 5 x 1 a. RPE @5: 2 x 2 b. 3 x 15 c. 2 Sätze
8	80% x 2 x 2 a. RPE @8: 3 x 3 b. 3 x 10 c. 3 Sätze	80% x 2 x 2 a. RPE @8: 3 x 3 b. 3x10 c. 3 Sätze	80% x 2 x 2 a. RPE @8: 3 x 3 b. 3x10 c. 3 Sätze

Bei der Hauptübung greifen jetzt nicht mehr die RPE, sondern klassische Prozentwerte. Caroll will hier nichts dem Zufall überlassen und hat Sorge, dass doch nicht jeder Athlet die RPE einschätzen kann. Die RPE dürfen aber nun bei der Assistenzübung zum Einsatz kommen. Hier lässt sich vermutlich weniger Schaden anrichten.

Die letzten zwei Wochen vor dem Wettkampf			
Woche	Kniebeugen	Bankdrücken	Kreuzheben
	Sätze x Wdh		
9	50% x 5 x 1 a. – b. 2 x 10 c. 2 Sätze	50% x 5 x 1 a. – b. 2 x 10 c. 2 Sätze	50% x 5 x 1 a. – b. 2 x 10 c. 2 Sätze
10	Letzter Warm-up Satz vor dem Opener x 1 a. – b. 1 x 10 c. 1 Satz	Letzter Warm-up Satz vor dem Opener x 1 a. – b. 1 x 10 c. 1 Satz	Letzter Warm-up Satz vor dem Opener x 1 a. – b. 1 x 10 c. 1 Satz

Während der eigentlichen vierwöchigen Vorbereitung ist das Volumen schon sehr gering, aber jetzt plant Caroll noch einen zweiwöchigen Deload in Woche 9 und in der Wettkampfwoche ein. In Woche 9 macht man schon sehr wenig und in Woche 10 praktisch gar nichts mehr. Aber für Heber, die nach diesem *1-Lift-pro-Woche-Prinzip* trainieren, macht das eventuell Sinn, da sie darauf konditioniert sind, sich im Laufe von sieben Tagen anzupassen. Da würde ein einwöchiger Deload für eine erweiterte Superkompensation gar nicht genügen. Ach ja, und Steroide verbessern die neuronale Effizienz ungemein, das heißt, der Körper speichert sehr lange seine maximale Leistungsfähigkeit ab.

Periodisierung

Die Off-Season verfügt über hohes Volumen und wenig Intensität, es geht hier primär um Arbeitskapazität und Hypertrophie. In der Vorbereitungsphase steigt die Intensität rapide an und das Volumen wird stark reduziert. Dies ist eine sehr einfache, aber sehr praktikable Periodisierung für fortgeschrittene Athleten. Für eben diese fortgeschrittenen Athleten ist das Programm ausgelegt – nicht für Einsteiger und Beginner.

Caroll geht von 2,5 bis 5kg Steigerung pro Disziplin für einen Lifter aus, das hat nichts mehr mit den Beginner Gains zu tun. Wenn ein Profi seine Bankdrückleistung nach 20 Wochen um 5kg steigern kann, dann ist dies absolut in Ordnung. Das ist es auch, was man mit konstanten Fortschritten meint: Je stärker man wird, umso mehr muss man um jedes Kilo an Kraftzuwachs kämpfen. Wenn also am Ende eines Trainingsjahres 5 Kilo Steigerung hängen bleiben, dann sind das nach drei Jahren 15 Kilogramm, die eventuell den Unterschied vom deutschen Meister zu den Top Drei einer Europameisterschaft ausmachen werden.

Spezifität
Caroll generiert das meiste Volumen aus den Wettkampfübungen und den engen Ablegern davon, somit gehen diese Punkte definitiv auf sein Plus-Konto. Auch die Auswahl der Zusatzübungen erfolgt nach Carolls detaillierten Beschreibungen. Er hat erfahrungsbedingt einen großen Fundus an bewährten Methoden, bei welchem Problem, welche Übungen ausgewählt werden sollten.

Überlastung
10/20/Life arbeitet vorwiegend mit progressiver Überlastung. Das Volumen wird reduziert, die Intensität geht nach oben und der Fortschritt vollzieht sich über die Anpassung an immer schwerere Gewichte.

Fazit
Warum behaupte ich, 10/20/Life sei als ein Programm für chemisch gepufferte Powerlifter konzipiert? Aus dem einfachen Grund, dass die Frequenz und das Volumen des Programmes sehr gering ausfallen.

Für die Hauptübung macht man die meiste Zeit nur einen Top Satz. Rechnet man die schwersten Assistenzsätze dazu, dann sind das am Ende der Woche mit Hauptübung und Hauptassistenzübung zusammen lediglich zwei bis sechs Sätze. Für naturale Athleten ist das allemal zu wenig. Da wird sich kein Körper anpassen. Auch der gravierende Unterschied zwischen Off- und On-Season-Zyklus fällt ins Auge: Warum sollte ein dopingfreier Athlet solch große Leistungsunterschiede aufweisen? Saubere Athleten haben das ganze Jahr über einen relativ konstanten Output, gedopte Athleten haben je nach Anwendungsdauer entsprechende Schwankungen. Naturale Powerlifter brauchen bei korrekter Programmierung auch nicht alle drei Wochen einen Deload, schon gar nicht bei diesem Programm hier – wovon sollen sie sich denn erholen?

Was mir bleibt ist die Hoffnung, dass die Verwendung von RPE in Brian Carolls Programm dazu führt, dass auch andere auf diesen Zug aufspringen werden und wir zukünftig mehr Programme kennenlernen dürfen, die sich mit dieser Regulations- und Einstufungsmethode auseinandersetzen.

Base-Building
Paul Carter

Ab einem gewissen Punkt verspürt man wenig Lust, ein weiteres amerikanisches Powerlifting Programm zu analysieren. Das Meiste wiederholt sich und die Verwertbarkeit für dopinggetestete Teilnehmer im Rahmen der IPF bzw. des BVDK hält sich gerne mal in Grenzen. Paul Carters E-Book ist als Kindle-Download bei Amazon erhältlich und hat um die 80 Seiten Material aufzuwarten. Wer hofft, auf diesen Seiten nur Programmvorschläge zu finden, wird etwas enttäuscht sein – viele der abgetippten Buchstaben ergeben Wörter und Sätze, die wiederum von Carters Philosophien in Bezug auf Training und Lebensführung erzählen. Einiges davon gefällt mir auch ganz gut, Paul Carter ist an und für sich ein recht cooler Typ.
Sein Programm ist auch weniger ein Copy-&-Paste-Programm, sondern eine Ideen- und Konzeptsammlung, auf deren Basis man sich ein eigenes Programm schaffen kann. Warum auch nicht, klingt

schon mal ganz gut. Als Vorabempfehlung, so wurde ich auch zum ersten Mal mit Paul Carter vertraut, ist seine Website zu empfehlen:

http://www.lift-run-bang.com/

Carter teilt hier seine Ideen und auch neuere Konzepte mit seiner Anhängerschaft – da ist durchaus Lesenswertes dabei.
Wie man aus dem Titel seiner Website schon ablesen kann, geht es ihm nicht nur um *lift* sondern auch um *run*. Aber wen Coach Carter alles so *bang(t)*, nun, das weiß wohl keiner so genau. Er vertritt die Meinung, dass pure Kraft auf der Plattform nicht alles ist, es geht auch darum, athletisch und in Form zu sein. Irgendwie erinnert mich das an Jim Wendlers Ansatz.

Das Programm
Es gibt drei Mesozyklen

1. Mass-Training
2. Base-Building
3. Strength-Peak

Die erste Phase ist ein echtes Bodybuilding Programm, mit dem Ziel Hypertrophie zu generieren. Phase zwei ist eine Entwicklungsphase, die Arbeitskapazität und Technik in den drei Powerlifts aufbauen soll. Des Weiteren legt Phase zwei den Grundstein für Phase drei. In Phase drei geht es strikt darum, die Maximalkraft hinsichtlich eines anstehenden Wettkampfes zu optimieren. Und: Es ist ein für RAW Powerlifter ausgelegtes Programm.

Wenn nachfolgend Prozentwerte ins Spiel kommen, so werden diese immer von einem Wert aus berechnet, den Carter als **Every Day Max** bezeichnet. Es ähnelt dem *Training Max*, das wir schon von Jim Wendler kennen. Im Grunde entspricht es dem aktuellen 1RM abzüglich 10%. Somit sind 100% des Every Day Max tatsächlich nur 90% vom Maximum und somit für das Training ein realistischer Wert, mit dem man sich nicht zu schnell verheizt. Carter geht somit auf Nummer sicher, dass keine überhöhten Anfangswerte in die Programmierung einfließen.

1. Mass-Training

Da kann man nicht viel dazu sagen. Es geht um maximale Hypertrophie, und ich gehe davon aus, dass dieser Plan auch dafür sorgen wird. Für einen Powerlifter ist das natürlich wenig spezifisch, da nur alle zwei Wochen die Kniebeuge zum Einsatz kommt und weder reguläres Bankdrücken noch Kreuzheben eingeplant sind. Aber gut, für eine aufbauorientierte Off-Season kann man das schon mal machen. Für manche Athleten ist dies eine Chance, Verletzungen und Verschleißprobleme durch die ewige Abfolge der Powerlifts etwas in den Griff zu bekommen.

1. Mass-Training
1. Brust & Schulter
• Schrägbankdrücken 5,4,3,2,1 Wdh plus 8-15 Wdh mit 50% Reduktion
• Kurzhantel Bankdrücken 5 x 10Wdh
• Nackendrücken 2 x 8Wdh
• Kurzhantel Schulterdrücken 5 x 10Wdh
2. Beine
• Frontkniebeugen/Kniebeugen (wöchentlich wechseln)
• 5,4,3,2,1 Wdh plus 8-15 Wdh mit 50% Reduktion
• Gestrecktes Kreuzheben 3 x 8Wdh
• Beinpresse 4 x 20Wdh
• Ausfallschritte 4 x 20Wdh
3. Pausentag
4. Rücken
• Langhantelrudern 4 x 8Wdh
• Klimmzüge Untergriff (Supination) 5,4,3,2,1 mit Gewicht plus/oder 5 x 5-20Wdh ohne Gewicht, abhängig von deiner Kraft
• Shrugs 4 x 20Wdh
• Latzug mit engem Griff 3 x 8Wdh

5. Arme
• Langhantel Curls 1 x 100Wdh • Kurzhantelcurls 4 x 10Wdh • Enges Bankdrücken 5,4,3,2,1 Wdh plus 8-15 Wdh mit 50% Reduktion • Trizepsstrecken am Kabelzug 5 x 20Wdh
6. Pausentag
7. Pausentag oder Beginn mit Tag 1.

2. Base-Building

Nun wird es etwas spannender. Carter teilt seinen Base-Building Mesozyklus in drei weitere Phasen ein (I, II, & III). Jede Phase erhöht die Intensität und reduziert etwas das Volumen. Es gibt zwei Vorgehensweisen: Man wechselt wöchentlich die Phasen von I nach III, oder man bleibt so lange in einer Phase, bis es nach Carters Anmerkung »ein Witz ist« und man in die nächste Phase wechseln muss, da die Intensität nun zu gering ist.

Das **Kniebeugen-Modell** erscheint relativ leicht im Vergleich zu den weiteren Lifts. Carter setzt aber voraus, dass jede Wiederholung sehr hart und zügig ausgeführt wird, unabhängig vom Gewicht. Das Volumen ist entsprechend der niedrigeren Intensität etwas höher – das baut Arbeitskapazität auf und hilft etwas die Hypertrophie zu erhalten.

Das **Bankdrücken** wird mit höherem Stresslevel programmiert, entsprechend dazu auch der AMRAP-Satz. Carter geht davon aus, dass bei den meisten Leuten der Oberkörper dies ganz gut verkraften wird.

Beim **Kreuzheben** gibt es keine Phasen mehr, sondern ein an die Leistungen angepasstes System. Carter geht von der Prämisse aus, dass je stärker ein Athlet beim Kreuzheben ist, desto seltener kann und sollte er es trainieren, da ihm dies zu viel an Regeneration abverlangen würde.

2. Base-Building Methode

Kniebeugen

Phase	Prozent x Sätze x Wdh
I	75% x 1
	60% x 5 x 5
II	80% x 1
	70% 3 x 3
	60% x 3 x 5
III	80% x 1
	85% x 1
	90% x 1
	60% x 8 x 5

Bankdrücken

Phase	Prozent x Sätze x Wdh
I	85% x 1
	75% x 5 x 8
II	90% x 1
	85% x 3 x 5
	75% x 3 x 5
	60% x AMRAP*
III	95% x1
	90% x 3 x 3
	80% x 5 x 5
	70% x AMRAP
*As many reps as possible	

Kreuzheben	
Phase	Prozent x Sätze x Wdh
Leistung bis 225kg	80% x 5 x 3
Leistung bis 270kg	70% x 1 x 3
	75% x 1 x 3
	85% x 1 x 3
	70% x 3 x 3
Leistung über 270kg	**Woche 1: Kreuzheben vom Boden**
	60% x 1 x 3
	65% x 1 x 3
	70% x 1 x 3
	75% x 1 x 3
	Woche 2: Defizit Kreuzheben 2,5cm
	70% x 1 x 3
	75% x 1 x 3
	85-100% x 1 x 3
	70% x 2 x 3
	Woche 3: kein Kreuzheben, alternativ schweres Langhantelrudern
	Woche 4: Beginn bei Woche 1

3. Strength-Peak Phase

Die Prozentwerte des fünfwöchigen Mesozyklus beziehen sich nun nicht mehr auf das Every Day Max, sondern auf die Ziele, die man im Wettkampf erreichen will. Am realistischsten wäre es, wenn man von der Erwartung des Ergebnisses im 2. Versuch aus plant. Der Opener ist meistens ein Sicherheitsversuch und der 2. Versuch meist eine realistische Erwartung. Der 3. Versuch ist bei vielen Hebern ein *All-in-Versuch* und im Vorfeld nicht immer planbar. Als verlässlicher 100 Prozentwert empfiehlt sich immer eine sichere Zahl und kein Glückstreffer. Aber hier muss jeder für sich selbst entscheiden.

3. Strength-Peak Phase
Strong-15-Short-Cycle *Prozent x Sätze x Wdh* **Bankdrücken basierend auf Zielleistung** Woche 1: 80% x 1, 70% x 3 x 8, 60% x AMRAP Woche 2: 85% x 1, 75% x 3 x 8, 65% x AMRAP Woche 3: 88% x 1, 80% x 3 x 5, 70% x AMRAP Woche 4: 90% x 1, 85% x 3 x 3, 75% x AMRAP Woche 5: 93% x 1, 90% x 2 x 2 Woche 6: Deload – Samstag in Woche 6: Wettkampf

Strong-15-Short-Cycle *Prozent x Sätze x Wdh* **Kniebeugen basierend auf Zielleistung** Woche 1: 80% x 1, 70% x 8 Woche 2: 85% x 1, 75% x 5 Woche 3: 90% x 1, 80% x 5 Woche 4: Deload 60% x 5 Woche 5: 93% x 1, 85% x 3 Woche 6: Deload – Samstag in Woche 6: Wettkampf

Strong-15-Short-Cycle *Prozent x Sätze x Wdh* **Kreuzheben basierend auf Zielleistung** Woche 1: 80% x 3, 75% x 3 Woche 2: 85% x 3, 75% x 3 Woche 3: 88% x 3, 80% x 3 Woche 4: 90% x 3, 85% x 3 Woche 5: Deload 60% x 3 Woche 6: Deload – Samstag in Woche 6: Wettkampf

Periodisierung

Wie bereits aufgelistet, teilt sich das Programm in drei Mesozyklen auf, die zunächst Muskelmasse, dann allgemeine Kraft, Aufbau der Wettkampfübungen und abschließend Maximalkraft verbessern sollen. Dies ist eine anspruchsvolle Programmstruktur für bereits Fortgeschrittene und nicht geeignet für Anfänger und Beginner.

Das Programm ist nicht unbedingt ein klassisches Beispiel für Blockperiodisierung. Die erste Phase des *Mass-Building* weist ein höheres Volumen bei weniger Intensität als bei Phase 2 *Base-Building* auf. Phase 2 geht mit hohem Volumen und mittlerer Intensität an den Start, gefolgt von einer Phase mit wenig Volumen und hoher Intensität (Phase 3 *Strength Peak*). Somit pendelt der Gesamtaufbau von hohem Volumen und wenig Intensität hin zu wenig Volumen und hoher Intensität. Für Fortgeschrittene eignet sich dies ganz gut.

Spezifität

Der schwächste Punkt ist die explizite Verwendung der Powerlifts. In der ersten Phase tauchen sie bis auf das alle zwei Wochen auszuführende Kniebeugen gar nicht auf. Wie schon erwähnt, lässt sich damit eine Off-Season gestalten und sicher auch ein paar Wehwehchen ausheilen, aber für einen technisch präzisen Powerlifter eignet sich das eigentlich nicht. Bei den Kniebeugen in Phase zwei besteht durch das hohe Volumen und die relative geringe Intensität das Risiko, dass der Heber sich nicht an schwere Gewichte anpassen wird. Die dritte Phase macht hier aber vieles richtig und verlässt sich auf eine solide Mischung aus Intensitäten im 80-90 Prozentbereich, teilweise sogar höher, und den nötigen Wiederholungen.

Überlastung

Carters Programm setzt auf eine Kombination aus progressiver Überlastung und teilweise erweiterbaren AMRAP Sätzen, die zusätzliches Volumen und Stress in die Gleichung einfließen lassen. Im Buch erwähnt Carter auch, dass nicht nur Zahlen den Fortschritt widerspiegeln, sondern auch die Anstrengung selbst ein Kriterium ist. Hat man vor zwei Wochen 3 x 200kg gehoben und die dritte Wiederholung war technisch grenzwertig, so hat man heute vielleicht auch 3 x 200kg bewältigt, aber auch die dritte Wiederholung war fast schon locker und technisch präzise. Das ist ebenfalls Fortschritt.

Fazit
Im Irrgarten der amerikanischen Trainingsprogramme kommt Paul Carters System ganz stabil um die Ecke. Es ist meiner Meinung nach kein optimales Powerlifting-System, aber man kann sich sicherlich mal für einen Durchlauf darauf einlassen, wenn man überzeugt davon ist, dass es für einen geeignet wäre.

Für meinen persönlichen Geschmack ist es immer noch zu Amerikanisch in Bezug auf den Bodybuilding Teil und es liegt zu viel Betonung auf dem Rückentraining anstelle von Kreuzheben. Die Frequenz der Powerlifts ist zu niedrig und teilweise ist auch das Gesamtvolumen in einigen Abschnitten zu gering.

Naturale RAW Powerlifter würden sicherlich mehr von Programmen profitieren, die ein höheres Volumen und mehr Frequenz bieten.

Sheiko Routine
Boris Sheiko

»Oh! Ein Russe! Das muss ja was werden, die haben schließlich Ahnung vom Gewichtheben! Vom Powerlifting vermutlich auch!«
Random Internet Guy

So oder so ähnlich möchte man rufen, wenn man den Namen von Boris Sheiko ins Spiel bringt. Warum auch nicht? Er ist nicht nur Russe, nein, er ist auch tatsächlich der erfolgreichste Powerlifting Coach unserer russischen Genossen.

What´s going on, Russia?
Das Hauptproblem ist Folgendes: Im Internet kursieren dutzende Sheiko Programme, die meisten davon als Excel Spreadsheet zum selber eintragen, ausdrucken und um sie dann gleich mit Freunden nachzuspielen. *Gonna catch 'em all!*

Boris Sheiko selbst berichtete aber auf seiner Website[XIII], dass viele Programme, die online kursieren, nie von ihm geschrieben wurden. Zudem waren seine Programme zu keinem Zeitpunkt einfach "nur Programme", die man selber nachtrainieren konnte. Es waren einfach Beispiele aus seinem damaligen Buch, welches leider nur auf Russisch mit kyrillischen Buchstaben erschien. Ein paar findige Muskel-Nerds haben sich mit dem Google-Translator bewaffnet daran geduldig zu schaffen gemacht und diese Aufzeichnungen in Programme und Anweisungen übersetzt. Es war aber nie der Wille Sheikos, seine Programme in Copy-&-Paste-Manier zu verfassen und ins Internet zu stellen. Aus diesem Grund tragen die Programme auch keine direkten Namen, sondern nur die Bezeichnung #29, #30, #31 oder #32, weil sie eben nur Beispiele sind. Wohl wissentlich, dass viele Missverständnisse rund um seine Trainingsphilosophie im Umlauf sind, hat er sich nochmal ans Reißbrett gesetzt und drei verschiedene Programme offiziell und kostenlos zur Verfügung gestellt, die man bis ca. 2019/2020 noch unter dieser Adresse finden[XIV] konnte, leider ist diese Seite mittlerweile offline – die Erklärung dazu folgt im nächsten Abschnitt.

Fuck You, Pay Me!

Dieses Zitat stammt aus Jim Wendlers *Beyond 5/3/1*[54] und erklärt den Lesern, dass er viel Geld aus seinen ersten 5/3/1 Veröffentlichungen kaputt gemacht hat, da es von keinem Programm mehr Raubkopien im Netz gibt, als vom originalen 5/3/1. Dies ist auch der Grund, warum das aktuelle *Forever 5/3/1* nur als Printversion zu erhalten ist. Ähnlich geht es Boris Sheiko. 2018 veröffentlichte er das ultimative Buch *Powerlifting: Foundations and Methods*, zusammen mit Mike Israetel und Derek Wilcox von Renaissance Periodization. Vermutlich lagen die Absatzzahlen im ersten Jahr hinter den Erwartungen zurück und man entschloss sich,

---

[XIII] http://sheiko-program.ru/ - Leider seit ca. 2020 offline!
[XIV] http://sheiko-program.ru/training-programs/examples-of-programs

sämtliches Gratismaterial aus Sheikos offizieller Feder aus dem Netz zu verbannen, selbst seine Website fiel dieser Konsequenz zum Opfer. Meines Erachtens nach war dies eine gute Entscheidung, damit reduziert sich das Maß an Verwirrung und Unstimmigkeiten. Dennoch mache ich es mir zur Aufgabe, anhand eines dieser alten, klassischen Sheiko Programme, die auf seiner Website hinterlegt waren, eine Analyse durchzuführen: im Vergleich mit den Ausführungen im Buch erkennt man sofort die Systematik eines Boris Skeikos, die repräsentativ für seinen Stil ist.

Daher mein Tipp: lies hier die Besprechung eines der alten Boris Sheiko Standardprogramme gut durch und solltest du nun auch nach Sheiko trainieren wollen, besorg dir das Buch mit den aktuellen Programmen – und vielleicht dazu gleich die Sheiko-App (kein Witz!), dann sparst du dir das mühselige Umrechnen von Kilo- und Prozentwerten.

Das Programm: ausgegraben und analysiert

Es findet sich hier ein 3er-Splitt für fortgeschrittene Beginner, jeweils eine Version für Athleten bis 80kg Körpergewicht und eine Version für Athleten über 80kg.

Die von mir besprochene Version gibt es (noch) hier:
https://liftvault.com/programs/powerlifting/sheiko-spreadsheets/#Sheiko_3_Day_Under_80kg_Program

Hier geht´s zum Download des Excel-Spreadsheets:
https://docs.google.com/spreadsheets/d/16k55s-d9bYA-xEnLxbUU0ORz1xPuNRBjrnSVWE8INrQU/edit#gid=1902402602

Sheiko geht davon aus, dass jeder Athlet betreut werden muss. Wer nur für sich allein trainiert und sein Training nicht von einem unabhängigen Trainer evaluieren lässt, wird Fehler machen. Daher hält er die Trainingsprogrammierung für einen sehr individuellen Punkt, den man nicht einfach pauschal übernehmen kann. Nun ist es aber der glückliche Fall, dass ein Boris Sheiko Tausende von Powerliftern bereits erfolgreich trainiert hat, von Anfängern bis Weltklasseathleten, und somit auf einen gigantischen Fundus an Erfahrung zurückgreifen kann. Seine Expertise speist sich auch aus den Studien, wie könnte es anders sein, osteuropäischer Forschungserkenntnisse aus dem Bereich der Olympischen Gewichtheber sowie der praktischen Anwendung und Modifikation im Laufe seiner jahrzehntelangen Trainertätigkeit. Die nachfolgenden Auszüge stammen vom Excel-Spreadsheet **Sheiko_3_day_for_over_80kg_bw**

Montag		Prozent	Wdh	Sätze	Gewicht
1	Bench Press	50	5	1	50
		60	4	1	60
		70	3	1	70
		75	3	5	75
2	Squat	50	5	1	50
		60	5	1	60
		70	5	5	70
3	Bench Press	50	6	1	50
		60	6	1	60
		65	6	4	65
4	Chest Muscles	x	6	4	x
5	Good Mornings	x	5	5	x

Mittwoch		Prozent	Wdh	Sätze	Gewicht
1	Deadlift	50	3	1	50
		60	3	1	60
		70	3	1	70
		75	3	4	75
2	Incline Press	50	3	1	x
		60	3	1	x
		70	3	4	x
3	Deadlift from boxes	60	3	1	60
		70	3	1	70
		80	3	4	80
4	Leg extensions	x	8	5	x
5	Abs	x	8	3	x

	Freitag	Prozent	Wdh	Sätze	Gewicht
1	Bench Press	50	7	1	50
		55	6	1	55
		60	5	1	60
		65	4	1	65
		70	3	2	70
		75	2	2	75
		70	3	2	70
		65	4	1	65
		60	6	1	60
		55	8	1	55
		50	10	1	50
2	Squat	50	5	1	50
		60	4	1	60
		70	3	1	70
		75	3	5	75
3	French Press	x	8	5	x
4	Lat Muscles	x	8	5	x
5	Good Mornings	x	5	5	x

Der Unterschied zum Plan für die leichteren U80kg-Athleten liegt in der Verwendung von etwas mehr Zusatzübungen, um die Hypertrophie mehr zu betonen, dies soll für uns aber nicht relevant sein. Damit der Plan etwas begreiflicher erscheint, habe ich bei den Maximalwerten für das Kniebeugen, das Bankdrücken und Kreuzheben immer nur 100kg eingegeben, dadurch entsteht keine zusätzliche Verwirrung, die Gewichtsangaben und die Prozentwerte sind somit identisch.

Periodisierung
Nachfolgend eine schematische Darstellung von Intensität und Volumen über 4 Wochen (Block 1) für das Kniebeugen, Bankdrücken, Kreuzheben im Original-Excel-Screenshot-Look

Squat %	Week 1	Week 2	Week 3	Week 4	Month
50-59	10	13	15	13	51
60-69	9	11	13	11	44
70-79	43	21	26	12	102
80-89	0	20	20	31	71
90+	0	0	0	0	0
NL	62	65	74	67	268
Avg. Int.	66,5%	69,5%	66,9%	70,6%	68,4%

Bench %	Week 1	Week 2	Week 3	Week 4	Month
50-59	42	21	20	20	103
60-69	53	18	41	42	154
70-79	34	25	9	34	102
80-89	0	16	39	12	67
90+	0	0	0	0	0
NL	129	80	109	108	426
Avg. Int.	61,9%	66,9%	67,4%	66,6%	65,4%

Deadlift %	Week 1	Week 2	Week 3	Week 4	Month
50-59	3	6	3	4	16
60-69	6	6	7	4	23
70-79	18	27	6	6	57
80-89	12	0	7	12	31
90+	0	0	3	0	3
NL	39	39	26	26	130
Avg. Int.	71,5%	66,9%	71,5%	71,2%	70,1%

Das Programm ist insgesamt für 3 x 4 Wochen ausgelegt und stellt eine zwölfwöchige Wettkampfvorbereitung für den fortgeschrittenen Beginner im Powerlifting dar.

Man könnte es als eine Blockperiodisierung verstehen, da sich die drei Blöcke in jeweils vier Wochen aufteilen lassen:

1. **Preparation Period** →Akkumulation/Volumen
2. **Preparation Period** →Transition/Übergang)
3. **Competition Period** →Intensifikation/Intensität

Da Boris Sheiko ein absoluter Fan von Zahlen, Prozenten und Statistiken ist, stattet er das Programm mit aufwändigen Tabellen und Grafiken aus, die dem Athleten und vielleicht auch dem Trainer, genau aufzeigen, was hier in jeder Phase gemacht wird. Sheiko lässt sich am besten erfassen, wenn wir das Volumen als Hauptstressor im Blick haben, schließlich ist Sheiko ein sehr hochvolumiges Programm.

Block 1. umfasst 824 Gesamtwiederholungen und eine durchschnittliche Intensität von 67%.
Block 2. umfasst 670 Gesamtwiederholungen und 69% Durchschnittsintensität.
Block 3. weist nur noch 388 Gesamtwiederholungen und ebenfalls eine Durchschnittsintensität von 69% auf. Das mag zunächst aussehen, als wäre die Intensität grundsätzlich nicht sehr hoch, aber das täuscht. Der niedrige Prozentsatz kommt daher zustande, weil sehr viele Arbeitssätze pro Training gemacht werden, die meisten davon aber nicht im Bereich von 80-90%+.

Schauen wir uns den hier auf den drei Tabellen abgebildeten **Block 1.** etwas genauer an: Man arbeitet bei den Kniebeugen hauptsächlich im Bereich von 70-79%, ebenso beim Kreuzheben. Das Bankdrücken fällt im Durchschnitt etwas leichter aus, die meisten Wiederholungen finden im Bereich von 60-69% statt, dicht gefolgt vom Bereich 70-79%.

Das Bankdrücken hat aber mit 426 Wdh pro Monat fast das doppelte Volumen als das Kniebeugen (268) und über das dreifache Volumen gegenüber dem Kreuzheben (130). 71 von insgesamt 288 der Wiederholungen beim Kniebeugen werden sogar mit schweren 80-89% absolviert.

Beim Kreuzheben wird bei mehr als einem Drittel im Bereich von 70-70% trainiert, ein Viertel des Gesamtvolumens bei 80-89% und drei schwere Singles werden sogar mit 90% in der dritten Woche getätigt.

Autoregulation

Das waren jetzt sehr viele Zahlen und Prozente, damit muss man sich erst einmal auseinandersetzen. Sheiko wirft mit viel Volumen und entsprechend langen Trainingseinheiten um sich, aber er schafft es dennoch, den Sportler nicht zu verheizen, wenn aber auch nur knapp.

Wer aus amerikanischen Nur-1-Wettkampflift-Pro-Einheit-Programmen dermaßen dekonditioniert ist, wird anfangs ziemlich daran zu knabbern haben. Die Autoregulation ist bei prozentbasierten Programmen immer schwer zu handhaben, so geht das Programm immer davon aus, dass man in der Lage ist, in jeder Einheit die standardmäßigen Wiederholungen, Sätze und Gewichte zu bewältigen. So ist es auch bei Sheiko, wenn auch nur begrenzt. Die Intensität ist durchgängig überschaubar, auch in den letzten vier Wochen der Wettkampfphase. Sheiko gibt uns dazu in seinem Buch unter anderem drei Regeln an die Hand[55]:

>*»1. Die wichtigste Regel ist, nur wirkliche und nicht wünschenswerte Höchstwerte zu verwenden.*
>
>*2. Wenn das Gewicht in einem bestimmten Training zu schwer ist, kann man es um 5-10% reduzieren und die Anzahl der Wiederholungen und Sätze wie geplant belassen.*
>
>*3. Wenn das Gewicht leicht ist, kann man die Intensität um 5-7,5 kg (nicht mehr) erhöhen. Dies macht man nicht öfters als einmal alle 2 Wochen. Man kann auch die Gewichte wie*

> *geplant belassen, aber die Anzahl der Wiederholungen in jedem Satz um 1-2 erhöhen, nicht mehr.«*

Dies macht es zumindest möglich, dass das Nervensystem nicht irgendwann auf halber Strecke ausgebrannt ist. Auch das durchgängig hohe Volumen ist aber immer entsprechend von Woche zu Woche geregelt, denn keine Einheit ähnelt der nächsten.

Der Freitag in Woche 1 von Block 1. ist mit 58 Gesamtwiederholungen zwischen 50-75% nicht gerade lässig. Insgesamt verteilt sich das auf 14 Arbeitssätze. Aber, und das ist auch Skeiko, ist das erste Bankdrücktraining am darauf folgenden Montag mit 14 Wiederholungen, 8 Sätzen und 50-70% schon fast ein Wellness-Programm. In dieser Manier regelt er sein Volumen und den Intensitätsfaktor und wechselt die Betonung der Beuge, Bank und des Hebens ausgewogen zueinander ab.

Spezifität
Sheiko Routinen sind einzig und allein für das Powerlifting konzipiert – ob mit oder ohne Equipment. Bis auf eine kleine Anzahl an Zusatzübungen kümmert man sich nur um die drei Wettkampfübungen. Fast kein Trainingskonzept zwingt einem mehr explizite Arbeit mit den Powerlifts auf. Dies ist für die meisten wahrscheinlich ein Segen, so kann sich doch fast jeder immer noch in puncto Technik verbessern – und wo hätte man mehr Gelegenheit dazu, als in diesem Programm?

Pro
Wie gerade angesprochen, wenn man eine Lehre aus den Sheiko-Programmen ziehen kann, dann ist es die Auseinandersetzung mit präziser Technik. Man kann das unmöglich durchhalten, wenn man technisch nicht sauber arbeitet. Man führt unendliche Sätze im Bereich von 2er, 3er, 4er, 5er und 6er Wiederholungen aus.
Ohne die nötige Arbeitsergonomie machen sich aber ganz schnell Schmerzen bemerkbar und ich meine damit die schlechten Schmerzen wie Rückenprobleme und auch die passiven Strukturen

(Sehnen, Bänder, Gelenke) benötigen Zeit, um sich anzupassen. Man wird sehr resistent gegen die lang andauernden Arbeitslasten im Beugen, Drücken und Heben. Es geht einem in Fleisch und Blut über.

Contra

Das hohe Volumen ist nicht für jeden Heber zu jedem Zeitpunkt seiner Karriere geeignet. Ältere Heber, die vielleicht schon eine gewisse Verletzungshistorie haben, werden durch dieses Training regelrecht mürbe gemacht bis sich eventuell alte Verletzungsprobleme wieder bemerkbar machen. Auch die Trainingsdauer ist ein K.O.-Kriterium für manche – es hat nicht jeder zwei Stunden Zeit und auch nicht jeder Kraftsportler hat die Kapazitäten für diese Marathoneinheiten. Nicht jeder schafft es, sich einigermaßen von diesen Trainingseinheiten zu erholen und 12 Wochen können ganz schön lang sein. Auch die hohe Spezifität bekommt nicht jedem gut. Manche würden sicherlich in Bezug auf Anpassungserscheinungen davon profitieren, wenn auch mal Varianten der Powerlifts wie Olympische Kniebeugen, Front- oder Safety Squat Bar Kniebeugen, einfließen würden. Wer pro Einheit weniger Volumen (und weniger Zeit) aufwenden möchte, steigt am besten auf eine 4-Tage Version um.

Fazit

Wer bisher noch nie mit sehr hochvolumigen Routinen Erfahrung gesammelt hat, der macht nichts falsch, wenn er sich für dieses Programm aus der offiziellen Hand von Boris Sheiko entscheidet. Mit drei Einheiten pro Woche lässt sich das hohe Volumen ertragen und wer nur amerikanische Powerlifting Programme kennt, der wird sein schmerzliches Wunder erleben: Muskelkater sowie Kraft- und Massezuwächse sind garantiert beim ersten Durchlaufen eines Sheiko-Zyklus. Ob man das ganze Jahr über so trainieren möchte, ergibt für viele sicherlich Sinn, diese Sportler sollten sich über dieses Programm hinausgehend mit der Thematik befassen.

Disclaimer

Die Besprechung des alten Programmes kann problemlos auf die neuen Versionen übertragen werden – merklicher Unterschied: im aktuellen Buch finden sich vorrangig 4-Tages-Programme. Das hohe Volumen für drei Einheiten pro Woche wird auch von Sheiko selbst als nicht optimal erachtet[56]:

> »*If you are able to train 4 times a week then do it. Doing so will give you better results.*«

Das Buch wartet zudem mit einer wahnsinnig aufwändigen Technikanalyse auf, immer bildlich mit Elite Powerliftern dokumentiert, inklusive Übungsindex mit ungelisteten Youtube-Videos; ein echter Zugewinn, da die meisten Übungsindexe in Kraftsportfachbüchern recht oberflächlich sind. Hätte Sheiko vor 10 oder 15 Jahren dieses Werk veröffentlicht, wäre den interessierten Athleten einiges an Trail-&-Error erspart geblieben und Boris Sheiko wäre weniger missverstanden worden.

Smolov Routine
Sergey Smolov & Pavel Tsatsouline

Die Smolov Routine ist dafür bekannt, eines der brutalsten Programme für die Kniebeuge zu sein. Viele geben dieses Programm nach wenigen Wochen bereits auf, weil sie es einfach nicht schaffen, die Intensität, das Volumen und die Frequenz zu meistern. Aber gerade dieser Aspekt der Erbarmungslosigkeit ist es, was viele so fasziniert, und auch die Aussicht, die aktuelle Kniebeugeleistung um angeblich bis zu 45kg zu steigern.

Um das Programm etwas in einen Kontext zu setzen, sei erwähnt, dass es natürlich russische Wurzeln hat. Der ursprüngliche Schöpfer dieser eisenharten Programmierung war ein gewisser Herr Sergey Smolov, aber erst der bekannte Pavel Tsatsouline brachte es dem Mainstream näher, als er in der 2001er Ausgabe des *Powerlifting USA Magazine* einen Artikel dazu veröffentlichte. Seither ranken sich allerlei Mythen und Legenden um dieses ehemals geheime Rezept der Russen für bären-starke Kniebeugeleistungen.

Das Programm

Smolov ist ein Schock-Programm für den Unterkörper, speziell für die Leistung der für die Beuge verantwortlichen Muskeln. Es ist kein System, das man als generelles Trainingskonzept verwenden kann, es ist ein 13wöchiges Programm, das man einmal durchläuft, vielleicht einmal im Jahr, vielleicht alle anderthalb oder zwei Jahre. Es ist kein Spaß, es ist bitterer Ernst. Nur wer sich absolut sicher ist, dass er innerhalb von 13 Wochen kompromisslos alles dafür tun wird, seine Kniebeuge zu ver-bessern, die Grenzen des Übertrainings auszuloten und eventuell auch haarscharf am Verletzungsrisiko zu trainieren, der darf sich dafür ent-scheiden. Und eines muss auch klar sein: Das Programm bietet keinen Raum für ambitioniertes Bankdrücken und Kreuzheben, welches man parallel betreiben kann. Bestenfalls können diese beiden Lifts auf Erhaltungsniveau weiter trainiert werden, denn alle Kapazität fließt in das Smolov-Programm.

Wer das Programm im Netz sucht, der wird es meist in Form eines Excel-Spreadsheets finden.

Aktuell findet sich hier eine vollständige Version:
https://www.lift.net/workout-routines/smolov/

bzw. hier der direkte Excel-Download
https://www.lift.net/app/uploads/2013/08/Smolov.xlsx

Die 5 Phasen Smolovs
Somolov teilt den Mesozyklus in fünf Blöcke bzw. Mikrozyklen auf

1. Introductory Phase   Vorbereitungsblock
2. Base Phase   Akkumulationsphase
3. Switching Phase   Transformationsblock
4. Intense Phase   Transmutations-/Intensifikationsblock
5. Peak Phase   Realisationsblock

Woche 1-2: Introductory Phase Vorbereitungsblock
Der Vorbereitungsblock ist unerlässlich für die Absolvierung des Programms. Ich lese teilweise von Sportlern, die diesen Block ausgelassen haben, aber wer noch nie Smolov ausgeführt hat, dem würde ich das sehr nahe legen.

Wo 1	Mo		Di		Mi	
	Sätze x Wdh	Prozent	Sätze x Wdh	Prozent	Sätze x Wdh	Prozent
	3 x 8	65%	3 x 8	65%	4 x 5	70%
	5 x	70%	5 x	70%	3 x	75%
	2 x 2	75%	2 x 2	75%	2 x 2	80%
	1 x	80%	1 x	80%	1x	90%
	Do		Fr		Sa	
	3 x 8 Lunges		3 x 8 Bulgarian Lunges		3 x 8 Lunges	
Wo 2	Mo		Mi		Fr	
	2 x 2	85%	3 x	85%	5 x	85%

Zusätzlich empfiehlt das Programm während der ersten Woche Ausfallschrittvarianten (*Lunges/Bulgarian Lunges*) mit Gewichten an den Pausentagen zu machen, um die nötige Mobilität zu gewährleisten. Generell ist es aber ja nicht so, als würde man in den ersten zwei Wochen nur Kinkerlitzchen machen: In der letzten Einheit von Woche 2 ganze 5 Wiederholungen mit 85% zu beugen ist alles andere als locker.

Woche 3-6: Base Phase Akkumulationsblock

Spätestens hier ist man im Auge des Tornados: Nun erhält man eine Vorstellung davon, warum das Programm so wahnsinnig hart ist.

Wo	Mo	Mi	Fr	Sa
3	4 x 9 x 70%*	5 x 7 x 75%	7 x 5 x 80%	10 x 3 x 85%
Wo	Mo	Mi	Fr	Sa
4	4 x 9 x 70% + 10kg**	5 x 7 x 75% + 10kg	7 x 5 x 80% + 10kg	10 x 3 x 85% + 10kg
Wo	Mo	Mi	Fr	Sa
5	4 x 9 x 70% + 15kg***	5 x 7 x 75% + 15kg	7 x 5 x 80% + 15kg	10 x 3 x 85% + 15kg
Wo	Mo	Mi	Fr	Sa
6	Pause	Pause	Testtag	Testtag
Teste das 1RM am **Freitag *oder* Samstag in Woche 6**: Zielvorstellung 10-20kg mehr! * Sätze x Wiederholungen x Prozentwert ** addiere 10kg zu den Prozentwerten *** addiere 15kg zu den Prozentwerten					

Am letzten Trainingssamstag vor dem 1RM in der Folgewoche führt man 10 Triples mit 85% plus 15kg aus. Danach gehen einem wohl die Lichter aus. Pavel Tsatsouline geht davon aus, dass schwere Athleten am Testtag insgesamt 10-30kg Leistung addieren können, die etwas leichteren Jungs mindestens 5-7,5kg.

Woche 7-8: Switching Phase Transformationsblock

Auf der Grundlage des neuen 1RM werden nun die Werte für die nachfolgenden Blöcke neu berechnet. Der Transformationsblock reduziert etwas die Intensität, baut einen neuen Stimulus durch die betonte Exzentrische und die dynamische Arbeit ein und dient generell als etwas leichterer Ausgleich zum vorherigen Mikrozyklus.

Wo 1	Mo	Mi	Fr
	Kniebeugen Negativ*	Power Clean	Box Squat
	1 x 105%	8 x 3 x 60%	12 x 2 x 60%
Wo 2	Mo	Mi	Fr
	Kniebeugen Negativ	Power Clean	Box Squat
	1 x 110%	8 x 3 x 65%	12 x 2 x 65%
			Sätze x Wdh x Prozent
*Gewicht aus der Ablage heben und dann langsam und kontrolliert absinken, bis die Hantel sicher auf den Safetys liegt.			

Woche 9-12: Intense Phase
Transmutations- oder auch Intensifikationsblock

Tsatsouline ist der Meinung, dass in diesem Intensivblock für die starken Athleten nochmal 15-20kg dazugewonnene Leistung verbucht werden kann. Die Credits für diesen letzten Mesozyklus gehen laut Tsatsouline an einen Gewichtheber- und Powerlifting-Coach aus Moskau namens I. M. Feduleyev.

Wo 9	Mo	Mi	Fr
	Sätze x Wdh x Prozent oder Wdh x Prozent		
	3 x 65%	3 x 60%	4 x 65%
	4 x 75%	3 x 70%	4 x 70%
	3 x 4 x 85%	4 x 80%	5 x 4 x80%
	5 x 85%	3 x 90%	
		2 x 5 x 85%	
Wo 10	Mo	Mi	Fr
	4 x 60%	3 x 65%	3 x 65%
	4 x 70%	3 x 75%	3 x 75%
	4 x 80%	3 x 85%	4 x 85%
	3 x 90%	3 x 3 x 90%	4 x 5 x 90%
	2 x 4 x 90%	3 x 95%	

Wo 11	Mo	Mi	Fr
	3 x 60%	3 x 60%	3 x 65%
	3 x 70%	3 x 70%	3 x 75%
	3 x 80%	3 x 80%	3 x 85%
	5 x 5 x 90%	2 x 3 x 95%	4 x 3 x 95%
Wo 12	Mo	Mi	Fr
	3 x 70%	3 x 70%	3 x 75%
	4 x 80%	3 x 80%	4 x 90%
	5 x 5 x 90%	4 x 3 x 95%	3 x 4 x 95%
Wo 13	Mo	Mi	Sa
	4 x 75%	-	Testtag/
	4 x 4 x 85%	-	Wettkampf

Die Frequenz wurde zu Gunsten der Intensität von vier auf drei Tage heruntergesetzt. Man beugt jetzt nur noch dreimal die Woche, aber die Intensität ist enorm nach oben gesetzt worden.

Periodisierung

Die Unterteilung der Blöcke habe ich bereits vorgenommen, jetzt erfolgt die Erklärung ihrer eigentlichen Funktionsweise im Rahmen des Programmes, denn Smolov fährt hier eine ziemlich komplexe Periodisierung auf.

Smolov verwendet eine Form der **Blockperiodisierung**, die genau für den fortgeschrittenen, wenn nicht sogar weit fortgeschrittenen Athleten, genutzt werden sollte – aber sonst für niemanden.

Der Einführungsblock ist wirklich nichts anderes, als die Konditionierung des Athleten auf das, was da noch kommen wird.

Die **Base Phase** baut die allgemeine Arbeitskapazität und auch ein gutes Stück an Muskelmasse auf – abgesehen von einem Workout (3er@85%!) arbeitet man hier hauptsächlich im Bereich von 70-80% und führt diese mit bis zu neun Wiederholungen aus. Wenn man diese Phase meistert, hat man sicherlich an Muskelmasse dazugewonnen und eine gewisse Toleranz für das hohe Volumen aufgebaut.

Die **Switching Phase** ist ein klassischer Transformationsblock, der sogar etwas die Schnellkraft ankurbelt. Die dynamische Arbeit hält das zentrale Nervensystem auf Trab, schont aber durch das geringere Volumen und die verringerte Intensität den Körper.

Die abschließende **Intensifikationsphase** ist ein bedingungsloser Peak-Block, der nur darauf abzielt, am Ende einen neuen Maximalrekord zu erzielen. Die hohe Frequenz und das Volumen der Arbeit im 90 Prozent-plus-Bereich ist der pure Wahnsinn. Wer dies durchhält, wird sicherlich belohnt werden. Die letzte Woche lässt nur so viel Erholung zu, wie der Körper nun braucht, um die Superkompensation auf den finalen Testtag punktgenau aufbauen zu können.

Progressive Überlastung

Die Gewichte in der Base Phase werden jede Woche erhöht und in der Intense Phase werden wöchentlich die Prozentwerte erhöht. Der Heber muss mit höheren Gewichten bei höheren Wiederholungen und ansteigenden Satzzahlen klarkommen.

Spezifität

Smolov ist im Grunde kein Powerlifting Programm, das muss jedem klar gemacht werden. Es ist eine Kniebeuge-Routine, die in kürzester Zeit hohe Kraftzuwächse eben nur in der Kniebeuge erzielen kann. Man geht nicht davon aus, dass man während der Durchführung noch parallel Kreuzheben absolvieren kann, auch das Volumen für den Oberkörper muss auf ein Erhaltungsminimum reduziert werden. Smolov erhöht nicht unsere Total-Leistung in allen drei Wettkampfübungen.

Fazit

Wer also soll mit Smolov trainieren? Powerlifter? Gewichtheber? Freaks, die einfach nur auf Schmerzen und Verzweiflung abfahren? Ehrlich gesagt, ich weiß es nicht.
Smolov ist ein Schock-Programm, das binnen kurzer Zeit viel für die Kniebeugeleistung tun kann. Aber was ist mit dem Bankdrücken und

dem Kreuzheben? Einige würden sagen, die Kniebeuge, zumindest der Power-Squat, trainiert die Kreuzhebemuskulatur automatisch mit. Das stimmt zwar, dennoch müssen selbst natürlich begabte Kreuzheber das Kreuzheben regulär trainieren. Die Bankdrückleistung kann während einem Smolov-Programm eventuell erhalten werden, aber selbst das Drücken wird unter den extremen Regenerationsanforderungen von Smolov leiden.

Also wer soll nun damit arbeiten? Es würde sich für Athleten anbieten, die tatsächlich eine miserable Kniebeugeleistung aufweisen, dafür aber überragende Bankdrücker und ganz ordentliche Kreuzheber sind. Sie können es sich vielleicht erlauben, über zwölf Wochen das Kreuzheben fast ganz auszuschließen und die Bank eventuell ein- oder zweimal die Woche leicht bis moderat schwer zu trainieren.

Für Beginner und mäßig Fortgeschrittene, verbietet es sich meiner Meinung nach grundsätzlich, sich diesem Kniebeugen-Dämon für drei Monate zu opfern. Man darf diese Routine nicht vom Ende her betrachten, denn 20, 30 oder 40kg mehr beim Kniebeugen zu erzielen klingt natürlich verlockend. Aber wie lange wird dieser Zugewinn erhalten bleiben? Schließlich wurde er in nur 12 Wochen aufgebaut. Wie will man eine Leistung aufrechterhalten, die durch die Anpassung an abartiges Volumen erzielt wurde? Durch noch viel mehr abartiges Volumen? Sicherlich nicht. Aber einige unter uns sind sehr gierig und auch sehr kurzsichtig. Sie glauben, wenn sie sich drei Monate dem Programm verschreiben, bringt es ihnen eine Steigerung, für die sie vielleicht sonst zwei oder drei Jahre benötigt hätten. So funktioniert das nicht.

Abgesehen davon, halten zum einen die wenigsten diese Routine durch, da sie verletzungsbedingt abbrechen müssen oder schlicht körperlich und psychisch fix und alle sind. Und zum anderen sind unter den Auserwählten, die durchhalten, nur wenige dabei, die tatsächlich die prognostizierten 30 oder 45 Kilo Steigerung abräumen dürfen. Für jeden ernsthaften Powerlifter da draußen haben sich langfristige Strategien immer am besten bewährt.

Der Herausforderung einer Smolov-Routine kann sich derjenige unter uns stellen, der tatsächlich nur auf einen kurzfristigen Kniebeugerekord abzielt – er muss sich aber im Klaren sein, dass er diese Leistung so schnell nicht mehr reproduzieren bzw. nicht lange aufrechterhalten kann.

Squat Every Day
The Bulgarian Method *Revisited*
Iwan Abadschiew feat. Matt Perryman
& John Broz

Wer sich schon mit hochfrequenten Trainingsprogrammen wie Sheiko und Smolov befasst hat, der hat bereits eine gute Vorstellung davon, was es bedeutet, innerhalb der Trainingswoche die Kniebeuge oft zu trainieren. Aber nun setzt die *Squat Every Day Methode* noch einen drauf: Jeden Tag Kniebeugen!
Wenn du dir gerade überlegst, ob du jeden Tag in deinem Training beugen kannst, so lautet die einfache Antwort: Ja, das kannst du! Fragst du dich aber gerade, ob du jeden Tag kniebeugen solltest, dann muss die Antwort lauten: Es kommt darauf an! Der Teufel liegt im Detail versteckt.

Was beudeutet es, jeden Tag zu beugen?
Die meisten Kraftsportler beugen ein bis dreimal pro Woche. Squat Every Day ist eine Methode, die verlangt, jeden Tag in der Trainingswoche zu beugen. Es gibt unterschiedliche Ansätze mit Trainierenden, die jeden Tag mit maximaler Anstrengung arbeiten oder leichtere Einheiten für den Erhalt der Kraft einplanen. Squatting Every Day ist grundsätzlich ein hochfrequentes, hochintensives und hochspezifisches Trainingsmodell. Ursprünglich waren nur Highbar Squats (olympische Kniebeuge, hohe Ablage auf dem Nacken) und Frontkniebeugen als Grundübungen vorgesehen. Die Grundannahme dieser Methode liegt in den so genannten SAID-

Prinzipien. Versucht man das Akronym **SAID** (*specific adaptations to imposed demands*) aus dem Englischen zu übersetzen, würde es die **spezifische Anpassung an die gestellten Anforderungen** heißen. Je spezifischer man trainiert, desto besser wird man durch die Anpassung an genau diese Übung.

Herkunft und Entstehung

Die Methode ist auch als die **Bulgarische Methode** bekannt geworden. Wie du aber sicherlich schon festgestellt hast, liegen die Dinge nicht immer so eindeutig und schon gar nicht so ideal, wie wir das gerne hätten. Die so genannte Bulgarische Methode für das Powerlifting gibt es eigentlich gar nicht, sie existiert nur sagenumwoben im Internet. Die eigentliche Trainingsphilosophie stammt von **Iwan Abadschiew**[XV], einer der erfolgreichsten Trainer im Olympischen Gewichtheben. Man übernahm Abadschiews erfolgreiche Praxismethoden und modelte sie etwas um, damit sie für das Powerlifting angewendet werden konnten. An dieser Stelle möchte ich aber gleich mal spoilern, dass kein Powerlifter irgendwo auf diesem Planeten mit nachweislichem Erfolg im originalen Stile eines Iwan Abadschiew trainiert. Dies lässt sich dadurch belegen, dass, wie oben erwähnt, Highbar Squats und Frontsquats als primäre Übungen vorgesehen sind. Ausführlicheres dazu findest du im Abschnitt **Erholung**.

Olympisches Gewichtheben war und ist bis heute für die Bulgaren ein Full-Time-Job und sie machen den lieben langen Tag buchstäblich nichts anderes als Kniebeugen, Frontkniebeugen, Umsetzen und Stoßen, Reißen und eventuell noch ein paar Gewichtheberzüge. Der originale Zeitplan der Bulgaren im Gewichtheben sieht folgendermaßen aus[57]:

[XV] Oder auch Ivan Abadjiev, wie ihn die Amerikaner schreiben. Die mögen einfach kein "w" und kein "sch".

Täglicher Trainingsablauf der bulgarischen Olympiamannschaft der Gewichtheber		
Uhrzeit	Mo, Mi, Fr	Di, Do, Sa
09.00-10.00	Reißen (Snatch)	Reißen (Snatch)
10.00-10.30	Ruhe	Ruhe
10.30-11.30	Umsetzen & Stoßen (Clean & jerk)	Umsetzen & Stoßen (Clean & jerk)
11.30-12.30	Übungen	Übungen
12.30-13.00	Ruhe	Übungen
13.00-17.00	Ruhe	Ruhe
17.00-17.30	Übungen	Übungen
17.30-18.00	Übungen	Ruhe
18.00-18.30	Ruhe	Übungen
18.30-20.30	Übungen	Ruhe
Gesamte Trainingszeit	6 Stunden	4,5 Stunden

Das sieht nicht nur nach Arbeit aus, das ist echte, harte Arbeit. Zudem finden die wochenlangen Vorbereitungen in Trainingslagern statt, man macht also tatsächlich nichts anderes als Gewichtheben. Kein Powerlifter diesseits und jenseits des Atlantiks trainiert auf diese Art und Weise. Gewichtheben hat zudem bei den Osteuropäern, speziell bei den Russen und Bulgaren, einen ganz anderen Stellenwert als irgendwo sonst auf der Welt, eventuell noch in China.

Die vielversprechendsten und genetisch begünstigten Athleten werden schon als Kinder und Jugendliche bei Sporttests in der Schule aussortiert und angeworben, eine Laufbahn als Gewichtheber für ihr Land einzuschlagen. Man entscheidet sich hier nicht für das Gewichtheben, man wird unter Tausenden ausgewählt. Hat man die Chance in ein Förderprogramm zu gelangen, dann hat man es geschafft: Diese wirtschaftlich und strukturell oftmals schwachen kommunistischen oder ex-kommunistischen Länder greifen den Talenten und ihren Familien unter die Arme, was aus existentieller Sicht eine starke soziale Verbesserung mit sich bringt, denn viele Menschen leben hier unterhalb der Armutsgrenze.

Somit liegen große Hoffnungen und viel Druck auf den jungen Athleten. Da stellt keiner die Frage nach Freizeit, sonstigen Hobbys oder womöglich Erholung. Da wird täglich hart und erbarmungslos gedrillt und durchgehend trainiert. Schaut man sich die Medaillenspiegel bei den Weltmeisterschaften und bei früheren Olympischen Spielen an, so darf man sagen, der Aufwand macht sich bezahlt.

Der Background aus dem diese Sportler stammen, ist also ein ganz anderer, als der unserer westlichen Powerlifter. Osteuropäische Powerlifter haben in der Regel seit ihrer frühesten Jungend nichts anderes gemacht und wenn sie dann als Junioren mit 18 bis 22 Jahren in der IPF antreten, haben sie meist schon zehn Jahre Trainingserfahrung. Wer kann das von uns hier behaupten? Die Idee, Powerlifter auf diese Weise zu trainieren, macht also scheinbar nicht für jede Zielgruppe Sinn. Oder vielleicht doch?

Wissenschaftlicher Hintergrund

Tägliches Kniebeugen ist einfach eine Form des Hochfrequenz-Krafttrainings für die Kniebeugen. Es gibt viele Untersuchungen zur Häufigkeit des Krafttrainings und es gibt gemischte Ergebnisse. Die Forschung legt nahe, dass es keine Korrelation zwischen Trainingshäufigkeit und Kraftzuwachs gibt, wenn das Trainingsvolumen gleichgesetzt wird.[58] Allerdings kann man durch eine Erhöhung der Trainingshäufigkeit das Trainingsvolumen insgesamt erhöhen.

Im Hinblick auf Trainingshäufigkeit, Muskelzuwachs und Muskelschwund scheint das zweimalige Training einer Muskelgruppe pro Woche dem einmaligen Training pro Woche überlegen zu sein, obwohl nicht klar ist, ob mehr als zweimaliges Training pro Woche noch besser wäre.[59]

Wenn es um die wissenschaftliche Erforschung des Trainings geht, gilt es Folgendes zu beachten. Einschlägige Forschungen werden oft nur kurzfristig durchgeführt und daher ist es schwierig, die langfristigen Auswirkungen zu erkennen. Ein Studiendesign ist selten auf sechs Monate, schon gar nicht auf ein, zwei oder drei Jahre ausgerichtet. Forschungsergebnisse sind auch Zusammenfassungen von Durchschnittswerten, daher ist es wichtig, daran zu denken, dass verschiedene Regime für manche Menschen unterschiedlich wirken können.

Squatting Every Day oder Daily Max Squatting?

Eine Sache, die wir klären sollten, ist, wenn wir über tägliches Kniebeugen sprechen, was wir damit genau meinen? Meinen wir "tägliche maximale Kniebeugen" oder meinen wir "jeden Tag Kniebeugen mit einigen leichteren Einheiten zu bestimmten Zeiten?" Traditionell bedeutete tägliches Kniebeugen, dass die täglich ausgeführten Kniebeugen bis zu einem Tagesmaximum (**Daily Max**) ausgeführt werden.

Für die Mehrheit der Freizeitathleten ist dies wahrscheinlich nicht nachhaltig, weshalb sich die Praxis der täglichen Kniebeugen weiterentwickelt hat, um submaximale Einheiten einzubauen. Dies ermöglicht eine nachhaltigere Umsetzung der täglichen Kniebeuge. Viele verschiedene Trainer und große Namen im Kraftdreikampf haben ihre eigene Vorstellung von der täglichen Kniebeuge entwickelt. Ein weiteres übersehenes Element der täglichen Kniebeuge ist das **Back-Off Volumen**, das nach dem schweren Topsatz des Tages durchgeführt wird. Am Ende des Tages sind die Wiederholungen nach Abschluss einer Trainingseinheit ein massiver Treiber für Zuwächse - solange du dich davon erholen kannst.

Erholung

Um Missverständnisse zu vermeiden, ein kurzer Blick auf die Art der Kniebeuge. Es ist bedeutend einfacher, sich von Highbar Squats zu erholen, anstelle von Lowbar Squat. Die tiefe Hantelposition im unteren Bereich des Trapezmuskels und der hinteren Schulterpartie produziert auf den Schulter- und Handgelenken mehr Stress, als es bei einer hohen Ablage der Fall wäre. Auch die dadurch bedingte Vorlage des Oberkörpers beansprucht den unteren Rücken deutlich mehr. Insgesamt ist der Athlet aber durch die Lowbar Kniebeuge in der Lage, ein höheres Gewicht zu beugen, als es mit der Highbar Kniebeuge der Fall wäre. Diese Faktoren begünstigen den Einsatz der Highbar Kniebeuge deutlich gegenüber der Lowbar Version für diese Art der Trainingsplanung. Auch aus diesem Grund muss man sich entscheiden: Weniger Spezifität durch eine Highbar Kniebeuge und reduzierten Stress, oder mehr Spezifität (Lowbar) zu Lasten der Regeneration?

John Broz & Matt Perryman
Die Diskussion um die Idee, wie die Bulgaren das Powerlifting-Training aufbauen, kann ohne Zuhilfenahme von Trainern wie John Broz, der amerikanische Gewichtheber und Powerlifter mit ähnlichen Methoden trainiert, und Matt Perryman, Autor des Buches *Squat Every Day*, nicht geführt werden.

Das Programm
Die Bulgarische Methode kann in reiner, ursprünglicher Form nicht angewendet werden, aber wir können mit Hilfe von Leuten wie Broz und Perryman die Grundidee herausarbeiten und für die Powerlifter umsetzen.

Bei der originalen Methode arbeiten sich die Gewichtheber auf ein tägliches Maximum (*daily max*) hoch: Ohne Gürtel, ohne laute Musik, ohne Stimulanzien und ohne sich psychisch zu pushen. Das tägliche Maximum sollte eine saubere Einzelwiederholung sein, die irgendwo zwischen dem 1RM und vielleicht noch einer zweiten möglichen Wiederholung liegt. Auf der **RPE Chart** (*rate of perceived exertion*) wäre es wohl eine @9-9,5 gewesen. Es geht vor allem auch darum, dieses tägliche Maximum angstfrei und ohne psychischen Stress zu tätigen, da dies auch laut Perryman den Athleten schnell ausbrennen lässt. Nach dem täglichen Maximum werden ca. 10% Gewicht reduziert und noch ein paar 2er und 3er Wiederholungen gemacht (*down sets/back off sets*). Diesen Ansatz verfolgt auch John Broz.

Perryman schlägt ein Zeitlimit von 15-20min für die Down Sets vor, innerhalb davon versucht man möglichst viele 2er und 3er Wiederholungen zu absolvieren, ohne aber ans Wiederholungslimit zu gehen. Dies ist eine fortgeschrittene Autoregulationsmethode. Perryman und Broz nennen dies die **Back-Off-Method**. Im Buch *Squat Every Day*[60] führt Perryman noch weitere Möglichkeiten auf.

Der Aufbau der Trainingseinheiten erfolgt im A-B-Stil:

Tag A **1. Kniebeugen (squat)**
Power Squat, Olympische Kniebeuge, Frontkniebeugen, Safety Squat Bar Kniebeugen, Box-Squats
2. Drücken (press)
Bankdrücken, Overhead Press, Schrägbankdrücken, Push-Press
3. Oberkörper Zug (pull)
Klimmzüge, KH-Rudern

Tag B **1. Unterkörper Zug (pull)**
Kreuzheben, Power Cleans, Defizit-Kreuzheben, Rack-Kreuzheben
2. Drücken (press)
Bankdrücken, Overhead Press, Schrägbankdrücken, Push-Press
3. Oberkörper Zug (pull)
Klimmzüge, KH-Rudern

Fasst man seine Vorschläge in eine Vorlage für zwei Wochen zusammen, könnte dies folgendermaßen aussehen. In einem zweiwöchigen Plan finden zwölf Workouts statt:

Woche 1					
Mo	Di	Mi	Do	Fr	Sa
Beuge	Beuge	Frontbeuge	Beuge	Frontbeuge	Kreuzheben
DM, 3xBO	DM, 2xBO	DM, 3xBO	DM, 1xBO	DM, 2xBO	DM 3er Wdh
Bank	Bank	CGBP	Bank	CGBP	Push Press
DM, 3xBO	DM, 2xBO	DM, 3xBO	DM, 1xBO	DM, 2xBO	DM, 3xBO
Klimmzüge	Klimmzüge	Kreuzheben	Klimmzüge	Klimmzüge	KH-Rudern
pron.	sup.	70% x 10 x 2	pron.	sup.	

Woche 2					
Mo	Di	Mi	Do	Fr	Sa
Beuge	Beuge	Frontbeuge	Beuge	Frontbeuge	Kreuzheben
DM, 3xBO	DM, 2xBO	DM, 2xBO	DM, 1xBO	DM, 1xBO	DM
Bank	Bank	CGBP	Bank	CGBP	Push Press
DM, 3xBO	DM, 2xBO	DM, 2xBO	DM, 1xBO	DM, 1xBO	DM, 2xBO
Klimmzüge	Klimmzüge	Kreuzheben	Klimmzüge	Klimmzüge	KH-Rudern
pron.	sup.	80% x 10 x 1	pron.	sup.	

Woche 3
Leichte Woche mit 80% für das Daily Max und halbiertem Volumen

Begriffserklärung
DM
Daily Max= 1Wdh (Ausnahme Kreuzheben Woche 1 am Samstag: 3Wdh)
BO
Back-Off Sets = Gewicht um 10-15% reduzieren und 2er/3er Wdh absolvieren. **3 x BO** bedeutet 3 Back-Off Sätze.
CGBP
Close grip bench press= Enges Bankdrücken
Klimmzüge pron.
Griff mit Pronation= Obergriff/Handrücken zum Gesicht
Klimmzüge sup.
Griff in Supination= Untergriff/Handfläche zum Gesicht

Die regulären Kniebeugen sind die Hauptübung, an leichteren Tagen könnte man laut Perryman aber auch zu Frontkniebeugen oder der Abwechslung halber zu Safety Bar Squats oder Box Squats wechseln. Klimmzüge und Rudern sollen nicht ans Maximum trainiert werden, es geht hauptsächlich um ausgleichende Bewegungen und

Ergänzung. Kreuzheben sollte gemäß Perryman nur ein- oder zweimal richtig schwer pro Woche absolviert werden, am besten für ein 3er Daily Max. John Broz vertritt denselben Ansatz und erklärt, dass an den anderen Einheiten 6-10 Einzel- oder Zweierwiederholungen beim Kreuzheben mit 70-80% vom Wettkampfmaximum genügen würden – alternativ werden Power Cleans oder Kreuzhebevarianten trainiert.

Specials

Die sogenannte Bulgarische Methode ist eine Sammlung von Prinzipien, die jeder auf sich selbst anwenden muss. Keine leichte Aufgabe, aber hier sind gemäß den Informationen, die ich aus den Arbeiten von Broz & Perryman extrahiert habe, die wichtigsten Prinzipien aufgeführt:

1. Arbeite dich auf ein tägliches Maximum im Kniebeugen und Bankdrücken hoch (Daily Max).

2. Danach machst du mit reduziertem Gewicht ein paar 2er und 3er Wiederholungen (Back-Off-Sets).

3. Alle Wiederholungen werden mit ruhiger, nicht künstlich gepushter Stimmung ausgeführt. Die Gewichte müssen zügig, ohne übermäßiges Grinden, bewegt werden.

4. Schweres reguläres Kreuzheben sollte ein, höchstens zweimal die Woche für ein 3er Daily Max ausgeführt werden.

5. Egal wie man sich fühlt, man wird dennoch Beugen müssen.

6. Alle zwei, drei oder vier Wochen, je nach Befinden, wird leichter trainiert (Delaod). Das Volumen wird halbiert und beim Daily Max werden nur 80% der Leistung aus der Vorwoche verwendet.

Wettkampfvorbereitung

John Broz, der schließlich selbst Wettkampfathleten trainiert, hat eine Form der Wettkampfvorbereitung erstellt, die in dieser Form einzigartig ist. Sie umfasst lediglich die Woche vor dem Wettkampf und sieht in etwa so aus:

John Broz' Wettkampfvorbereitung	
Tage vor dem WK	Programm
5	Daily Max – keine Back-Off-Sets
4	Hocharbeiten auf 60-70% bei allen drei Powerlifts
3	Hocharbeiten auf 60-70% bei allen drei Powerlifts
2	Hocharbeiten auf die Eröffnungsversuche (Opener)
1	Hocharbeiten auf 70% bei allen drei Powerlifts
Wettkampftag	

Es fällt sofort auf, dass das Volumen, und vor allem die Frequenz, sehr hoch bleiben. Traditionelle Powerlifting-Vorbereitungsprogramme setzen in der Woche vor dem Wettkampf in der Regel auf ein lockeres Erholungstraining mit ein bis zwei Trainingseinheiten, wenn überhaupt (s.g. Taper Woche). Wer sich aber mittlerweile an die hohe Frequenz dieser Trainingsphilosophie gewöhnt hat, der sollte auch in den letzten sechs Tagen dieser Methode treu bleiben, ansonsten könnte tatsächlich ein Verlust an Kraft die Folge sein.

Periodisierung

Wenn man das ganze Jahr über sechs Mal die Woche trainiert und hauptsächlich mit Singles arbeitet, kann man nicht von Periodisierung im eigentlichen Sinne sprechen. Wenn Broz und Perryman eine Lasten- und Volumenreduzierung alle 3-4 Wochen empfehlen, dann ist das auch schon der einzige Periodisierungsansatz. Die Originalmethode Abadschiews baute hauptsächlich darauf auf, seine Athleten über lange Zeit hinweg auf eine übernatürliche Regenerationskapazität zu konditionieren. Die Bewältigung eines solch hohen Arbeits- und Intensitätspensums war ihre Profession und Hauptverdienst. Normale Sportler haben nicht die Zeit, vier bis acht Stunden täglich zu trainieren. Der auf Perryman basierende Beispielplan ist eine moderne Möglichkeit, der Bulgarischen Methode einen festen strukturellen Rahmen zu bieten. Ein Hauptprinzip ist grundsätzlich die Einschätzung bzw. Wahrnehmung der körperlichen Ermüdung. Sie diktiert, wie weit man an einem Trainingstag gehen kann und wie viele Back-Off-Sätze man ausführen sollte, bevor die Technik darunter leidet.

ACHTUNG – Kein Athlet kann durchgehend mit seinem 1RM trainieren!

Es entstehen immer gerne Missverständnisse zwischen Sender und Empfänger. Iwan Abadschiew spricht immer von »*einem Jahr*«, wenn es um die Trainingsplanung geht. Jeder von uns würde sich darunter natürlich 12 Monate vorstellen. Klar doch. Für Leistungstrainer, die so in der Sportlerplanung eingefahren sind, ist ein Jahr kein Kalenderjahr. Es repräsentiert eine Saison. Die Gewichthebersaison geht ca. 4 Monate. Auf einem Seminar dazu angesprochen, äußerte sich Abadschiew dazu, dass dies doch hätte klar sein müssen[61].

Spezifität

Die Spezifität für das Powerlifting ist enorm hoch, führt man doch die meiste Zeit mit hoher Intensität, Volumen und Frequenz die Powerlifts aus. Daran gibt es auch nichts auszusetzen, außer: Man macht eventuell zu viel von der gleichen Sache. In manchen Fällen, und es geht hier um das Gesetz der Anpassung an einen physischen Reiz, kann die wiederholte Reizsetzung nicht mehr den gewünschten Nutzen erbringen (s.g. **repeated bout effect**).

Ein Beispiel: Wenn ich am Montag schwere Singles in der Kniebeuge mache, dann ist mein Kraftzugewinn für meine Kniebeugeleistung sehr hoch, sagen wir 100%. Wenn ich dies am Dienstag auch mache, dann vielleicht nur noch 80%, da mein Körper noch etwas vom Montag geschwächt ist. Mache ich dies auch wieder am Mittwoch, ist mein Zugewinn nur noch bei 50%, aber 50% Kraftzugewinn sind ja auch noch ganz gut. Die Frage, die sich stellt, ist, ob nach der dritten oder vierten schweren Kniebeugeeinheit der Kraftzugewinn bei einer Kniebeugenvariante, sagen wir Frontkniebeugen, nicht höher wäre, als wie bei der klassischen Kniebeuge: Schließlich habe ich diese schon drei oder viermal in dieser Woche ausgereizt. Ein etwas verändertes motorisches Muster (Frontkniebeuge statt Power Squat) würde das zentrale Nervensystem neu fordern und ein Ausbrennen bzw. eine zu hohe Anpassung verhindern. Auf diese Weise versucht auch Louie Simmons das ZNS seiner Athleten frisch zu halten, in dem er an seinem Max Effort Tag die Übungen ständig austauscht. Auch die psychische und motivatorische Ebene müssen berücksichtigt werden – denn immer nur dieselbe Übung zu pushen wird irgendwann jedem zum Hals raushängen. Perryman gibt selber an, dass der psychische Trainingsstress, dem physischen Stress eigentlich ebenbürtig ist.

Progressive Überlastung
Die wiederholte Verwendung von maximalen Gewichten, die hohe Trainingsfrequenz und die Regulation des Volumens durch die eigene Selbsteinschätzung (Autoregulation) wird den Körper dazu zwingen, sich an diese Belastung anzupassen. John Broz nennt die anfängliche Zeit mit dieser Trainingsmethode »*Dark Times*«, also düstere Zeiten. Er beschreibt, dass man sich am Anfang der ersten Wochen schlecht fühlt und nicht wirklich Hoffnungen hat, dies zu überstehen. Auch die körperlichen Schmerzen durch anfänglich ständig vorhandenen Muskelkater und sonstige Beschwerden wischt Broz weg und liefert das Statement »*How you feel is a lie*«! Aber wenn man durchhält und dies überwindet, sei man zu einer für nie möglich gehaltenen Leistung fähig.

Die Vorteile
Dein Training kann auf zusätzliche Trainingseinheiten verteilt werden
Das tägliche Training kann auf mehrere Sessions verteilt werden. Trainierte man bisher durchschnittlich drei bis viermal pro Woche für zwei Stunden, so kann dieses Volumen auf sechs oder sieben Einheiten verteilt werden, die kürzer und knackiger sind. Innerhalb von einer Stunde oder 45min lässt sich zumeist effizienter trainieren, da

die Ermüdung im Vergleich zu einer zweistündigen Session geringer ausfällt. Satzpausen können kürzer gehalten werden. Hypothetisch gesprochen gibt es eine unbekannte optimale Menge an Arbeitslast, die man in einer Einheit ausführen kann, die einen maximalen Stimulus provoziert. Wenn du dein Training auf eine 7-Tage-Woche verteilst, kannst du die Wahrscheinlichkeit verringern, dass deine Kraft für unproduktive Sätze verschwendet wird.

Kurze Trainingseinheiten lassen sich besser in den Alltag integrieren

Solltest du einen sehr dichten täglichen Ablauf haben, der es kaum zulässt, zwei Stunden lang im Gym zu trainieren (An- und Abfahrt mal unterschlagen), könnte Squat Every Day eine Option für dich sein. Es wäre sogar zu überlegen, das Training im Gym durch zusätzliche Einheiten zu Hause zu ergänzen. Solltest du die Möglichkeit haben, einen Kniebeugeständer samt Langhantel und Gewichtsscheiben in deinem Keller, Dachboden, Garage oder im Kinderzimmer aufzubauen, so nutze diese Chance.

Liegen deine Prioritäten in erster Linie auf der Kniebeuge plus ein paar Grundübungen für den Oberkörper, so ermöglicht das tägliche Kniebeugen kürzere Trainingseinheiten, in denen man fast allen Basics gerecht werden kann.

Fördert das Techniktraining durch Minimierung der Trainingsermüdung

Jeden Tag Kniebeugen zu machen bedeutet, dass man sieben Tage Zeit hat, an denen man sich auf die Technik der Kniebeuge konzentrieren kann. Je nach Ziel kannst du dich für eine oder mehrere Variationen der Kniebeuge entscheiden. Gemeinhin heißt es *Übung macht den Meister*. Genauer gesagt, sollte es heißen *Übung macht beständig*. Das bedeutet, dass man sich die Technik, die man kontinuierlich anwendet, auch langfristig aneignet.

Der Grund, warum dies wichtig ist, ist folgender: Trainiert man sehr lange, auch im Hinblick auf die Kniebeuge, so ermüdet man im Laufe der Trainingseinheit. Wenn man im Laufe der Trainingseinheit zu sehr ermüdet, wird die Technik sehr wahrscheinlich darunter leiden. Gewöhnt man sich daran, im Laufe des Trainings mit schlechter Technik zu trainieren, so kompensiert der Körper die Fehlhaltung. Dies fördert, neben dem Verletzungsrisiko, auch die Manifestation ungünstiger motorischer Muster im Bewegungsgedächtnis des Körpers. Tägliches Kniebeugen ist zwar kein Garant für eine makellose Technik, aber es reduziert ermüdungsbedingte, sich einschleichende Technikfehler.

Priorisierung der Kniebeuge

Wenn du jeden Tag Kniebeugen absolvierst, hast du vermutlich die einmalige Gelegenheit, viel Aufmerksamkeit auf die Kniebeuge zu lenken.

Solltest du an Powerlifting Wettkämpfen interessiert sein, dann plane vermehrt Back Squats ein, eventuell Lowbar Squats (Power Squats) um das Kraftpotential zu erhöhen.

Wenn du nicht an Wettkämpfen interessiert bist, kannst du dich entscheiden, verschiedene Variationen der Kniebeuge einzubauen, um deine Kniebeugetechnik zu verbessern, wie z.B. pausierte Kniebeugen, Tempo Kniebeugen, Pin Squats, Box Squats usw.

Auch hier kann das tägliche Üben die Gelegenheit bieten, sich auf die Technik zu konzentrieren, ohne dass es zu einer übermäßigen Ermüdung und einem Einbruch der Technik während der Trainingseinheit kommt. Wenn man täglich Squats einbaut, um die Technik zu verbessern, muss man sich darauf konzentrieren, den Großteil der Trainingseinheiten submaximal zu gestalten.

Die progressive Überlastung wird begünstigt

Progressive Überlastung ist unerlässlich für langfristigen Fortschritt. Es gibt mehrere Elemente innerhalb eines Trainingsprogramms, die so manipuliert werden können, dass ein kontinuierlicher Fortschritt auf lange Sicht erzielt wird. Die Intensität ist limitiert, kein Athlet kann durchgehend mit 95-100% seines 1RM trainieren. Letztendlich muss das Gesamtvolumen im Laufe der Zeit steigen, um den Stimulus für Masse und Kraft ebenfalls weiterhin zu steigern. Wenn ein Sportler nur eine begrenzte Kapazität für eine

Trainingseinheit (1-2 Stunden) hat, kann die Manipulation der Trainingsfrequenz ein nützlicher Weg sein, um eine progressive Überlastung zu ermöglichen.

Schwierigkeiten und Nachteile
Das Training wirkt sich negativ auf die Psyche des Athleten aus

Jeden Tag Kniebeugen auszuführen ist sehr simpel. Langfristig kann diese einfache, sich permanent wiederholende Aufgabe, als langweilig und ereignislos bewertet werden.

Dies kann das Risiko der Langeweile dramatisch erhöhen und den Spaß und die allgemein positiven Erfahrungen des Hebers verringern. Es gibt definitiv den Faktor der individuellen Unterschiede und so kann dieses Training für einige Heber einfach mental nicht nachhaltig sein und wahrscheinlich zu einem Burnout führen. Der Burn-Out kann dazu führen, dass sie nicht durchhalten und das Trainingsprogramm, oder schlimmer noch den Sport, aufgeben. Selbst wenn die tägliche Kniebeuge hypothetisch das beste Programm wäre, um die Kniebeuge eines Athleten zu verbessern, muss der menschliche Faktor berücksichtigt werden, ob der Athlet dem Training emotional zustimmen und sich verpflichten kann.

Bietet keine Flexibilität für lebensbezogene Ereignisse

Tägliches Kniebeugen erfordert tägliches Training. Dies ist eine große Anforderung an jeden, der trainiert und kein Vollzeitsportler ist. Es gibt ein Mindestmaß an Engagement, das man aufbringen muss, um jeden Tag in der Woche im Kraftraum zu erscheinen und zu trainieren. Dies lässt keine Flexibilität für private oder geschäftliche Ereignisse zu. Schlaf und Ernährung müssen optimal aufeinander abgestimmt sein, damit man sich von diesem Training erholen kann und sich die Erschöpfung (fatigue) nicht immer weiter akkumuliert.

Wenn es Lebensereignisse gibt, die dazu führen, dass man einen oder zwei Tage lang nicht ins Gym gehen kann, unterbricht dies den Trainingszyklus und wirkt sich somit auf die Kontinuität und die Anforderungen des Programms aus.

Kann zu Überlastungsschäden führen

Es gibt Befürworter der Squat Every Day Routine, die sich darauf berufen, dass es kein Übertraining gäbe und die subjektive Erfahrung eines Menschen nicht unbedingt ein Indikator für seine Leistungsbereitschaft sei. Sprich, wer sich fix und fertig fühlt, der kann dennoch überragende Leistungen erzielen. Du kennst die Tage, an denen man zu wenig geschlafen, viel Stress während des Tages hatte und sich noch etwas platt vom letzten Training fühlte. Und dennoch hat jeder von uns sicherlich an solchen Hundstagen mal eine neue Trainingsbestleistung erzielt. Aber wir wissen auch, dass diese die Ausnahmen bleiben müssen, wollen wir uns nicht in Grund und Boden trainieren.

Da es sich um eine Routine hochspezifischen Trainings handelt, kann dies bedeuten, dass bestimmte Muskelgruppen und Gelenke mehr beansprucht werden als andere. Dies birgt das Risiko von Schmerzen, was zu Verletzungen führen kann, die das tägliche Beugen nicht mehr möglich machen. Wenn das Programm nicht gut gemanagt wird und man jede Woche über sein maximal erholfähiges Maß an Training hinausgeht, wird die Leistung rückläufig. Überreizte Sehnen und Bänder, Muskelansatzschmerzen, Entzündungen, leichte Zerrungen, ein überbeanspruchtes zentrales Nervensystem etc. sind alles schleichende Prozesse, die in einer Verletzung enden können.

Vernachlässigung von Schwachstellen

Tägliches Kniebeugen bedeutet, dass die Quadrizeps- und Gesäßmuskeln sowie die Hüft-, Knie- und Sprunggelenke stark beansprucht werden. Je länger das tägliche Kniebeugen im Training beibehalten wird, desto mehr wird sich die Kraft in der Kniebeuge steigern lassen. Auf der anderen Seite kann das aber bedeuten, dass das Kreuzheben und das Bankdrücken nicht optimal gesteigert werden kann.

Als vermeintlicher Powerlifter trägt das Kreuzheben immer noch einen großen Teil zum Ergebnis im Kraftdreikampf bei. Das kann bedeuten, dass ein langfristiger Einsatz von täglichem Kniebeugen die Fortschritte beim Kreuzheben benachteiligt und dich somit im Wettkampf ausbremst. Aus diesem Grund ist es möglicherweise nicht empfehlenswert, jeden Tag Kniebeugen zu absolvieren, wenn die Fortschritte beim Kreuzheben für dich genauso notwendig sind. Am Ende des Tages ist der Fortschritt in puncto Kraft oder Hypertrophie ein Nullsummenspiel in dem Sinne, dass, wenn man eine Sache forciert, dies durchaus negative Auswirkungen auf etwas anderes haben kann.

Fazit

Wie man sich denken kann, ist das Hauptproblem der Umgang mit der körperlichen Ermüdung, dem *fatigue management*. Das Programm selbst trifft dabei wenig Schuld. Die meisten, die diese Art von Training in Angriff nehmen, haben bisher mit amerikanischen Programmen gearbeitet, bei denen einmal pro Woche ein Powerlift trainiert wurde, z.B. Jim Wendlers 5/3/1. Sie springen kopfüber in diese Art des Trainings und wundern sich, wie schnell sie fix und fertig sind und bei der Übertrainings-Feuerwehr anrufen müssen: Hilfe! Ausgebrannt!

Wenn ein olympischer Gewichtheber aus Bulgarien die Chance hat unter einem Iwan Abadschiew zu trainieren, dann hat er, wie bereits erwähnt, schon lässig fünf oder zehn Jahre Training mit hochfrequenten Programmen auf dem Buckel und ist vielleicht gerade erstmal 19 Jahre alt. Diese Jungs wachsen in dieses Trainingssystem hinein und haben sich über viele Jahre angepasst. Nicht unerwähnt sollte auch die Tatsache bleiben, dass die Bulgaren ein sehr großes Dopingproblem haben und in der Vergangenheit häufig durch positive Tests negativ aufgefallen sind. 2016 war die Olympiamannschaft der bulgarischen und russischen Gewichtheber vom Olympischen Komitee für die Sommerspiele in Rio komplett gesperrt. Die Regenerationskapazitäten sind vielleicht doch nicht so übermenschlich, wie vermutet. Selbst genetisch Auserwählte müssen wohl etwas nachhelfen. Wer also nach dem bulgarischen Ansatz experimentieren möchte, hat hoffentlich die Erkenntnis erlangt, dass dies nicht praktikabel ist und für 99% der Kraftsportfans steht es daher außer Frage, genauso wie die bulgarischen Gewichtheber zu trainieren.

Wer mit dem Squat Every Day System arbeiten möchte, der nimmt zuvor bitte einen Reality Check vor und überlegt mal bitte laut, wie er die letzten zwei bis drei Jahre selbst trainiert hat: Wie oft habe ich pro Woche gebeugt? Einmal? Zweimal? Oder dreimal? Lässt es mein berufliches und privates Leben zu, täglich zu trainieren?

Squat Every (Training-) Day!

Was ich aber jedem bedingungslos empfehlen kann, egal ob er an hohen Trainingsfrequenzen interessiert ist oder nicht, ist das Buch *Squat Every Day* von Matt Perryman. Die Erkenntnisse zu kontroversen Themen wie Übertraining, Erholung und neurologischer Forschung im Bereich Krafttraining, sind sehr informativ und werden eure Sicht der Dinge definitiv ändern. Perryman bietet ausgetüftelte Einsteigerprogramme sowie 3-, 4- oder 5tägige Trainingssplits an. Squat Every Day kann nämlich auch bedeuten: **An jedem Trainingstag zu beugen, nicht zwangsläufig an jedem Tag der Woche!**

Wenn man ein hochvolumiges und hochfrequentes Trainingssystem erfolgreich nutzen möchte, muss man zwei Dinge beachten. Erstens stellt man sich bitte ernsthaft die Frage, ob man die körperlichen und zeitlichen Voraussetzungen mitbringt, dies umzusetzen? Und zweitens muss man sich darüber im Klaren sein, dass es eine lange Zeit braucht, Erfolge damit zu erzielen. Selbst die moderne Herangehensweise von Perryman und seine Programmvorschläge sind kein 8- oder 12-Wochen-Programm, mit dem man seine Leistung kurzfristig pushen kann: **Es ist ein Lifestyle.**

3 x 3 System
Stephan Korte

Nachdem bereits eine Menge amerikanischer und osteuropäischer Programme hier besprochen wurden, müsste man sich fragen, ob dies die beiden einzigen Zonen sind, in den sich erfolgreiche Powerlifting-Routinen bewährt haben. Es stimmt mich fröhlich, dass es auch einen deutschen Beitrag zum Powerlifting von Stephan Korte gibt, der international Aufsehen erregt hat. Inspiriert von den Methoden der bulgarischen Gewichtheber, konzipierte Korte zusammen mit Mieczyslav Szafranski dieses einfache, wie auch erfolgversprechende Programm. Korte setzte alles daran, lediglich die Wettkampfübungen zu trainieren und dies drei Mal die Woche. Ansonsten sind keine weiteren Zusatzübungen eingeplant – dies ist ein Werk für Puristen.

Das Programm
Trainiert wird an drei Tagen der Woche und das Programm strukturiert sich in vier Mesozyklen:

1. Volumenphase
2. Wettkampfphase
3. Wettkampfwoche
4. Erholungsphase

Woche 1-4 Volumenphase
Tag 1
Kniebeugen	5-8 x 5 Wdh
Bankdrücken	6-8 x 6 Wdh
Kreuzheben	5-8 x 5 Wdh

Tag 2
Kniebeugen	5-8 x 5 Wdh
Bankdrücken	6-8 x 6 Wdh
Kreuzheben	5-8 x 5 Wdh

Tag 3

Kniebeugen	5-8 x 5 Wdh
Bankdrücken	6-8 x 6 Wdh
Kreuzheben	5-8 x 5 Wdh

Woche 5-8 Wettkampfphase
Tag 1

Kniebeugen	3 x 3Wdh
Bankdrücken	5 x 4Wdh
Kreuzheben	1-2 x 1Wdh

Tag 2

Kniebeugen	3 x 3Wdh
Bankdrücken	1-2 x 1Wdh
Kreuzheben	3 x 3Wdh

Tag 3

Kniebeugen	1-2 x 1Wdh
Bankdrücken	5 x 4Wdh
Kreuzheben	3 x 3Wdh

Woche 9 Wettkampfwoche
Tag 1

Kniebeugen	3 x 3Wdh x 60%
Bankdrücken	4 x 4Wdh x 60%
Kreuzheben	3 x 3Wdh x 60%

Tag 2

Kniebeugen	3 x 3Wdh x 50%
Bankdrücken	3 x 3Wdh x 50%
Kreuzheben	3 x 3Wdh x 50%

Tag 3
Wettkampf

Woche 10-13 Erholungsphase
Tag 1
Kniebeugen	3 x 10Wdh
Bankdrücken	3 x 10Wdh
Kreuzheben	3 x 8Wdh
Latziehen	3 x 10Wdh

Tag 2
Kniebeugen	3 x 10Wdh
Bankdrücken	3 x 10Wdh
Kreuzheben	3 x 8Wdh
Curls	3 x 10Wdh

Tag 3
Kniebeugen	3 x 10Wdh
Bankdrücken	3 x 10Wdh
Kreuzheben	3 x 8Wdh
Seitheben	3 x 10Wdh

Nachfolgend ist der komplette Plan für 13 Wochen inklusive der Prozentwerte abgebildet.

Volumenphase
Woche 1
Tag 1
Kniebeugen	5-8 x 5 mit 58%
Bankdrücken	6-8 x 6 mit 58%
Kreuzheben	5-8 x 5 mit 58%

Tag 2
Kniebeugen	5-8 x 5 mit 58%
Bankdrücken	6-8 x 6 mit 58%
Kreuzheben	5-8 x 5 mit 58%

Tag 3
Kniebeugen	5-8 x 5 mit 58%
Bankdrücken	6-8 x 6 mit 58%
Kreuzheben	5-8 x 5 mit 58%

Woche 2
Tag 1
Kniebeugen	5-8 x 5 mit 60%
Bankdrücken	6-8 x 6 mit 60%
Kreuzheben	5-8 x 5 mit 60%

Tag 2
Kniebeugen	5-8 x 5 mit 60%
Bankdrücken	6-8 x 6 mit 60%
Kreuzheben	5-8 x 5 mit 60%

Tag 3
Kniebeugen	5-8 x 5 mit 60%
Bankdrücken	6-8 x 6 mit 60%
Kreuzheben	5-8 x 5 mit 60%

Woche 3
Tag 1
Kniebeugen	5-8 x 5 mit 62%
Bankdrücken	6-8 x 6 mit 62%
Kreuzheben	5-8 x 5 mit 62%

Tag 2
Kniebeugen	5-8 x 5 mit 62%
Bankdrücken	6-8 x 6 mit 62%
Kreuzheben	5-8 x 5 mit 62%

Tag 3
Kniebeugen	5-8 x 5 mit 62%
Bankdrücken	6-8 x 6 mit 62%
Kreuzheben	5-8 x 5 mit 62%

Woche 4
Tag 1
Kniebeugen	5-8 x 5 mit 64%
Bankdrücken	6-8 x 6 mit 64%
Kreuzheben	5-8 x 5 mit 64%

Tag 2
Kniebeugen	5-8 x 5 mit 64%
Bankdrücken	6-8 x 6 mit 64%
Kreuzheben	5-8 x 5 mit 64%

Tag 3
Kniebeugen	5-8 x 5 mit 64%
Bankdrücken	6-8 x 6 mit 64%
Kreuzheben	5-8 x 5 mit 64%

Wettkampfphase
Woche 5
Tag 1
Kniebeugen	3 x 3 mit 60%
Bankdrücken	5 x 4 mit 60%
Kreuzheben	1-2 x 1 mit 80%

Tag 2
Kniebeugen	3 x 3 mit 60%
Bankdrücken	1-2 x 1 mit 80%
Kreuzheben	3 x 3 mit 60%

Tag 3
Kniebeugen	1-2 x 1 mit 80%
Bankdrücken	5 x 4 mit 60%
Kreuzheben	3 x 3 mit 60%

Woche 6
Tag 1
Kniebeugen	3 x 3 mit 60%
Bankdrücken	5 x 4 mit 60%
Kreuzheben	1-2 x 1 mit 85%

Tag 2
Kniebeugen	3 x 3 mit 60%
Bankdrücken	1-2 x 1 mit 85%
Kreuzheben	3 x 3 mit 60%

Tag 3
Kniebeugen	1-2 x 1 mit 85%
Bankdrücken	5 x 4 mit 60%
Kreuzheben	3 x 3 mit 60%

Woche 7
Tag 1
Kniebeugen	3 x 3 mit 60%
Bankdrücken	5 x 4 mit 60%
Kreuzheben	1-2 x 1 mit 90%

Tag 2
Kniebeugen	3 x 3 mit 60%
Bankdrücken	1-2 x 1 mit 90%
Kreuzheben	3 x 3 mit 60%

Tag 3
Kniebeugen	1-2 x 1 mit 90%
Bankdrücken	5 x 4 mit 60%
Kreuzheben	3 x 3 mit 60%

Woche 8
Tag 1
Kniebeugen	3 x 3 mit 60%
Bankdrücken	5 x 4 mit 60%
Kreuzheben	1-2 x 1 mit 95%

Tag 2
Kniebeugen	3 x 3 mit 60%
Bankdrücken	1-2 x 1 mit 95%
Kreuzheben	3 x 3 mit 60%

Tag 3
Kniebeugen	1-2 x 1 mit 95%
Bankdrücken	5 x 4 mit 60%
Kreuzheben	3 x 3 mit 60%

Woche 9 Wettkampfwoche
Tag 1

Kniebeugen	3 x 3 mit 60%
Bankdrücken	4 x 4 mit 60%
Kreuzheben	3 x 3 mit 60%

Tag 2

Kniebeugen	3 x 3 mit 50%
Bankdrücken	3 x 3 mit 50%
Kreuzheben	3 x 3 mit 50%

Tag 3 Wettkampf

Nach dem Wettkampf kann eine drei- bis vierwöchige Erholungsphase eingeplant werden. Diese ist obligatorisch und kann auch auf eine oder zwei Wochen reduziert werden. Aus Platzgründen ist nur die erste Woche der Erholungsphase exemplarisch aufgeführt.
Die Prozentwerte der Powerlifts beginnen in der ersten Erholungswoche bei 40% und werden wöchentlich wie folgt erhöht:

Woche 1	40%
Woche 2	43%
Woche 4	46%
Woche 5	50%

Erholungsphase
Woche 1
Tag 1

Kniebeugen	3 x 10 mit 40%
Bankdrücken	3 x 10 mit 40%
Kreuzheben	3 x 8 mit 40%
Latziehen	3 x 10

Tag 2

Kniebeugen	3 x 10 mit 40%
Bankdrücken	3 x 10 mit 40%
Kreuzheben	3 x 8 mit 40%
Bizepscurls	3 x 10

Tag 3

Kniebeugen	3 x 10 mit 40%
Bankdrücken	3 x 10 mit 40%
Kreuzheben	3 x 8 mit 40%
Seitheben	3 x 10

Programmierung

Das 3x3 Programm geht von einer Zielleistung am Wettkampftag aus (*projected max*). Hat man ein aktuelles 1RM[XVI] in den drei Powerlifts, so wird zur Kniebeuge 10kg, zum Bankdrücken 5kg und beim Kreuzheben 7,5kg hinzugefügt. Diese neuen Zielwerte sind nun der 100-Prozentwert, von dem ausgehend alle weiteren Prozentwerte berechnet werden.

Specials

Korte beschreibt eine *Energy Saving Method* (ESM), etwas Ähnliches taucht auch bei Erklärungen aus Ed Coans Training auf. Es geht darum, anders als beispielsweise bei Westside, nur so viel Energie für eine Bewegung aufzuwenden, um sie sauber zu bewältigen. Man sollte nicht bei jedem Satz und jeder Wiederholung maximale Power in die Bewegung einfließen lassen, ansonsten läuft man laut Korte Gefahr, zu früh auszubrennen und das enorme Volumen nicht zu schaffen.

Während der ersten Volumenphase ist es entscheidend, keine Ausrüstung außer einem Powerlifting Gürtel zu verwenden. In der Wettkampfhase wird jeder Lift einmal die Woche besonders schwer für Singles trainiert. An diesen Tagen ist für diese Übungen die Verwendung von Equipment vorgesehen.

[XVI] Mit Equipment! Nicht RAW!

Periodisierung

Korte verwendet die reinste Form der Blockperiodisierung. Die Volumenphase baut Arbeitskapazität, Hypertrophie, Technik und Anpassung an das Volumen auf, man überschreitet aber niemals 64%. Die Wettkampfvorbereitung geht ohne Transformationsphase direkt in eine Intensitätsphase über. Das Volumen reduziert sich um über die Hälfte und gleich in der ersten Woche werden die ersten Arbeitssätze mit 80% absolviert.

Spezifität

Kein Programm ist so spezifisch für das Powerlifting konzipiert wie Kortes 3x3. Es finden keinerlei Varianten oder zusätzliche Ergänzungs-übungen statt. Korte rät entschieden davon ab, diese einzubauen, da kostbare Regeneration verschwendet werden würde. Erfahrungsberichten von Athleten nach zu urteilen, weiß ich jedoch, dass zumindest ein moderates Training der Bauchmuskulatur oder auch mal der Schulterrotatoren während Phase I und II dennoch zu empfehlen ist.

Progressive Überlastung

Korte arbeitet mit einfacher progressiver Überlastung. Das Hauptproblem liegt in den Prozentwerten. Die Prozentwerte stammen aus den Leistungen mit Equipment. Das Problem liegt darin begraben, dass die ursprünglichen Prozentwerte aus den 90er Jahren stammen, hier war das von der IPF zugelassene Singleply Equipment noch bei weitem nicht so stark wie heute. Für heutige Equipment-Lifter wären die Originalprozente zu stark berechnet, um damit in der Volumenphase RAW zu trainieren.

Die 60-64% der Equipmentleistung in dieser Phase entspricht heute wahrscheinlich über 70-80%, also zu schwer um damit in der Volumenphase RAW zu arbeiten. Umgekehrt trifft es auch RAW-Athleten, die mit dem 3x3 System arbeiten wollen, hier müssten die Prozentwerte nach oben angepasst werden.

Eine sinnvolle Korrektur für Equipmet/RAW könnte in etwa so aussehen:

Volumenphase für RAW-Lifter
Die 100% basieren auf dem Projected Max, also dem aktuellen RAW 1RM plus den Gewichtszugaben von 10kg in der Beuge, 5kg auf der Bank und 7,5kg beim Heben.

Woche 1	68%
Woche 2	70%
Woche 3	72%
Woche 4	74%

Volumenphase für Equipment-Lifter
Die 100% basieren ebenfalls auf dem Projected Max, also wieder dem aktuellen Equipment 1RM plus den Gewichtszugaben von 10kg in der Beuge, 5kg auf der Bank und 7,5kg beim Heben.

Woche 1	48%
Woche 2	50%
Woche 3	52%
Woche 4	54%

Fazit
Kortes 3x3 System ist eine kompromisslose Gegenbewegung zu den amerikanischen Programmen und eine Hommage an die Programmierung der ehemaligen Ostblock-Länder.
Der Hauptkritikpunkt, den das Programm nach gut über 15 Jahren erleiden musste, hatte mit der Relativierung der Prozentwerte zu tun. Den Leistungssprüngen, welche das Singleply-Equipment Mitte bis Ende der 2000er Jahre machte, konnte das Programm nicht mehr gerecht werden. Mit den genannten Anpassungen ist es aber allemal wieder interessant, sich der Herausforderung zu stellen.

Es ist nicht verrückt, sich darauf einzulassen, lediglich Anfängern ist es nicht zu empfehlen – das Volumen würde sie zermahlen wie ein Stein das Weizenkorn. Wenn es einen Einsteiger aber dermaßen in den Fingern juckt, dann müsste er zumindest als Vorbereitung die Erholungsphase für zwei oder drei Wochen absolvieren, um sich überhaupt einmal daran zu gewöhnen, alle drei Powerlifts dreimal pro Woche in jeder Einheit auszuführen.

6 Week Strength Program
Jonnie Candito

Jonnie Candito ist ein derzeit noch aktiver und war ein sehr erfolgreicher Powerlifter in der drogengetesteten USAPL der Junioren und Teilnehmer der IPF Worlds im RAW Powerlifting. Er beugte bei den IPF Worlds 2015 satte 260kg RAW bei 83kg, also über das dreifache seines Körpergewichts *ohne* Equipment wie Kniebeugeanzug und Bandagen. Die folgende Besprechung befasst sich mit seinem überarbeiteten *6 Week Strength Program*, dem optimierten Nachfolgeprogramm seines ursprünglichen *Candito Linear Program*.

Sein Programm ist seiner Aussage nach im Prinzip nichts anderes, als sein eigenes Training, mit dem er sich auf Meisterschaften vorbereitet hat. Für uns heißt das, wir müssen drei Dinge berücksichtigen:

1. Jonnie ist jung (Anfang 20 zum damaligen Zeitpunkt).
2. Jonnie ist ein RAW Lifter.
3. Er tritt in einem drogenfreien Verband an.

Warum ist das wichtig? Nun, wenn dieses Programm tatsächlich auf seinem eigenen Training basiert, ist die Verwertbarkeit für die meisten jungen Freizeitpowerlifter, die gerade erst angefangen haben oder ohnehin nur RAW trainieren, sehr hoch. Das Programm ist von einem naturalen Athleten für andere naturale Athleten erschaffen worden.

Alle Informationen zu Canditos Programm können kostenfrei auf seiner Seite heruntergeladen werden:

http://www.canditotraininghq.com/free-programs/

Das Programm

Sein Programm gliedert sich über fünf Trainingswochen plus eine Deload Woche am Ende auf. Den Mesozyklus unterteilt er in verschiedene Schwerpunkte, die er wie folgt benennt:

Week 1: Muscular Conditioning
Week 2: Hypertrophy
Week 3: Linear Max OT
Week 4: Heavy Weight Acclimation/Explosiveness
Week 5: Intense Strength Training
Week 6: Deload *oder* Maximalversuche *oder*
        den Zyklus ohne Deload wiederholen

Die genaue Aufteilung des wöchentlichen Mikrozyklus ist sehr komplex, Candito hält auf seiner Seite ein Excel-Spreadsheet dafür bereit, dies erleichtert das Handling ungemein. Die erste Seite der Excel-Vorlage verlangt nach dem 1RM für die drei Powerlifts, sowie die Eingabe der Zusatzübungen, Datum und Gewicht (lbs oder kg). Candito hat dies hervorragend gestaltet.

Montag – 1. Woche	Satz 1	Satz 2	Satz 3	Satz 4
Squat	80 x 6*	80 x 6	80 x 6	80 x 6
Deadlift	80 x 6	80 x 6		
Dienstag				
Bench Press	50 x 10	70 x 10	75 x 8	80 x 6
Donnerstag				
Bench Press	50 x 10	70 x 10	75 x 8	80 x 6

Freitag				
Squat	70 x 8	70 x 8	70 x 8	70 x 8
Deadlift	70 x 8	70 x 8		
Samstag				
Bench Press	80 x AMRAP**			
*Prozent vom 100% 1RM x Wdh **As Many Reps As Possible				

Montag – 2. Woche	Satz 1	Satz 2	Satz 3
Squat	80 x AMRAP		
Dienstag			
Bench Press	75 x 10	80 x 8	85 x 6-8
Donnerstag			
Squat	85 x AMRAP		
Freitag			
Bench Press	75 x 10	80 x 8	85 x 6-8
Sonntag			
Bench Press	75 x AMRAP		

Montag – 3. Woche	Satz 1	Satz 2	Satz 3
Squat	90 x 4-6	90 x 4-6	90 x 4-6
Deadlift	90 x 3-6	90 x 3-6	
Mittwoch			
Bench Press	85 x 4-6	85 x 4-6	85 x 4-6
Freitag			
Squat	95 x 4-6		
Samstag			
Bench Press	90 x 4-6	90 x 4-6	90 x 4-6

Montag – 4. Woche	Satz 1	Satz 2	Satz 3
Squat	85 x 3	90 x 3	95 x 3
Dienstag			
Bench Press	85 x 3	85 x 3	90 x 3
Donnerstag			
Squat	95 x 3	95 x 1-2	
Deadlift	95 x 3	95 x 1-2	
Freitag			
Bench Press	90 x 3	90 x 2-4	95 x 1-2

Montag – 5. Woche	Satz 1	Satz 2	Satz 3
Squat	100 x 1-4		
Deadlift	70 x 4	70 x 4	75 x 2
Mittwoch			
Bench Press	100 x 1-4		
Freitag			
Deadlift	100 x 1-4		

Montag – 6. Woche	
Deload *oder* **Maximalversuche bzw. Wettkampf am Ende von Woche 6** *oder* **erneuter Beginn mit Woche 1 nach dem Deload.**	

Periodisierung

Das Programm teilt sich in zwei Phasen: In den ersten zwei Wochen geht es darum, eine Basis für Hypertrophie und Arbeitskapazität aufzubauen. In den letzten drei Wochen wird diese Basis in neue Kraftleistungen transformiert.

Candito arbeitet mit einem Hybriden bestehend aus nicht-linearer Periodisierung, vereint mit einer Mini-Block-Periodisierung. In den Wochen mit Hypertrophieschwerpunkt wird zusätzlich mit Gewichten um 80% trainiert und somit die Maximalkraft auch gefördert. In den kraftorientierten Wochen wird ebenfalls mit vielen Sätzen über sechs Wiederholungen trainiert, was wiederum die

Hypertrophie am Laufen hält. Dies sind Eigenschaften der nichtlinearen Periodisierung. Die Trennung der zwei Phasen erscheint wiederum an die klassische Block-Periodisierung angelehnt zu sein, wenn auch die Blöcke recht kurz sind.

Für sowohl mäßig als auch weit fortgeschrittene RAW-Athleten scheint dies eine ideale Mischung zu sein, da Candito auf Nummer sicher geht, nicht zu einseitig zu trainieren.

Das Programm erscheint zunächst recht komplex und unübersichtlich, berücksichtigt aber alle Bedürfnisse dieser Zielgruppe. Für Athleten, die die Beginner Phase hinter sich gelassen haben, muss Volumen und Intensität abgewechselt werden, da, bedingt durch die höhere Leistungsfähigkeit, die Regeneration langfristig angegriffen wird. Anfänger erholen sich von Einheit zu Einheit nahezu vollständig, daher benötigen diese auch keine signifikanten Variationen in Intensität und Volumen, sie können monatelang mit demselben Ablauf arbeiten und sich von Training zu Training steigern. Fortgeschrittene *müssen* ihr Training periodisieren. Für Fortgeschrittene ist dieser 6-Wochen-Mini-Block-Zyklus sicherlich optimal, da sich ihre Anpassungsrate schneller vollzieht als die der Profis. Ein Profi bräuchte längere Blöcke, speziell im Übergang von der Volumen- in die Intensitätsphase.

Specials

Canditos Programm ist sehr powerliftingspezifisch und arbeitet im Vergleich zu anderen amerikanischen Programmen mit einer hohen Frequenz der Powerlifts.

Er baut ein paar zusätzliche Oberkörperübungen ein, aber nahezu kaum ergänzende Unterkörperübungen. Er überlässt diesen Teil dem Sportler selbst, bietet aber gute Vorschläge bei der Übungsauswahl sowie bei Sätzen und Wiederholungen. Er macht aus den ergänzenden Übungen keine Raketenwissenschaft, denn er weiß, der Großteil des Trainings vollzieht sich hier über das, worauf es ankommt:

Kniebeugen (2x/Woche)
Kreuzheben (2x/Woche)
Bankdrücken (3x/Woche)

Progressive Überlastung

Jonnie Candito kombiniert hier gekonnt progressive Überlastung mit Prozentwerten und Wiederholungszahlen. Die Prozentwerte erhöhen sich von Woche zu Woche, dennoch hat der Heber die Chance, an guten Tagen mehr Wiederholungen und an schlechten Tagen nur die Standardwiederholungen zu absolvieren. Somit werden individuelle Leistungsunterschiede und tagesformbedingte Schwankungen be-rücksichtigt. Die Intensität kann individuell geregelt werden, das Ge-samtvolumen bleibt jedoch fix, zumindest in den Powerlifts.

Fazit

Dieses Programm ist eines der wenigen, wenn überhaupt das einzige mir geläufige *Cookie-Cutter-Powerlifting-Programm*[XVII], welches alles bietet. Es ist kein System, das individuell angepasst werden muss wie Westside oder die RTS Basisvorlage, sondern man nimmt die Excel-Datei, gibt seine Parameter ein und lässt die Magie geschehen. Bedenkenlos kann jeder diesen 6-Wochen-Mini-Zyklus durchlaufen, der in die beschrie-benen Kriterien passt: Fortgeschrittener, steroidfreier RAW-Heber, der mit linearer Periodisierung am Ende seiner Steigerung angekommen ist. Auch wenn Candito vom 6-Week Strength Program spricht, gibt es meiner Meinung nach keine Einwände, dieses Programm für mehrere Durchläufe zu verwenden. Eine letzte Anmerkung für diejenigen, die bisher ihre Powerlifts *amerikanisch*, also einmal pro Woche trainiert haben und auch nur drei Trainingseinheiten pro Woche kennen: Das Programm verlangt fünf Einheiten pro Woche, davon entfallen zwei Einheiten auf das Kniebeugen und Kreuzheben sowie drei Einheiten für das

---

[XVII] **Cookie-Cutter-Programm** Ein Programm, das einfach nur mit den jeweiligen Leistungsangaben des Nutzers gefüttert werden muss, ohne weitere Variablen in-dividuell einstellen zu müssen.

Bankdrücken. Wer dies nicht gewohnt ist, der sollte bei der Eingabe seiner aktuellen Werte vorneweg 10-15% abziehen.

Destroy The Opposition
Jamie Lewis

Wer mir vorhalten möchte, ich hätte das Programm von Jamie Lewis ausgewählt, weil er in die Kategorie "durchgeknallter Psycho" fällt, dem muss ich tatsächlich zustimmen.
Ernsthaft, Lewis ist wirklich ein erfolgreicher Powerlifter gewesen. Auf powerliftingwatch.com[62] belegt er immer noch Platz 8 mit seinem 650lbs (295kg) Squat im Jahre 2012 in der 181lbs Class (bis 83kg) der PRPA Federation. Nicht schlecht könnte man meinen, oder? Ob diese Federation auf PED[XVIII] nun getestet hat oder eben nicht, lasse ich mal außen vor. Eine 295kg-Kniebeuge bei 83kg Körpergewicht ist eine Ansage.

Jamie Lewis hegt obsessives Interesse an allen Arten von Extremen in den Bereichen Kraftsport, Wettkämpfe und Supplements. Er hat immer radikale Meinungen und Thesen dazu, wenn es darum geht, das Ende eines Spektrums zu bedienen. Normal geht für ihn nicht, getreu dem Motto des verstorbenen Mike "Mad Dog" Bell »Better dead than average!«.

Lewis ist der Macher hinter *Chaos and Pain*, einer Nahrungsergänzungsfirma aus Alabama, USA. Dort lassen sich allerlei lustige Produkte erwerben, die meisten von euch werden eventuell die *Cannibal Supplements* kennen. Manche davon gibt es sogar im Shop von Amazon zu bestellen. Aber die meisten würden hierzulande die Zollbehörden abfangen und es wäre mit einer Ordnungswidrigkeit nach §97 Abs. 2 Nr. 8 Arzneimittelgesetz zu rechnen. Also immer schön die aktuelle Rechtslage prüfen, einige Inhaltsstoffe sind beim

---

[XVIII] **PED** Performance Enhancing Drugs

deutschen Gesetzgeber nicht gerne gesehen. Schade, gerade die würden doch die besten Ergebnisse erzielen, so heißt es doch. Naja, sparen wir uns dieses Thema für einen anderen Tag auf.

Sein Image hat ihm, speziell in den Staaten und auf Social Media, gut gedient, seine Produkte zu verkaufen.

Auf www.chaosandpain.com gibt es, neben den Supplementen, auch die E-Books zum Powerlifting Training und zur Wettkampfvorbereitung, bequem als Download per Paypal.

Nimmt man mal Jamies ganzen Quatsch nicht so ernst und blickt mal hinter die provozierende Bild- und Wortwahl, so findet man am Ende ein ganz gutes Programm. Wäre ich kein enthusiastischer Powerlifting Fan und würde die Legenden des Sports nicht abfeiern, hätte mich *Destroy The Opposition*[63] aber wohl etwas enttäuscht. Warum? Nun, dieses E-Book ist sozusagen kein Standardwerk der Trainingsplanung. Das sind ohnehin die wenigsten. Das heißt, dieses Buch handelt nicht nur von Jamie Lewis und seiner persönlichen Methode.
Lewis beschreibt sein Buch als Manifest über den Kraftdreikampf. Lewis spart nicht an Verlautbarungen seiner eigenen Philosophie zum Training und über das Leben. Er beschreibt und glorifiziert die legendären Helden des Sports und beschreibt die geschichtliche Entwicklung der drei Powerlifts. Lewis berichtet über etwa ein Dutzend der größten Heber aller Zeiten und ihre angeblich überlieferten Routinen für jeden der Powerlifts.

Auf den letzten Seiten bietet er dann seine eigenen fünf Trainingsroutinen an:

1. Allgemeine Anfängerroutine (*Novice*)
2. Kniebeugen-Spezialisierung für Geübte (*Intermediates*)
3. Kreuzheben-Spezialisierung für Geübte (*Intermediates*)
4. Kniebeugen-Spezialisierung für Fortgeschrittene (*Advanced*)
5. Kreuzheben-Spezialisierung für Fortgeschrittene (*Advanced*)

Lewis definiert *Anfänger* als jeden mit weniger als sechs Monaten bis zu einem Jahr Trainingserfahrung oder so ähnlich. Fortgeschrittene Athleten sind bei ihm diejenigen, die seit vier Jahren oder länger ernsthaft Powerlifting betreiben. Daher werden wir uns auf die Programme für geübte Athleten (intermediates) in diesem Buch konzentrieren, da ich der Meinung bin, dass diese Programme die beste Kombination aus interessanten Informationen sowie praktische Relevanz für euch als Leserschaft bieten.

Spoiler & Disclaimer
Als Anfänger ist dies nicht das richtige Programm für dich!
Nochmals, wenn du die Art Mensch bist, die sich leicht beleidigen lässt, willst du Lewis' Material nicht lesen. Er ist aufdringlich, direkt und oft ziemlich vulgär. Jim Wendler wirkt dagegen wie ein Ministrant bei der Ostersonntagsmesse. Hier ein Auszug aus den einführenden Worten von Jamie selbst[64]:

> *»Well, fuckers, it's time to wake the fuck up, get your heads out of you´re asses, and start kicking ass in powerlifting. The only thing that's stopping you at this point is you.«*
>
> **Jamie Lewis**

Trotz seines Jargons ist Lewis aber auch körperlich sehr stark, intelligent und arbeitet einigermaßen wissenschaftlich. Alles hat seinen Preis, oder? Ja, ich schätze schon. Ich erwähne das nur, weil Lewis auch der Typ ist, der regelmäßig pornografische und profane Inhalte in seinen Trainingsblog aufnimmt. Wenn du so etwas lieber vermeiden möchtest, verstehe ich das durchaus. Eine deutliche Warnung wurde hiermit erteilt.

Das Training für Geübte: The Intermediate Routines
Lewis ist der Meinung, dass alle Lifter im Wesentlichen zwischen der Kniebeuge und dem Kreuzheben wählen sollten. Er glaubt nicht, dass es tatsächlich möglich ist, in beiden Lifts gleichzeitig zu dominieren, da die Überschneidungen zwischen den beiden Lifts sehr

groß sind – sie belasten sehr ähnliche Körperpartien. Ebenso glaubt er nicht, dass das Bankdrücken den meisten Menschen genug Möglichkeiten bietet, sich vom Teilnehmerfeld abzugrenzen, da hier relativ weniger Gewichte bewegt werden. Lewis geht es nur ums Gewinnen. Deshalb empfiehlt er, durch die Spezialisierung bei einem der Lifts unglaublich gut zu werden. Als Konsequenz darauf, betonen seine vorgeschlagenen Routinen entweder die Kniebeuge oder das Kreuzheben.

Intermediate *Squat* Specialization Routine							
Exercise Group	Day 1	Day 2	Day 3	Day 4	Day 5	Day 6	Day 7
Squat	H		L		H		
Deadlift			H				
Bench		L				H	
OH Press		H		O (L)		L	
Pull			H		L		
Push Accessory	X			O		X	off
Pull Accessory		X		O	X		
Upper Body Minor Accessory		X		O		X	
Lower Body Minor Accessory	X		X	O	X		

Exercise Group	Day 8	Day 9	Day 10	Day 11	Day 12	Day 13	Day 14
Squat	M			L		H	
Deadlift		H					
Bench				H		L	
OH Press	H		O (L)		L		
Pull	H	L			M		
Push Accessory			O	X		X	
Pull Accessory		X	O		X		off
Upper Body Minor Accessory	X		O	X			
Lower Body Minor Accessory		X	O		X	X	

Legende		
H	Heavy	
	85-90% x 6-10 Sätze x 2-4 Wdh	
M	Medium	
	75% x 4-6 Sätze x 6 Wdh	
L	Light	
	60% x 3 Sätze x 8 Wdh	
	An *light days* können für die Kniebeuge und das Bankdrücken Varianten verwendet werden, u.a. High Bar Squat, Pause Squat, Pin Squat, Frontsquat, Schrägbankdrücken, Pin Press, etc.	
O	Optional	
	Relativ leicht, Bodybuilding Style	
OH Press	Überkopfdrücken	
	Military Press, Behind the Neck Press, Klokov Press, Push Press	
Pull	Rudern	
	Langhanteln oder Kurzhanteln für vorgebeugtes Rudern, auch High Pulls oder Chin Ups mit Zusatzgewichten	
Pull Accessory	Bizeps/Lat	
	Curls, Chin ups, Pull ups, Latpull	

Push Accessory	Trizeps
	Skullcrushers, Pushdowns oder Dips
Upper Body Minor Accessory	Bodybuilding Style Übungen bitte nicht zu intensiv ausführen. Betrifft Zusatzübungen wie Seitheben, Shrugs, Reverse Flys, Unterarmtraining, etc.
Lower Body Minor Accessory	Bodybuilding Style Übungen bitte nicht zu intensiv ausführen. Betrifft Zusatzübungen wie Leg Extension, Leg Curls, Waden, Glute Ham Raise, Bauchmuskeln, etc.

Intermediate Squat Specialization Routine

Das Wesentliche ist, dass du innerhalb eines zweiwöchigen Mikrozyklus arbeitest. Nachdem du drei Mikrozyklen (6 Wochen Training) absolviert hast, machst du einen Maximalversuch in jedem Lift und beginnst das Programm erneut unter Verwendung des neuen Max als Basis für die Bestimmung deiner Arbeitssätze. Lewis formuliert das folgendermaßen [65]:

> »*Thereafter, restart the program using the new maxes to determine your work set weights. If you had a previous max of 300 on the deadlift and were using 260 for sets of four, but just maxed at 315, add 10 to 15 lbs to your work sets. If you're not following, 315 is 105% of 300, and 105% of 260 would be 273.*«

Man sieht, dass dieses Programm mit einer Unterkörperfrequenz von etwa drei oder vier Mal in der ersten Woche und fünf oder sechs Mal in der zweiten Woche durchgeführt wird. In jeder Woche des Mikrozyklus wirst du dreimal pro Woche Kniebeugen machen. Da es sich um eine Spezialisierung in der Kniebeuge handelt, führst du das Kreuzheben nur einmal pro Woche aus. Du wirst zweimal pro Woche nach einem leicht-schwer-Schema Bankdrücken absolvieren, aber du trainierst den Oberkörper zwischen drei und fünf Mal pro Woche, je nachdem, ob du die optionalen Trainingseinheiten durchführst. Bauchtraining ist immer optional.

Obwohl das Programm komplex und etwas furchterregend aussieht, ist festzustellen, dass Lewis nicht viel mehr Volumen empfiehlt, als es andere Trainingsprogramme auch vorgeben. Anstatt jedoch acht Übungen pro Training zu machen, lässt Lewis dich vier oder fünf Übungen machen. Er hat einfach die Frequenz erhöht, um sicherzustellen, dass man trotzdem die gleiche Arbeit leistet. Ich bin generell ein Fan dieses Ansatzes.

Intermediate Deadlift Specialization Routine

Man erkennt, dass es viele Parallelen zwischen der Deadlift Spezialisierungsroutine und der Squat Spezialisierungsroutine gibt. Die Dauer von drei Mikrozyklen innerhalb eines sechswöchigen Trainingsblocks ist dieselbe. Tag 7 und 14 sind stets ein Pausentag.

In Bezug auf den Oberkörper trainierst du immer noch zwischen vier und sechs Mal pro Woche, je nachdem, ob du die optionalen Trainingseinheiten absolvierst. Du trainierst zwei Mal pro Woche auf der Bank gemäß einem schwer-leicht-Schema. Außerdem wirst du eine Menge weiterer Drückvarianten ausführen und es gibt gelegentlich Tage, an denen du etwas Oberkörper-Accessory machen wirst, um die Trainingsfrequenz zu vervollständigen.

Beim Unterkörpertraining sehen wir die größten Unterschiede. Anstatt dreimal pro Woche zu Kniebeugen, beugst du nur zweimal pro Woche nach einem schwer-leicht-Schema. Das Kreuzheben wird auf zwei Mal pro Woche erhöht. Du ziehst einmal pro Woche schwer und es gibt entweder eine mittlere oder eine leichte Trainingseinheit zwischen den schweren Trainingseinheiten.

Intermediate *Deadlift* Specialization Routine							
Exercise Group	Day 1	Day 2	Day 3	Day 4	Day 5	Day 6	Day 7
Squat			H		M		
Deadlift	H				L		
Bench	L					H	
OH Press		H		O (L)		L	
Pull		L			H		
Push Accessory		X		O		X	
Pull Accessory	X		X	O	X		off
Upper Body Minor Accessory		X	X	O		X	
Lower Body Minor Accessory	X		X	O	X		

Exercise Group	Day 8	Day 9	Day 10	Day 11	Day 12	Day 13	Day 14
Squat	H			L			
Deadlift	M			H			
Bench		M			H		
OH Press	L			L		H	
Pull		H		L		H	
Push Accessory		X	O		X		
Pull Accessory		X	O		X		off
Upper Body Minor Accessory			O	X		X	
Lower Body Minor Accessory	X		O		X	X	

Planung für den Wettkampf

Obwohl Lewis ein Powerlifter ist, und dies ein Powerlifting Programm ist, ist ein detaillierter Peaking Plan nicht enthalten. Nach jedem sechswöchigen Zyklus sollte man einen neuen PR ausmaxen, und Lewis bietet lediglich einen Zeitplan dafür an.

Vermutlich, wenn du einen Wettkampf machen würdest, müsstest du den Wettkampf auf die 7. Woche legen und stattdessen den PR am Wettkampf ausreizen. Lewis hat ein ganzes Buch mit dem klangvollen Namen *Prepare For War*[66] verfasst, das sich mit den Strategien zur Erreichung von Spitzenwerten beschäftigt, vielleicht ist das der Grund, warum dieses Buch besonders spärlich mit diesem Thema umgeht.

Destroy The Opposition Week 7 Max Out Schedule	
Day	Workout
1	Hocharbeiten auf einen **Maximalversuch im Kreuzheben** in Wettkampftechnik
2	Optionales leichtes Training
3	Hocharbeiten auf einen **Maximalversuch im Bankdrücken** in Wettkampftechnik
4	Hocharbeiten auf einen **Maximalversuch in der Kniebeuge** in Wettkampftechnik
5	Pausentag
6	**Maximales Kreuzheben im nicht-Wettkampfstand*** Optionaler Maximalversuch in der Overhead Press
7	Pausentag
*Wenn im Wettkampf Sumo gehoben wird, dann bitte hier konventionell heben. Selbiges gilt andersherum auch.	

Periodisierung

Es ist eine interessante Entwicklung, dass Lewis die traditionelle Periodisierung nicht in seine Pläne mit einbezieht. Man wiederholt nur den gleichen zweiwöchigen Mikrozyklus immer und immer wieder. Das ist in Ordnung für den Lifter am Anfang des Status eines Geübten (*early intermediate*), aber es ist meine persönliche Überzeugung, dass geübte Athleten am Ende dieser Phase und bereits fortgeschrittene Athleten, von längeren Zyklen und von irgendeiner Art der Periodisierung profitieren werden.

Ein völliges Fehlen der Periodisierung verheißt nicht zwingend einen langfristigen, kontinuierlichen Fortschritt. Ich bin mir nicht sicher, ob dies genug Variation darstellt. Dann wiederum sind dies ja auch "nur" die Routinen für Geübte (*intermediate*), die wir hier besprechen, und per Definition braucht ein Geübter nicht viel in Bezug auf die Periodisierung.

Die **Spezialisierungsroutinen für Fortgeschrittene** (*advanced*) in seinem Buch sind aber definitiv nicht komplexer. Der wesentliche Unterschied ist, dass bei den schweren Workouts (*heavy*) anstatt 6-10 Sätze zu 2-4 Wdh nun 6-15 Sätze mit 1-4 Wdh geballert werden. Sprich, er erhöht das Volumen und die Intensität. Das kann funktionieren, wird es auch. Die Frage ist nur: für wie lange oder wie oft? Geübte können aber auf jeden Fall allein durch Manipulation des Volumens und der Intensität Fortschritte erzielen. Für die meisten Geübten sollte dies also kein wirkliches Hindernis sein.

Programmierung

Lewis bemüht sich um eine angemessene programmatische Vielfalt von Woche zu Woche und von Training zu Training.
Du wirst feststellen, dass man niemals zwei schwere (*heavy*) Protokolle im selben Training durchführt. Die einzige Ausnahme bildet ein Tag, an dem man schwer mit der Overhead Press und dem Rudern arbeitet. Aufgrund ihrer Natur weisen diese beiden Übungen jedoch eine geringere absolute Intensität (Gewicht) auf. Dies ermöglicht eine bessere Kontrollierbarkeit der Erholung.

Immer wenn man ein schweres Unterkörpertraining durchführt, nimmt man sich am nächsten Tag für ein solches Training frei. Dasselbe gilt meistens für den Oberkörper. Nach einem anstrengenden Tag pausiert man oder man macht nur einen leichten Tag mit minimalen Ergänzungsübungen. Auch dies dient dazu, die Erholung zwischen den Trainingseinheiten zu verbessern.

Man macht nie zweimal in der Woche dieselbe schwere Hauptübung. Es gibt immer Variationen von Trainingseinheit zu Trainingseinheit für jede Bewegung. Dies ist ein Merkmal einer angemessenen Trainingsplanung für Geübte. Tatsächlich hat Lewis dieses Programm in vielerlei Hinsicht in verschiedene Sessions organisiert, in denen man ein hohes Volumen, mittlere Intensität und andere Sessions mit hoher Intensität, mittleren Volumens macht. Wie wir durch das Verständnis der *Texas Method* und *Canditos Six Week Strength Program* gelernt haben, ist dies eine großartige Lösung, um den geübten Trainees eine programmatische Abwechslung zu bieten.

Die Aufteilung der Intensität zwischen den zwei Wochen des Mikrozyklus ist hochgradig gewollt. Man kann es selbst nochmal überprüfen, um zu erkennen, dass Lewis die Dinge so klar strukturiert hat, dass sowohl die Erholung innerhalb der Woche als auch zwischen den Wochen erleichtert wird.

Spezifität

Lewis hat gute Arbeit geleistet, was die Spezifität betrifft. Der Großteil des Volumens, das ihr ausführt, betrifft die Hauptsätze. Das sind auch keine Variationen der Wettkampfübungen: Man führt die Wettkampfübungen tatsächlich für die Volumenarbeit aus. Aber nicht nur das, sondern du machst es auch noch richtig schwer! Was für ein Konzept, oder? Schwer heben, um schwer zu heben. Wer hätte das vermutet?

Es gibt auch keine übertriebene Menge an unnötigem Bodybuildingzeugs – aber es ist teilweise dennoch enthalten, was sehr nett ist, weil wir alle wissen, dass die meisten von euch sowieso von ihrem Programm abweichen und es trotzdem machen werden. Ihr solltet euch eventuell selbst ein paar Richtlinien für die Strukturierung von Curls, Wadentraining und Bauchmuskeln hinzufügen. Wenn du das nicht machst, sehe ich es schon kommen, dass du ein achtstündiges Armtraining machen wirst und damit deine ganze Trainingswoche vergebens war.

Der einzige Kritikpunkt, den ich an diesem Programm in Bezug auf die Spezifität habe, ist die Betonung der Overhead Press und des

Ruderns. Du machst im Grunde genauso viel Overhead Press wie Bankdrücken. Du ruderst mehr, als du hebst. Das ist sehr, sehr typisch für die amerikanische Powerlifting Programmierung und ich stimme dem überhaupt nicht zu.
Wenn man ein Bodybuilder oder ein Powerbuilder ist, also jemand, der eine ausgewogene Kombination aus Kraft und Masse haben möchte, dann ist das in Ordnung. Mach in diesem Falle das Rudern ganz nach Belieben.

Ein Wettkampf Powerlifter könnte ein höheres Kreuzhebe- und Bankdrückvolumen fahren, indem er die gesamte OH Press und das Rudern reduziert. Komplett eliminieren muss man es zwar nicht, aber eine Reduzierung wäre für den Powerlifter zu Gunsten des Volumens und bzw. oder der Frequenz sinnvoll. Mit weniger OH Press könnte dieses Modell problemlos dreimal wöchentlich das Bankdrücken erlauben, wovon ich ein großer Fan bin. Wahrscheinlich könnte man auch zweimal pro Woche Kreuzheben machen, sogar mit der Squat Specialization Routine.

Deshalb plädiere ich auch nicht für übermäßiges Rudern und OH Press. Es ist nicht so, dass diese Bewegungen nicht großartig, lohnenswert und in der Lage wären, dich stärker zu machen, es ist nur so, dass das Ausführen dieser Bewegungen direkt von der Gesamtmenge an Kreuzheben und Bankdrücken, die du machen kannst, abgezogen wird.

Was glaubst du, was dir am meisten hilft: Zweimal in der Woche heben und einmal in der Woche rudern oder zweimal in der Woche rudern und einmal in der Woche heben? Für mich ist die Antwort vernünftig und intuitiv: natürlich ist es besser, zweimal zu heben, wenn man sich davon gut erholen kann. Alles in allem ist Lewis' Programm jedoch verdammt gut, was die Spezifizität betrifft.

Progressive Überlastung
Dieses Programm zeichnet sich durch einfache progressive Überlastung aus. Alle sechs Wochen wird ein neues Maximum getestet. Auf

der Grundlage dieses neuen Maximalwertes, der hoffentlich höher ist als die vorherigen Maximalwerte, musst du schwerere Gewichte handhaben. Ein erhöhter Prozentwert bedeutet schließlich immer mehr Gewicht auf der Stange für die Arbeitssätze. Wenn man stärker wird, fordert das Programm einen dazu auf, schwerere Gewichte zu bewegen. Wir haben es also mit progressiver Überlastung zu tun. So einfach. So gut.

Ermüdungsmanagement
Ich bin sicher, dass viele von euch erwarten, dass ich dieses Programm aufgrund einer zu hohen Frequenz übergehen würde, aber eigentlich möchte ich das nicht tun. Aus meiner Sicht ist dies eine völlig legitime Art und Weise, die Programmierung für jüngere Athleten zu strukturieren.

Auch wenn dieses Programm fünfmal pro Woche durchgeführt wird, liegt das nur an der Aufteilung des Arbeitspensums durch Herrn Lewis. Du beugst nicht fünfmal pro Woche. Du hebst auch nicht fünfmal in der Woche. Du gehst auch nicht fünfmal pro Woche auf die Bank zum Drücken. Du beugst lediglich zwei bis dreimal Mal pro Woche, hebst ein bis zweimal Mal pro Woche und drückst zweimal pro Woche auf der Bank. Das klingt doch viel vernünftiger, oder nicht? Anstatt den ganzen Körper zu strapazieren, wird die Arbeit in einzelne Tage aufgeteilt. Daran ist nichts auszusetzen. Viele Leute bestätigen, dass eine gesplittete Routine ihre Regeneration verbessert. Dies ist nur eine fortgeschrittenere Aufteilung - mehr ist es nicht.
Ich bin kein Befürworter eines Trainings mit extrem niedrigem Volumen und hoher Frequenz. Das ist auch nicht das, was Lewis hier macht. Anstatt acht Übungen pro Training zu machen, gibt er dir vier und verlegt den Rest der Arbeit auf einen anderen Tag. Das ist etwas anderes als beispielsweise die bulgarische Methode, bei der man in einem kompletten Training insgesamt nur sechs oder sieben Arbeitssätze durchführen muss, dies aber für fünf, sechs oder mehr Trainingseinheiten pro Woche.

Ich glaube, einige der Workouts sind in gewisser Weise leider etwas sinnlos. Wird zum Beispiel wirklich ein Übungseffekt für den Oberkörper erzielt, wenn man einen Trainingstag vor sich hat, an dem man nur ein "Upper Body Minor Accessory" wie z.B. Handgelenkcurls macht? Damit wird nichts Wesentliches erreicht. Nun, es gehört zwar zu der Erhöhung der Trainingsfrequenz, aber meiner Meinung nach ist dies eine relativ harmlose, unnötige Ergänzung, die dazu gedacht ist, all diejenigen unter euch zu besänftigen, die einfach etwas Bodybuildingkram machen müssen, um psychologisch mit ihrem Training zufrieden zu sein. Aber gut, wenn das die Drop-Out Quote reduziert, dann soll es so sein.

Was ich hier sagen will, ist, dass ich nicht glaube, dass diese Art von Programm von sehr erfahrenen Sportlern gut gehandhabt wird. Es ist einfach ein bisschen zu viel. Du absolvierst wesentlich mehr Volumen und Extraübungen als du es bei so etwas wie der Texas Methode tun würdest. Die Texas Methode weist zwar höhere relative Intensitäten in Bezug auf das Volumen auf, aber auch weniger Gesamtarbeit und überfordert dennoch viele Anwender mit einer unzureichenden Regeneration. Ich vermute, dass dieses Programm sogar das Gleiche tun würde.

Das Programm von Lewis sieht einen moderaten Tag mit 4-6 Sätzen zu 6 Wiederholungen (bis ca. 75%) und einen weiteren, schweren Tag mit 6-10 Sätzen mit 2-4 Wiederholungen (85-90%) vor. Die Texas Methode verlangt einen Tag mit 5 x 5 Wdh (72-77%) und einen weiteren Tag mit einem Satz zu 5 Wdh bei 85%. Vergleicht man die Gesamtvolumina, so wird deutlich, dass dieses Programm, wenn man die gesamte zusätzliche Arbeit einbezieht, wesentlich mehr Gesamtvolumen darstellt. Die praktische Erfahrung zeigt, dass dies einige Athleten erdrücken würde, selbst wenn sie nur die von Lewis vorgeschriebene Mindestmenge ausführten. Für euch jüngere Kerle und Mädels ist dies alles zwar recht anspruchsvoll, aber das Ermüdungsmanagement ist dennoch angemessen.

Das Gesetz der individuellen Unterschiede

Im Gegensatz zu so vielen populären Programmen bietet Lewis tatsächlich einen großen Spielraum für individuelle Unterschiede. Lewis' Programme verfügen über ein hohes Maß an Autoregulation.

Lewis verwendet keine elaborierten Methoden wie RPE, Reps in Reserve oder Load Drops, um Intensität und Volumen zu regulieren, aber er schreibt Wiederholungsbereiche vor und legt den Spielraum für die Arbeitssätze fest. Da man einen breiten Wdh-Bereich und einen breiten Satz-Bereich erhält und keine spezifische Vorschrift, kann man die Gewichte anpassen, um in dem beabsichtigten Zielbereich zu arbeiten. Auch wenn dies nicht RPE beinhaltet, wird die Leistung des Athleten zur Bestimmung der Gewichte berücksichtigt. Da man lediglich eine Empfehlung für die Satzzahlen erhält, die man ausführen sollte, ist es auch möglich, das Gesamtvolumen selbst zu bestimmen.

Obwohl das Programm von Lewis bei den individuellen Unterschieden vergleichsweise gut abschneidet, so sind seine Empfehlungs-bereiche der Verwendung von RPE, Reps in Reserve oder prozentbasierten Load Drops, dennoch unterlegen.

Konzentrieren wir uns zunächst auf das Volumen. Wenn man jemandem einen Empfehlungsbereich für die Arbeitssätze vorschlägt und ihm sagt, er solle *auf seinen Körper hören*, weiß er vielleicht nicht, was das bedeutet. Möglicherweise beschließt er einfach, jedes Mal die maximale Anzahl von Sätzen zu machen. Viel hilft viel, oder nicht? Es ist auch denkbar, dass dieser Empfehlungsbereich nicht ausreichend ist, um allen gerecht zu werden. Einige Ausnameathleten könnten unter die minimale Grenze des Bereichs fallen und andere über das Maximum.
Tatsache ist, dass man selbst bei einem empfohlenen Volumenbereich nicht weiß, welche Wirkung das selbstgewählte Volumen hat. An einem Tag können sechs Sätze einen Leistungsabfall von 10% Fatigue verursachen, an einem anderen Tag können sechs Sätze einen Leistungsabfall von 5% verursachen. Eines dieser Workouts war

somit trotz des gleichen Gesamtvolumens wesentlich belastender als das andere. Deshalb sind anspruchsvollere autoregulatorische Maßnahmen wie RPE oder Reps in Reserve vorzuziehen.

Nichtsdestotrotz verdient Lewis ehrliches Lob dafür, dass er einer der wenigen ist, der etwas Autoregulierung in sein Programm integriert hat.

Fazit

Ich denke, Jamies Credo lässt sich mit dem Zitat von Mark Bells (Super Training Gym) verstorbenem Bruder Mike, ganz gut auf den Punkt bringen:

»I´d rather be dead than average«
Mike "Mad Dog" Bell

Ich bin in Bezug auf die Vorlieben, die Lewis und ich teilen etwas voreingenommen. Ich denke nämlich, dass die meisten Menschen nicht hart genug arbeiten, nicht genug Gesamtarbeit leisten und nicht auf den Erfolg fokussiert sind. Natürlich fühle ich mich deshalb von seinen Ideen und seiner Philosophie angezogen. Trotzdem hat es mir wirklich Spaß gemacht, "die Opposition zu zerstören". Das Buch ist sehr informativ und unterhaltsam, auch wenn man nicht beabsichtigt, seine Programme durchzuführen.

Aber was seine Programme betrifft, so sind sie, wie du sehen kannst, verdammt gut. Ich bin skeptisch, dass er keinerlei Periodisierung verwendet, ich bin kein Fan der vielen OH Press und des Ruderns, und ich hätte gerne eine verlässlichere Form der Autoregulierung gesehen, aber im Großen und Ganzen würde ich diese Programme dennoch jungen Powerliftern im Status eines frühen Geübten empfehlen. Du wirst eine anspruchsvolle Menge an Volumen abarbeiten, die Frequenz ist hoch, die Spezifität ist ziemlich gut, du wirst tatsächlich schwer heben, du wirst dich selbst herausfordern, und ich stimme einfach mit der allgemeinen Art und Weise überein, wie

Lewis das Programm ausgerichtet hat. Meiner Meinung nach ist *Destroy the Opposition* eine der besseren Optionen, die wir für Geübte in Betracht ziehen.

5/3/1 for Powerlifting & Beyond 5/3/1
Jim Wendler

In diesem Kapitel findet sich die Erweiterung von Jim Wendlers 5/3/1. Wenn ihr die Basics zu seinem originalen 5/3/1 Programm in aller Ausführlichkeit verstehen wollt, springt zuerst zum Kapitel **5/3/1 Original**.

Nun, bevor ich beginne, ist es äußerst wichtig zu beachten, dass 5/3/1 kein allgemeines Cookie-Cutter-Programm ist, das man leicht analysieren kann. Durch seine verschiedenen Buchveröffentlichungen, darunter das *Original 5/3/1*, *5/3/1 für Powerlifting* und *Beyond 5/3/1*, hat Jim Wendler weit über 500 Seiten Inhalt zum 5/3/1-System produziert. In diesen Büchern bietet Wendler im wahrsten Sinne des Wortes mehrere Dutzend verschiedene Versionen des 5/3/1-Systems an, die eine Vielzahl von Zielen ansprechen, von der Verbesserung der Kondition, dem Schnellerwerden und Höherspringen, der Verbesserung der allgemeinen Kraft und, ja, dem Setzen von PRs in den Big Three.

Bitte versteht, dass es praktisch unmöglich wäre, eine umfassende Übersicht über jede einzelne Variante von 5/3/1 in einer einzigen Besprechung anzubieten. Wenn ihr nicht einen Artikel mit 100.000 Wörtern lesen wollt, muss ich mich an die grundlegenden, populären Versionen von 5/3/1 halten, die im Internet kursieren.
Wann immer möglich, werde ich, da ich das ursprüngliche 5/3/1-Programm anspreche, Hinweise auf Überarbeitungen geben, die Jim in dem aktuelleren Buch Beyond 5/3/1 gemacht hat. Man sollte bedenken, dass das Original 5/3/1 vor elf Jahren im Jahr 2009 veröffentlicht wurde. Wendler hat wesentliche Änderungen und

meiner Meinung nach auch Verbesserungen an dieser ursprünglichen Vorlage unternommen. Dennoch verwenden die meisten Leute immer noch die ursprüngliche Variante, und unsere Besprechung wird sich auf diese neue spezielle Version von 5/3/1 konzentrieren. Dennoch würde ich sehr empfehlen, dass du in Betracht ziehst, eine Kopie von Beyond 5/3/1 zu bestellen, wenn du daran interessiert bist, jede Variante des Programmes zu kennen. Das Buch enthält Wendlers neueste und beste Ideen in Bezug auf 5/3/1. Wenn man mit *First Set Last* oder *Joker Sets* nicht vertraut ist, ist die eigene Wissensbasis zu 5/3/1 bereits veraltet. Ohne ein Verständnis dieser neuen Konzepte, die in Beyond 5/3/1 besprochen werden, arbeitet man nicht wirklich mit Wendlers derzeitigem Verständnis von 5/3/1.

Geschichte und Kontext

Wie immer werden wir zunächst ein wenig über den Kontext der Ursprünge des 5/3/1-Programmes sprechen. Ironischerweise war 5/3/1 angesichts seiner Popularität in der Powerlifting-Community das Programm, das Jim Wendler entwickelte, als er beschloss, sich vom Sport zurückzuziehen. Das ist richtig: Jim Wendler erfand 5/3/1, als er mit dem Powerlifting aufhörte.

Nach seinen eigenen Worten war Wendler es mehr oder weniger leid, ein »Fettsack« zu sein, der zu nichts anderem taugte, als zu einem Monolift zu watscheln und eine Kniebeuge zu machen. Er behauptet, er sei so außer Form gewesen, dass ihm schon beim Umhergehen um den Block die Luft zum Atmen fehlte. Deshalb wollte er ein Programm entwickeln, das einen ganzheitlicheren Ansatz für Kraft bietet. Er wollte Konditionstraining und Beweglichkeit in einen umfassenden Plan mit einbeziehen.

Wendler entschied sich, die Komplexität des Westside-Trainingsstils, den er verwendet hatte, zu eliminieren und kehrte zu einem einfachen prozentualen Programm zurück. Aller Wahrscheinlichkeit nach wurde der Wendler durch das Programm *Bigger-Faster-Stronger*[67] beeinflusst, dem Wendler als jugendlicher Footballspieler mit ziemlicher Sicherheit ausgesetzt war. Dieses Programm, das mit Blick auf den Leistungssportler entwickelt wurde, diente als hervorragende Methode für jemanden, der seine allgemeine Kondition verbessern wollte, anstatt sich ausschließlich auf die Kraftsportleistung zu konzentrieren.

Um meinen Standpunkt explizit zu verdeutlichen: Das ursprüngliche Programm von Wendler war speziell als Alternative zum Powerlifting-Training konzipiert. 5/3/1 war niemals dazu gedacht, ein auf das Kraftdreikampf-Training ausgerichtetes Programm zu sein. Das muss man sich vor Augen halten.

Das Programm

So sieht das ursprüngliche Programm aus:

5/3/1 Original				
	Woche 1	Woche 2	Woche 3	Woche 4
	3x5	3x3	5/3/1	Deload
	Warm-Up Sets			
1	40 x 5*	40 x 5	40 x 5	40 x
2	50 x 5	50 x 5	50 x 5	50 x
3	60 x 3	60 x 3	60 x 5	60 x
	Arbeitssätze			
4	65 x 5	70 x 3	75 x 5	
5	75 x 5	80 x 3	85 x 3	
	85 x 5+	90 x 3+	95 x 1+	
			*Prozent x Wdh	

Wie ihr seht, ist 5/3/1 ein Programmschema mit einem monatlichen Mesozyklus. Es gibt vier verschiedene Mikrozyklen: 3×5+ Woche, 3×3+ Woche, 5/3/1+ Woche und einen Deload. Die wichtigste Anmerkung, die man machen sollte, bezieht sich auf die *+Sätze*. Sie bedeuten, dass man so viele Wiederholungen wie möglich macht (AMRAP). Bei den **AMRAP- Sätzen** sollte man nicht komplett zum Versagen gelangen, aber man sollte innerhalb einer Wiederholung oder so dem Muskelversagen sehr nahe sein.

Das gesamte Programm konzentriert sich auf das Konzept des Training Maximums. Im Wesentlichen wird mit Hilfe eines Rep-

Max-Rechners[XIX] der wahre Rep-Max-Wert ermittelt. Diese Zahl multipliziert man dann mit 90%, um das Training Maximum zu ermitteln. Unter Verwendung dieses Training Maximums werden alle Arbeitssatzgewichte auf der Grundlage der oben angegebenen Prozentsätze berechnet.

Progression

Am Ende jedes Monats erhöht sich das maximale Trainingsgewicht bei der Kniebeuge und dem Kreuzheben um 10lbs (4,5kg) bei den Oberkörperbewegungen, dem Bankdrücken und der Overhead Press um 5lbs (2,25kg). Von da an wiederholst du genau die gleichen Trainingseinheiten, die du im Monat zuvor mit etwas höheren Gewichten durchgeführt hast.
Zusätzlich zu den monatlichen Erhöhungen erlaubt das Programm auch Rep Maxes. Selbst wenn die Gewichtserhöhungen nur monatlich erfolgen, kann man theoretisch immer noch von Woche zu Woche Fortschritte machen, indem man zusätzliche Wiederholungen schafft.

»Train to be dangerous«
Jim Wendler

Planung

Obwohl das ursprüngliche 5/3/1-Programm nie für Powerlifter gedacht war, hat Wendler dieses Thema seither sowohl in 5/3/1 für Powerlifting als auch in Beyond 5/3/1 behandelt. In Beyond 5/3/1 bietet Wendler einen 11-12-wöchigen Peaking-Plan an, der sich dieser Thematik annimmt:

[XIX] **Rep-Max-Formel**
Wdh * Gewicht = X * 0,0333 = X + Gewicht = theoretisches 1RM
Beispiel: 4 * 100kg = 400 * 0,0333 = 13.32kg + 100kg = 113.32kg

12 Wochen Wettkampf Vorbereitung nach Wendler				
Woche	Arbeitssatz 1	Arbeitssatz 2	Arbeitssatz 3	Arbeitssatz 4
1	70 x 3*	80 x 3	90 x 3+	100 x 1
2	65 x 5	75 x 5	85 x 5	-
3	75 x 5	85 x 3	95 x 1+	100 x 1
4	40 x 5	50 x 5	60 x 5	-
5	70 x 3	80 x 3	90 x 3	100 x 1+
6	65 x 5	75 x 5	85 x 5	-
7	75 x 5	85 x 3	95 x 1	100 x 1+
8	40 x 5	50 x 5	60 x 5	-
9	70 x 3	80 x 3	90 x 3	110 x 1
10	10 x 5	75 x 5	85 x 5	-
11	75 x 5	85 x 3	95 x 1	-
Wettkampf in Woche 12				
				Prozent x Wdh

Man erkennt, dass der Plan für die Vorbereitung relativ einfach und effektiv ist. Im ersten Monat erhöht der Lifter die Spezifizität, indem er nach den AMRAP-Sets einige schwere Singles unter Verwendung seines Training-Maximums hinzufügt. Im zweiten Monat beginnt der Lifter, sein Training-Max als AMRAP-Satz zu verwenden. Im dritten Monat werden sämtliche AMRAP-Sätze herausgenommen und dafür eine zusätzliche superschwere Einzelwiederholung hinzugefügt.

Während des letzten Monats wird durch das Entfernen der AMRAP-Sätze eine längere Erholungsphase ermöglicht, in der die Erschöpfung abklingt. Indem man weiterhin die ultraschwere Single einbezieht, verhindert man einen Detraining-Effekt und fördert die weitere Anpassung an schwere Gewichte.

In der Woche 11, in der sogar die gesamten Ergänzungsübungen gestrichen werden, sorgt dies für eine vollständige Regeneration bis hoffentlich genau zur Wettkampfwoche. Insgesamt ist dies eine solide Peaking-Option für den Heber, der 5/3/1 verwendet.

Periodisierung & Programmierung

In *Beyond 5/3/1* bietet Wendler für 26-28 Wochen Trainingsprogramme an, die periodische Schwerpunkte auf Hypertrophie, Konditionierung und Kraft beinhalten. Die ursprüngliche 5/3/1-Vorlage ist jedoch nicht das, was man als periodisiert bezeichnen würde, auch Nachzulesen im Kapitel **5/3/1 Originale Version**.

Im Gegensatz zu den anderen Programmen, die wir bisher untersucht haben, bietet das 5/3/1-Programm einen monatlichen Mesozyklus mit einmal monatlichen Gewichtserhöhungen. Dadurch ist das Programm in Wirklichkeit am besten für Geübte im mittleren oder oberen Bereich (*advanced intermediates*) geeignet. Geübte der unteren Stufe (*early intermediates*) könnten aber viel schneller Fortschritte machen als einmal pro Monat. Und obwohl das 5/3/1-Programm ein Rep-Maximum ermöglicht, ist es viel schwieriger, eine Wiederholung des Programms pro Woche hinzuzufügen als 2-5lbs bzw. 1-2kg pro Woche.

Einer der größten Kritikpunkte an 5/3/1 ist die geringe Frequenz für die Powerlifts. Man absolviert jeden Lift nur einmal pro Woche. Für die überwiegende Mehrheit der Trainees ist dies in Bezug auf die technische Entwicklung einfach nicht optimal. Um Ihre Technik zu perfektionieren, bedarf es mehr wöchentlicher Praxis, um die Lifts zu beherrschen. Nun gibt es eine Vielzahl von 5/3/1-Templates, die zur Erhöhung der Frequenz dienen. Für Powerlifting-Zwecke, bei denen die Technik im Vordergrund steht, ist es meiner Meinung nach notwendig, eine von ihnen zu wählen. In Beyond 5/3/1 sind viele solcher Beispiele zu finden.

Meiner Meinung nach ist es das Minimum, die Frequenz der Kniebeuge und des Bankdrückens mindestens auf zweimal pro Woche zu erhöhen. Wenn du 5/3/1 für Powerlifting machen möchtest, solltest du eine Variante verwenden, bei der die Frequenz der Hauptübungen erhöht wurde.

Spezifität

Was die Spezifizität betrifft, so denke ich, dass du weißt, was ich wieder sagen werde: Das Programm ist nicht spezifisch genug, weil es nicht explizit für das Powerlifting konzipiert wurde. Die ganze Idee hinter 5/3/1 war, sich von einem Powerlifting-zentriertem Training wegzubewegen und sich auf eine ganzheitlichere Methode des Krafttrainings zu konzentrieren. Das gesamte Programm ist so konzipiert, dass es mehr die Kondition, mehr die allgemeine Regeneration und ein besseres allgemeines Gefühl des Wohlbefindens ermöglicht. Diese Ziele sind zwar gut und schön, aber viele stehen im Widerspruch zur Maximierung der Kraftdreikampfleistung.

Wie viele andere Programme, die wir gesehen haben, ist die Betonung des Verhältnisses von Bankdrücken zur OH Press von 1:1 einfach unnötig und für Powerlifter suboptimal. Der Großteil des Drückens muss auf das Bankdrücken ausgerichtet sein.

Das größte Defizit von 5/3/1, was die Spezifität betrifft, liegt in den Prozentsätzen, die das Programm verwendet. Lasst uns ein bisschen rechnen: Wenn wir 90% unseres wahren Maximums (true 1RM) als Grundlage für unser Programm nehmen und dann 85% dieser Zahl in Woche 1, 90% dieser Zahl in Woche 2 und 95% dieser Zahl in Woche 3 nehmen, dann sind unsere realen Prozentsätze lediglich 76,5%, 81% und 85,5%. Mit anderen Worten, für die große Mehrheit der Monate, die man mit 5/3/1 verbringt, liegt man genau eine Woche über 85% des tatsächlichen Maximums.

Für einen Powerlifter ist dies ein absolut suboptimaler Ansatz. Ich sage nicht, dass man nicht stärker wird, wenn man mit geringeren Prozentsätzen arbeitet, aber ich sage, dass es ein Garant für suboptimalen Fortschritt ist, so wenig Zeit im Zielbereich (80-90%) des Powerlifters zu trainieren. Die geringeren Prozentsätze sind zwar großartig für einen langfristigen, nachhaltigen Fortschritt, aber das Programm ist tendenziell auf Hypertrophie und weniger auf Kraft ausgerichtet. Es ist nicht so ungewöhnlich, dass Trainierende in ihrer 5/3/1+ Woche, die eigentlich die schwere Woche sein sollte, 5-8 Wiederholungen im Top-Satz erzielen.

Schau, wenn du schwere Sachen heben willst, musst du schwere Sachen heben. So einfach ist es wirklich. Wenn wir ehrlich sind, hat sogar Wendler erkannt, dass dies eine Schwäche seines Programms für Powerlifter war. Er spricht diese Schwäche in 5/3/1 für Powerlifting durch die folgende Anpassung des Programms an:

5/3/1 Powerlifting Programm				
Woche	Arbeitssatz 1	Arbeitssatz 2	Arbeitssatz 3	Arbeitssatz 4
1	70 x 3*	80 x 3	90 x 3+	100 x 1
2	65 x 5	75 x 5	85 x 5	-
3	75 x 5	85 x 3	95 x 1+	100 x 1
4	40 x 5	50 x 5	60 x 5	-
				Prozent x Wdh

Wie ihr sehen könnt, sind die Wochen 1 und 2 vertauscht. Der AMRAP-Satz wird aus dem 3×5-Wochen-Set entfernt und schwere Singles mit dem Training Max werden zu Woche 1 und 3 hinzugefügt. Dies ist ein guter Ansatz zur Steigerung der Spezifität. Aber seien wir ehrlich: Glaubt ihr wirklich, dass ein paar Singles, die immer noch ein relativ geringes Volumen darstellen, ausreichen, um die Tatsache zu überspielen, dass die große Mehrheit der Arbeit, die ihr im Programm leistet, unter 85% liegt? Nun, das ist nicht der Fall.

In Beyond 5/3/1 thematisiert Wendler diesen Schwachpunkt durch die Hinzufügung von **Joker Sets**. Mit Joker Sätzen kann man auch nach dem AMRAP immer schwerere Arbeitssätze durchführen. So kann man z.B. nach der 3×3+ Woche, in der man sein Rep-Max auf 3+ gesetzt hat, weiterhin schwere Triples ausführen. Man sollte »auf seinen Körper hören« und abbrechen, bevor man zu einem Gewicht gelangt, an dem man scheitern würde. Mit anderen Worten, man sollte Autoregulation integrieren, aber es gibt keine wirklichen Richtlinien, wie man das tatsächlich machen könnte. Abgesehen von diesem Versäumnis ermöglichen die Joker Sets zumindest, dass du in diesem Bereich von über 85% etwas Arbeit erledigen kannst. Dies ist eine wichtige Ergänzung für alle Powerlifter. Mehr über die Joker Sätze gibt es in Beyond 5/3/1.

Überlastung

5/3/1 verwendet eine Kombination aus einfacher progressiver Überlastung und dem Versuch, mehr Wiederholungen hinzuzufügen. Man erhöht das Training Maximum jeden Monat um eine feste lineare Steigerung (2,25-4,5kg). Dies führt dazu, dass im Laufe der Zeit höhere Gewichte eingesetzt werden, dies wird auch als progressive Überlastung bezeichnet. Dazu gesellen sich die Rep-Max-Sätze. Indem man neue Rep-PRs anstrebt, führt man ein weiteres Element der Progression ein. Diese einzigartige Kombination ist meiner Meinung nach einer der intelligenteren und nützlicheren Aspekte von 5/3/1.

Ermüdungsmanagement

Während es sicherlich Programme gibt, die viel zu weit gehen mit ihrem Volumen und der Frequenz, geht das ursprüngliche 5/3/1-Programm meiner Meinung nach tatsächlich zu weit in die entgegengesetzte Richtung. Das ursprüngliche 5/3/1-Programm enthält zu wenig Gesamtvolumen und weist unnötig häufige Deloads auf.

Was das Volumen betrifft, so führt man nur drei Arbeitssätze pro Woche in jedem Lift aus. Der Rest des Volumens stammt aus Assistenzbewegungen. Jetzt höre ich schon viele von euch sagen »Aber ich mache die **Boring-But-Big-Template**!« Die BBB-Template beinhaltet Assistenzarbeit, bei der man 50% seines Training Maximums auf eine der Hauptübungen anwendet und dann 5 Sätze á 10 Wiederholungen ausführt. Dies erhöht in der Tat das Volumen. Aber: Wie sinnvoll ist es deiner Meinung nach, 5×10 mit weniger als 50% des tatsächlichen Training Maximums durchzuführen, wenn man Powerlifting betreiben möchte? Genau! Es ist überhaupt nicht sinnvoll. Denkt daran, dass die Template explizit auf Hypertrophie ausgerichtet ist, *boring but big* eben.

Sogar Wendler scheint mit dieser Idee einverstanden zu sein. In Beyond 5/3/1 hat Wendler ein neues Konzept namens **First Set Last** eingeführt, bei dem man den ersten Arbeitssatz des Tages für einen weiteren AMRAP-Satz wiederholt. Wendler empfiehlt dies nun als Standardzusatz zum 5/3/1-Programm. Ich denke, das spricht für sich selbst. Wendler selbst hat festgestellt, dass es eine empfehlenswerte Idee wäre, dem ursprünglichen 5/3/1-Programm mehr Volumen hinzuzufügen. Dennoch würden wir uns fürs Powerlifting wünschen, dass mehr Volumen bei 80-85%+ liegt, anstatt zusätzliche Sätze bei 70-75% zu machen.

In ähnlicher Weise bedeutet jede vierte Woche ein Deload, dass man 25% des Trainingsjahres nicht wirklich trainiert. Wenn du dich nicht in den drei Arbeitswochen völlig umbringst, ist das häufige Deloaden völlig unnötig. Und da wir bereits festgestellt haben, dass das ursprüngliche 5/3/1-Programm nur wenig oder gar nicht volumenlastig ist, sind die Deloads sogar noch unnötiger.

Auch hier scheint Wendler selbst zu diesem Schluss gekommen zu sein. In Beyond 5/3/1 empfiehlt er nun, zwei volle Zyklen vor dem Deload durchzuführen. Also trainiert man jetzt sechs Wochen lang, bevor man die Deloads ausführt.

Es sieht folgendermaßen aus:

Neu bei 5/3/1: Zwei Mesozyklen vor dem Deload			
Woche	Arbeitssatz 1	Arbeitssatz 2	Arbeitssatz 3	Arbeitssatz 4
1	65 x 5*	75 x 5	85 x 5+	Joker Sets
2	70 x 3	80 x 3	90 x 3+	Joker Sets
3	75 x 5	85 x 3	95 x 1+	Joker Sets
4	65 x 5	75 x 5	85 x 5+	Joker Sets
5	70 x 3	80 x 3	90 x 3+	Joker Sets
6	75 x 5	85 x 3	95 x 1+	Joker Sets
7	40 x 5	50 x 5	60 x 5	Deload
				*Prozent x Wdh

Wie man erkennen kann, werden einfach zwei 5/3/1-Zyklen vor jedem Deload durchgeführt. Das Training-Max wird ab Woche 4 nach dem ersten vollen 5/3/1-Zyklus wie üblich erhöht.

In Kombination mit den Joker Sets und den First Set Last-Zusätzen macht dies eine Menge Sinn und verbessert die Gesamtqualität des Programms dramatisch. Wenn Ihr nach 5/3/1 trainieren wollt, die Verbesserungen von Beyond 5/3/1 aber nicht integriert, glaube ich persönlich einfach nicht daran, dass ihr mit dieser veralteten Version bessere Ergebnisse produzieren werdet. Wendler Update ergibt Sinn.

Individuelle Unterschiede

Versteht mich nicht falsch, Wendlers Autoregulation ist nicht schlecht. Im ursprünglichen Programm ermöglichen die AMRAP-Sets Fortschritte im individuellen Tempo. Mit den AMRAP-Sätzen kann man die guten Tage ausnutzen und die schlechten Tage abmildern. An guten Tagen zerschlägt man einige Rep-RRs. An schlechten Tagen wird das eben nicht passieren. Es spielt keine Rolle, denn solange die Mindestanzahl der Reps erreicht wurde, hat man die Basisarbeit geleistet. Man kann damit leben und in der nächsten Woche wird eben wieder härter gekämpft.

Wendler geht mit der Idee der Joker Sets aber noch weiter: Joker Sets sind im Wesentlichen dasselbe wie das Setzen eines *Initial Set* im RTS von Mike Tuchscherer. Anstatt den Top Satz des Tages vorzugeben, arbeitet man sich einfach auf einen Top Satz hoch. Auch dies ermöglicht es dem Lifter, die höchste Trainingsbelastung des Tages selbst zu regulieren.

Nun, das ursprüngliche 5/3/1-Programm reguliert das Volumen nicht über den AMRAP-Satz hinaus, was ein großer Fehler ist, wenn man bedenkt, dass es sich um ein *advanced intermediate* Programm handelt. In Beyond 5/3/1 bietet Wendler jedoch einige Templates an, in denen fortgeschrittene Lifter dazu ermutigt werden, das Assistenzvolumen automatisch zu regulieren, und die auch einige Ideen dazu enthalten, wie man das machen könnte.

Auch hier ist Wendler, verglichen mit anderen Programmen, der Zeit voraus. Im Gegensatz zu Tuchscherers Reactive Training Systems hat Wendler jedoch noch nicht herausgefunden, wie die Autoregulierung systematisiert werden kann, so dass jeder sie nutzen kann. In Beyond 5/3/1 erwähnt er lediglich, dass er euch nicht beibringen kann, »auf euren Körper zu hören«. Man muss es selbst lernen. Tuchscherers System beweist, dass dies nicht unbedingt stimmt: Man kann es euch wohl beibringen, auf euren Körper zu hören, wenn ihr die RPE Chart verinnerlicht habt.

Trotzdem darf man Wendlers neueste Versionen von 5/3/1 nicht kritisieren, weil sie individuelle Unterschiede ignorieren. Wenn überhaupt, dann habe ich noch keine Quelle gefunden, die so viele verschiedene und unterschiedliche Ziele und demographische Gegebenheiten anspricht, wie Wendlers Werk. In Beyond 5/3/1 wirst du mit großer Wahrscheinlichkeit ein Programm finden, das speziell auf dein Fortschrittsniveau und deine Ziele zugeschnitten ist. Das einzige Problem ist, dass es so viele Vorlagen und Variationen gibt, dass die ganze Sache ein ziemliches Durcheinander ist, das du selbst in Ordnung bringen musst.

Fazit
Zugegebenermaßen bin ich Fan des ursprünglichen 5/3/1-Programms. Aber ich glaube nicht, dass es genug Frequenz und Volumen beinhaltet, dass man nicht oft genug mit schweren Gewichten hantieren muss, dass es zu häufige Deloads erfordert und dass es im Allgemeinen nicht spezifisch genug für das Powerlifting ist. Mit Beyond 5/3/1 leistet Wendler jedoch gute Arbeit und gibt dem Lifter eine Vielzahl von Methoden an die Hand, um praktisch alle diese Mängel irgendwie zu beheben.
Der Hauptkritikpunkt, der zumindest für mich nach wie vor besteht, ist, dass er keine Möglichkeit bietet, die Autoregulierung durch Joker Sets und das Gesamtvolumen der geleisteten Assistenzarbeit zu systematisieren. Wenn man das ideale 5/3/1-Programm für das Powerlifting haben will, muss man viel selber nachdenken. Ihr müsst alle seine Grundsätze zusammenführen und selbst etwas Kohärentes schaffen.
Insgesamt ist 5/3/1 eine solide Wahl für diejenigen unter euch da draußen, die bei den einfacheren Intermediate-Programmen wie der Texas-Methode keine Fortschritte mehr machen können. Wenn ihr

einige der Modifikationen vornehmt, über die wir in diesem Abschnitt gesprochen haben, seid ihr auf dem besten Weg zu einer 5/3/1-Variante, die spezifischer auf das Powerlifting ausgerichtet ist und somit die Verbesserung eurer Maximalkraft begünstigt. Abschließend ein kleiner Überblick über das, was euch dieses Programm alles bietet – ob das zuviel des Guten ist, das entscheidet ihr selbst.

- 5/3/1 Principles
- Importance of Training Max
- 6 Week Training Cycles
- The Warm Up
- 5/3/1 Variations
- 5/3/1 Pyramid
- First Set Last
- First Set Last, Multiple Sets
- First Set Last, Rest Pause
- First Set Last, Pause Squats and Benches
- 5/3/1 Strength Phase
- 5/3/1 and Dynamic Work
- Boring But Big
- Boring But Big Variation 1
- Boring But Big Variation 2
- Boring But Big, 6 Week Challenge
- Boring But Big, 5x5
- Boring But Big, 5x3
- Boring But Big, 5x1
- Boring But Big, 13 Week Challenge
- Boring But Big, 2 Days/Week
- Boring But Big, Rule of 50
- 5/3/1 and the Fatherland
- 5/3/1 SVR
- The Rule of 10
- Joker Sets
- Joker Supersets
- Beyond 5/3/1, Training Maximally
- Full Body Training
- Full Body, Power Clean
- Full Body, Power Clean 2
- Full Body, Full Boring
- Spinal Tap Training
- Spinal Tap Training 2
- 5's Progression (Beginner/Advanced)
- More on the Deload
- Full Body Deload
- 28 Weeks of Training
- Advanced 5/3/1
- 2 Day/Week Training
- Hypertrophy Phase
- Strength Phase
- Assistance Work
- 2 Day/Week, New Template
- S.S.S., Singles, Speed, Size
- 12 Week S.S.S. Program
- Volume Work
- 5/3/1 Challenges
- Boring But Big Challenge
- Prowler Challenge
- 100 Rep Challenge
- 5/3/1 Rest Pause Challenge
- 5/3/1 Frequency Project

20 Wochen Classic Vorbereitung
Francesco Virzi

So, verehrte Leserschaft, wir kennen uns nun seit weit über 200 Seiten Lektüre in diesem Buch und es ist Zeit, nochmal an die einführenden Worte im Kapitel **Für Klarheit sorgen** zu erinnern. Die letzten vier Programme aus dem Bereich *Powerlifting* dürfen als eine Zusammenschau verstanden werden, die bestätigt, was wirklich Sinn in Sachen Trainingsplanung ergibt.

> **20 Wochen Classic Vorbereitung**
> Francesco Virzi
> **ProgrammingToWin2**
> Izzy Narvaez
> **Calgary Barbell 16 Week Program**
> Bryce Krawczyk
> **The Prep – Build Your Total**
> Simon Wetzel & Thomas Gajda

Es geht weniger darum, *dass* sich die Programme einigermaßen ähnlich sind, sondern *warum* sie sich ähnlich sind. Dies ist nämlich der interessante Teil. Die Autoren dahinter könnten nicht vielfältiger sein, nicht nur der Herkunft aus verschiedenen Ländern wegen. Bryce Krawczyk ist ein international sehr erfolgreicher Powerlifter in der IPF, der zunächst von Mike Tuchscherer trainiert wurde und mittlerweile selbst erfolgreich Athleten betreut. Zudem stammt er aus Kanada. Izzy hat unter Mark Rippetoe sein Trainerhandwerk gelernt, stammt aus den USA und war selbst auf regionalen Wettkämpfen aktiv. Simon Wetzel und Thomas Gajda haben beide einen Master in Sportwissenschaften, arbeiten als Kraft- und Konditionstrainer und haben ebenfalls einen Leistungssporthintergrund.
So, wer es nicht wissen sollte: Francesco "Cesco" Virzi gewann als Junior die Europameisterschaft der IPF. Seine eigene Trainerkarriere entwickelte sich in Verbindung mit seinem Mentor, dem leider

frühzeitig verstorbenen Rudi Küster, seiner Zeit Bundestrainer des BVDK. Küster übergab das Amt des Jugend- und Juniorenbundestrainers 2011 an Francesco, welches er dann bis 2014 ausübte. In diesem Jahr übernahm Cesco dann bis 2017 die Aufgaben des hauptamtlichen Cheftrainers im BVDK. Seine Arbeit formte das Nachwuchsteam des BVDK wieder zu einer international ernstzunehmenden Konkurrenz. Seine Athleten qualifizierten sich für die World Games 2017 und konnten bei der WM im selben Jahr einen ehrbaren 6. Platz unter 30 teilnehmenden Nationen verbuchen.

Nach seiner offiziellen Trainerzeit im BVDK hat sich Cesco 2017 mit einer privaten Einrichtung selbstständig gemacht. Dort bietet er neben Online-Betreuung für Athleten natürlich auch Personal Powerlifting Training, Trainerausbildungen und Workshops für alle Leistungsklassen an. Ob Freizeitenthusiast oder Profi, in der **Powerlifting Academy** werden alle Schwerpunkte adressiert.

https://powerlifting-academy.de/

Worauf will ich hinaus?

Beginne ich schon wieder mit dem Aufbau von Legenden und Personenkult. Ja, mag sein. Warum auch nicht?

Eigentlich geht es aber darum, dass verschiedene, recht erfolgreiche, gut ausgebildete und praxiserprobte Trainer bzw. ehemalige Athleten, sich auf ähnliche Inhalte verständigen können. Die gemeinsame Schnittmenge dieser unabhängig voneinander entstandenen Programme bestätigt mir indirekt, dass diese Trainingssysteme eine hohe Relevanz vorzuweisen haben.

Disclaimer

Hier gilt dasselbe, was ich im letzten Kapitel zu *The Prep* von Wetzel und Gajda ebenfalls hervorheben möchte: Auch wenn ich immer mit einer gewissen kumpelhaftigen Vertrautheit über die Macher dieser Programme spreche, so kenne ich sie höchstens per digitaler Kommunikation, z.B. wenn ich mir die Erlaubnis für die Besprechung ihrer Programme einholen möchte. Hier gibt es keine Deals was Marketing oder sonstige Gewinnbeteiligungen betrifft. Haltet von mir und meiner Arbeit was ihr möchtet, aber Francesco, Simon und Thomas machen komplett unabhängig ihr eigenes Ding – ich bin lediglich derjenige, der als Fan und Buchautor via Selfpublishing versucht, ihr Schaffen einem breiteren Publikum zugänglich zu machen. *That´s it!*

Das Programm

Es gibt eine 3-Tage- und eine 4-Tage-pro-Woche Variante. Das Gesamtvolumen unterscheidet sich nicht, es sind lediglich die einzelnen Trainingseinheiten, die entsprechend der gewählten Frequenz umfangreicher ausfallen. Zum Stand der Buchveröffentlichung sind Francescos Pläne hier als gratis Download zu finden:

https://kraftsport-colonia.de/albums-2/musterplaene-kdk

Derzeit arbeitet Francesco an Neuerungen zu seinem Programm, die das Ganze noch verbessern sollen, insofern hat er sie von seiner eigenen Seite entfernt. Damit sein Klassiker aber nicht in Vergessenheit gerät und diese Zusammenschau der genannten Programme von Krawczyk, Narvaez sowie Wetzel & Gajda, ergänzt werden kann, war es mir wichtig, die *20 Wochen Classic Vorbereitung* in die Besprechung aufzunehmen.

Tipp

Derzeit sind auch seine alten BVDK Musterpläne *Basis Wettkampfvorbereitung nach Francesco Virzi* (3 Tage, 16 Wochen/4 Tage, 16 Wochen) auch auf der Kraftsport-Colonia Seite zu finden. Also besser gleich mal downloaden und für schlechte Zeiten sichern.

Wie im Namen schon zu lesen, umfasst der gesamte Makrozyklus 20 Wochen, die letzte Taper Woche vor einem hypothetischen Wettkampf mitgerechnet. Der Namenszusatz *Classic* bedeutet nicht, dass es sich um eine *klassische* Trainingsmethodik handelt, sondern betitelt die IPF Disziplin des *Classic Powerliftings*, den meisten von euch ist dies als *RAW Powerlifting* bekannt.

Das Excel-Sheet ist schlicht und übersichtlich gestaltet. Die gesamten 20 Wochen sind auf einem Blatt angelegt und in der ersten Zeile findet sich der automatische Rechner und Planer. Für nachfolgende Beispiele habe ich mich für die 4-Tage-pro-Woche Variante entschieden.

Planung und Berechnung

Die Beispiele gliedern sich in die bisherigen Bestleistungen (200, 150, 250kg) in den WK-Übungen, die man aus dem letzten Trainingsblock, Test oder Wettkampf ermitteln konnte. Das Zielgewicht trägt man auf eigene Verantwortung, und hoffentlich realistisch, in die nächsten drei Zeilen ein (215, 160, 265kg). Plant hier lieber konservativ und nicht zu sehr am Limit.

20 Wochen - Wettkampfvorbereitung Classic Powerlifting 4 Tage	
Bestleistung Kniebeuge	200,0
Bestleistung Bankdrücken	150,0
Bestleistung Kreuzheben	250,0
Zielgewicht Kniebeuge	*215,0*
Zielgewicht Bankdrücken	*160,0*
Zielgewicht Kreuzheben	*265,0*
Wann findet der WK statt?	23.12.2020

Für das Beispiel habe ich die Steigerungsrate aus Cescos alten BVDK Musterplänen übernommen: Hier hat das Programm bei der Kniebeuge und beim Kreuzheben standardmäßig 15kg und beim Bankdrücken 10kg für eine 16wöchige Vorbereitung angeboten. Da sich dieses Programm auf 20 Wochen erstreckt, könnte man aber sicherlich jeweils 2,5kg pro Lift hinzuaddieren. Dies steht natürlich immer in Relation zum individuellen Entwicklungsstand des Athleten. Geübte (intermediates) dürfen hier sicherlich mehr erwarten, frühe Fortgeschrittene (early advanced) planen lieber etwas kleinschrittiger. Trägt man in der letzten Zeile das Datum des Wettkampfes ein, rechnet das Programm 20 Wochen zurück und datiert die Trainingseinheiten genau auf Tag, Woche und Monat.

Wo 1	Übung	%	RPE	Last	Sätze	Wdh
Mo	Kniebeuge	50		107,5	6	10
	Beinstrecker		8	xxx	3	10
	Bank schmal 4s abwärts	47,5		77,5	6	7
	Fliegende mit Kurzhantel oder am Kabel		8	xxx	3	10
Mi	Bank eng	45		72,5	6	10
	Beugestütz		8	xxx	4	6-8
	Hyperextensions		6	xxx	3	8-12
	Kreuzheben	50		135,0	6	10
	Beinbeuger an der Maschine		8	xxx	3	8-10
	Klimmzüge oder Latziehen		8	xxx	3	8-10
	Rudern an der Maschine		8	xxx	3	8-10
Fr	Kniebeuge 4s abwärts	45		97,5	6	7
	Bank – weit	50		80,0	6	10
	hintere Schulter an der Maschine oder mit KH		8	xxx	4	10-12
	Trizepsdrücken am Turm mit Seil		8	xxx	3	8-10
	Hängendes Beinheben		8	xxx	3	8-12
Sa	Standdrücken		8	xxx	6	6-8
	Schrägbankdrücken mit Kurzhanteln		8	xxx	5	5-7
	Hyperextensions		6	xxx	3	8-12
	Kreuzheben Athlet erhöht 4s abwärts	45		122,5	6	7
	Rumänisches Kreuzheben		8	xxx	3	8-12
	Hammercurls		8	xxx	3	10-12

Wo2	Übung	%	RPE	Last	Sätze	Wdh
Mo	Kniebeuge	52,5		115,0	6	10
	Beinstrecker		8	xxx	3	10
	Bank schmal 4s abwärts	50		80,0	6	7
	Fliegende mit Kurzhantel oder am Kabel		8	xxx	3	10
Mi	Bank eng	47,5		77,5	6	10
	Beugestütz		8	xxx	4	6 - 8
	Hyperextensions		6	xxx	3	8 - 12
	Kreuzheben	52,5		142,5	6	10
	Beinbeuger an der Maschine		8	xxx	3	8 - 10
	Klimmzüge oder Latziehen		8	xxx	3	8 - 10
	Rudern an der Maschine		8	xxx	3	8 - 10
Fr	Kniebeuge 4s abwärts	47,5		102,5	6	7
	Bank – weit	52,5		85,0	6	10
	hintere Schulter an der Maschine oder mit Kurzhantel		8	xxx	4	10 - 12
	Trizepsdrücken am Turm mit Seil		8	xxx	3	8 - 10
	Hängendes Beinheben		8	xxx	3	8 - 12
Sa	Standdrücken		8	xxx	6	6 - 8
	Schrägbankdrücken mit Kurzhanteln		8	xxx	5	5 - 7
	Hyperextensions		6	xxx	3	8 - 12
	Kreuzheben Athlet erhöht, 4s abwärts	47,5		130,0	6	7
	Rumänisches Kreuzheben		8	xxx	3	8 - 12
	Hammercurls		8	xxx	3	10 - 12

Wo3	Übung	%	RPE	Last	Sätze	Wdh
Mo	Kniebeuge	55		120,0	4	10
	Beinstrecker		8	xxx	3	10
	Bank schmal 4s abwärts	52,5		85,0	4	7
	Fliegende mit Kurzhantel oder am Kabel		8	xxx	3	10
Mi	Bank eng	50		80,0	4	10
	Beugestütz		8	xxx	4	6 - 8
	Hyperextensions		6	xxx	3	8 - 12
	Kreuzheben	55		150,0	4	10
	Beinbeuger an der Maschine		8	xxx	3	8 - 10
	Klimmzüge oder Latziehen		8	xxx	3	8 - 10
	Rudern an der Maschine		8	xxx	3	8 - 10
Fr	Kniebeuge 4s abwärts	50		107,5	4	7
	Bank – weit	55		90,0	4	10
	hintere Schulter an der Maschine oder mit Kurzhantel		8	xxx	4	10 - 12
	Trizepsdrücken am Turm mit Seil		8	xxx	3	8 - 10
	Hängendes Beinheben		8	xxx	3	8 - 12
Sa	Standdrücken		8	xxx	6	6 - 8
	Schrägbankdrücken mit Kurzhanteln		8	xxx	5	5 - 7
	Hyperextensions		6	xxx	3	8 - 12
	Kreuzheben Athlet erhöht 4s abwärts	50		135,0	4	7
	Rumänisches Kreuzheben		8	xxx	3	8 - 12
	Hammercurls		8	xxx	3	10 - 12

Wo4	Übung	%	RPE	Last	Sätze	Wdh
Mo	Kniebeuge	57,5		125,0	6	8
	Beinstrecker		8	xxx	3	10
	Bank schmal 4s abwärts	55		90,0	6	5
	Fliegende mit Kurzhantel oder am Kabel		8	xxx	3	10
Mi	Bank eng	52,5		85,0	6	8
	Beugestütz		8	xxx	4	6 - 8
	Hyperextensions		6	xxx	3	8 - 12
	Kreuzheben	57,5		157,5	6	8
	Beinbeuger an der Maschine		8	xxx	3	8 - 10
	Klimmzüge oder Latziehen		8	xxx	3	8 - 10
	Rudern an der Maschine		8	xxx	3	8 - 10
Fr	Kniebeuge 4s abwärts	52,5		115,0	6	5
	Bank – weit	57,5		92,5	6	8
	hintere Schulter an der Maschine oder mit Kurzhantel		8	xxx	4	10 - 12
	Trizepsdrücken am Turm mit Seil		8	xxx	3	8 - 10
	Hängendes Beinheben		8	xxx	3	8 - 12
Sa	Standdrücken		8	xxx	6	6 - 8
	Schrägbankdrücken mit Kurzhanteln		8	xxx	5	5 - 7
	Hyperextensions		6	xxx	3	8 - 12
	Kreuzheben Athlet erhöht 4s abwärts	52,5		142,5	6	5
	Rumänisches Kreuzheben		8	xxx	3	7 - 10
	Hammercurls		8	xxx	3	10 - 12

Wo5	Übung	%	RPE	Last	Sätze	Wdh
Mo	Kniebeuge	60		130,0	6	8
	Beinstrecker		8	xxx	3	10
	Bank schmal 4s abwärts	57,5		92,5	6	5
	Fliegende mit Kurzhantel oder am Kabel		8	xxx	3	10
Mi	Bank eng	55		90,0	6	8
	Beugestütz		8	xxx	4	6 - 8
	Hyperextensions		6	xxx	3	8 - 12
	Kreuzheben	60		162,5	6	8
	Beinbeuger an der Maschine		8	xxx	3	8 - 10
	Klimmzüge oder Latziehen		8	xxx	3	8 - 10
	Rudern an der Maschine		8	xxx	3	8 - 10
Fr	Kniebeuge 4s abwärts	55		120,0	6	5
	Bank – weit	60		97,5	6	8
	hintere Schulter an der Maschine oder mit Kurzhantel		8	xxx	4	10 - 12
	Trizepsdrücken am Turm mit Seil		8	xxx	3	8 -10
	Hängendes Beinheben		8	xxx	3	8 - 12
Sa	Standdrücken		8	xxx	6	6 - 8
	Schrägbankdrücken mit Kurzhanteln		8	xxx	5	5 - 7
	Hyperextensions		6	xxx	3	8 - 12
	Kreuzheben Athlet erhöht, 4s abwärts	55		150,0	6	5
	Rumänisches Kreuzheben		8	xxx	3	7 - 10
	Hammercurls		8	xxx	3	10 - 12

Wo6	Übung	%	RPE	Last	Sätze	Wdh
Mo	Kniebeuge	55		120,0	4	8
	Beinstrecker		8	xxx	3	10
	Bank schmal 3s Pause auf der Brust	52,5		85,0	4	5
	Fliegende mit Kurzhantel oder am Kabel		8	xxx	3	10
Mi	Bank schmal 30s Satzpause	50		80,0	4	8
	Beugestütz		8	xxx	4	6 - 8
	Hyperextensions		6	xxx	3	8 - 12
	Kreuzheben	55		150,0	4	8
	Beinbeuger an der Maschine		8	xxx	3	8 - 10
	Klimmzüge oder Latziehen		8	xxx	3	8 - 10
	Rudern an der Maschine		8	xxx	3	8 - 10
Fr	Sitzkniebeuge	50		107,5	4	5
	Bank – weit	55		90,0	4	10
	hintere Schulter an der Maschine oder mit Kurzhantel		8	xxx	4	10 - 12
	Trizepsdrücken am Turm mit Seil		8	xxx	3	8 - 10
	Hängendes Beinheben		8	xxx	3	8 - 12
Sa	Standdrücken		8	xxx	6	6 - 8
	Schrägbankdrücken mit Kurzhanteln		8	xxx	5	5 - 7
	Hyperextensions		6	xxx	3	8 - 12
	Kreuzheben Athlet erhöht	50		135,0	4	5
	Rumänisches Kreuzheben		8	xxx	3	8 - 12
	Hammercurls		8	xxx	3	10 - 12

Wo7	Übung	%	RPE	Last	Sätze	Wdh
Mo	Kniebeuge	62		135,0	6	7
	Beinstrecker		8	xxx	3	10
	Bank schmal	59,5		97,5	6	7
	Fliegende mit Kurzhantel oder am Kabel		8	xxx	3	10
Mi	Bank schmal 2s Pause kurz vor der Brust	57		92,5	6	7
	Beugestütz		8	xxx	4	6 - 8
	Hyperextensions		6	xxx	3	8 - 12
	Kreuzheben	62		167,5	6	7
	Beinbeuger an der Maschine		8	xxx	3	8 - 10
	Klimmzüge oder Latziehen		8	xxx	3	8 - 10
	Rudern an der Maschine		8	xxx	3	8 - 10
Fr	Sitzkniebeuge	57,5		125,0	6	4
	Bank – weit	62		100,0	6	7
	hintere Schulter an der Maschine oder mit Kurzhantel		8	xxx	4	10 - 12
	Trizepsdrücken am Turm mit Seil		8	xxx	3	8 - 10
	Hängendes Beinheben		8	xxx	3	8 - 12
Sa	Standdrücken		8	xxx	6	6 - 8
	Schrägbankdrücken mit Kurzhanteln		8	xxx	5	5 - 7
	Hyperextensions		6	xxx	3	8 - 12
	Kreuzheben Athlet erhöht	57,5		157,5	6	4
	Rumänisches Kreuzheben		8	xxx	3	7 - 10
	Hammercurls		8	xxx	3	10 - 12

Wo8	Übung	%	RPE	Last	Sätze	Wdh
Mo	Kniebeuge	65		140,0	6	7
	Beinstrecker		8	xxx	3	10
	Bank schmal	62,5		100,0	6	7
	Fliegende mit Kurzhantel oder am Kabel		8	xxx	3	10
Mi	Bank schmal 2s Pause kurz vor der Brust	60		97,5	6	7
	Beugestütz		8	xxx	4	6 - 8
	Hyperextensions		6	xxx	3	8 - 12
	Kreuzheben	65		177,5	6	7
	Beinbeuger an der Maschine		8	xxx	3	8 - 10
	Klimmzüge oder Latziehen		8	xxx	3	8 - 10
	Rudern an der Maschine		8	xxx	3	8 - 10
Fr	Sitzkniebeuge	60		130,0	6	4
	Bank – weit	65		105,0	6	7
	hintere Schulter an der Maschine oder mit Kurzhantel		8	xxx	4	10 -12
	Trizepsdrücken am Turm mit Seil		8	xxx	3	8 - 10
	Hängendes Beinheben		8	xxx	3	8 - 12
Sa	Standdrücken		8	xxx	6	6 - 8
	Schrägbankdrücken mit Kurzhanteln		8	xxx	5	5 - 7
	Hyperextensions		6	xxx	3	8 - 12
	Kreuzheben Athlet erhöht	60		162,5	6	4
	Rumänisches Kreuzheben		8	xxx	3	7 - 10
	Hammercurls		8	xxx	3	10 - 12

Wo9	Übung	%	RPE	Last	Sätze	Wdh
Mo	Kniebeuge	59		127,5	4	7
	Beinstrecker		8	xxx	3	10
	Bank schmal	56,5		92,5	4	7
	Fliegende mit Kurzhantel oder am Kabel		8	xxx	3	10
Mi	Bank schmal 2s Pause kurz vor der Brust	54		87,5	4	7
	Beugestütz		8	xxx	4	6 - 8
	Hyperextensions		6	xxx	3	8 - 12
	Kreuzheben	59		160,0	4	7
	Beinbeuger an der Maschine		8	xxx	3	8 - 10
	Klimmzüge oder Latziehen		8	xxx	3	8 -10
	Rudern an der Maschine		8	xxx	3	8 - 10
Fr	Sitzkniebeuge	54		117,5	4	4
	Bank – weit	59		95,0	4	7
	hintere Schulter an der Maschine oder mit Kurzhantel		8	xxx	4	10 - 12
	Trizepsdrücken am Turm mit Seil		8	xxx	3	8 - 10
	Hängendes Beinheben		8	xxx	3	8 - 12
Sa	Standdrücken		8	xxx	6	6 - 8
	Schrägbankdrücken mit Kurzhanteln		8	xxx	5	5 - 7
	Hyperextensions		6	xxx	3	8 - 12
	Kreuzheben Athlet erhöht	54		147,5	4	4
	Rumänisches Kreuzheben		8	xxx	3	7 - 10
	Hammercurls		8	xxx	3	10 - 12

Wo10	Übung	%	RPE	Last	Sätze	Wdh
Mo	Kniebeuge	66,5		145,0	6	6
	Beinstrecker		8	xxx	3	10
	Bank schmal	64		102,5	6	6
	Fliegende mit Kurzhantel oder am Kabel		8	xxx	3	10
Mi	Bank schmal 2s Pause kurz vor der Brust	61,5		100,0	6	6
	Beugestütz		8	xxx	4	6 - 8
	Hyperextensions		6	xxx	3	8 - 12
	Kreuzheben	66,5		180,0	6	6
	Beinbeuger an der Maschine		8	xxx	3	8 - 10
	Klimmzüge oder Latziehen		8	xxx	3	8 - 10
	Rudern an der Maschine		8	xxx	3	8 - 10
Fr	Sitzkniebeuge	61,5		132,5	6	3
	Bank – weit	66,5		107,5	6	6
	hintere Schulter an der Maschine oder mit Kurzhantel		8	xxx	4	10 - 12
	Trizepsdrücken am Turm mit Seil		8	xxx	3	8 - 10
	Hängendes Beinheben		8	xxx	3	8 - 12
Sa	Standdrücken		8	xxx	6	6 - 8
	Schrägbankdrücken mit Kurzhanteln		8	xxx	5	5 - 7
	Hyperextensions		6	xxx	3	8 - 12
	Kreuzheben Athlet erhöht	61,5		167,5	6	3
	Rumänisches Kreuzheben		8	xxx	3	7 - 10
	Hammercurls		8	xxx	3	10 - 12

Wo11	Übung	%	RPE	Last	Sätze	Wdh
Mo	Kniebeuge	70		152,5	6	6
	Beinstrecker		8	xxx	3	10
	Bank schmal	67,5		110,0	6	6
	Fliegende mit Kurzhantel oder am Kabel		8	xxx	3	10
Mi	Bank schmal 2s Pause kurz vor der Brust	65		105,0	6	6
	Beugestütz		8	xxx	4	6 - 8
	Hyperextensions		6	xxx	3	8 - 12
	Kreuzheben	70		190,0	6	6
	Beinbeuger an der Maschine		8	xxx	3	8 - 10
	Klimmzüge oder Latziehen		8	xxx	3	8 - 10
	Rudern an der Maschine		8	xxx	3	8 - 10
Fr	Sitzkniebeuge	65		140,0	6	3
	Bank – weit	70		112,5	6	6
	hintere Schulter an der Maschine oder mit Kurzhantel		8	xxx	4	10 - 12
	Trizepsdrücken am Turm mit Seil		8	xxx	3	8 - 10
	Hängendes Beinheben		8	xxx	3	8 - 12
Sa	Standdrücken		8	xxx	6	6 - 8
	Schrägbankdrücken mit Kurzhanteln		8	xxx	5	5 - 7
	Hyperextensions		6	xxx	3	8 - 12
	Kreuzheben Athlet erhöht	65		177,5	6	3
	Rumänisches Kreuzheben		8	xxx	3	7 - 10
	Hammercurls		8	xxx	3	10 - 12

Wo12	Übung	%	RPE	Last	Sätze	Wdh
Mo	Kniebeuge	63,5		137,5	4	6
	Beinstrecker		8	xxx	3	10
	Bank schmal	61		100,0	4	5
	Fliegende mit Kurzhantel oder am Kabel		8	xxx	3	10
Mi	Bank schmal 2s Pause kurz vor der Brust	58,5		95,0	4	6
	Beugestütz		8	xxx	4	6 - 8
	Hyperextensions		6	xxx	3	8 - 12
	Kreuzheben	63,5		172,5	4	6
	Beinbeuger an der Maschine		8	xxx	3	8 - 10
	Klimmzüge oder Latziehen		8	xxx	3	8 - 10
	Rudern an der Maschine		8	xxx	3	8 - 10
Fr	Sitzkniebeuge	58,5		127,5	4	3
	Bank – weit	63,5		102,5	4	6
	hintere Schulter an der Maschine oder mit Kurzhantel		8	xxx	4	10 - 12
	Trizepsdrücken am Turm mit Seil		8	xxx	3	8 - 10
	Hängendes Beinheben		8	xxx	3	8 - 12
Sa	Standdrücken		8	xxx	6	6 - 8
	Schrägbankdrücken mit Kurzhanteln		8	xxx	5	5 - 7
	Hyperextensions		6	xxx	3	8 - 12
	Kreuzheben Athlet erhöht	58,5		160,0	4	3
	Rumänisches Kreuzheben		8	xxx	3	7 - 10
	Hammercurls		8	xxx	3	10 - 12

Wo13	Übung	%	RPE	Last	Sätze	Wdh
Mo	Kniebeuge	75		162,5	5	4
	Bank schmal	80		130,0	5	2
	Fliegende mit Kurzhantel oder am Kabel		8	xxx	3	10
Mi	Bank schmal 2s Pause auf der Brust	65		105,0	6	4
	Hyperextensions		6	xxx	3	8 - 12
	Kreuzheben	75		202,5	5	4
Fr	Kniebeuge	65		140,0	6	4
	Bank – weit	75		120,0	5	4
Sa	Standdrücken		8	xxx	6	6 - 8
	Schrägbankdrücken mit Kurzhanteln		8	xxx	5	5 - 7
	Hyperextensions		6	xxx	3	8 - 12
	Kreuzheben Athlet erhöht	65		177,5	4	4
	Kreuzheben Hantel erhöht	80		217,5	5	3
Wo14	Übung	%	RPE	Last	Sätze	Wdh
Mo	Kniebeuge	80		172,5	5	3
	Bank schmal	80		130,0	5	2
	Fliegende mit Kurzhantel oder am Kabel		8	xxx	3	10
Mi	Bank schmal 2s Pause auf der Brust	65		105,0	6	4
	Hyperextensions		6	xxx	3	8 - 12
	Kreuzheben	80		217,5	5	3
Fr	Kniebeuge	65		140,0	6	4
	Bank – weit	80		130,0	5	3
Sa	Standdrücken		8	xxx	6	6 - 8
	Schrägbankdrücken mit Kurzhanteln		8	xxx	5	5 - 7
	Hyperextensions		6	xxx	3	8 - 12
	Kreuzheben Athlet erhöht	65		177,5	4	4
	Kreuzheben Hantel erhöht	85		230,0	5	2

Wo15	Übung	%	RPE	Last	Sätze	Wdh
Mo	Kniebeuge	75		162,5	4	3
	Bank schmal	80		130,0	5	2
	Fliegende mit Kurzhantel oder am Kabel		8	xxx	3	10
Mi	Bank schmal 2s Pause auf der Brust	65		105,0	5	4
	Hyperextensions		6	xxx	3	8 - 12
	Kreuzheben	75		202,5	4	3
Fr	Kniebeuge	65		140,0	5	4
	Bank – weit	75		120,0	4	3
Sa	Standdrücken		8	xxx	6	6 - 8
	Schrägbankdrücken mit Kurzhanteln		8	xxx	5	5 - 7
	Hyperextensions		6	xxx	3	8 - 12
	Kreuzheben bis Knie	65		177,5	4	4
	Kreuzheben Hantel erhöht	80		217,5	4	2
Wo16	Übung	%	RPE	Last	Sätze	Wdh
Mo	Kniebeuge	85		185,0	5	2
	Bank schmal	80		130,0	5	2
	Fliegende mit Kurzhantel oder am Kabel		8	xxx	3	10
Mi	Bank schmal 2s Pause auf der Brust	65		105,0	6	4
	Kreuzheben	85		230,0	5	2
Fr	Kniebeuge	65		140,0	6	4
	Bank – weit	85		137,5	5	3
Sa	Standdrücken		8	xxx	6	6 - 8
	Schrägbankdrücken mit Kurzhanteln		8	xxx	5	5 - 7
	Kreuzheben bis Knie	65		177,5	4	4
	Kreuzheben Hantel erhöht	80		217,5	4	2

Wo17	Übung	%	RPE	Last	Sätze	Wdh
Mo	Kniebeuge	75		162,5	4	3
	Bank schmal	80		130,0	5	2
	Fliegende mit Kurzhantel oder am Kabel		8	xxx	3	10
Mi	Bank schmal 2s Pause auf der Brust	65		105,0	6	4
	Kreuzheben	90		245,0	3	2
Fr	Kniebeuge	65		140,0	6	4
	Bank – weit	80		130,0	6	3
Sa	Standdrücken		8	xxx	6	6 - 8
	Schrägbankdrücken mit Kurzhanteln		8	xxx	5	5 - 7
	Kreuzheben bis Knie	65		177,5	4	4
Wo18	**Übung**	**%**	**RPE**	**Last**	**Sätze**	**Wdh**
Mo	Kniebeuge	70		152,5	5	3
	Bank schmal	80		130,0	5	2
	Fliegende mit Kurzhantel oder am Kabel		8	xxx	3	10
Mi	Bank schmal 2s Pause auf der Brust	65		105,0	5	4
	Kreuzheben	75		202,5	4	2
Fr	Kniebeuge	90		195,0	3	2
	Bank – weit	75		120,0	4	3
Wo19	**Übung**	**%**	**RPE**	**Last**	**Sätze**	**Wdh**
Mo	Kniebeuge	65		140,0	4	3
	Bank schmal	80		130,0	5	2
Mi	Bank schmal 2s Pause auf der Brust	65		105,0	5	4
	Kreuzheben	75		202,5	3	2
Fr	Kniebeuge	75		162,5	4	3
	Bank – weit	90		145,0	4	2

WK Woche	Übung	%	RPE	Last	Sätze	Wdh
Mo	Kniebeuge	70		152,5	4	3
	Bank schmal	70		112,5	5	3
Mi	Kniebeuge	65		140,0	3	2
	Bank schmal	65		105,0	4	2
Fr	Wettkampf					

Übungsindex

Dir fällt auf, der Francesco verwendet keine Anglizismen und zieht den Stiefel mit ausschließlich deutschen Begrifflichkeiten durch. Damit auch die Jahrgänge der späten 1990er verstehen, was der Mann meint, hier ein paar Erklärungen.

Sitzkniebeuge: Damit ist ein Pause Squat gemeint. Du pausierst statisch am exzentrischen Wendepunkt (tiefster Punkt deiner Beuge) und stehst dann wieder auf. Keine Box verwenden.

Kreuzheben Hantel erhöht: Damit sind Rack Pulls oder Block Pulls gemeint. Die Hantel ist 8-12cm erhöht.

Kreuzheben Athlet erhöht: Du stehst 3-6cm erhöht auf einer Box oder Matten. Die coolen Kids sagen dazu Deficit Deadlift oder Deficit Pulls.

Bankdrücken weit: Man verwendet den Wettkampfgriff. Sprich, das, was dir maximal weit möglich ist. Jedoch muss der Zeigefinger noch auf der 81-cm-Markierung (Ring) greifen.

Bankdrücken schmal: Greife noch mit dem kleinen Finger auf die Markierung.

Bankdrücken eng: Im Prinzip ist das ein Close Grip Bench Press, jedoch nicht so eng, wie es evtl. ein Bodybuilder machen würde. Lass deinen Griff mindestens noch eine Daumenlänge vom nicht-gerändelten Teil der Stange entfernt.

Beugestütz: Seit Turnvater Jahn nicht mehr so genannt! Beugestütz sind Dips am Barren bzw. Holm. Wer zur harten Calisthenics-Crew gehört, kann es sicherlich auch an Ringen oder gestapelten Telefonbüchern aus den 90ern machen. Finde eine Lösung.

Standdrücken: Ihr würdet dazu Military Press oder Overhead Press sagen. Natürlich immer aufrechtstehend und mit einer Langhantel.

Periodisierung & Spezifität

Die 20 Wochen sind nach den Charakteristiken der linearen Periodisierung aufgebaut. Anhand des beispielhaften Verlaufs der Kniebeuge ist die Relation von Volumen zu Intensität gut zu erkennen. Der Zyklus beginnt bei 50% des 1RM und 6x10Wdh und endet bei 90% für 3x2Wdh. Dazwischen liegen 18 Wochen mit Intensitätssprüngen von 1,5 bis 5%. Dies trifft im Wesentlichen auch für die weiteren Grundübungen zu. Die Wochen 9, 12, 15 und 17 lassen einen gewissen Deload erkennen, bevor man zum nächsten Leistungssprung ansetzt. Ab dem Training der Kniebeuge in Woche 18 mit 90%, wird der Athlet dann in die Taper Woche entlassen, damit durch die verzögerte Superkompensation die absolute Peak Phase in Woche 20 am Wettkampf abgerufen werden kann.

Virzi spielt zudem gekonnt mit Elementen der konjugierten Methode, um mal spezifischer (Kniebeuge 4s abwärts) oder unspezifischer (Sitzkniebeuge) zu arbeiten. Auch durch Änderungen der Wiederholungen innerhalb einer Trainingswoche (10 Wdh Kniebeuge vs. 7 Wdh Kniebeugen Variante) gibt es Berührungspunkte mit wellenförmigen Periodisierungsmethoden.

Gebeugt wird zweimal die Woche. Bis Woche 12 arbeitet Virzi bei der zweiten Beugeeinheit (die Leichtere) mit einer engen Variante der WK-Kniebeuge: Kniebeuge mit 4s exzentrischer Phase (Woche 1-5) sowie der Sitzkniebeuge (Woche 6-12). Ab Woche 13 widmet man sich dann ausschließlich zweimal pro Woche der regulären Kniebeuge, damit die Technik (Spezifität) optimal eingeübt werden kann.

Autoregulation

Auch wenn ich Fan der Verwendung von RPE (Rate of Perceived Exertion) bin, so finde ich es für diesen Zeitpunkt der Athletenentwicklung sinnvoll, die Wettkampfübungen mit Prozentwerten und nur die weiteren Assistenz- und Ergänzungsübungen mit RPE zu regulieren. Wieso? Nun, eine lineare Programmierung, wie wir sie hier vorfinden, darf sich dementsprechend auch an Prozenten orientieren. Virzi findet hier einen guten Mix, damit die Hauptübungen an einem Roten Faden ausgerichtet sind. Dadurch besteht ein geringeres Risiko, dass ein Athlet, der mit den RPE noch wenig Erfahrung hat, sich hier verzettelt.

Es ist, wie ich es bei *PowerliftingToWin2* und *The Prep* angemerkt habe: Trainees mit viel Temperament, gepaart mit zu wenig Körpergefühl für die korrekte Technik und die Versagensgrenze bei RPE @10, müssen den Umgang mit RPE erst noch erlernen.

Das, was sie für eine RPE @8 halten, war in Wirklichkeit vielleicht schon eine @9,5. Sie missverstehen oft das Einbrechen der Technik in Kontrast zum Muskelversagen. Wer mit schlechter Technik die letzten beiden von insgesamt drei Wiederholungen hochkrüppeln kann, der fühlt sich muskulär noch nicht am Limit. Der Körper hat durch Ausweichbewegungen eine Lösung zu Lasten einer guten Technik gefunden. RPE berücksichtigen aber nicht nur die Rate der muskulären Anstrengung, sondern setzen immer eine einigermaßen vertretbare Ausführung voraus.

Fazit

Von allen Programmen ist die *20 Wochen Classic Vorbereitung* die mit Abstand längste vorgegebene Laufzeit eines Trainingsprogrammes in diesem Buch. Man könnte es in zwei Phasen einteilen und die Wochen 1-12 als Off-Season und 13-20 als In-Season verstehen. Sicherlich hat man in der ersten Phase etwas Spielraum für individuelle Anpassungen, gerade wenn es um die Auswahl der Ergänzungsübungen geht, ohne dass man dadurch das Programm pervertiert.

Es ist ein stimmiges Langzeittrainingsmodell, welches den Athleten kontrolliert durch ein halbes Jahr der Vorbereitung begleiten kann. Dies wäre auch der einzige Kritikpunkt, weswegen ich mich nochmal ans Reißbrett setzen würde: 20 Wochen sind sehr lang. Die Kraftwerte, die man zu Beginn in den Excel-Rechner eingepflegt hat, können sich über diesen Zeitraum ändern. Krankheit, Stress, Arbeitsbelastung, Regeneration, usw. sind Faktoren, die uns zwar das ganze Jahr begleiten, aber bei Programmen, die nur auf 4, 6 oder 8 Wochen getaktet sind, hat man früher die Möglichkeit, eine Evaluation der Kraftentwicklung vorzunehmen.

Wenn bei der *20 Wochen Classic Vorbereitung* ein paar schlechte oder überragend gute Tage und Wochen ins Spiel kommen, wären an ein oder zwei strategisch günstigen Stellen des Programmes eine Leistungsüberprüfung wünschenswert, um die prognostizierten Werte eventuell zu korrigieren. Schließlich möchte man nicht in Woche 15 feststellen müssen, dass man in den prozentbasierten Lifts zu leicht oder deutlich zu schwer arbeitet. Klar, man kann den Excel-Rechner mit neuen Daten füttern, aber der Zeitpunkt dieser selbstgewählten Korrektur bleibt in der Verantwortung des Athleten. Dies ist mir zu subjektiv, da wären fest eingeplante Tests eine gute Sache, wie wir z.B. bei Calgary Barbell und dem *Estimated 1RM* noch sehen werden. Aber dies ist eine Anmerkung auf hohem Niveau – zudem darf man nicht übersehen, dass Francescos Programm um einiges älter ist, als das von Bryce, Izzy sowie Simon & Thomas. Black Sabbath würde man ja auch nicht vorhalten, dass ihre Gitarren-Riffs weniger stark ausgeprägt sind, als die von Metallica. Schließlich sind Sabbath deren Vorreiter.

Update: THE PLAN by Powerlifting Academy

Francesco hat aus den jahrelangen Erfahrungen und den Rückmeldungen der Athleten sich erneut ans digitale Reißbrett gesetzt und hat Anfang 2021 mit *THE PLAN* den ultimativen Nachfolger seines bisherigen Erfolgsprogramms abgeliefert.

Quick Start für THE PLAN

Das Dokument bittet dich, die Makros zu aktivieren, dies hat aber nichts mit deiner Ernährung zu tun, sondern mit den Funktionen, die MS Excel nutzen möchte.

Insgesamt verpflichtet man sich für ein **16wöchiges Trainingsprogramm**. Dieser Zeitrahmen ist um 4 Wochen kürzer, als man es aus dem Vorgängerprogramm *20 Wochen Classic Vorbereitung* kennt. Das Programm gibt es im **3- oder 4-Tagesformat**, je nachdem, wie es dein Trainingsmanagement eben zulässt.

Die Innovation liegt, so mein erster Eindruck, sicherlich darin, dass Start- und Zielwerte nicht einfach nur linear dazugerechnet werden. Das Programm hat verschiedene Variablen, die auf der Eingabemaske der Tabelle bequem im **Drop-Down-Menü** eingepflegt werden müssen. Programme dieser Art berücksichtigen solche Kriterien in der Regel nicht, sondern verlangen meist vom Athleten selbst, hier die richtigen Anpassungen vorzunehmen. Nicht so bei *The Plan*. Neben Alter, Geschlecht, WK-Datum und den Bestleistungen, wird hier u.a. nach der Schlafqualität, Ernährungsverhalten, Gewichtsklasse, Stress und Trainingsjahren, gefragt. All diese **Parameter** beeinflussen den Output des Programmes dahingehend, dass ein einmaliges, auf den Athleten individuell zugeschnittenes System, erstellt werden kann.

Besonders gefällt mir auch, dass die **Zusatzübungen** ebenfalls, ganz den Bedürfnissen und Trainingsmöglichkeiten des Athleten oder der Athletin entsprechend, mit einem hohen Maß an Auswahlmöglichkeiten per Drop-Down ausgesucht werden können.

Zur **Autoregulation** werden die bekannten RPE zur Orientierung herangezogen. Die Gewichtslasten gibt das Programm vor, was sich wiederum aus den oben beschriebenen Parametern ergibt.

Nach Woche 15 folgt eine **Taper-Woche** mit zwei Trainingseinheiten und man startet dann hoffentlich sehr erfolgreich am letzten Wochenende der 16. Trainingswoche in einen Powerlifting Wettkampf – oder testet die neuen Kraftwerte einfach in einer Art Mock-Meet in der Trainingsstätte seiner Wahl.

Wer weiteren Kontakt und Infos zur Francescos Arbeit sucht, wendet sich an:

POWERLIFTING ACADEMY

headcoach@powerlifting-academy.de
powerlifting-academy.de

ProgrammingToWin2
Programming For Competitive Powerlifters
Izzy Narvaez

Israel Narvaez begleitet mich schon seit Jahren. Selbstverständlich nur online, wie das heutzutage nun mal so ist. Er ist natürlich auch nicht der einzige, dessen Videos und Artikel ich mir vor Jahren schon zu Gemüte geführt habe. Sicherlich habe ich mir die letzten 10 Jahre alles angesehen, gelesen und gehört, was veröffentlicht wurde von Herren wie Jim Wendler, Mark Rippetoe, Louie Simmons, Charles Poliquin, Dan John, Jim Stoppani, und…ach egal. Aber vor allem waren es die Inhalte von Dave Tate, die mich interessierten.

Zudem muss man feststellen, und das ist ein Umstand, der entwicklungspsychologisch nicht von der Hand zu weisen ist: so sind diese Personen einige Jahre älter als ich und aus einer anderen Generation.

Izzy hingegen ist etwas jünger als ich und begann ungefähr zur gleichen Zeit wie ich mit dem Powerlifting. Der einzige Unterschied war der, dass Izzys Kraftsportkarriere direkt im Powerlifting startete. Ich hingegen lebte in den späten 1990er bis 2010 zuerst den Bodybuilding Lifestyle und entdeckte er dann meine Leidenschaft für das Powerlifting.

An dieser Stelle versuche ich mich gegen meinen Zwang zu wehren, Storys und Hintergründe zu den Schöpfern erfolgreicher

Trainingsprogramme breitzutreten. Irgendwas sagt mir, dies würde Izzys Arbeit nicht gerecht werden.

Ach, sei es drum. Mister Narvaez, sollte er diese Zeilen lesen und der deutschen Sprache mächtig sein, wird es sicherlich verkraften. Es ist folgendermaßen…

Izzy hat jahrelang in der dopinggetesteten IPF Version der Vereinigten Staaten, der USAPL, teilgenommen. Er war zudem in der Kniebeuge und im Bankdrücken nie stärker als ich, auch wenn er zeitweise deutlich schwerer war. Dennoch beeindruckte mich seine Leidenschaft und seine kompetenten und verständlichen Videos und Artikel zum Thema. Er hat nun die Lager gewechselt, viel von seinem Powerlifterspeck abgebaut, sich ein Solariumabo gegönnt, und sich nun zum Einsatz von PEDs[xx] bekannt. Ein Umstand, den er mit seiner neuen Passion, dem Bodybuilding, rechtfertigt. Dazu hat er auch gleich mal ein paar Vlogs auf Youtube veröffentlicht und mit Broderick Chavez ein Interview geführt. Chavez ist ein Quell an Informationen zum Gebrauch von Steroiden, und ich meine das nicht ironisch. In diesen Videos wird Tacheles gesprochen. Das kann man gut oder schlecht finden, es ist aber auf jeden Fall ehrlicher als der gesamte Content offensichtlicher Steroid-User aus der Youtube-Influencer Szene, die uns das Gegenteil vorgaukeln.

Ich bin mir zur Zeit nicht ganz sicher, ob Izzy an einer handfesten Psychose kratzt oder einfach nur seine Ziele neu ausrichten muss. Die Zeit wird es zeigen. Ich drück ihm die Daumen, dass er in der Spur bleibt.
Wer sich mit ihm auseinandersetzen möchte, kann das auf der folgenden (alten, nicht mehr aktualisierten) Seite machen:

https://www.powerliftingtowin.com./

[xx] **PED** Performance Enhancing Drugs

Für aktuelle Inhalte ist gedoch sein Instagram Profil am zuverlässigsten, siehe dazu den von mir übersetzten Auszug aus seinem Newsletter vom 06.01.2022:

> **Der Grund für diese E-Mail!**
> Ich hasse es, wenn Leute meine Zeit verschwenden, also hier ist, worum es in dieser E-Mail geht, für den Fall, dass ihr abspringen wollt: **1)** Ich bin am Leben, gesund und erstelle neuen Content auf Instagram (@izzynarvaez), falls ihr mir folgen wollt. Ich werde nicht mehr auf YouTube vertreten sein. **2)** Ich nehme ab 2022 neue Coaching-Kunden an. Wenn du auf einen neuen Artikel gehofft hast, tut es mir leid, aber ich mache jede Woche mehrere Q&As auf IG und du kannst mich dort gerne alles fragen, was du wissen möchtest.
> Wenn du dich nicht dafür interessierst, was ich derzeit mache, mein aktuelles Training oder ein Coaching, dann ist das die Gelegenheit für dich, den Rest dieser E-Mail zu überspringen und etwas wertvolle Zeit zu sparen. Falls nicht, werden Vorher/Nachher-Bilder, All-time strength PRS und Coaching-Tarife folgen...
> **Ich bin am Leben, gesund und nehme neue Kunden an...**
> Als COVID im Jahr 2020 zum ersten Mal zuschlug, verloren etwa 95% der Lifter, mit denen ich arbeitete ihre Trainingsmöglichkeiten verloren. Verdammt, ich war für eine ganze Weile in der gleichen Situation. Aufgrund einer Mischung aus Wunsch und Notwendigkeit, habe ich mich anderen Dingen zugewandt, weil das Coaching nicht mehr durchführbar war.

Tatsache ist auf jeden Fall, er hat definitiv alles, was er weiß, in seinem 2018er E-Book *ProgrammingToWin2*[XXI] einfließen lassen.

Zum Inhalt

Narvaez ist ein zertifizierter Starting Strength Coach und hat somit unter Mark Rippetoe gelernt. Die Begrifflichkeiten, die er verwendet, entstammen dem zugrunde des Öfteren dem Vokabular von Rippetoe, er ist jedoch sehr eigenständig, was sein Wissen über Periodisierung, Trainingsplanung, Spezifität und Autoregulation betrifft. Seine Wissenschaftlichkeit in der ersten Hälfte des Werkes[68] ist beeindruckend und auf dem aktuellen Stand:

[XXI] Ja, das schreibt sich tatsächlich so. Die "2" steht dafür, dass es das Nachfolgewerk seines ersten E-Books *ProgrammingToWin* ist. Dies hat er vom Markt genommen und alle bisherigen Inhalte zzgl. allen Neuerungen in das aktuelle Werk gepackt.

Chapter 1: The scientific fundamentals of powerlifting
Chapter 2: Programming Variables
Chapter 3: Autoregulation
Chapter 4: Training Organization
Chapter 5: Training Advancement: Novice, Intermediate, or Advanced?

Narvaez geht davon aus, dass man mit den Programmen in seinem Buch die ersten drei bis fünf Jahre als Powerlifter erfolgreich planen kann.

Er unterteilt die Athleten in Rippetoe'scher Manier in Novice, Intermediates und Advanced. Diesen drei Leistungsgruppen widmet er die jeweiligen Trainingsphasen. Für dieses Kapitel versuche ich das *Novice Program* komplett darzulegen, den Bereich *Intermediate & Advanced* werde ich nur in seinen Besonderheiten ansprechen.

Powerlifting Novice Program (PNP)

Diesen Status teilt er in drei Phasen ein und geht dabei vom ersten halben bis ersten kompletten Trainingsjahr im Powerlifting aus. Nach grundlegenden Einführungen zum Status eines Beginners, schlägt er entsprechend den drei Phasen seine Programme vor. Man erkennt, der Grad der Komplexität steigert sich deutlich von PNP1 über das PNP2 hin zum PNP3. Für mich sind es vier Gegebenheiten, die dieses Programm interessant machen:

(1) Die Frequenz ist sehr hoch. In PNP1 wird viermal pro Woche, in PNP2 fünfmal und in PNP3 sogar sechsmal pro Woche trainiert.

(2) Autoregulation durch die Verwendung von RPE. Es ist sehr ungewöhnlich, dass bereits ein Anfängerprogramm sich damit auseinandersetzt. Normalerweise wird hier prozentbasiert gearbeitet.

(3) Die Verwendung von Assistenz- und Ergänzungsübungen. Narvaez legt schon zu Beginn Wert darauf, dass Anfänger sich nicht nur um die Basic Lifts kümmern, sondern auch Curls, Glute Ham

Raises, Pull Ups, und vielleicht am wichtigsten, Conditioning und Mobility Übungen machen sollen. Dies erscheint aber im Grunde recht logisch. Denn zum einen gibt es keinen Anfänger, der am Ende seines Trainings nicht auch gerne ein paar Sätze Curls und Triceps Extensions machen würde. Zum anderen ist der effektive Einsatz von HIIT Sprints (High Intensive Intervall Training) wissenschaftlich bestätigt und hilft enorm, die sehr hohe Arbeitskapazität aufzubauen. Ab dem PNP2 kommt zur Regenerationsbeschleunigung eine 20minütige LISS (Low Intensity Steady State) Cardio Session dazu.

(4) **Autoregulation durch Time Limit.** Dieser Punkt ist wohl der außergewöhnlichste von allen. Izzy ist es egal, mit welcher Intensität und Volumen du arbeitest, solange du es innerhalb von sieben Minuten und nicht länger machst. Dies limitiert das Ausmaß unnötig eskalierender Ergänzungsübungen.

PNP1: The True Novice				
Tag	Übung	Wdh	Sätze	RPE
Mo	Squat	3-6	3	@9
	Bench	3-6	5	@9
	Deadlift	3-6	1	@9
Mi	Squat	3-6	3	@9
	Bench	3-6	5	@9
	Deadlift	3-6	1	@9
Fr	Squat	3-6	3	@9
	Bench	3-6	5	@9
	Deadlift	3-6	1	@9
Sa	Row/Pulldown	Max Reps in 7min		
	Curl Exercise	Max Reps in 7min		
	Ab Exercise	Max Reps in 7min		
	Conditioning	7 HIIT Sprints		
	Mobility	5-10min		

PNP2: Advanced Novice				
Tag	Übung	Wdh	Sätze	RPE
Mo	Competition Squat	3-6	3	@9
	Competition Bench	3-6	5	@9
	Competition Deadlift	3-6	1	@9
	DB Bench	8-12	3	@8
Di	Row/Pulldown	Max Reps in 7min		
	Curl Exercise	Max Reps in 7min		
	Ab Exercise	Max Reps in 7min		
	Conditioning	20min LISS*		
	Mobility	5-10min		
Mi	Front Squat OR 2sec Pause Squat	3-6	3	@8
	OH Press OR 3sec Pause Bench	3-6	3	@8
	Lying Triceps Extension	8-12	3	@8
	Hamstring Curls OR Glute Ham Raise	8-12	3	@8
Fr	Competition Squat	3-6	3	@9
	Competition Bench	3-6	5	@9
	Competition Deadlift	3-6	1	@9
	DB Bench	8-12	3	@8
Sa	Row/Pulldown	Max Reps in 7min		
	Curl Exercise	Max Reps in 7min		
	Ab Exercise	Max Reps in 7min		
	Conditioning	7 HIIT Sprints		
	Mobility	5-10min		
		*@130-140 bpm heart rate		

Beim PNP2 ist die Frequenz schon sehr hoch. Der Plan besteht aus fünf Einheiten, hierbei sind das Training vom Montag/Freitag sowie Dienstag/Samstag identisch, mit dem kleinen Unterschied bei der Wahl des Conditionings. Die Wettkampfübungen werden jeweils zweimal die Woche trainiert, was mit einer deutlichen Erhöhung der Spezifität einhergeht.

PNP3: Last Stage Novice					
Tag	Übung	Wdh	Sätze	Gewicht	RPE
Mo	Top Set Competition Squat	3-6	1	Folge dem Protokoll	@9
	Back-Off Sets Competition Squat	Wie im Top Set	2	92,5% des Top Set	
	Top Set Competition Bench	3-6	1	Folge dem Protokoll	@9
	Back-Off Sets Competition Bench	Wie im Top Set	4	95% des Top Set	
	Back-Off-Sets Competition Deadlift	Wie letzten Freitag	3	90% von letzt. Freitag	
	Dumbell Bench Press	8-12	3	Folge dem Protokoll	@8
Di	Row/Pulldown	Max Reps in 7min			
	Curl Exercise	Max Reps in 7min			
	Ab Exercise	Max Reps in 7min			
	Conditioning	20min LISS @130-140 bpm heart rate			
	Mobility	5-10min			
Mi	Front Squat OR 2sec Pause Squat	3-6	3	Folge dem Protokoll	@8
	OH Press OR 3sec Pause Bench	3-6	3	Folge dem Protokoll	@8
	Lying Triceps Extension	8-12	3	Folge dem Protokoll	@8
	Hamstring Curls OR Glute Ham Raise	8-12	3	Folge dem Protokoll	@8
Fr	Top Set Competition Squat	3-6	1	Folge dem Protokoll	@9
	Back-Off Sets Competition Squat	Wie im Top Set	2	92,5% des Top Set	
	Top Set Competition Bench	3-6	1	Folge dem Protokoll	@9
	Back-Off Sets Competition Bench	Wie im Top Set	4	95% des Top Set	
	Top Set Competition Deadlift	3-6	1	Folge dem Protokoll	@9
	Dumbell Bench Press	8-12	3	Folge dem Protokoll	@8

Sa	Row/Pulldown	Max Reps in 7min
	Curl Exercise	Max Reps in 7min
	Ab Exercise	Max Reps in 7min
	Conditioning	7 HIIT Sprints
	Mobility	5-10min

Das PNP3 wird nun bei der Autoregulation schon deutlich ambitionierter. Izzy führt nun Top Sets und Back Off Sets ein, das kennen wir schon vom Reactive Training System und Mike Tuchscherer. Somit steuert er die Intensität nicht nur über die RPE, sondern regelt auch das gesamte **Ermüdungsmanagement** (*fatigue management*) durch diese Form der Autoregulation. **Damit endet nun der Beginnerteil PNP – novice part.**

Powerlifting Intermediate Program (PIP)

Der wesentliche Unterschied, abgesehen von erhöhter Spezifität, ist der Verzicht auf *Fatigue* Prozente, wie man sie im PIP3 verwendet hat:

Back-Off Sets Competition Squat	Wie im Top Set	2	92,5% ← *fatigue percents* des Top Set

Stattdessen führt Izzy nun die tägliche **wellenförmige Periodisierung** (daily undulating periodization) ein und arbeitet fortan nur noch mit RPE und von Einheit zu Einheit wechselnden Wiederholungsbereichen.

Die Intermediate Programme teil er in zwei Phasen ein:

PIP1: Transitioning Intermediate
Dies ist im Prinzip die letzte Stufe des Beginnerlevels.

PIP2: Fully Autoregulated Intermediate
Nun hat das Kreuzheben seinen eigenen Tag und wird nicht nur mit den Kniebeugen und dem Bankdrücken kombiniert.

Es sind vier Trainingseinheiten. An drei davon wird das Wettkampf-Bankdrücken trainiert, sowie einmal das Wettkampf-Kniebeugen und Kreuzheben. Am letzten Tag wird mit Rumänischem Kreuzheben, Overhead Press und ein paar Ergänzungsübungen gearbeitet.

Nun erfolgt mit **PIP3** der Übergang zum fortgeschrittenen Bereich.

Powerlifting Advanced Athlete

Bisher bewegten wir uns im Bereich der linearen Progression, die ab der Intermediate Phase mit der wellenförmigen Periodisierung kombiniert wurde. Die letzte Phase macht das, was die vorausgegangene Trainingslehre der ersten Kapitel in diesem Buch deutlich gemacht hat. Ein fortgeschrittener Athlet kann nicht mehr alle Kraftqualitäten parallel zueinander trainieren. Dementsprechend führt Izzy für den *Advanced Athlete* das **Blocktraining** ein.

Er programmiert 3 Mesozyklen á 4 Wochen Länge. Der Reihenfolge nach beginnt man mit einem Hypertrophieblock, dann ein von ihm *Balanced Phase* genannter Block und zuletzt ein Kraftblock. Man könnte es auch in die Begriffe Akkumulation, Intensifikation und Realisation, fassen.

Exemplarisch möchte ich dazu den **PIP Advanced Athlete, Block 3: Strength** vorstellen, damit ihr eine Vorstellung von dem habt, was Izzy sich für diese Phase vorstellt:

Tag	Übung	Woche 1	Woche 2	Woche 3	Woche 4
	PIP3: Advanced Athlete, Block 3: Strength				
Mo	Squat	1x1@6-7	1x1@7	1x1@7-8	1x1@8
	Squat	3x5@7	4x5@7	4x5@7-8	5x5@8
	Bulgarian Split Squat	3x10@7	3x10@7	4x8@7-8	4x8@7-8
	Barbell Row	3x12@7	3x12@7	4x10@7-8	4x10@7-8
	LISS Conditioning	20min @130-140 bpm			
Di	Competition Bench	3x2@7	4x2@7	4x2@7-8	5x2@8
	Paused C.G.BenchPress	2x5@7	2x5@7-8	3x5@7-8	3x5@8
	Incline DB Bench	2x8@7	2x8@7-8	3x8@7-8	3x8@8
	Lying Triceps Extension	3x10@7	3x10@7	4x8@7-8	4x8@7-8
Mi	Competition Deadlift	Skip!	1x1@6	1x1@7	1x1@8
	Competition Deadlift	3x4@6-7	3x4@7	3x3@7	3x3@7-8
	Barbell Curl	3x10@7	3x10@7	4x8@7-8	4x8@7-8
	Facepull	3x12@7	3x12@7	4x10@7-8	4x10@7-8
Do	Competition Bench	3x4@6-7	3x4@7	4x4@7	4x3@7
	DB Bench Press	3x8@7	3x8@7	3x6@7-8	3x6@7-8
	DB Lateral Raises	3x12@7	3x12@7	4x10@7-8	4x10@7-8
Fr	Squat	3x3@7	3x3@7-8	4x3@7-8	4x2@7-8
	Chingrip Pulldown	3x10@7	3x10@7	4x8@7-8	4x8@7-8
	Chest-Supported Row	3x10@7	3x10@7	4x8@7-8	4x8@7-8
	HIIT Conditioning	7 Sprints	7 Sprints	7 Sprints	7 Sprints
Sa	Competition Bench	1x1@7	1x1@7-8	1x1@8	1x1@8-9
	Competition Bench	3x6@7	4x6@7	4x6@7-8	5x6@8
	Slingshot Bench	2x6@7	2x6@7-8	3x6@7-8	3x6@8
	Overhead Press	2x8@7	2x8@7-8	3x8@7-8	3x8@8

Wettkampfwoche

Als kleine Dreingabe gibt es abschließend zu diesem wahrlich sehr ausführlichen und komplexen Programm noch den bescheidenen Hinweis, wie man am Ende der Intermediate oder Advanced Phase in eine Wettkampfwoche starten würde.

Peak Week for PIP2/PIP3			
Übung	Mo	Mi	Sa
Squat	1 x 1 @7,5-8	Aufwärmen bis 1 x 80% des prognostizierten neuen 1RM	Wettkampf
Bench	5 x 1 @8-9	1 x 1 @8	
Deadlift	1 x 1 @6-7	skip	

Fazit

ProgrammingToWin2 ist ein Programm, das jedes Athletenlevel bedient. Es kann für viele Jahre verwendet werden, zumindest in der Theorie. Aber selbst wenn man zum Zeitpunkt X die eigenen Modifikationen einbaut, und das wird unweigerlich eintreten, so hat man stets eine gute Orientierung durch Izzys ausführliche Planung, um nicht zu sehr von der theoretischen Ideallinie abzuweichen.

Objektive Kritikpunkte auszumachen ist hier unangebracht. Selbst wenn ich der Meinung bin, dass für Anfänger das Erlernen von RPE kaum möglich ist, so ist das meine Meinung. Sicherlich gibt es Einsteiger, die damit zurechtkommen. Hier wären mir Prozente zunächst der sichere Weg. Einen Anfänger kann ich nur einer @9 aussetzen, wenn er bereits eine @10 kennt. Jedoch wäre es fahrlässig, einen Einsteiger unter die Langhantel zu klemmen und ihn bis zum Versagen einen 5RM Grinder rausquetschen zu lassen. Aber dies bleibt im Bereich der persönlichen Ansicht und Meinung.

Es sind die persönlichen Vorlieben und Umstände, innerhalb derer wir uns für ein Trainingsprogramm entscheiden. Ob es sich realisieren lässt, fünf bis sechsmal pro Woche ins Gym zu gehen, hat mit dem Programm nichts zu tun, es liegt lediglich an den äußeren Umständen der Trainees.

Man merkt, hier hat jemand alles aufgesaugt, was die letzten 20 Jahre, speziell die Zeit von 2010 bis 2018, an etablierter Trainingsplanung aufgetaucht ist. Izzy führt vieles zusammen, was bisher nur einzeln aufgetaucht ist. Eine hohe Frequenz hat sich Studien zufolge für das Powerlifting bewährt[XXII], RPE haben das prozentbasierte Intensitätsniveau abgelöst und sind ein profundes

---

[XXII] Vgl. Norwegisches Frequenzprojekt S. 50

Mittel der Autoregulation, ebenso wird das Ermüdungsmanagement gewissenhaft geregelt. Powerlifter sollen fortan nicht nur stark werden, sondern sich ihre Mobilität und Ausdauerkonditionierung (HIIT & LISS Cardio) bewahren. Sicherlich wurde Izzy durch Jim Wendlers Ansatz, etwas Cardio und Conditioning einzuplanen, motiviert. Kann ja nicht schaden, so vermutlich sein Hintergedanke.

Ja, es ist sehr ganzheitlich, was Izzy da erstellt hat. Und ja, es ist sehr, sehr viel, was hier gemacht werden soll. Aber wie schon gesagt, ein Plan ist immer das theoretische Ideal, um das absolute Ziel zu erreichen. Abweichungen sind sicherlich möglich, wenn man in Kauf nimmt, den idealen Pfad etwas zu verlassen. Izzy kann man dafür nicht verantwortlich machen, er hat sein Bestmögliches zum jetzigen Zeitpunkt mit diesem Programm abgeliefert.

Calgary Barbell 16 Week Program
Bryce Krawczyk

Hier bestätigt sich wieder der Running-Gag mit den unaussprechbaren Nachnamen erfolgreicher Athleten und Trainer. Krawtschak? Kroavzück? Wie nochmal? Ach, egal! Tatsache ist, Bryce ist ultrastark, qualitativ hochwertig und kreativ tätowiert, und er hat wohl mitunter das coolste Logo der Powerlifting Szene[XXIII]. Bryce stammt aus Kanada und sein bärenstarker Holzfäller- und Hochseefischergenpool hat es ihm ermöglicht, sich sowohl RAW als auch mit Equipment, bei den IPF Weltmeisterschaften mehrfach in den Top 3 zu platzieren. Zudem ist er eng mit dem Dunstkreis von Mike Tuchscherer und dem RTS verbunden, schließlich wurde er von Mike selbst gecoacht. Mit Calgary Barbell hat er eine sehr erfolgreiche Plattform gegründet, wo er seine Dienste als Trainer anbietet. Alles zu Bryce findet ihr hier – neuerdings ist das meiste kostenpflichtig:

https://calgarybarbell.programs.app/

Das 16 Week Program heißt hier **CBB 16** (**CBB 16-2** ist das Nachfolgeprogramm). Das Programm plus der 8wöchigen Vorbereitung für einen Wettkampf findet sich auch kostenlos hier:

https://liftvault.com/programs/powerlifting/calgary-barbell-16-week-8-week-program-spreadsheets/

[XXIII] **Calgary Barbell**™ alle Rechte liegen bei Bryce Krawczyk.

Ach, ja, bevor ich es vergessen würde: Bryce hat sich der direkten Wettkampfvorbereitung, die zwar im 16-Wochen-Programm auch stattfindet, nochmal explizit angenommen. Ihr gelangt auf einen Google-Drive-Pfad, wo ihr das Excel-Spreadsheet runterladen könnt. Die 8wöchige WK-Vorbereitung findet sich (noch?!) hier:

https://drive.google.com/file/d/0BxnNmpwSANOtOXRLZEFSS-FhLYXM/view?resourcekey=0-KXpN86VUG03hbBVkyyxH3w

Das Programm

Ok, die 16 Wochen sind ein derber Brocken, sowohl physisch, als auch in der Herausforderung einer übersichtlichen Darstellung. Das Excel-Spreadsheet besteht aus 6 Seiten, die erste ist die klassische Oberfläche, wo ihr euer Training Max eintragen sollt. Die folgenden fünf Seiten orientieren sich gemäß einer linearen Periodisierung immer an 4 Mesozyklen zu jeweils 4 Wochen, die sechzehnte und letzte Woche ist dann eure *Taper Week* direkt vor dem Wettkampf oder Testtag.

Es gibt eine Vielzahl von Möglichkeiten, das Training zu strukturieren oder es zu periodisieren. Für die Zwecke dieses Abschnitts sprechen wir über eine ziemlich lineare Periodisierung und ein allgemein akzeptiertes Modell zur Strukturierung des Trainings - um es einfach zu halten. Ich werde in diesem Abschnitt etwas von der gewohnten Erklärungsstruktur abweichen, um den Prinzipien dieses Programmes etwas gerechter zu werden.

Der Zeitrahmen

Es empfiehlt sich, dass man sich mindestens 12-16 Wochen Zeit nimmt, um sich auf den ersten Kraftdreikampf vorzubereiten.

Nach meiner Erfahrung sind 12-16 Wochen eine sinnvolle Länge, um einen Kraftsportler zunächst an die Bewegungsmuster zu gewöhnen und Zeit mit dem Üben der Bewegung zu verbringen. Das Powerlifting ist weitgehend ein von der Technik abhängiger Sport, und diese muss zunächst erlernt werden. Erst dann ergibt es Sinn die Variablen Intensität, Volumen und Frequenz zu erhöhen. Ich bin so frei und stelle zunächst einmal alle 16 Wochen nebeneinander zur

Verfügung, damit man sich in Ruhe von Mesozyklus zu Mesozyklus einen Überblick verschaffen kann. Ich habe die Originalbezeichnungen von Bryce beibehalten, damit man sich auf seinen Originaltabellen sofort zurechtfindet. Außerdem fände ich es recht affig, Übungen wie »*Rep Bench Touch and Go*« einzudeutschen[XXIV]. Sollte euch eine Übung nicht geläufig sein, tippt es bei Youtube ein, klappt immer.

[XXIV] »*Wiederholungs-Bankdrücken ohne Pause*« Im Ernst, das klingt einfach nicht sexy!

WEEK 1, Day 1						
Exercise	Sets	Reps	Intensity	Load	Tempo	Rest
Competition Squat	4	7	67%	195	1.0.1	180
Paused Bench	4	7	67%	115	1.1.1	180
Overhead Press	3	8			1.0.1	120
Bent Over Row	3	12			1.0.1	90
GHR Back Extensions	4	12			1.0.1	60
Day 2						
Exercise	Sets	Reps	Intensity	Load	Tempo	Rest
Competition Deadlift	4	7	67%	250	1.0.1	180
3ct Pause Bench	3	5	60%	105	1.3.1	180
SSB or Front or High Bar Pause Squat	3	5	8RPE		1.2.1	180
Wide Grip Seated Row (cable - mimic bench grip and movement)	5	8			1.0.1	90
Day 3						
Exercise	Sets	Reps	Intensity	Load	Tempo	Rest
Pin Squat (pins set for full depth)	3	6	65%	190	1.1.1	120
2Board Press	3	6	8RPE		1.0.1	60
1-Arm DB Rows	5	10			1.1.1	90
Birddogs (reps per side)	3	6			1.1.1	90
Day 4						
Exercise	Sets	Reps	Intensity	Load	Tempo	Rest
2ct Pause Deadlift (pause barely off floor)	3	6	63%	235	x	120
Rep Bench (Touch and Go)	4	10	63%	110	1.0.1	120
SLDL	3	8	40%	150	1.0.1	180
Vertical Pull of choice	4	10			1.0.1	90
Tricep movement of choice	4	10			1.0.1	90

WEEK 2, Day 1

Exercise	Sets	Reps	Intensity	Load	Tempo	Rest
Competition Squat	4	6	70%	205	1.0.1	180
Paused Bench	4	6	70%	125	1.1.1	180
Overhead Press	3	8			1.0.1	120
Bent Over Row	3	12			1.0.1	90
GHR Back Extensions	4	12			1.0.1	60

Day 2

Exercise	Sets	Reps	Intensity	Load	Tempo	Rest
Competition Deadlift	4	6	70%	265	1.0.1	180
3ct Pause Bench	3	6	60%	105	1.3.1	180
SSB or Front or High Bar Pause Squat	3	6	8RPE		1.2.1	45
Wide Grip Seated Row (cable - mimic bench grip and movement)	5	8			1.0.1	90

Day 3

Exercise	Sets	Reps	Intensity	Load	Tempo	Rest
Pin Squat (pins set for full depth)	3	5	70%	205	1.1.1	120
2Board Press	3	5	8RPE		1.0.1	60
1-Arm DB Rows	5	10			1.1.1	90
Birddogs (reps per side)	3	6			1.1.1	90

Day 4

Exercise	Sets	Reps	Intensity	Load	Tempo	Rest
2ct Pause Deadlift (pause barely off floor)	3	5	65%	245	x	120
Rep Bench (Touch and Go)	4	10	65%	115	1.0.1	120
SLDL	3	8	43%	160	1.0.1	180
Vertical Pull of choice	4	10			1.0.1	90
Tricep movement of choice	4	10			1.1.1	90

Week 3, Day 1

Exercise	Sets	Reps	Intensity	Load	Tempo	Rest
Competition Squat	4	6	73%	210	1.0.1	180
Paused Bench	4	6	73%	130	1.1.1	180
Overhead Press	3	7			1.0.1	120
Bent Over Row	3	8			1.0.1	90
GHR Back Extensions	5	10			1.0.1	60

Day 2

Exercise	Sets	Reps	Intensity	Load	Tempo	Rest
Competition Deadlift	4	6	73%	275	1.0.1	180
3ct Pause Bench	3	4	65%	115	1.3.1	180
SSB or Front or High Bar Pause Squat	3	4	8RPE		1.2.1	180
Wide Grip Seated Row (cable - mimic bench grip and movement)	5	8			1.0.1	90

Day 3

Exercise	Sets	Reps	Intensity	Load	Tempo	Rest
Pin Squat (pins set for full depth)	3	6	68%	195	1.1.1	120
2Board Press	3	4	8RPE		1.0.1	60
1-Arm DB Rows	5	8			1.1.1	90
Birddogs (reps per side)	3	8			1.1.1	90

Day 4

Exercise	Sets	Reps	Intensity	Load	Tempo	Rest
2ct Pause Deadlift (pause barely off floor)	3	6	68%	255	x	120
Rep Bench (Touch and Go)	4	10	68%	120	1.0.1	120
SLDL	3	6	45%	170	1.0.1	180
Vertical Pull of choice	4	8			1.0.1	90
Tricep movement of choice	4	8			1.0.1	90

Week 4, Day 1						
Exercise	Sets	Reps	Intensity	Load	Tempo	Rest
Competition Squat	5	5	75%	220	1.0.1	180
Paused Bench	5	5	75%	130	1.1.1	180
Overhead Press	3	7			1.0.1	120
Bent Over Row	3	8			1.0.1	90
GHR Back Extensions	5	10			1.0.1	60
Day 2						
Exercise	Sets	Reps	Intensity	Load	Tempo	Rest
Competition Deadlift	5	5	75%	280	1.0.1	180
3ct Pause Bench	3	3	70%	125	1.3.1	180
SSB or Front or High Bar Pause Squat	3	5	8RPE		1.2.1	180
Wide Grip Seated Row (cable - mimic bench grip and movement)	4	8			1.0.1	90
Day 3						
Exercise	Sets	Reps	Intensity	Load	Tempo	Rest
Pin Squat (pins set for full depth)	3	5	73%	210	1.1.1	120
2Board Press	3	6	8RPE		1.0.1	60
1-Arm DB Rows	5	8			1.1.1	90
Birddogs (reps per side)	4	8			1.1.1	90
Day 4						
Exercise	Sets	Reps	Intensity	Load	Tempo	Rest
2ct Pause Deadlift (pause barely off floor)	3	5	73%	275	x	120
Rep Bench (Touch and Go)	4	8	70%	125	1.0.1	120
SLDL	3	6	48%	180	1.0.1	180
Vertical Pull of choice	4	8			1.0.1	90
Tricep movement of choice	4	8			1.0.1	90

WEEK 5, Day 1						
Exercise	Sets	Reps	Intensity	Load	Tempo	Rest
Competition Squat	3	3	80%	230	1.0.1	180
Competition Squat	2	5	68%	195	1.0.1	180
Competition Pause Bench	4	3	80%	140	1.1.1	180
Competition Pause Bench	2	5	68%	120	1.1.1	180
SLDL	4	9	8RPE		1.0.1	90
Side Planks (seconds per side)	3	x	30s		x	60
Day 2						
Exercise	Sets	Reps	Intensity	Load	Tempo	Rest
Competition Deadlift	3	3	80%	300	1.0.1	180
Competition Deadlift	2	5	68%	255	1.0.1	180
2ct Pause Bench	3	4	8RPE		1.3.1	180
Competition Squat	2	5	65%	190	1.0.1	180
Wide Grip Seated Row (mimic bench movement)	4	10			1.0.1	60
Day 3						
Exercise	Sets	Reps	Intensity	Load	Tempo	Rest
2ct Pause Squat	4	4	8RPE		1.1.1	180
Competition Pause Bench	6	5	70%	125	1.1.1	180
Feet Up Bench	4	5	8RPE		1.0.1	180
Competition Deadlift	2	5	65%	245	1.0.1	180
Vertical Pull of choice	4	10			1.0.1	90
Day 4						
Exercise	Sets	Reps	Intensity	Load	Tempo	Rest
2ct Pause Deadlifts (pause barely off the floor)	4	4	8RPE		1.0.1	180
Touch and Go Bench	3	6	9RPE		1.0.1	180
Close Grip Incline Press	4	8			1.0.1	120
1-Arm DB Rows	6	10			1.0.1	60

Week 6, Day 1

Exercise	Sets	Reps	Intensity	Load	Tempo	Rest
Competition Squat	4	3	82%	240	1.0.1	180
Competition Squat	2	5	70%	205	1.0.1	180
Competition Pause Bench	5	3	82%	145	1.1.1	180
Competition Pause Bench	3	5	70%	125	1.1.1	180
SLDL	4	8	8RPE		1.0.1	90
Side Planks (seconds per side)	4	x	30s		x	60

Day 2

Exercise	Sets	Reps	Intensity	Load	Tempo	Rest
Competition Deadlift	4	3	82%	310	1.0.1	180
Competition Deadlift	2	5	70%	265	1.0.1	180
2ct Pause Bench	4	3	8RPE		1.3.1	180
Competition Squat	3	5	68%	195	1.0.1	180
Wide Grip Seated Row (mimic bench movement)	4	10			1.0.1	60

Day 3

Exercise	Sets	Reps	Intensity	Load	Tempo	Rest
2ct Pause Squat	5	3	8RPE		1.1.1	180
Competition Pause Bench	6	4	73%	130	1.1.1	180
Feet Up Bench	3	4	8RPE		1.0.1	120
Competition Deadlift	3	5	68%	255	1.0.1	180
Vertical Pull of choice	4	10			1.0.1	90

Day 4

Exercise	Sets	Reps	Intensity	Load	Tempo	Rest
2ct Pause Deadlifts (pause barely off the floor)	5	3	8RPE		1.0.1	180
Touch and Go Bench	3	12	10RPE		1.0.1	180
Close Grip Incline Press	4	7			1.0.1	120
1-Arm DB Rows	6	10			1.0.1	60

Week 7, Day 1						
Exercise	Sets	Reps	Intensity	Load	Tempo	Rest
Competition Squat	5	2	86%	250	1.0.1	180
Competition Squat	2	4	72%	210	1.0.1	180
Competition Pause Bench	5	2	86%	150	1.1.1	180
Competition Pause Bench	2	4	72%	125	1.1.1	180
SLDL	4	8	8RPE		1.0.1	90
Side Planks (seconds per side)	4	x	45s		x	60
Day 2						
Exercise	Sets	Reps	Intensity	Load	Tempo	Rest
Competition Deadlift	5	2	86%	325	1.0.1	180
Competition Deadlift	2	4	72%	270	1.0.1	180
2ct Pause Bench	3	3	8RPE		1.3.1	180
Competition Squat	2	5	71%	205	1.0.1	180
Wide Grip Seated Row (mimic bench movement)	4	8			1.0.1	60
Day 3						
Exercise	Sets	Reps	Intensity	Load	Tempo	Rest
2ct Pause Squat	4	5	9RPE		1.1.1	180
Competition Pause Bench	6	3	75%	130	1.1.1	180
Feet Up Bench	4	3	8RPE		1.0.1	120
Competition Deadlift	2	5	71%	265	1.0.1	180
Vertical Pull of choice	4	8			1.0.1	90
Day 4						
Exercise	Sets	Reps	Intensity	Load	Tempo	Rest
2ct Pause Deadlifts (pause barely off the floor)	4	5	8RPE		1.0.1	180
Touch and Go Bench	4	7	8RPE		1.0.1	180
Close Grip Incline Press	5	6			1.0.1	120
1-Arm DB Rows	6	8			1.0.1	60

Week 8, Day 1

Exercise	Sets	Reps	Intensity	Load	Tempo	Rest
Competition Squat	4	3	85%	245	1.0.1	180
Competition Squat	3	4	75%	220	1.0.1	180
Competition Pause Bench	5	3	85%	150	1.1.1	180
Competition Pause Bench	3	4	75%	130	1.1.1	180
SLDL	4	7	8RPE		1.0.1	90
Side Planks (seconds per side)	4	x	45s		x	60

Day 2

Exercise	Sets	Reps	Intensity	Load	Tempo	Rest
Competition Deadlift	4	3	85%	320	1.0.1	180
Competition Deadlift	3	4	75%	280	1.0.1	180
2ct Pause Bench	4	4	8RPE		1.3.1	180
Competition Squat	2	4	74%	215	1.0.1	180
Wide Grip Seated Row (mimic bench movement)	4	8			1.0.1	60

Day 3

Exercise	Sets	Reps	Intensity	Load	Tempo	Rest
2ct Pause Squat	4	2	9RPE		1.1.1	180
Competition Pause Bench	6	5	68%	120	1.1.1	180
Feet Up Bench	4	4	8RPE		1.0.1	120
Competition Deadlift	2	4	74%	280	1.0.1	180
Vertical Pull of choice	4	8			1.0.1	90

Day 4

Exercise	Sets	Reps	Intensity	Load	Tempo	Rest
2ct Pause Deadlifts (pause barely off the floor)	4	2	9RPE		1.0.1	180
Touch and Go Bench	4	5	8RPE		1.0.1	180
Close Grip Incline Press	4	10			1.0.1	120
1-Arm DB Rows	6	8			1.0.1	60

WEEK 9, Day 1						
Exercise	Sets	Reps	Intensity	Load	Tempo	Rest
Competition Squat	5	4	82%	240	1.0.1	180
Competition Squat	2	4	71%	205	1.0.1	180
Competition Pause Bench	6	4	82%	145	1.1.1	180
Competition Pause Bench	2	4	71%	125	1.1.1	180
Bent Over Row	4	8	8RPE		1.0.1	90
Rolling Planks (total reps, not per side)	3	20			x	60
Day 2						
Exercise	Sets	Reps	Intensity	Load	Tempo	Rest
Competition Deadlift	4	4	82%	310	1.0.1	180
Competition Deadlift	2	4	71%	265	1.0.1	180
Pin Press (chest level)	4	4	8RPE		1.1.1	180
Competition Squat	3	5	68%	195	1.0.1	180
Wide Grip Seated Row (cable - mimic bench grip and movement)	4	8			1.0.1	60
Day 3						
Exercise	Sets	Reps	Intensity	Load	Tempo	Rest
2ct Pause Squats	1+2F	4	9RPE		1.2.1	180
Competition Pause Bench	6	5	72%	125	1.1.1	180
Close Grip Bench Press	1+2R	4	8RPE		1.0.1	180
Competition Deadlift	2	5	68%	255	1.0.1	180
Vertical Pull of choice	4	8			1.0.1	90
Day 4						
Exercise	Sets	Reps	Intensity	Load	Tempo	Rest
2ct Pause Deadlifts (just off floor)	1+2F	4	9RPE		1.0.1	180
Bench +mini bands	1+1F	8	9RPE		1.0.1	180
Barbell Overhead Press	1+3R	7	8RPE		1.0.1	120
1-Arm DB Rows	5	8			1.0.1	60

WEEK 10, Day 1

Exercise	Sets	Reps	Intensity	Load	Tempo	Rest
Competition Squat	6	3	85%	245	1.0.1	180
Competition Squat	2	4	74%	215	1.0.1	180
Competition Pause Bench	7	4	85%	150	1.1.1	180
Competition Pause Bench	2	4	74%	130	1.1.1	180
Bent Over Row	4	6	8RPE		1.0.1	90
Rolling Planks (total reps, not per side)	4	20			x	60

Day 2

Exercise	Sets	Reps	Intensity	Load	Tempo	Rest
Competition Deadlift	5	3	85%	320	1.0.1	180
Competition Deadlift	2	4	74%	280	1.0.1	180
Pin Press (chest level)	4	5	8RPE		1.1.1	180
Competition Squat	3	5	71%	205	1.0.1	180
Wide Grip Seated Row (cable - mimic bench grip and movement)	4	8			1.0.1	60

Day 3

Exercise	Sets	Reps	Intensity	Load	Tempo	Rest
2ct Pause Squats	1+3F	2	9RPE		1.2.1	180
Competition Pause Bench	6	4	75%	130	1.1.1	180
Close Grip Bench Press	1+1F	3	9RPE		1.0.1	120
Competition Deadlift	3	5	71%	265	1.0.1	180
Vertical Pull of choice	4	8			1.0.1	90

Day 4

Exercise	Sets	Reps	Intensity	Load	Tempo	Rest
2ct Pause Deadlifts (just off floor)	1+3F	2	9RPE		1.0.1	180
Bench +mini bands	1+1F	7	9RPE		1.0.1	180
Barbell Overhead Press	1+2R	8	8RPE		1.0.1	120
1-Arm DB Rows	5	8			1.0.1	60

Week 11, Day 1						
Exercise	Sets	Reps	Intensity	Load	Tempo	Rest
Competition Squat	3	3	83%	240	1.0.1	180
Competition Squat	2	4	76%	220	1.0.1	180
Competition Pause Bench	3	3	83%	145	1.1.1	180
Competition Pause Bench	2	4	76%	135	1.1.1	180
Bent Over Row	4	5	8RPE		1.0.1	90
Rolling Planks (total reps, not per side)	4	24			x	60
Day 2						
Exercise	Sets	Reps	Intensity	Load	Tempo	Rest
Competition Deadlift	3	3	83%	310	1.0.1	180
Competition Deadlift	2	4	76%	285	1.0.1	180
Pin Press (chest level)	4	3	8RPE		1.1.1	180
Competition Squat	3	4	74%	215	1.0.1	180
Wide Grip Seated Row (cable - mimic bench grip and movement)	4	8			1.0.1	60
Day 3						
Exercise	Sets	Reps	Intensity	Load	Tempo	Rest
2ct Pause Squats	1+1R	3	8RPE		1.2.1	180
Competition Pause Bench	5	3	78%	135	1.1.1	180
Close Grip Bench Press	1+1R	2	8RPE		1.0.1	180
Competition Deadlift	3	4	74%	280	1.0.1	180
Vertical Pull of choice	4	8			1.0.1	180
Day 4						
Exercise	Sets	Reps	Intensity	Load	Tempo	Rest
2ct Pause Deadlifts (just off floor)	1+1R	3	8RPE		1.0.1	180
Bench +mini bands	1+1F	6	9RPE		1.0.1	180
Barbell Overhead Press	1+1R	5	8RPE		1.0.1	180
1-Arm DB Rows	5	8			1.0.1	60

Week 12, Day 1					
Exercise	Sets	Reps	Load	Tempo	Rest
Competition Squat	1	3	8RPE	1.0.1	180
Competition Squat (% of E1RM)	6	5	65%	1.0.1	180
Competition Pause Bench	1	3	8RPE	1.1.1	180
Competition Pause Bench (% of E1RM)	7	5	65%	1.1.1	180
Overhead Press	1+2F	6	9RPE	1.0.1	120
Day 2					
Exercise	Sets	Reps	Load	Tempo	Rest
Competition Deadlift	1	3	8RPE	1.0.1	180
Competition Deadlift (% of E1RM)	6	5	65%	1.0.1	180
2ct Pause Bench	1+2F	4	9RPE	1.2.1	180
High Bar Squat	1+2R	4	8RPE	1.0.1	180
Day 3					
Exercise	Sets	Reps	Load	Tempo	Rest
Pin Squat	1	3	8RPE	1.0.1	180
Pin Squat	6	5	65%	1.0.1	180
Close Grip Bench	1+2F	4	9RPE	1.2.1	180
Feet Up Bench	1+2R	4	8RPE	1.0.1	180
Day 4					
Exercise	Sets	Reps	Load	Tempo	Rest
2ct Pause Deadlifts	1	3	8RPE	x	180
2ct Pause Deadlifts	1+2F	5	9RPE	x	180
Touch and Go Bench	1+3R	5	8RPE	1.0.1	180

WEEK 13, Day 1						
Exercise	Sets	Reps	Load		Tempo	Rest
Competition Squat	1	2	8RPE		1.0.1	180
Competition Squat (% of E1RM)	6	5	68%		1.0.1	180
Competition Pause Bench	1	2	8RPE		1.1.1	180
Competition Pause Bench (% of E1RM)	7	5	68%		1.1.1	180
Overhead Press	1+1F	7	9RPE		1.0.1	90
Day 2						
Exercise	Sets	Reps	Load		Tempo	Rest
Competition Deadlift	1	2	8RPE		1.0.1	180
Competition Deadlift (% of E1RM)	6	5	68%		1.0.1	180
2ct Pause Bench	1+2R	5	8RPE		1.2.1	180
High Bar Squat	1+1F	3	9RPE		1.0.1	180
Day 3						
Exercise	Sets	Reps	Load		Tempo	Rest
Pin Squat	1	2	8RPE		1.2.1	180
Pin Squat	1+1F	5	9RPE		1.2.1	180
Close Grip Bench	1+1F	2	9RPE		1.0.1	180
Feet Up Bench	1+1F	6	9RPE		1.0.1	180
Day 4						
Exercise	Sets	Reps	Load		Tempo	Rest
2ct Pause Deadlifts	1	2	8RPE		x	180
2ct Pause Deadlifts	1+2R	4	8RPE		x	180
Touch and Go Bench	1+3R	4	8RPE		1.0.1	180

Week 14, Day 1						
Exercise	Sets	Reps	Load		Tempo	Rest
Competition Squat	1	1	8RPE		1.0.1	180
Competition Squat (% of E1RM)	4	4	72%		1.0.1	180
Competition Pause Bench	1	1	9RPE		1.1.1	180
Competition Pause Bench (% of E1RM)	5	4	72%		1.1.1	180
Overhead Press	1+2R	6	8RPE		1.0.1	120
Day 2						
Exercise	Sets	Reps	Load		Tempo	Rest
Competition Deadlift	1	1	8RPE		1.0.1	180
Competition Deadlift (% of E1RM)	4	4	72%		1.0.1	180
2ct Pause Bench	1+2F	2	9RPE		1.2.1	180
High Bar Squat	1+2F	4	9RPE		1.0.1	180
Day 3						
Exercise	Sets	Reps	Load		Tempo	Rest
Pin Squat	1	1	8RPE		1.2.1	180
Pin Squat	1+1F	2	9RPE		1.2.1	180
Close Grip Bench	1+2R	3	8RPE		1.0.1	180
Feet Up Bench	1+1F	3	9RPE		1.0.1	180
Day 4						
Exercise	Sets	Reps	Load		Tempo	Rest
2ct Pause Deadlifts	1	1	8RPE		x	180
2ct Pause Deadlifts	1+2F	2	9RPE		x	180
Touch and Go Bench	1+1F	3	9RPE		1.0.1	180

Week 15, Day 1						
Exercise	Sets	Reps	Load		Tempo	Rest
Competition Squat	1	1	8RPE		1.0.1	180
Competition Squat (% of E1RM)	3	3	76%		1.0.1	180
Competition Pause Bench	1	1	9RPE		1.1.1	180
Competition Pause Bench (% of E1RM)	4	3	76%		1.1.1	180
Overhead Press	1+1F	5	9RPE		1.0.1	90
Day 2						
Exercise	Sets	Reps	Load		Tempo	Rest
Competition Deadlift	1	1	8RPE		1.0.1	180
Competition Deadlift (% of E1RM)	3	3	76%		1.0.1	180
2ct Pause Bench	1+2R	4	8RPE		1.2.1	180
High Bar Squat	1+1R	2	8RPE		1.0.1	180
Day 3						
Exercise	Sets	Reps	Load		Tempo	Rest
Pin Squat	1	1	8RPE		1.2.1	180
Pin Squat	1+2F	4	8RPE		1.2.1	180
Close Grip Bench	1+1F	4	9RPE		1.0.1	180
Feet Up Bench	1+1F	4	9RPE		1.0.1	180
Day 4						
Exercise	Sets	Reps	Load		Tempo	Rest
2ct Pause Deadlifts	1	1	8RPE		x	180
2ct Pause Deadlifts	1+2F	4	9RPE		x	180
Touch and Go Bench	1+2F	3	9RPE		1.0.1	180

5 Days from Competition						
Exercise	Sets	Reps	Load		Tempo	Rest
Competition Squat	1	1	Opener		1.0.1	180
Competition Squat	3	2	82%	240	1.0.1	180
Competition Pause Bench	1	1	Opener		1.1.1	180
Competition Pause Bench	3	2	84%	145	1.1.1	180
4 Days from Competition						
Exercise	Sets	Reps	Load		Tempo	Rest
Competition Deadlift	1	1	Opener		1.0.1	180
Competition Deadlift	2	2	82%	310	1.0.1	180
Competition Pause Bench	4	1	85%	150	1.1.1	180
3 Days From Competition						
Exercise	Sets	Reps	Load		Tempo	Rest
Competition Squat	1	1	85%	245	1.0.1	180
	2	2	78%	225	1.0.1	180
Competition Pause Bench	1	1	85%	150	1.1.1	180
	3	2	78%	135	1.1.1	180
Competition Deadlift	1	1	82%	310	1.0.1	180
	2	2	75%	280	1.0.1	180
2 Days From Competition						
Exercise	Sets	Reps	Load		Tempo	Rest
Competition Squat	2	3	75%	220	1.0.1	180
Competition Pause Bench	3	3	78%	135	1.1.1	180
Competition Deadlift	1	3	75%	280	1.0.1	180

Legende zu den Begriffen

Vorweg, ich habe auf der Eingabemaske der Seite 1 des Excel-Dokuments folgende Werte in US-Pounds (lbs 0,45kg) eingetragen:

* Squat 290lbs
* Bench 275lbs
* Deadlift 375lbs

Die Angaben in der Intensity-Spalte sind die entsprechenden Prozent-werte dieser Angaben. Das hier einzutragende Trainings

Max der drei Lifts sollte ungefähr 95% eines harten True-Max sein. Wer sich hier schwer tut: Es sollte ein Wert sein, den du aus dem laufenden Training heraus gültig abliefern könntest, OHNE dich darauf vorzubereiten.

Bryce kennzeichnet bis Woche 11 die Intensität (**intensity**) der Wettkampfübungen mit Prozentwerten. Freundlicherweise erledigt der Excel-Calculator für euch die knirschende Mathematik dahinter, schließlich habt ihr auf der Startfläche euer Training Max eingetragen. Alle weiteren Übungen gibt er mit den von Tuchscherer bereits bekannten **RPE** (Rate of Perceived Exertion) an, da wir hier keine Maximalwerte haben, von denen man Prozentwerte ermittelt hat. Ab Woche 12 verschwindet die Intensity-Spalte der Tabelle und es wird nur noch mit den Angaben zu **Load** gearbeitet. Der Calculator übernimmt nun nicht mehr deine Training Max Werte, sondern die jetzigen Prozentwerte richten sich nach deinem **Estimated 1RM**, also dem Wert den du nach 12 Wochen des Programms theoretisch im Stande bist abzuliefern.

Estimated 1RM

In Woche 11 arbeitest du in den Wettkampf Lifts mit 3er Wdh im Bereich von bis zu 85 Prozent. Dies müsste dir, in Verbindung mit den RPE, ein Gefühl dafür geben, wie weit du dein Training Max in den drei Lifts zu deinem aktuellen Estimated 1Rm anheben kannst, um ab Woche 12, ausgehend von diesem neuen Maximalwert, zu arbeiten. Sagen wir, du testest in Woche 11 in der Beuge einen Top Satz mit 1Wdh @8. Dazu gibt es eine RPE Prozenttabelle[69]

@RPE	Wdh 1	Wdh 2	Wdh 3	Wdh 4	Wdh 5	Wdh 6
10	100*	96	92	89	86	84
9,5	98	94	91	88	85	82
9	96	92	89	86	84	81
8,5	94	91	88	85	82	80
8	92	89	86	84	81	79
7,5	89	88	85	82	80	77
7	88	86	84	81	79	76
						Prozent

Du siehst, deine RPE @8 Kniebeuge entspricht 92 Prozent.
Die Rechnung:

100kg Kniebeuge 1 Wdh @8 = 92%
100kg : 92 = 1,086*
1,086* x 100 = 108,6kg

Dein Estimated 1RM würde somit bei 108,6kg liegen. Damit lässt sich dann ab Woche 12 weiterarbeiten. Du überprüfst bei deinem ersten RPE Satz der Woche fortan immer dein wöchentliches Estimated 1RM.

Die F-Sätze

F steht hier für **Fatigue** (lest dazu auch nochmal bei Mike Tuchscherer den Abschnitt **Stressmanagement/Fatigue Stops** durch). F-Sätze sind immer an ein @9 gekoppelt, dies ist wichtig, denn die Intensität muss recht hoch sein, was einer RPE 9 entspricht. Beispiel:

		Week 15, Day 4	
Touch and Go Bench	1+*2F*	3	RPE 9

Du führst deinen Top Satz bei 3Wdh@9 durch. Danach reduzierst du das Gewicht um 5% und führst zwei weitere Sätze (*2F*) mit 3Wdh durch.

Die R-Sätze

R steht hier für **Repeat**. R-Sätze sind immer an ein @8 gekoppelt. Dies ist ebenfalls wichtig, denn die Intensität darf nicht zu hoch gewählt sein.
Beispiel:

		Week 15, Day 2	
2ct Pause Bench	1+*2R*	4	RPE 9

Du machst deinen Top Satz bei 4Wdh@8, und *2R* bedeutet hier, du wiederholst diesen Satz mit demselben Gewicht zwei weitere Male. Um sicher zu gehen, dass aus @8 kein @9,5 oder @10 wird, (ein @9 wäre noch ok), wähle genügend Pause zwischen den Sätzen oder reguliere zur Not das Gewicht etwas nach unten.

Volumen und Intensität

Wenn Kraftdreikämpfer und Trainer von **Volumen** sprechen, wird dies im Allgemeinen als eine Möglichkeit verwendet, um zu messen, wie viel Arbeit in einer bestimmten Trainingseinheit, Woche oder einem Trainingsblock geleistet wird. Das Volumen wird normalerweise als die Gesamtzahl der Lifts in einem bestimmten Zeitraum ausgedrückt, oder die Anzahl der Lifts multipliziert mit dem Gewicht auf der Stange pro Lift, auch bekannt als **tonnage**.

Die **Intensität** bezieht sich auf die Menge des Gewichts auf der Stange und darauf, wie viel das Gewicht im Verhältnis zur maximalen Menge, die gehoben werden kann, steht.

Wenn man von Intensität spricht, wird sie normalerweise auf eine von zwei Arten ausgedrückt: als **Prozentsatz des 1RM** oder als **RPE**. Die *Rate of Perceived Exertion* ist ein objektives Maß für die Leistung, das berücksichtigt, wie viele Wiederholungen in einem bestimmten Satz hätten durchgeführt werden können.

In diesem allgemein linearen Modell, werden wir beim Übergang vom Anfang zum Ende des Calgary Barbell Programs, eine umgekehrte Beziehung in Bezug auf Volumen und Intensität sehen. Die Athleten werden mit einem hohen Startvolumen und einer relativ geringen Intensität trainiert und das Trainingsprogramm im umgekehrten Sinne beenden: mit hoher Intensität und geringerem Volumen.

Spezifität

Spezifität ist ein wichtiger Bestandteil des Trainings für ein Powerlifting-Meet. Wie spezifisch eine Bewegung oder Übung ist, bezieht sich im Allgemeinen darauf, wie sehr sie der sportartenspezifischen Aufgabe ähnelt.

Die **primäre Kategorie** wären die Wettkampfübungen, die man im Wettkampf verwenden würde: die Kniebeuge, das Bankdrücken und das Kreuzheben.

Die **sekundäre Kategorie** wird allgemein als Zubehör- oder Hilfsübungen bezeichnet. Dazu gehören Übungen, die die Bewegungen der Hauptübungen eng nachahmen, aber normalerweise eine große Variationsbreite aufweisen, zum Beispiel Pause Squats oder Pin Squats

Die **dritte Kategorie**, Zusatzbewegungen, würde jede andere Übung umfassen, die dieselben Muskeln wie die Wettkampfbewegungen verwendet, jedoch auf andere Weise, beispielsweise wäre die Beinpresse eine Zusatzbewegung zur Kniebeuge.

Wenn wir uns einem Wettkampf nähern, wollen wir im Allgemeinen eine Verschiebung des Trainingsreizes sehen, um spezifischer für die Wettkampfdisziplinen zu trainieren.

Peak Phase

Der Peak in einem Trainingsprogramm bezieht sich im Allgemeinen auf die höchste Intensität und den höchsten Grad an Spezifität, die man bei einem Powerlifting Programm sehen kann. Es beschreibt den Prozess der Maximierung, der Bereitschaft zum gewünschten Zeitpunkt. In der Peak Phase sind die Ziele des Athleten und die Programmierung darauf ausgerichtet, die Spezifität des Lifters zu erhöhen, um zu versuchen, alle Reize des Trainingsblocks in reale Lifts oder persönliche Bestleistungen im Wettkampf umzusetzen.

Die Peak Phase eines Programms ist normalerweise das schwerste, härteste Training, das man während eines Programms absolvieren muss. Wir wissen, dass das Spezifischste, was man machen kann, das 1RM in der Kniebeuge, beim Bankdrücken oder beim Kreuzheben ist. Entsprechend muss eine Peak Phase oft Singles, Doubles oder Triples über 90% der bisherigen Bestleistung umfassen und RPE @9 und höher beinhalten. Diese Phase ist der abschließende Impuls für die maximale Anpassung des Athleten.

Die Taper Woche

Das Konzept hinter dem Taper ist um die Idee des Superkompensationsmodells herum aufgebaut. Dieses Modell wurde schon in Frage gestellt und mit dem s.g. *Fitness-Fatigue-Modell* aktualisiert[70]. Es ist wichtig zu beachten, dass es aber in beiden Fällen wahrscheinlich wichtig ist, eine Art von Taper zu verwenden.

Der Taper selbst ist im Allgemeinen eine Reduzierung der Trainingsbelastung, damit die Ermüdung des Lifters sich verringern kann. Dies geschieht oft in Form einer unterschiedlich ausgeprägten Reduzierung des Volumens und manchmal auch der Intensität – letzteres in der Regel jedoch in geringerem Maße. Man möchte, dass sich der Athlet geistig und körperlich von den Strapazen des Peaks kurzfristig erholt (*overreaching*) und spielt sozusagen mit einer erweiterten aktiven Regenerationsphase herum, damit am Turniertag alles on-point ist.

Wer das Programm durchgeschaut hat wird, merken, dass die Athleten ihre Eröffnungsversuche während der Taper Woche durchführen. Bryce geht davon aus, dass dies intensiv genug ist, um sowohl die Spezifität des Reizes zu erhöhen als auch die Fähigkeiten zu vermitteln, die ein Athlet benötigt, und gleichzeitig die Müdigkeit weiter zu lindern (Volumen runter, Intensität halten).

Fazit

Es ist kein Zufall, dass die Programme von Francesco Virzi, Bryce Krawczyk, Izzy Narvaez sowie Simon Wetzel & Thomas Gajda, am Ende der Besprechungen auftauchen. Speziell Calgary Barbell und das Programm *The Prep* von Wetzel und Gajda ähneln sich in ihrem Aufbau. Diese beiden Programme gehören zur neuen Generation linearer Modelle, die aber auf dem neuesten Stand sind, wenn es darum geht, Autoregulation und individuelle Unterschiede zu berücksichtigen. Bryce' Werk ist ein toller Rundumschlag in Sachen

Trainingsplanung, den man seiner Aussage nach, mehr als nur einmal durchlaufen kann. Wenn man sich an seine Vorlage hält und bereits einmal die 16 Wochen durchlaufen hat, ist es ein natürlicher Prozess eines jeden Athleten, der sich selber trainiert, Modifikationen vorzunehmen.

The Prep – Build Your Total
Simon Wetzel & Thomas Gajda

Hier sehen wir ein Beispiel für die neue Generation gut gebildeter deutscher Sportwissenschaftler, die zudem überdurchschnittliche athletische Fähigkeiten vorzuweisen haben.

Sprich, hier trifft Wissenschaft auf Praxis.
Simon Wetzel und Thomas Gajda haben beide den Master (M.Sc.) in Sportwissenschaften und arbeiten als Trainer, um das mal kurz und knapp darzustellen. Gäbe es von den beiden Panini-Aufkleber zum Sammeln und Tauschen, so wäre Simons Fähigkeit superstark und Thomas' schneller Dribbler & Werfer. Klarer Fall: der eine ist ein guter Powerlifter, der andere war sogar Basketballprofi in der 1. Bundesliga.
Fairnesshalber muss bei Thomas ergänzt werden: guter Physique-Athlet! Schaut euch die Bilder auf seinem Instagram-Profil an.
Simon ist einigen sicher bekannt durch die Seite **wissenistkraft.de**, und, zusammen mit Thomas und Julia Kunzner, ist er der Betreiber von **thestrengthminds.de**. Hier bieten die drei Coaches ihre Seminare, Programme, Technikanalyse und selbstverständlich ihr Personal Coaching, rund ums Krafttraining an. Mir ist es allein vor dem Hintergrund ihres Schaffens wichtig, ihr Free-Program *The Prep*[71] in dieses Buch hier aufzunehmen.

Disclaimer

Zwischen uns drei besteht keine ominöse Affiliate-Marketing Beziehung. Wenn du so willst, ist es einfach nur mein Versuch als Fan, Aufmerksamkeit und Würdigung für ihre Arbeit zu erzeugen. Warum ich das hier so betone? Nun, neben Francesco Virzis und Stephan Kortes Programm, ist dies hier ein deutschsprachiges Werk. Ein geschäftstreibender Hintergrund mit Leuten aus der Bundesrepublik läge wohl eindeutiger auf der Hand, als mit Trainern aus den USA. Oder vermutet hier jemand, ich hätte von Jim Wendler oder Louie Simmons den Auftrag, den deutschsprachigen Markt zu unterwandern und Imagearbeit für die beiden zu leisten? Nein, sicher nicht. Es geht nur darum, die beiden Männer davor zu bewahren, marketingmäßig mit mir in Verbindung gebracht zu werden. Damit ist es mir ernst – und mal ehrlich, ich bin aus betriebswirtschaftlicher Sicht der Letzte, mit dem du zusammenarbeiten möchtest. Neben einem mittelmäßigen Abitur am Wirtschaftsgymnasium, sollte allein der Umstand, dass ich Deutsch- und Englischlehrer geworden bin mehr als ein Testimonial dafür sein, dass mir betriebswirtschaftliches Denken nicht gegeben ist. Die Grenze wurde hiermit gezogen.

Das Programm

Es gibt eine 4-Tage und eine hochfrequentere 5-Tage Option. Dementsprechend unterscheidet sich das Volumen an den einzelnen Trainingstagen, die Übungsauswahl und das Wochenvolumen bleiben unverändert. Der gesamte Makrozyklus umfasst 16 Wochen, die Intro Woche in Block 1 und die Taper Woche in Block 3 mitgerechnet.

Mein Versuch ist es nun, das Wiederholungsschema und die Intensität zu veranschaulichen, daher beschränke ich mich auf die Wettkampflifts. Bedingt durch eine große Auswahl an Ergänzungs- und Assistenzübungen, die man selbst auswählen kann, erhöht sich die Frequenz verwandter Übungen. Wenn z.B. einmal in der Woche das WK-Kreuzheben absolviert wird, findet mindestens eine weitere

Einheit mit einer Variante, wie z.B. dem Rumänischen Kreuzheben, statt. Hier der grobe Überblick zum Intensitätsverlauf der Wettkampfübungen auf Basis der 4-Tage Option:

The Prep – 16 Wochen Überblick	
Block 1	
Intro Woche	Reduziert in Intensität & Volumen
Woche 1	Wettkampflifts Range 6-8 Wdh (+10 Wdh Bankdrücken) @7-8*
Woche 2	Wettkampflifts Range 6-8 Wdh (+10 Wdh Bankdrücken) @8
Woche 3	Wettkampflifts Range 5-6 Wdh (+8 Wdh Bankdrücken) @8
Woche 4	*Aktualisierung* estimated 1RM
	Wettkampflifts Range 5-6 Wdh (+8 Wdh Bankdrücken) @9
Deload Woche	Lockeres Training @6-7

Block 2	
Woche 1	**Kniebeugen:** 1 x 1@8, 4 x 6@7
	Bank Session Tag 1: 3 x 8 @7-8
	Bank Session Tag 4: 1 x 1 @7, 4 x 6@7
	Kreuzheben: 1 x 1@7, 4 x 5 @7
Woche 2	**Kniebeugen:** 4 x 5@8
	Bank Session Tag 1: 3 x 8@8
	Bank Session Tag 2: 1 x 1@8, 4 x 5@8
	Kreuzheben: 4 x 5 @8
Woche 3	**Kniebeugen:** 1 x 1@8, 5 x 4@8
	Bank Session Tag 1: 3 x 6@8
	Bank Session Tag 2: 1 x 1@8, 5 x 4@8
	Kreuzheben: 1 x 1@8, 5 x 4@8
Woche 4	*Aktualisierung estimated 1RM*
	Kniebeugen: 1 x 4@9, Back off: 3 x 4@8-9 (90-95% Top Set)
	Bank Session Tag 1: 3 x 6@9
	Bank Session Tag 4: 1 x 4@9, Back off: 3 x 4@8-9 (90-95% Top Set)
	Kreuzheben: 1 x 4@9, Back off: 3 x 4@8-9 (90-95% Top Set)
Deload Woche	Lockeres Training @6-7

	Block 3
Woche 1	**Kniebeugen Session Tag 1:** 1 x 1@7, 3 x 5@7 **Kniebeugen Session Tag 3:** 5 x 3@7 **Bank Session Tag 1:** 1 x 1@7, 3 x 5@7 **Bank Session Tag 4:** 3 x 3@7 **Kreuzheben:** 1 x 1@7, 3 x 3@7
Woche 2	**Kniebeugen Session Tag 1:** 1 x 1@8, 3 x 4@7-8 **Kniebeugen Session Tag 3:** 4 x 3@8 **Bank Session Tag 1:** 1 x 1@8, 3 x 4@7-8 **Bank Session Tag 4:** 3 x 3@8 **Kreuzheben:** 1 x 1@8, 3 x 3@8
Woche 3	**Kniebeugen Session Tag 1:** 1 x 1@8, 3 x 4@8 **Kniebeugen Session Tag 3:** 4 x 2@8 **Bank Session Tag 1:** 1 x 1@8, 3 x 4@8 **Bank Session Tag 4:** 3 x 2@8 **Kreuzheben:** 1 x 1@9, 3 x 2@8
Woche 4	**Kniebeugen Session Tag 1:** 1 x 1@9, 3 x 3@8 **Kniebeugen Session Tag 3:** 3 x 2@8-9 **Bank Session Tag 1:** 1 x 1@9, 3 x 3@8 **Bank Session Tag 4:** 3 x 2@8-9 **Kreuzheben:** 1 x 1@7-8, 3 x 2@8

Taper Woche	**Montag** Opener Kniebeugen & Bankdrücken Kreuzheben leicht @5-6 **Dienstag** Lockere Singles Kniebeugen & Bankdrücken @6-7 **Donnerstag & Freitag** Aktive Erholung **Samstag Wettkampf**

@ = RPE

Exemplarisch sei hier die **Woche 2 in Block 1, Tag 1,** dargestellt, damit ihr ein Gefühl für die einzelnen Einheiten erhaltet. Als Referenzwerte hatte ich bei der Beuge 180kg, auf der Bank 150 und beim Kreuzheben 230 in den Rechner eingegeben, die individuellen Assistenzübungen habe ich nicht ausgewählt, damit hier keine Verwirrung entsteht. Aus Gründen der Darstellung habe ich die schöne Excel-Vorlage, die sehr sperrig ist, in eine weniger schöne Word-Varianten umformatieren müssen. Die Bezeichnungen und Aufteilung der Tabelle blieben unverändert.

Woche 2								
W2 Tag 1	Sätze	Wdh	Gewicht (kg)	RPE	Ausrüstung	Bewegtes Gewicht	Tatsächliche RPE	Notizen
WK-Kniebeuge	4	8	125 - 135	8	Gürtel, Sleeves, ggf. HGB*			
Kniebeuge – Variation	2	5	113 - 123	7	Gürtel, Sleeves, ggf. HGB			
WK-Bankdrücken	3	10	94 - 104	8	ggf. HGB			
Rudern	3	10-12		8				
Oberkörper Drückbewegung	3	10		8				
Optional: Unterarmstütz/ Ab Roll	2							

Handgelenksbandagen

Die Excel-Sheets sind sehr interaktiv, das fällt auf. Trotz den Vorgaben des Programmes, wird man ermutigt, die tatsächlichen RPE, die verwendeten Gewichte und eventuelle Notizen einzutragen. Schließlich ist ein Plan immer nur der theoretische Idealfall und nicht das, was im Gym tatsächlich geschieht.

Weiterhin ist es positiv interessant, dass Thomas und Simon als einziges, mir geläufiges Programm, **Angaben zur Ausrüstung** im Training machen. Es macht durchaus einen Unterschied, ob ich beim Beugen Sleeves (Stulpen von z.B. SBD) trage oder einen Gürtel verwende. Es ist kein Problem, dies zu machen. Da wird hoffentlich nicht gleich die RAW-Police mit einem Strecksprung und Kabelbindern um die Ecke schießen. Aber Ausrüstung sollte nicht sporadisch eingesetzt werden. Wenn ich heute 160kg ohne Gürtel und Sleeves @9 beuge und nächste Woche 170kg@8,5 mit Gürtel und Stulpen, dann meine Damen und Herren, habe ich mich nur auf dem Papier verbessert. Jeder der weiß, wie man einen KDK-Gürtel verwendet und was stramme Stulpen an elastischer Energie am exzentrischen Umkehrpunkt freisetzen, kennt die dadurch bedingte Leistungsverbesserung.

Periodisierung
Ähnlich zu *Calgary Barbell 16 Week Program* werden wir bei diesem allgemein linearen Modell beim Übergang vom Anfang zum Ende eine umgekehrte Beziehung in Bezug auf Volumen und Intensität sehen. Die Athleten werden mit einem hohen Startvolumen und einer relativ geringen Intensität trainiert und werden das Trainingsprogramm im umgekehrten Sinne beenden: mit hoher Intensität und geringerem Vo-lumen.

Specials
Vorbei sind die Zeiten, wo man sich sperrigen Excel-Sheets hingeben musste, deren Layout bereits ein nervöses Zucken im linken Auge verursachte. Natürlich kommt *The Prep* auch nicht ohne Excel-Sheets aus, es ist einfach eine unkomplizierte Lösung, die sich mit allen gängigen Betriebssystemen bzw. Microsoft Office bearbeiten lässt. Die Oberflächen sind sehr übersichtlich gestaltet. Anstelle hässlicher Tabellenlinien helfen verschiedenfarbig hinterlegte Zeilen und Spalten, den Überblick zu behalten.

Wenn es wohl ein innovatives Feature in diesem Programm gibt, ist es das **Drop-Down Menü**, mit dem man die hinterlegten Ergänzungsübungen auswählen kann. In Block 1, Intro Tag 2, kann ich im Feld *Oberkörper Drückbewegung*, per Drop-Down zwischen fünf Übungen auswählen, die für den restlichen Block 1 übernommen werden. Zu Beginn von Block 2 und 3 kann dies erneut gemacht werden. Es gibt Auswahlmöglichkeiten für das *Rudern, Hintere Schultern, Latzug* und *Unterkörperübung unilateral*. Hier kann individuell ausgewählt werden. Tolle Sache. Dies wird auch den individuellen Unterschieden der Athleten gerecht.

Aber zunächst einmal übernimmt der **1RM Rechner** für uns die Mathematik. Auf Grundlage der Rep-Max-Formel[XXV] errechnet sich hier aus einem Wiederholungsrekord das geschätzte **e1RM** (*estimated 1RM*). Im Beispiel habe ich 5 x 140kg angegeben und *Zack*, nun weiß ich, dass mein e1RM bei 163kg liegen müsste. Darüber hinaus liefert der Rechner uns Orientierungswerte, die wir für auswählbare Assistenzübungen, wie enges Bankdrücken oder Highbar Kniebeugen, verwenden können.

1RM RECHNER						
Wdh.	Kilo	e1RM				
5	140	163				
KNIEBEUGE	e1RM's	BANKDRÜCKEN	e1RM's	KREUZHEBEN	e1RM's
WK-Kniebeuge	180	WK-Bankdrücken	150	WK-Kreuzheben	230
2ct. WK-Kniebeuge	162	3ct. WK-Bankdrücken	139	Defizit WK-Kreuzheben	214
401 WK-Kniebeuge	153	Spoto Bankdrücken	135	1ct. WK-Kreuzheben	196
Highbar Kniebeuge	153	Enges Bankdrücken	135	Rumänisch / Reißgriff	-

Jedem Download ist zudem ein praktisches PDF Handout beigefügt, um die letzten Lücken zu schließen, wenn es um Abkürzungen, die technische Handhabung der Tabelle oder das Einfügen von neu getesteten Werten geht.

Autoregulation

Durch die Verwendung von autoregulativen Methoden wie **RPE** (rate of perceived exertion), die die individuelle Intensität steuern, geht man auf Nummer sicher und verzettelt sich nicht in statischen

---

[XXV] **Rep-Max-Formel**
Wdh-Max * Gewicht = X * 0,0333 = X + Gewicht = theoretisches 1RM.
Beispiel: 5 * 140kg = 700kg * 0,0333 = 23,31kg + 140kg = 163,31kg

Prozentwerten. Die Vorteile dieser Methoden haben wir zur Genüge in vorherigen Programmen, allen voran dem *Reactive Training System* mit Tuchscherer, behandelt. Man sollte sich aber immer vor Augen halten: RPE muss man lernen. Speziell die etwas temperamentvollen Jungs und Mädels im Kraftraum benötigen hier gerne mal Impulse von außen. Wer ein hohes Maß an Schmerz- und Anstrengungstoleranz hat, wird bei einer brutalen @10 immer noch behaupten, es wäre höchstens eine @9 gewesen.

Die Einführung von **Backoff Sätzen** ab Woche 4, Block 1, die prozentbasiert sind, unterscheiden sich etwas von dem, was Tuchscherer *Fatigue Stops* nennt. Bei Wetzel & Gajda ist die Gewichtsreduzierung grob vorgegeben (90-95% vom Top Satz), die Sätze und Wdh wurden aber festgelegt. Dies grenzt die Idee der Backoff Sätze etwas ein und verhindert ein unnötiges Aufstocken des Trainingsvolumens mit den WK-Übungen.

Fazit

Simon Wetzel und Thomas Gajda ziehen hier im Prinzip das komplette Register an allem, was zu diesem Zeitpunkt der Athletenentwicklung im Powerlifting Sinn ergibt. Das Programm richtet sich meiner Auffassung nach an alle Geübte (intermediates) oder frühe Fortgeschrittene (early advanced athletes).
Für den Beginner (novice) ist es zu komplex bzw. in diesem Stadium muss man erst ein paar grundlegende Lücken schließen. Einen Beginner würde ich nicht mit RPE konfrontieren. Um zu verstehen, was eine @8 oder @9 bedeutet, muss man eine @10 mehrfach erlebt haben, ansonsten ist das bloß graue Theorie und vage Vermutungen. Hier sind lineare, prozentbasierte Verläufe der Steigerungs- und Intensitätsrate der sichere Weg.
Auch die Wahl der selbst auszuwählenden Übungen überfordert einen Anfänger, wenn er oder sie ohne einen Betreuer arbeitet. Aber das soll auch nicht ein Kritikpunkt sein, lediglich eine Anmerkung um sicher zu gehen, dass falls ein Anfänger diesen Abschnitt zuerst lesen sollte und sich waghalsig in dieses Programm stürzen möchte. Auch die beiden Macher verweisen im Intro ihres PDF Papers

darauf, dass *The Prep* nicht für Anfänger, sondern für Athleten mit 1-2 Jahren Erfahrung geschaffen wurde.

Es ist kein Zufall, dass dieses Programm den Abschluss der reinen Powerlifting Programme darstellt. Fast alles, was wir kennengelernt haben, mündet hier in einem stimmigen Programm, welches (a) sehr nutzerfreundlich durch die gut programmierte Excel-Tabelle daherkommt, und (b) die wichtigsten fortschritts- und strukturrelevanten Methoden und Ansätze beinhaltet.

Update & Teaser
The Prep 2.0

Von den pandemiebedingten Gymschließungen in den Jahren 2020 und 2021 werden wir nicht nur unseren Enkeln berichten können, wie schlimm das damals alles war – man musste zu Hause mit Bändern trainieren! – aber, es war auch die Zeit, in der hinter den Kulissen viele Projekte angeschoben wurden.

So auch im Falle der Herren Gajda und Wetzel, die nach einer langen Testphase mit The Prep, alle Erkenntnisse und Möglichkeiten in ihr gelungenes **Nachfolgeprogramm The Prep 2.0** einfließen haben lassen. Ich sage es gleich vorweg: Das Programm ist kostenpflichtig und das ist gut so! Die im Internet etablierte Umsonst-Mentalität ist die bucklige Verwandtschaft von Qualität und Fairness. Und ganz ehrlich: du, ich und all die anderen haben die letzten 15 Jahre garantiert deutlich mehr als 50 EUR für unnützes Zeug verschwendet und uns gleichzeitig an den Gratisleistungen im Netz bereichert. Wer sich noch unsicher ist, der testet **The Prep for free** (!) und dann, meine sehr geschätzten Damen und Herren, supported mit einem Download von The Prep 2.0 die gute Arbeit von Simon und Thomas – gerne könnt ihr auch mir ein Feedback zu euren Erfahrungen mit der 2.0 Version zukommen lassen.

Keep up the good work!

Wer weiteren Kontakt und Infos zu Simons und Thomas' Arbeit sucht, wendet sich an:

Simon Wetzel
info@wissenistkraft
www.instagram.com/wissenistkraft/

Thomas Gajda
www.trainingsystemgajda.de
trainingsystemgajda@gmail.com
www.instagram.com/thomas89gajda/

III. Daywalker Programme

Wie fängt man an? Mit was fängt man an? Das muss zunächst geklärt werden. Man muss eine Vorstellung davon haben, welchen Zweck man mit dem Krafttraining verfolgt. Will ich einfach fit, muskulös und gut gebaut sein? Will ich durch den Kraftsport meine Leistungen in meiner eigentlichen Sportart, z.B. dem Basketballspielen, verbessern? Geht es mir um den Aufbau maximaler Muskelmasse oder steht für mich die Kraft und Athletik im Vordergrund? Einige werden sich jetzt unverbindlich geben und alles verbessern wollen: Kraft, Muskelmasse, Athletik und Technik.

Es ist tatsächlich fast möglich, jeden zu bedienen. Jedoch muss man Kompromisse eingehen können. Wer sich sechs Monate einem reinen Powerlifting Programm verschreibt, der wird sich sechs Monate lang in erster Linie um die drei Powerlifts Kniebeugen, Bankdrücken und Kreuzheben kümmern müssen. Da ist wenig Raum für endlose Serien von Bizepscurls, Seitheben und Wadentraining.

Ich behaupte, ich habe nahezu alle etablierten Programme in diese Liste aufgenommen. Manche bewähren sich schon seit über 40 Jahren, manche davon sind erst in den letzten Jahren populär geworden. Den Großteil dieser Programme habe ich selbst für mehrere Trainingsphasen absolviert, ebenso habe ich mich mit Sportlern, die auf Amateur- und Profilevel im Bodybuilding oder Powerlifting aktiv sind und mit diesen Systemen Erfahrung haben, ausgetauscht. Es würde den Rahmen dieses Buches sprengen, alle Programme bis ins kleinste Detail zu untersuchen, aber dies ist auch nicht mein Ziel. Wenn durch meine Beschreibungen das eine oder andere System für dich in Frage kommt, kümmere dich bitte selbst um das vollständige Programm. Manches davon ist legal und frei im Internet verfügbar, aber falls nicht, dann investiere bitte ein paar Euros in den Download eines E-Books oder bestelle dir dein gedrucktes Exemplar. Fair und ehrlich. Vergleiche dazu auch die Quellenangaben.

Einige dieser Programme werden relativ ausführlich besprochen, andere wiederum nur kurz vorgestellt, aber dies hat zwei Gründe: Ein paar Programme muss man sich als Fundament und Stahlträgerrahmen vorstellen, ohne die nicht weiter gebaut werden kann. Die zugrunde liegenden Methoden dieser Programme muss man einmal verstanden haben, um den Zugang zu weiteren Systemen zu erhalten. Zum anderen bin ich versucht, unnötige Wiederholungen zu vermeiden. Vollständig lässt sich dies aber nicht vermeiden. Du wirst nach diesem Kapitel erkennen, dass sich im Laufe der Zeit auch die Prinzipien des Krafttrainings nicht neu haben erfinden lassen. Ich spreche nicht von Plagiat und dem Raub geistigen Eigentums, aber jeder Coach erschafft sein System stets auf Basis dessen, was bereits erschaffen wurde. Er modifiziert, verbessert, kombiniert und ergänzt es nach seinen Erkenntnissen, ein absolut legitimer Prozess. Würde man Slayer und Metallica vorhalten, sie hätten bei Black Sabbath, Deep Purple und Led Zeppelin geklaut? Nein! Würde man nicht.

Daywalker Programme: Basic Strength?

Die Begriffe *Basic Strength* oder *Grundlagenprogramme* sind mir persönlich eingentlich schon zu abgegriffen, aber sie sind gemeinhin verständlich und erfüllen den Informationsauftrag.
Die Bezeichnung *Daywalker Programme*[XXVI] stammt hoffentlich von mir selbst, zumindest habe ich sie sonst nirgends bewusst zur Kenntnis genommen. Es dient der Beschreibung von Programmen, die das Beste aus beiden Welten vereinen: Kraft- und Muskelaufbau.

Wagt man den Übergang von klassischen Bodybuilding-Routinen hin zu allgemeinen Kraftprogrammen, deren Ziel es ist, den Aufbau von Kraft, Technik und Athletik, durch Mehrgelenksübungen zu fördern, ändert sich der gewohnte Ablauf.
Diese Mehrgelenksübungen werden immer zu Beginn einer Trainingseinheit in Angriff genommen. Verschiedene Bodybuilding-

---

[XXVI] Du hast hoffentlich die *Blade*-Filme mit Wesley Snipes gesehen. Nein? Hole das nach und schließe diese popkulturelle Bildungslücke. Hieraus stammt der Begriff *Daywalker*.

Routinen beginnen oft mit Muskelgruppen, die momentan am schwächsten ausgeprägt sind (Prioritätstraining), z.B. erst die Waden-, dann die Oberschenkelmuskulatur. Die Tool-Box im Bodybuilding besteht zudem aus wichtigen Intensitätstechniken, da grundsätzlich mehr Fokus auf die gezielte Muskelermüdung gelegt wird, um einen möglichst hohen Hypertrophieeffekt zu erzielen: Rest-Pause-Sätze, Myo-Reps, DC Training, PITT Force, Vorermüdung, Supersätze, Giant-Sets, Drop-Sets, usw. Ob dies z.B. für die Brustmuskulatur mit KH-Bankdrücken, LH-Bankdrücken, Cable-Crossovers oder KH Fliegende geschieht, spielt eine untergeordnete Rolle.

Bei den Daywalker Programmen geht es bei den Hauptübungen Kniebeugen, Kreuzheben, Bankdrücken und der Overhead Press vielmehr darum, die Technik des Bewegungsablaufes, zu trainieren. Es wird angestrebt, die für den Körper vorteilhafteste Position und Hebelverhältnisse zu ermitteln, um ein maximales Gewicht korrekt beugen, heben oder drücken zu können. Aber warum? Ich will doch Muskeln, keine Bewegung trainieren? So dachte ich auch. Aber versuche es folgendermaßen zu betrachten: Bis zu einem gewissen Punkt deiner Leistung kannst du bei den Kniebeugen durch deinen Willen und deine Muskulatur das Gewicht beherrschen. In der Regel ist dies bei Wiederholungen im Bereich von 5 bis 15 Wdh am besten zu realisieren. Diese Wiederholungszahlen setzen ein Gewicht voraus, das nicht schwerer als 75% deiner maximalen Leistung ist.

Maximale Leistung – die Hauptübungen
Angenommen, du kannst eine maximale Kniebeuge mit 100kg absolvieren. Mehr als 100kg schaffst du noch nicht. Somit liegt dein aktuelles 1RM bei 100kg, dies entspricht 100%. 70% deiner Maximalleistung wären derzeit logischerweise 70kg. Gemäß der Prilepin Tabelle sind bei einem korrekt ermittelten 1 RM mit 70% ca. 6 Wdh machbar.

Prilepin´s Table			
Work Intensity (%)	Repetitions per set	Optimal volume*	Volume range*
55-69	3-6	24	18-30
70-79	3-6	18	12-24
80-89	2-4	15	10-20
90+	1-2	7	4-10
*Gesamtwiederholungen pro Trainingseinheit			

Der Körper entfaltet seine höchste Kraft aber nicht nur durch die willentliche Steuerung der Muskulatur, sondern durch Aktivierung des zentralen Nervensystems. Das ZNS muss aber, genau wie die Muskulatur, die die Befehle des ZNS ausführen soll, trainiert werden. Dein Wille kann, mal ganz einfach ausgedrückt, Leistungen bis 80% deines Potentials abrufen. Für höhere Werten muss entweder eine Notsituation eintreten, z.B. Todesangst, oder dein ZNS muss darauf trainiert sein, diese Leistung auch ohne Notsituation zu erbringen.

Wenn du bei den Kniebeugen stets im Bereich von 65-80% deiner maximalen Leistung trainierst, also irgendwo zwischen 4, 6 oder 9 Wdh, dann wird sich deine Maximalleistung nur sehr langsam nach oben steigern. Wenn du aber in der Lage bist, schwere Gewichte im Bereich von 85-100% für 3, 2 und 1 Wdh in mehreren Sätzen pro Trainingseinheit zu kontrollieren, dann wird dein ZNS sich an diesen Stress gewöhnen und stärker werden. Dein Körper akzeptiert diesen erhöhten Belastungsstress und passt sich daran an. Als Folge wirst du stärker in den unteren Wiederholungsbereichen. Daraus resultiert der Vorteil, dass sich diese Kraftsteigerung auch auf die höheren Wdh-Bereiche übertragen lässt. Folglich erhöhen sich auch im höheren Wdh-Bereich (6-15Wdh) die Lasten.

Die Faustregel lautet also:

Geringe Wiederholungszahlen bei höherer Last
= Kraftzuwachs & Steigerung der Maximalkraft
Höhere Wiederholungszahlen bei geringerer Last
= Zunahme der Muskelmasse durch Hypertrophie

Wenn du bei der Übung XY mit 70kg bisher 8 Wdh absolvieren konntest, dann leuchtet es ein, dass wenn du in der Lage bist 8 Wdh mit 80kg zu absolvieren, deine Kraft sich erhöht hat und deine Muskeln stärker und massiver geworden sind. Dies hat nicht nur für den Hantelsportler Folgen. Auch Athleten, die ein Krafttraining mit dem Ziel verfolgen, in ihrer Hauptsportart stärker und besser zu werden, profitieren davon. So ziemlich jede Sportart benötigt Kraft, Schnelligkeit und Explosivität.

Wenn ein Basketballer sein 1RM in der Kniebeuge steigern konnte, wird sich seine Sprungkraft ebenfalls verbessert haben. Die Beispiele für den Übertrag auf andere Sportarten sind endlos. Vorausgesetzt, der Sportler wählt im Gym die richtigen Übungen und die für ihn entscheidenden Wdh-Bereiche.

Die Ausführung von Mehrgelenksübungen im unteren Wdh-Bereich (1-5 Wdh) fördert die intra- und intermuskuläre Koordination. D.h., ein Muskel lernt bei einer einmaligen, kurzen Belastung von z.B. 1 Wiederholung (2-5sec Belastung), sofort alle Muskelfasern zu kontrahieren und sein gesamtes Kraftpotential zu entfalten. Gerade die Mehrgelenksübungen helfen der inter- und intramuskulären Koordination. Bei Mehrgelenksübungen sind immer ein Verbund verschiedener Muskelgruppen aktiv – und diese stimmen sich aufeinander ab und entfalten damit ein höheres Kraftpotential, als es mit Isolationsübungen je möglich gewesen wäre. Darum wird man von der Beinstreckermaschine nur im Beinstrecken, aber nicht bei den Kniebeugen, stärker. Ergibt also Sinn.
Das Ziel liegt hierbei auch nicht im Herbeiführen eines Muskelversagens oder eines Pumpeffekts, sondern in der Schulung des Körpers in puncto Kraft und der damit verbundenen Technik. Entscheidend ist es, die Technik der Übungsausführung zu perfektionieren. Dies verhindert nicht nur Verletzungen oder erhöhten Verschleiß der Gelenke, Sehnen und Bänder, sondern zwingt alle beteiligten Muskeln ihre Arbeit in den ihnen zugedachten und anatomisch korrekten Dimensionen zu verrichten.

Assistenzübungen

Der weitere Trainingsverlauf konzentriert sich auf die, den Hauptübungen (*main lifts*) folgenden, Assistenzübungen (*assistence exercises/accessory lifts*). Die hier gewählten Übungen ähneln oft den Hauptübungen und sind darauf ausgelegt, mit etwas höheren Wiederholungen einen bestimmten Bewegungsbereich zu verbessern. Tiefe Ausfallschritte mit Zusatzgewicht können z.B. die Mobilität der Muskelpartien verbessern und kräftigen, die für den unteren Teil der Kniebeuge zuständig sind.

Auch enges Bankdrücken, gestrecktes Kreuzheben, Dips, Klimmzüge, KH-Rudern sowie KH-Bankdrücken, sind effektive Assistenzübungen. Auch die Varianten der Hauptübungen können als Assistenzübungen verwendet werden, es hängt immer davon ab, für welchen Zweck sie programmiert werden: Box Squats, Pin Squats, Pause Squats, Kreuzheben von Blöcken, Defizit Kreuzheben, Pin Press, Board Press, Floor Press, etc.

Um als Assistenzübung eingesetzt zu werden, musst man zwei Kriterien berücksichtigen. Erstens, handelt es sich mindestens um eine Zweigelenksübung? Zweitens, hilft mir diese Übung, meine Leistung in einer der entsprechenden Hauptübungen zu verbessern?

Der bevorzugte Wiederholungsbereich liegt hier irgendwo zwischen 5 und 10 Wiederholungen.

Ergänzungsübungen

Als letzten Bereich haben Ergänzungsübungen (*supplemental exercises*) einen festen Platz in diesen Trainingseinheiten. Schließlich fragt sich spätestens jetzt jeder zu Recht: Wann können endlich Curls zum Einsatz kommen?

Hat man seine Trainingsplanung gewissenhaft aufgestellt, kann man sich am Ende des Workouts mit ein bis zwei Ergänzungsübungen belohnen. Die Auswahl dieser Übungen erfolgt in Anbetracht der gesamten wöchentlichen Trainingsplanung. Diese Übungen decken die bisher vernachlässigten, unterentwickelten oder eventuell verletzungsbedingt schwachen Muskelpartien ab.

Auch in Sachen **Prävention** ist es sinnvoll, Muskelpartien zu betonen, die in den vorangegangenen Haupt- und Assistenzübungen unterrepräsentiert waren. Dies verhindert einseitige Belastungen und beugt Verkürzungen der Muskulatur vor. Für gewöhnlich fällt die Wahl auf Isolationsübungen, bei denen weniger das Gewicht, sondern höhere Wiederholungszahlen auf dem Plan stehen. Es soll kein Bewegungsmuster einstudiert werden, sondern der Muskel soll gezielt trainiert werden; Stichwort **Hypertrophie.** Die Wiederholungen in diesem dritten und letzten Part, den Ergänzungsübungen, rangieren irgendwo zwischen 5 und 25.
Beispiele hierfür sind gezielte Übungen für die hintere Deltamuskulatur, Trapezmuskel, Schulterrotatoren, Trizeps, Beinbeuger, Rückenstrecker und die Bauchmuskulatur. Und natürlich die Armbeugemuskulatur, also den Bizeps, den Brachialis und den Brachioradialis. Hier bietet es sich an, verschiedene Curlvarianten zu wählen, die korrekt über den vollständigen Bewegungsradius der Armbeugemuskulatur ausgeführt werden. Arnold-sei-Dank! Ein Krafttraining ohne Bizepscurls? Keine Welt, in der ich leben möchte!

Gerne stoße ich auch auf den Begriff **Powerbuilding** und laut den Verwendern dieses Begriffes geht es darum, stark zu sein und ähnlich den Powerliftern zu trainieren, aber dennoch Bodybuildingelemente einzubauen, um den Look eines Bodybuilders zu haben. Das klingt für mich nach einer guten Chance, das Beste aus beiden Welten zu vereinen. Daywalker Programme sind aber näher am Powerlifting, als am Bodybuilding, insofern spare ich mir das Powerbuilding für ein weiteres Buchprojekt auf. Eine letzte Anmerkung dazu stammt von Jim Wendler. Wendler hat es überspitzt formuliert, als er vor Jahren auf T-Nation folgenden Spruch sinngemäß abgesetzt hat:

>»*Powerbuilding means too weak for powerlifting and too fat for bodybuilding*«.
>**Jim Wendler**

Wenn es aber um Daywalker Programme geht, so sind sie sehr effektiv und sollten den obersten Platz im Kraftsport belegen. Sie bilden eine Grundlage für alles Weitere. Wenn ich es ganz simpel formulieren müsste, würde ich sagen: Jeder sollte damit gearbeitet haben. Egal ob Beginner, Bodybuilder, Powerlifter, Kampfsportler, Basketballer oder Football-Spieler. Diese Programme machen dich stärker. Punkt.

Es geht hier um die Generierung von allgemeiner Kraft, nicht um spezifische Kraft. Jeder Athlet kann zu einem individuellen Zeitpunkt seiner sportlichen Entwicklung mit diesen Programmen arbeiten.

Für erfahrene **Bodybuilder** sind sie gut geeignet, ein Kraftplateau zu überwinden und endlich mal wieder mit ernsthaft schweren Gewichten im Bereich der 5er Wiederholungen zu arbeiten.

Für **Beginner** sind sie eine prima Einstiegshilfe, da sie recht einfach und nicht zu komplex sind und anfangs sehr hohe Steigerungsraten erzielt werden können. Sie schulen die Technik, haben ein moderates Maß an Volumen und Frequenz und sind somit sehr flexibel, was ihren Einsatz im Laufe eines Trainingsjahres betrifft.

Powerlifter hingegen profitieren in ihrer Off-Season, wo sie ohne Equipment (RAW) trainieren, von den höheren Wiederholungszahlen und können zusätzliche Muskulatur aufbauen. Sie fordern das zentrale Nervensystem nicht so brutal heraus, wie das reine Powerlifting-Routinen gerne machen. Sie bieten viel Spielraum im Bereich der Assistenzübungen und dennoch fokussieren sie sich auf die Steigerung der Powerlifts.
Die Reihenfolge der folgenden Besprechungen orientiert sich an einer gewissen Logik, z.B. beginne ich mit den einfacher aufgebauten Programmen, die sich vorrangig an den Bedürfnissen und Möglichkeiten der Einsteiger orientieren. Ich werde versuchen, das Wichtigste auf einen Blick wiederzugeben und liefere wie gewohnt mein persönliches Fazit dazu.

Starting Strength
Mark Rippetoe

Um es gleich vorweg zu nehmen: Mark Rippetoe ist ein kauziger und knurriger Texaner. In einem Paralleluniversum, wo Tommy Lee Jones etwas mit Kraftsport zu tun hätte, wären diese zwei Ultra-Texaner sicherlich Geschäftspartner.

Rippetoe war selbst erfolgreicher Powerlifter in den 70er Jahren und ist seit mehr als 30 Jahren als Trainer für jegliche Formen des Kraftsports aktiv. Mark Rippetoe, und das muss man einfach wissen, hat ein Standardwerk namens *Starting Strength – Einführung ins Langhanteltraining* erschaffen. Das grundlegend Wichtige ist dabei nicht einmal das Programm selbst, sondern seine Ausführungen zu den Übungstechniken und der Biomechanik in Verbindung mit den Powerlifts. Er erklärt absolut verständlich, was es mit Superkompensation, Anpassung, Stress, Erholung usw. auf sich hat. Daher empfehle ich jedem Interessierten, seine Website zu besuchen. Hier finden sich top Artikel, Videointerviews und Tutorials. For free. Dies entbindet dich jedoch nicht von der Lektüre von *Starting Strength* selbst. Es sind lediglich hervorragende Ergän-zungen dazu.

Das Programm

Auch wenn der erste Eindruck anders daherkommt, **Starting Strength ist *kein* Powerlifting-Programm**. Rippetoe hat das auch nie behauptet, leider wurde er oft falsch interpretiert. Starting Strength ist ein allgemeines Programm, mit dem Ziel, in den unten aufgeführten Übungen stark zu werden. Schaut man sich im Netz um, scheint es so, als sei Starting Strength aber das populärste Einsteigerprogramm für angehende Powerlifter. Ich versuche nun darzulegen, warum es ein tolles Programm ist, aber für das Powerlifting wenig Sinn macht.

Rippetoe geht von drei Einheiten pro Trainingswoche aus

Tag A

Kniebeugen	3 x 5 Wdh
Bankdrücken	3 x 5 Wdh
Kreuzheben	1 x 5 Wdh

Tag B

Kniebeugen	3 x 5 Wdh
Overhead Press	3 x 5 Wdh
Power Clean	5 x 3 Wdh

Overhead Press

Oder auch *Military Press* genannt. Die Langhantel wird im Stehen auf Schulterhöhe mit schulterbreitem oder etwas darüberhinausgehendem Griff gehalten. Das Gewicht wird nach oben über den Kopf (*overhead*) gedrückt, bis die Arme vollständig gestreckt sind, danach wieder auf Schulterhöhe abgesenkt. Das Ganze vollzieht sich ohne Schwung und Beinbeteiligung.

Power Clean

Ein Power Clean ist eine Teilbewegung aus dem Bereich des Olympischen Gewichthebens. Wir würden im Deutschen dazu *Standumsetzen* sagen. In der Startposition halten wir die Langhantel mit schulterbreitem Griff im Stand auf Höhe der mittleren Oberschenkel, ähnlich der Endposition im konventionellen Kreuzheben, kurz vor dem Lockout. Unter Spannung bewegen sich die Hüfte und das Gesäß langsam nach hinten, der Oberkörper verlagert sich mit geradem Rücken nach vorne. Aus dieser einleitenden Bewegung heraus zieht der Athlet seine Ellbogen explosiv zur Seite, spannt die Nackenmuskulatur an, indem er sie nach hinten zieht und richtet sich wieder gerade auf. Während dieser dynamischen Zugphasen beschleunigt die Langhantel nach oben, und die bisher nach oben ziehenden und seitlich ausgestellten Ellbogen werden am Wendepunkt unter die Langhantel geschoben. Die Endposition entspricht der Startposition einer Frontkniebeuge. Die Hantel wird kontrolliert in die Ausgangsposition abgelassen. Hier versucht man stets, die Stange mit Nacken- und Schultermuskulatur zu kontrollieren und abzufedern.

Aufteilung über zwei Wochen

Woche 1
Montag	Tag A
Mittwoch	Tag B
Freitag	Tag A

Woche 2
Montag	Tag B
Mittwoch	Tag A
Freitag	Tag B

Lineare Progression

Der Trainierende erhöht bei jeder Trainingseinheit die Trainingsgewichte, vollzieht aber immer die vorgeschriebenen Sätze und Wiederholungen. Für Beginner, die anfangs sehr hohe Steigerungsraten haben und sich praktisch von Training zu Training verbessern, da sie sowohl kraftmäßig als auch technisch am Anfang stehen, kann man getrost die Kniebeuge um 2,5kg, das Bankdrücken, die Overhead Press und Power Cleans um 1,25kg, sowie das Kreuzheben um 2,5-5kg erhöhen. "Beginner" meint hier tatsächliche jungfreudige Kraftsportler, die erst seit ein paar Wochen oder Monaten trainieren. Ein Bodybuilder, der seit fünf Jahren hart trainiert und jetzt auf ein Daywalker Programm umsteigt, ist kein Beginner mehr. Entsprechend müssen hier die Gewichte angepasst werden. Wer schon relativ stark ist, sollte seine Startgewichte zu Beginn des Programmes sehr konservativ wählen, sonst sitzt er schnell auf einem Plateau fest. "Relativ stark" meint in etwa eine technisch korrekte, maximale Wiederholung (1RM) mit folgenden Werten:

Bankdrücken (mit kurzer Pause auf der Brust)
1,25 bis 1,5-faches Körpergewicht oder mehr

Kniebeugen (tiefer als parallel)
1,75 bis 2-faches Körpergewicht oder mehr

Kreuzheben
2-faches Körpergewicht oder mehr

Overhead Press (ohne Schwung und Beinbeteiligung)
0,75 bis 1-faches Körpergewicht oder mehr

Power Clean
0,75 bis 1-faches Körpergewicht oder mehr

Dies sind nur Richtwerte, aber gute Anhaltspunkte für die persönliche Einschätzung derer, die schon eine Zeitlang am Trainieren sind. Beginnt man dieses Programm, das werden wir bei weiteren Systemen auch wiederfinden, nimmt man sich etwas zurück und beginnt nicht mit Gewichtszahlen, die das momentane Wiederholungsmaximum repräsentieren, sondern ca. 90% davon – auch als *Trainings Max* bekannt.

Das Programm arbeitet überwiegend mit 5er Wiederholungen, daher ist es kein Fehler zu wissen, wo man ungefähr gerade mit seiner aktuellen Leistung steht. Wer momentan bei den Kniebeugen 5 Wdh mit 135kg sauber bewältigt, aber definitiv keine weitere Wdh mehr, dessen 5RM sind diese 135kg. Für den Start in der ersten Woche wäre es ratsam, davon nochmal 10% abzuziehen und mit gerundeten 120 bis 122,5kg ins Rennen zu gehen.
Einer der besten Aspekte dieses Programmes ist der Einsatz mehrfacher Sätze mit 5er Wiederholungen. Mehrere 5er Sätze zwingen dich im Bereich von 80-85% zu arbeiten, dies ist wiederum der beste Bereich einen guten Mix mehrerer Kraftqualitäten zu erhalten. Hypertrophie, Kraft, Technik und die Effektivität des zentralen Nervensystems, werden relativ ausgewogen zueinander ausgebildet.

Periodisierung
Starting Strength verwendet keine Form der Periodisierung im klassischen Sinne. Für den totalen Neueinsteiger im Krafttraining funktioniert diese **komplexe parallele Periodisierung** sehr gut.

Alle Fähigkeiten werden mehr oder weniger gleichzeitig ausgebildet. Es gibt zwei Trainingseinheiten, die über drei Trainingstage pro Woche rotiert werden. Man versucht bei jedem Training die Gewichte so lange zu erhöhen, bis man stagniert. Rippetoe hat in seinen Ausführungen zum Programm ein paar Alternativen parat, die einem helfen sollen, ein Plateau zu überwinden. Er manipuliert dazu die Wiederholungen und Satzzahlen innerhalb eines 2-wöchigen Zyklus.

Specials
Eine Besonderheit in diesem Programm stellt die Verwendung von Power Cleans dar. Für einen waschechten Powerlifter sind diese zwar recht unspezifisch, aber für Sportler, die eine sichere Methode suchen, ihre Explosivkraft zu verbessern, sind sie eine gut erlernbare Option. Power Cleans schulen die Koordination und haben einen guten Übertrag in andere Leistungsbereiche wie Sprints oder Sprünge, somit können sie in vielen anderen Sportarten diese Fähigkeiten verbessern.

Pros
Starting Strength bietet jedem Einsteiger die Möglichkeit, sein Kraftniveau schnell zu verbessern und schult neben der Kraft auch die Technik in den Grundübungen. Als Einsteiger wird man darüber hinaus ein paar ordentliche Kilos an Muskelmasse aufbauen, vorausgesetzt, man verzehrt täglich hochwertiges Protein, die nötigen Kohlenhydrate und Fette.

Contras
Für Powerlifter ist Starting Strength nicht spezifisch genug, das heißt weder das Verhältnis von Ober- zu Unterkörperübungen ist optimal, noch werden die drei Powerlifts gleichwertig trainiert. Powerlifting-Neulinge müssten sich mehr auf das Bankdrücken anstelle der Overhead Press konzentrieren, selbiges gilt für das Kreuzheben vs. Power Cleans.

Das Programm berücksichtigt nicht individuelle Unterschiede. Bei Anfängern mag es durchaus funktionieren, von Woche zu Woche mit den angegebenen Werten die Gewichte pauschal zu steigern. Hier ist es völlig ok, die Planung so einfach zu halten. Anfänger wären mit komplexeren Regulierungsmethoden überfordert.

Bei Fortgeschrittenen müssten aber das Volumen und die Intensität individueller regelbar sein. Immerhin gibt Coach Rippetoe an, dass die schon kräftig gebauten Sportler höhere Sprünge bei der Gewichtssteigerung machen dürfen.

Fazit

Als generelles Einstiegsprogramm taugt Starting Strength auf alle Fälle, egal welchen Schwerpunkt man verfolgt. Das Programm wird speziell Einsteiger, die am Anfang ihres Kraftpotentials stehen, stärker und massiver machen. Mehr aber auch nicht. Hat man das Programm einmal ausgereizt und seine Fortschritte geerntet, muss man zu komplexeren Methoden übergehen. Lies dazu auch die Ausführungen im Kapitel zur **Texas Method**, die ebenfalls von Mark Rippetoe stammt. Die Texas Method ist das logische Folgeprogramm zu Starting Strength.

Und vergesst nicht Folgendes:

»Strong people are harder to kill than weak people, and more useful in general!« Mark Rippetoe

Strong Lifts 5 x 5
Mehdi

Dieses etablierte Programm, aus den Reihen der vielen 5x5 Varianten, geht auf den Online-Coach Mehdi zurück. Es ist wie Starting Strength nach einem A- und B-Trainingsschema aufgebaut.

Das Programm
Mehdi, der alte Marketing-Fuchs, hat sein Programm hier hinterlegt:

https://stronglifts.com/5x5/

mittlerweile gibt es dazu die passende App für Android und iOS User. Hier die Aufteilung der Einheiten:

Tag A
Kniebeugen   5 x 5 Wdh
Bankdrücken   5 x 5 Wdh
Kreuzheben   1 x 5 Wdh

Tag B
Kniebeugen   5 x 5 Wdh
Overhead Press 5 x 5 Wdh
LH Rudern   5 x 5 Wdh

Die Aufteilung über zwei Wochen
Woche 1
Montag   Tag A
Mittwoch   Tag B
Freitag   Tag A

Woche 2
Montag   Tag B
Mittwoch   Tag A
Freitag   Tag B

Lineare Progression
Der Athlet erhöht wie bei Starting Strength (SS) in jeder Einheit seine Gewichte:

Kniebeugen/Kreuzheben/LH Rudern   2,5kg
Bankdrücken/Overhead Press   1,25kg

Periodisierung
Ähnlich zu Rippetoes SS-Programm, gibt es hier im Prinzip keine Periodisierung. Wenn man am Ende eines längeren Trainingszyklus angelangt ist, in der Regel nach sechs Wochen, gibt es eine leichte Deload-Woche und man beginnt erneut. Auch hier gilt die Regel, dass diese Art der Programmierung für einen wahren Neuling gut und gerne mehrere Sechs-Wochen-Zyklen funktionieren wird. Das Potential ist erst am Anfang und die Steigerungsraten bei Anfängern sind sehr hoch. Hat man ein ernsthaftes Plateau erreicht, so wird einem geraten, die Gewichte um 10% zu reduzieren und sich von dort im Laufe der Wochen wieder hochzuarbeiten.

Specials
Das hier mit relativ hohem Volumen programmierte LH Rudern legt einen Schwerpunkt auf die Entwicklung der Rückenmuskulatur, hiervon können sowohl das Bankdrücken, als auch das Kreuzheben, profitieren.

Pros
Strong Lifts 5x5 richtet sich definitiv an den Einsteiger, der ein gutes Einsteigerprogramm sucht und evtl. kein Interesse an den Power Cleans hat, die SS verlangt. Technisch betrachtet ist dies einfacher zu erlernen. Strong Lifts 5x5 ist etwas mehr hypertrophielastig als SS, da hier zusätzliche 5er Sätze absolviert werden. Auch die sehr hohe Kniebeugefrequenz bietet gutes Wachstumspotential, natürlich immer eine gute Ernährung und Erholungsphasen vorausgesetzt.

Contras

Strong Lifts 5x5 ist für Powerlifter ebenfalls zu unspezifisch. Ein Powerlifter muss sich sein Bankdrückvolumen nicht zu 50% mit der Overhead Press teilen, er muss definitiv mehr Bankdrücken. Auch das Verhältnis von Kniebeugen zu Kreuzheben ist hier zu sehr an die Kniebeuge angepasst worden. Gerade für Anfänger ist es nicht ganz ohne, drei Mal die Woche 5x5 Kniebeugen zu machen.

Mehdi empfiehlt, das Programm beim ersten Durchlauf mit 50% des 5RM zu machen und sich damit zu steigern. Dies empfinde ich als sehr vorsichtig und für etwas erfahrene Lifter zu leicht. Als sehr sanften Einstieg für Beginner, die in den ersten 2 Wochen nicht am Muskelkater zu Grunde gehen wollen, könnte man es in Erwägung ziehen.

Die persönlichen Voraussetzungen werden, ähnlich zu SS, nicht berücksichtig. Es gilt für alle das gleiche pauschale Schema zur Gewichtssteigerung. Rippetoe ermutigt zumindest die größeren und schon kräftig gebauten Sportler, höhere Gewichtssteigerungen, als den Standard des Programms, vorzunehmen. Mehdi gibt hier keinen Spielraum an.

Fazit

Strong Lifts 5x5 ist kein schlechteres Programm als Starting Strength, eben etwas modifiziert. Für welches man sich entscheiden möchte, bleibt jedem vorbehalten. Mein persönliches Problem liegt beim Schöpfer selbst: Medhi ist ein Internet-Verkäufer. Er hat einen Programm-Bastard erschaffen, der sich angeblich auf ein altbewährtes Konzept von Reg Park stützt. Er bietet auf seiner Homepage viele kostenlose Infos an, die tatsächlich gut sind, aber es ist im Vergleich zu Rippetoes Buch zu wenig Information für wissbegierige Einsteiger. Man erfährt wenig über Technik und Prinzipien, auch das Gesamtverständnis bleibt auf der Strecke. Gerade die Zielgruppe Medhis, die blutigen Anfänger, haben zu wenig Ahnung und Erfahrung, diese vermeintlich einfache Trainingsanleitung umzusetzen. Rippetoe bietet langfristige

Bildung und Verständnis, Medhi setzte auf pauschale Cookie-Cutter-Konzepte für jedermann – aber dennoch lassen sich mit 5x5 nach Mehdi gute Ergebnisse erzielen.

5 x 5
Madcow

Dies ist wohl eines der populärsten Programme für Fortgeschrittene aus dem Internet, das jemals erstellt wurde. Auch hier schadet es nicht, etwas Hintergrundwissen zu erfahren. Der Begriff *Madcow* war der User-Name eines Members im alten Elitefts-Forum. Madcow bastelte auf Basis von *Bill Stars 5x5 for Football*[XXVII] einen Hybriden zusammen. Bill Stars Routine bestand aus der Kniebeuge, dem Bankdrücken und dem Power Clean. Dieses System war im College Football sehr erfolgreich mit hunderten Studenten praktiziert und reproduziert worden. Madcow transformierte es für das naturale, steroidfreie Bodybuilding um, mit dem Ziel, drogenfreie Athleten in kürzester Zeit möglichst muskulös und vor allem stark zu machen, ohne ihre Zeit an billige Muskelmagazin-Programme zu verschenken. Ironischerweise hat sich dieses an Natural Bodybuilder gerichtete Programm verselbstständigt und wird von vielen Powerliftern verwendet. Dennoch gehört es zu den Daywalker Programmen.

Das Programm
Der Schöpfer von Strong Lifts 5x5, Mehdi, hat die Vorlage für Madcow auch auf seiner Seite hinterlegt, zu finden gibt es die hier:

https://stronglifts.com/madcow-5x5/

[XXVII] **Bill Starr (1999):** The Strongest Shall Survive. Strength Training for Football

Wöchentliche Aufteilung

Montag

Kniebeugen	5 x 5 Wdh
Bankdrücken	5 x 5 Wdh
LH Rudern	5 x 5 Wdh

Mittwoch

Kniebeugen	4 x 5 Wdh
Overhead Press *oder* Schrägbankdrücken	4 x 5 Wdh
Kreuzheben	4 x 5 Wdh

Freitag

Kniebeugen	4 x 5, 1 x 3, 1 x 8 Wdh
Bankdrücken	4 x 5, 1 x 3, 1 x 8 Wdh
LH Rudern	4 x 5, 1 x 3, 1 x 8 Wdh

Madcow hat das Programm mit einem Workout Calculator bzw. einem Excel-Spreadsheet ausgestattet, den man sich kostenlos runterladen kann. Die nun verwendeten Prozentwerte sind wesentlich komplexer und können individuell eingestellt werden. Dies ist ein prima Service und erleichtert die eigene Planung.

Ich habe Beispielwerte in Kilogramm eingegeben: Die wichtigsten Einstellungen sind das 1RM oder 5RM. Gibt man z.B. das aktuelle 5RM ein, berechnet das Programm das 1RM und das Startgewicht des ersten Satzes (*starting weight*). *Set Interval* bedeutet, dass die Steigerung der Arbeitssätze 10% beträgt. Das Programm hat die Standardeinstellung Set Intervalls 12,5%.

So sieht die vereinfachte Oberfläche der Eingabemaske aus.

Exercise	Squat	Bench	Row	Press	Deadlift
5RM					
1RM	200kg	160kg	85kg	75kg	225kg
Tonnage Cutoff	60%	60%	60%	60%	60%
Set Interval	10,0%	10,0%	10,0%	10,0%	12,5%
Reps					
Test Weight					
Starting Weight	152,5kg	122,5kg	102,5kg	57,5kg	172,5kg
				Match PRs in Week# 7	

Day	Exercise	Reps	Week 1
Monday	Squat	5	85
		5	105
		5	125
		5	145
		5	**165**
	Bench	5	65
		5	80
		5	100
		5	115
		5	**130**
	Row	5	35
		5	45
		5	55
		5	60
		5	**70**

Wednesday	Squat	5	85
		5	105
		5	125
		5	**125**
	Press	5	40
		5	45
		5	55
		5	**60**
	Deadlift	5	115
		5	140
		5	160
		5	**185**

Friday	Squat	5	85
		5	105
		5	125
		5	145
		3	**170**
		8	125
	Bench	5	65
		5	80
		5	100
		5	115
		3	**135**
		8	100
	Row	5	35
		5	45
		5	55
		5	60
		3	**70**
		8	55

Tonnage Cutoff bedeutet, ein Arbeitssatz muss mindestens 60% des 1RM betragen. Das *Test Weight* und die *Reps* müssen nicht ausgefüllt werden, sie dienen nur der Orientierung, falls jemand sein 1RM bzw. 5RM nicht kennen sollte und sich bei der Schätzung seines 1RM/5RM erstmal herantasten muss. Wenn man im Gym nur 1,25kg Scheiben hat, muss man dies eintragen, damit auf die richtigen Zahlen gerundet wird.

Match PRs in Week# ist eine entscheidende Einstellung: Je kürzer dieser Zeitraum, sagen wir 4 Wochen, desto größer sind die wöchentlichen Gewichtssteigerungen. Je länger, sagen wir wie im Beispiel in Woche 7, desto niedriger fällt die Steigerung pro Woche aus. Als Einsteiger kann man getrost Woche 6 wählen. Wer das Programm schon zwei oder dreimal durchlaufen hat, der sollte hier im Bereich von Woche 7 bis 8 arbeiten, um vorzeitige Stagnation zu vermeiden.

Periodisierung

Auch hier gibt es keine verschiedenen Phasen, die aufeinander aufgebaut sind. Man absolviert 12 Wochen lang dasselbe Schema. Madcow 5x5 gilt als Programm für Fortgeschrittene, da hier die Gewichte im Vergleich zu Starting Strength und Strong Lifts 5x5 nur noch wöchentlich um ca. 2,5% gesteigert werden. Die einzige Variable, die manipuliert wird, ist somit die Intensität. Aber ein Programm, welches ohne richtige Periodisierung auskommt, ist de Facto kein Programm für Fortgeschrittene. Bedingt durch den 8er und 3er Satz in der dritten Trainingseinheit (Freitag) wird die Hypertrophie und die Maximalkraft etwas gereizt, daher kann man eigentlich von nicht-linearer Periodisierung sprechen.

Specials

Dieses Programm wurde in seiner ursprünglichen Version dafür geschaffen, naturale Bodybuilder größer und stärker zu machen. Daher tritt, wie bei Strong Lifts 5x5, das Langhantelrudern stark in den Fokus, ebenso die Overhead Press oder Incline Press. Man kann hier wählen: Eigentlich sollten die Bodybuilder nach Madcows Idee hier Schrägbankdrücken mit der Langhantel absolvieren. Athleten, die ein allgemeineres Kraftziel verfolgen, können aber auch die bereits dargelegte Overhead Press bzw. Military Press einplanen.

Die drei Einheiten gliedern sich einfach formuliert in *schwer* (Montag), *leicht* (Mittwoch) und *moderat* (Freitag). Am Montag wird das relativ schwerste Gewicht für die 5er verwendet. Mittwochs sind die beiden Drückbewegungen recht locker, das Kreuzheben ist aber mit schweren 5er programmiert. Das Gesamtvolumen ist mit vier Arbeitssätzen auch geringer. Der Freitag ist der eigentliche Pumpertag: Ein höheres Volumen, inklusive einer schweren 3er und einer hypertrophielastigen 8er Wiederholung, beenden die Trainingswoche.

Pros
Zweimal die Woche Bankdrücken plus eine dritte Einheit mit Schrägbankdrücken oder evtl. Overhead Press sind ein ausgewogenes Verhältnis von Oberkörper zu Unterkörper. In jeder Einheit wird gebeugt (3x/Woche) und einmal pro Woche ist das Kreuzheben vorgesehen. Das Programm stützt sich auf 5er Wiederholungen, die einen guten Mix aus Kraft und Muskelaufbau repräsentieren. Die eingebauten 3er pushen das zentrale Nervensystem und die 8er geben einen zusätzlichen Wachstumsimpuls.

Contra
Leider berücksichtigt Madcow 5x5 keine individuellen Unterschiede in Bezug auf die Leistungsfähigkeit. Du musst am Montag topfit sein, da dieser Tag die anspruchsvollste Einheit ist. Bist du müde oder schlecht erholt, hast du hier keinen Spielraum. Du musst das neue 5er Gewicht bewältigen. Obwohl das Programm Arbeitssätze bereits ab 60% auflistet, ist das Gesamtvolumen, gemessen an den wirklich anstrengenden Sätzen ab 75% aufwärts, relativ gering. Von den 5 Arbeitssätzen am Montag sind gerade mal die Sätze 3, 4 und 5 fordernd. 1 und 2 sind bessere Aufwärmsätze. Autoregulation oder dergleichen sucht man vergebens.

Fazit

Madcow 5x5 ist eine Methode oder ein Programm, das mir persönlich geholfen hat, mich an dreimal Beugen und dreimal Drücken pro Woche zu gewöhnen. Dies hat mir technisch einen guten Dienst erwiesen und meine Regenerationsfähigkeit verbessert. Es ist ebenfalls das logische Folgeprogramm, wenn man mit allgemeinen Kraftprogrammen weiterarbeiten will, nachdem man Starting Strength oder Strong Lifts 5x5 ausgereizt hat. Der Vorteil gegenüber diesen Programmen besteht zumindest auch darin, dass man die Parameter besser verändern kann und z.B. die Wochen, bis man einen neuen PR setzen will, gezielter programmieren kann.

Texas Method
Mark Rippetoe

Da haben wir ihn wieder, den kauzigen Texaner: Mark Rippetoe ist eine Autorität im Krafttraining und hat natürlich nicht nur ein Ass im Ärmel. Gerne verweise ich wie bei Starting Strength darauf, dass es ein komplettes Werk *Programmgestaltung im Krafttraining* sogar in deutscher Sprache gibt. Hier findet man ausführliche Erklärungen zur Texas Method und darüber hinaus.

Die bisher besprochenen Programme Starting Strength, Strong Lifts 5x5 und Madcow 5x5, sind im Vergleich zur Texas Method fertige Instant-Programme, die man 1:1 übernimmt.
Die Texas Method sollte man jedoch als eine Art Vorlage verstehen. Es gibt ein grundlegendes Prinzip, aber viele bewegliche Teile, die man manipulieren kann, um ein individuelles Programm zu erhalten. Daher ist es recht schwer, die Texas Method in ihrer gesamten Komplexität zu erklären. Der Einfachheit halber orientiere ich mich an der Basis-Vorlage, die Rippetoe zunächst vorschlägt. Wer die vielen verschiedenen Varianten kennenlernen will, der kommt am Erwerb des Buches nicht vorbei. Die Texas Method wird hier an

verschiedene Ziele wie Mixed Martial Arts, Olympisches Gewichtheben, Football, Powerlifting und vieles mehr, angepasst.

Um das Programm nicht nur zu verstehen, sondern auch um die Idee dahinter zu begreifen, muss man den Entstehungskontext etwas erklären. Rippetoe betreibt ein Trainingscenter in Wichita Falls, Texas. Hier arbeitet auch der erfolgreiche Olympische Gewichthebercoach Glenn Pendlay. Beide, Rippetoe und Pendlay, trainierten zur Entstehungszeit der Texas Method hauptsächlich Olympische Gewichtheber und allgemeine Kraftsportler wie Kugelstoßer, Diskuswerfer, Hammerwerfer, Leichtathleten sowie Football- und Basketballspieler. Keine Bodybuilder und vereinzelt nur ein paar Powerlifter. Die Basis-Vorlage sieht deshalb Power Cleans vor, von denen man sich laut Rippetoe schneller erholt, als vom Kreuzheben. Außerdem ist die Kniebeugefrequenz und das Kniebeugevolumen deutlich höher, als die des Kreuzhebens. Die Texas Method verteilt sich auf drei feststehende Einheiten pro Woche und ist erschreckend einfach aufgebaut:

Texas Method Basis Vorlage			
	Montag	**Mittwoch**	**Freitag**
Woche 1	**Kniebeugen:** 5x5 Wdh @80-90% vom Freitag **Bankdrücken:** 5x5 Wdh @80-90% vom Freitag **Power Cleans:** 5x3 Wdh	**Kniebeugen:** 2x5Wdh @80-90% vom Montag **Overhead Press:** 3x5 Wdh @80-90% vom vorigen Montag **GHR*/Back Extension:** 3x10-15 Wdh	**Kniebeugen:** 1x5@PR** **Bankdrücken:** 1x5 @PR** **Kreuzheben:** 1x5@PR**

Woche 2	Kniebeugen: 5x5 Wdh @80-90% vom Freitag Overhead Press: 5x5 Wdh @80-90% vom Freitag Power Cleans: 5x3 Wdh	Kniebeugen: 2x5 Wdh@80-90% vom Montag Bankdrücken: 3x5 Wdh @80-90% vom vorigen Montag GHR*/Back Extension: 3x10-15 Wdh	Kniebeugen: 1x5@PR** Overhead Press: 1x5 @PR** Kreuzheben: 1x5@PR**

*GHR *Glute- Ham-Raise*: Man wählt eine *nicht*-Hantelübung wie die GHR oder Back Extension, um den unteren Rücken, das Gesäß und den Beinbizeps, mit höheren Wiederholungen im Bereich von 10-15 aufzubauen.
**PR *Persönlicher Rekord*: Man arbeitet sich auf einen Top-Satz mit 5 Wdh hoch, der mit einem höheren Gewicht, als am Freitag der Vorwoche, erzielt wurde.
Tipp: Besorgt man sich *Fractional Plates*, kann man sogar um 0.5kg steigern.

Periodisierung

Das Programm ist wahrlich für diejenigen konzipiert, die am Anfang oder in der Mitte ihres Fortgeschrittenen-Stadiums angelangt sind. Die Methode basiert auf der Theorie der progressiven Überlastung, jedoch ohne vordiktierte Gewichte. Die wöchentliche Steigerung am Freitag kann irgendwo zwischen 0,5kg und 10kg liegen, je nach Leistungsvermögen. Es verwendet keine Periodisierung im klassischen Sinne, als dass sich bestimmte Kraftphasen abwechseln oder sich das Volumen ändert. Es ist unglaublich einfach, aber dennoch sehr effektiv. Die meisten Fortgeschrittenen-Programme arbeiten mehrere Wochen mit *Akkumulation* (Volumenphase für Muskelaufbau und Erhöhung der Arbeitsleistung), *Regeneration* (Erhalt- und Erholungsphase) und *Intensifikation* (Intensitätsphase, maximale Kraftentfaltung). Die Texas Method quetscht alle diese Phasen in eine Trainingswoche (Mesozyklus) und jede der drei Trainingseinheiten ist ein eigener Mikrozyklus. Der Montag ist der *Volumentag*, der Mittwoch der *Erholungstag* und der Freitag gestaltet sich als *Intensitätstag*.

Specials

Die besonderen Eigenheiten liegen wie bereits erwähnt im System an sich. Es ist eine Vorlage, die man gezielt im Sinne des Erfinders verändern kann und die danach dennoch den Namen Texas Method tragen darf. Die individuellen Anpassungen setzen jedoch die Lektüre des vollständigen Werks voraus.

Pros

Für ein Fortgeschrittenen-Programm ist es erstaunlich simpel aufgebaut und kann als eines der wenigen Programme ähnlich wie ein Beginner-Programm verwendet werden. Der Sportler durchläuft jede Woche einen vollständigen Anpassungszyklus. Es verlässt sich auf die bekannten Powerlifts sowie die Overhead Press, Power Cleans und den Einsatz einer zusätzlichen Übung für die Posteriorkette, also den unteren Rücken, das Gesäß und den Beinbizeps. Die bereits gelobten 5er Wiederholungen liefern den bewährten Mix aus Kraft- und Muskelaufbau.

Contras

Die Basis-Vorlage ist für die Entwicklung submaximaler Kraft (5er Wdh) und Explosivkraft (Power Cleans) gut geeignet. Powerlifter müssten das *Kreuzhebe-zu-Power-Clean-Verhältnis* modifizieren und Bodybuilder evtl. die Overhead Press durch Schrägbankdrücken ersetzen. Das Unterkörpervolumen ist deutlich höher, als das Oberkörpervolumen. Hier müssten sowohl für Powerlifter, als auch für Bodybuilder, Anpassungen vorgenommen werden.
Individuelle Unterschiede werden hier aber auch nicht berücksichtigt und das Programm verlässt sich darauf, dass der Sportler stets berechenbar gute Leistungen erbringt. Weder das Volumen, noch die Intensität, kann wöchentlich an die Bedürfnisse und Gegebenheiten des Athleten angepasst werden. Es ist eine fixe Struktur und nicht jeder kann sich Woche für Woche entsprechend anpassen und verbessern.

Fazit

Die Texas Method besticht durch ihre Einfachheit und hat eine gute Mischung aus Volumen und Intensität hervorgebracht. Wer sich vom Anfänger auf das Level eines Fortgeschrittenen hochgearbeitet hat, wird mit diesem Programm diesen Übergang gut begleiten können. Um langfristig, also mindestens ein bis zwei Jahre, damit arbeiten zu können, müssen aber die im Buch erwähnten Anpassungen vorgenommen werden. Sportler, die die allgemeine Kraft in Sinne haben, können aber problemlos die Basis-Vorlage für mehrere Zyklen nutzen. Bodybuilder oder Powerlifter sollten schon zu Beginn ihre sportartenspezifischen Modifikationen einbauen.

5/3/1 Original
Jim Wendler

Wer sich im Internet jenseits von Bodybuilding-Routinen mehr oder weniger schlau gemacht, und auch bei den Powerliftern herumgestöbert hat, der ist ohne Zweifel über das 5/3/1 Programm von Jim Wendler gestolpert. Dies liegt wohl daran, dass Wendler ein sehr charismatischer Kerl ist, der bedingt durch sein Auftreten, sehr authentisch erscheint. Seiner Autorität kommt zugute, dass er ein ehemaliger Division I Footballspieler am College war und später den Status eines Elite-Powerlifters erreicht hat. Wendler trainierte bereits unter Louie Simmons und organisierte zusammen mit Louie und Dave Tate landesweit Trainingsseminare in den USA. Zudem gehört er, zusammen mit Dave Tate, zum Gründungsteam von Elitefts und hat allein deswegen einen hohen Status im Kraftsport inne.

Spoiler

5/3/1 ist eine Vorlage, kein pauschaler Trainingsplan und in seiner Grundausrichtung keine Powerlifting Routine. Aber, ähnlich zur Texas Method, hat Wendler an seinem ursprünglichen Programm die letzten Jahre nachgearbeitet und so gibt es speziell erhältliche E-Books, die über das originale 5/3/1 hinausgehen: **5/3/1 for Football** (2010), **5/3/1 for Powerlifting** (2011), **Beyond 5/3/1** (2013) und **Forever 5/3/1** (2017). Innerhalb der Ausgabe von Beyond 5/3/1 finden sich viele Varianten, wie das System u.a. auch für MMA verwendet werden kann. Das aktuellste Werk von 2017, Forever 5/3/1, ist derzeit nur als Printversion als US-Import zu erhalten. Wendler hatte es wohl satt, dass findige Raubkopierer seine E-Books in PDF Dokumente umgewandelt und illegal ins Netz gestellt haben. Kann man verstehen.

Das Programm

Wendler hat, abgesehen vom Training der Kraft, auch ein hohes planerisches Wissen im Bereich Kraftausdauer und allgemeiner Ausdauer. Er weiß genau, wie man das Krafttraining mit harten Ausdaueraktivitäten wie Berg- oder Treppensprints, der Verwendung von Gewichtsschlitten, einem Prowler oder Farmers Walk, zusammenführt und beide Aktivitäten meistern kann. 5/3/1 wurde von ihm ursprünglich erschaffen, als er kurzatmig und übergewichtig seine Powerliftingkarriere beendete. Er wollte zwar die Powerlifts weiterhin trainieren, aber darüber hinaus auch Muskelmasse, Mobilität und seine Ausdauerkondition, verbessern. Das ursprüngliche Programm sieht wie folgt aus:

5/3/1 Original Programm				
	Woche 1	Woche 2	Woche 3	Woche 4
Satz	3x5	3x3	5/3/1	Deload
1	5 x 65%	3 x 70%	5 x 75%	5 x 40%
2	5 x 75%	3 x 80%	3 x 85%	5 x 50%
3	5 x 85%+	3 x 90%+	1 x 95%+	5 x 60%

Der monatliche Mesozyklus unterteilt sich in vier unterschiedliche Mikrozyklen, bei vier Trainingseinheiten die Woche:

1. Woche 3 x 5
2. Woche 3 x 3
3. Woche 5/3/1
4. Woche Deload

Im dritten und schwersten Satz, mit einem (+) gekennzeichnet, kann oder sollte man, mehr als die vorgegebenen Wiederholungszahlen absolvieren.

Wichtig ist das Verständnis der Erklärungen von Wendler zum **Training Max.** Um dieses zu ermitteln, muss man sein aktuelles 1RM kennen. Ob man dieses vor Beginn des Programmes testet oder durch die Rep-Max-Formel[XXVIII] ausrechnet, spielt keine Rolle, man muss einfach den 100% Wert (1RM) aus allen vier Grundübungen Kniebeuge, Bankdrücken, Overhead Press und Kreuzheben, kennen. Kennt man sein 1RM, dann zieht man davon 10% ab und verwendet diese 90% seines wahren 1RM als 100%, das sogenannte Training Max. Wenn z.B. 100kg dein tatsächliches Maximum (True 1RM) für eine Wiederholung sind, dann wird für die weitere Trainingsplanung 90kg als 100% verwendet. Davon ausgehend werden alle vorgeschriebenen Prozentwerte errechnet. Am Ende jedes Trainingsmonats bzw. Mesozyklus (trainiert man vier Mal pro Woche, dauert es vier Wochen, trainiert man drei Mal pro Woche werden sechs Wochen daraus) erhöht man das Training Max bei den Kniebeugen und dem Kreuzheben um 4-5kg, beim Bankdrücken und Overhead Press sind es 2-2,5kg.

Ein wöchentlicher Mikrozyklus sieht in der 5/3/1-Woche folgendermaßen aus:

Kniebeugen Training Max 160kg	Overhead Press Training Max 70kg	Kreuzheben Training Max 180kg	Bankdrücken Training Max 110kg
5 x 75% x 120kg	5 x 75% x 52,5kg	5 x 75% x 135kg	5 x 75% x 82,5kg
3 x 85% x 135kg	3 x 85% x 60kg	3 x 85% x 152,5kg	3 x 85% x 92,5kg
1 x 95% x 152,5kg*	1 x 95% x 65kg*	1 x 95% x 170kg*	1 x 95% x 105kg*
*so viele Wdh wie möglich, aber mindestens die vorgegebene Anzahl			

[XXVIII] **Rep-Max-Formel**
Wdh-Max * Gewicht = X * 0,0333 = X + Gewicht = theoretisches 1RM
Beispiel: 4* 100kg = 400kg * 0,0333 = 13.32kg + 100kg = 113.32kg

Periodisierung

Das Originale 5/3/1 arbeitet nicht mit einer echten Periodisierung, dafür sind die 5er-, 3er- und 1er-Phasen mit jeweils einer Trainingswoche zu kurz. Im Nachfolgewerk *Beyond 5/3/1* bietet Wendler aber 26- und 28-wöchige Schemata an, die sich in Blöcken gezielt an Muskelaufbau, Kraftausdauer und Maximalkraft richten. Die Basis-Vorlage arbeitet mit progressiver Überlastung und dem Versuch, mehr Wiederholungen als geplant in den Powerlifts zu absolvieren. 5/3/1 bearbeitet in jeder Trainingseinheit, je nach Planung, mehrere Kraftqualitäten, dies geht in die Richtung der nicht linearen Periodisierung und entspricht im Kern dem holisitischen Ansatz von Fred Hatfield.

Eine komplette Trainingseinheit mit Assistenzübungen enthält nach den Powerlifts, die nach dem 5/3/1-Prinzip programmiert sind, ergänzende Übungen (assistence/supplement lifts) im Bereich von 5 bis 20 Wiederholungen. Diese Ergänzungen sollen dazu dienen, die Powerlifts zu verbessern, Muskulatur aufzubauen und auch muskuläre Dysbalancen auszugleichen.

Specials

Das Programm stützt sich auf mehrere Besonderheiten. Wendler sieht den Zweck des Programmes nicht darin, innerhalb von sechs bis acht Wochen kurzfristige Ergebnisse zu produzieren, sondern geht davon aus, dass seine Athleten mehrere Monate oder Jahre investieren und damit langfristige Ergebnisse erreichen können. Um sich nicht gleich in den ersten Wochen bereits auf einem Plateau festzusetzen, möchte er, dass man mit sehr konservativen Anfangsgewichten ins Rennen geht und teilweise sogar mehr als 10% von seinem wahren 1RM abzieht (Training Max).

Wendler plant alle vier Wochen einen Deload, um sich physisch und psychisch zu erholen, um dann wieder mit Vollgas einsteigen zu können.

5/3/1 plant nach den Hauptübungen diverse Assistenzübungen ein, je nach Schwerpunkt des Athleten. Er macht sowohl im Originalen 5/3/1, aber noch viel besser und ausführlicher in Beyond 5/3/1, konkrete Vorschläge, welche Übungen man hier verwenden sollte.

Pros

Das Programm, das uns Wendler hier an die Hand gibt, wächst mit dem Wissen seines Benutzers. Es gibt im Prinzip endlose Möglichkeiten, die Basis-Vorlage umzugestalten.
Neben der Steigerung der Gewichte zu Beginn jedes neuen Mesozyklus, kann der Nutzer immer im dritten Satz so viele Wiederholungen wie möglich absolvieren. Somit steigert sich die Intensität nicht nur durch die Gewichtserhöhung, sondern auch durch die individuelle Tagesform. Jeder kann die Intensität durch mehr als die vorgegebenen Wiederholungen im dritten Satz nach oben schrauben. Hat man einen suboptimalen Tag erwischt, so macht man eben nur die Standardwiederholung und hat dennoch das Tagesziel erreicht. So einfach ist das.
Das Programm arbeitet mit einer sehr, sehr einfachen Form der Autoregulation. Der Sportler kann dementsprechend seine einzelnen Einheiten daran angleichen *ohne* das System missbraucht zu haben. Ist man in Topform, kann man immer mehr rausholen, als die vorgeschriebenen Zahlen. In schlechter Verfassung, kann auch einfach mal nur der Standard absolviert werden und das ist dennoch völlig in Ordnung. Dies ist nach meiner persönlichen Erfahrung mit dem Programm eine der intelligentesten Eigenschaften, die auch etwas den Druck rausnimmt.

Contras

Die Vorteile sind zugleich die Nachteile: Man hat eine gewaltige Auswahl an Möglichkeiten, die über die Basis-Vorlage hinausgehen und nicht jeder ist in der Lage, daraus die richtigen Methoden zu wählen. Wendler versucht zwar seine Anhänger nicht alleine zu lassen, aber ab einem gewissen Punkt gibt er zu, dass jeder eben lernen muss, auf seinen Körper zu hören. Meiner Meinung nach ist das eine schwere Bürde, was nicht immer ohne externe Anleitung geschehen kann.
Wenn man sich an die Basis-Vorlage hält, trainiert man jede Grundübung nur einmal die Woche mit drei Sätzen. Dies ist sehr wenig und wird für viele nicht ausreichen, sich langfristig zu verbessern. Man muss die Zusatzübungen clever programmieren, um zusätzliche Kniebeugen, Kreuzhebevarianten und

Bankdrückvarianten, pro Woche zu bewältigen. Hier ist das Programm nicht spezifisch genug. Wer sich bei den Zusatzübungen nur auf Klimmzüge, Curls und Situps verlässt, wird wenig erwarten können.

Fazit

Die ursprüngliche Version von Wendler ist eine solide Basis für all diejenigen, die die Powerlifts trainieren wollen und darüber hinaus aber auch andere Qualitäten ausbilden möchten. Dies war auch seine Grundintention. 5/3/1 kann im Alltag schnell und unkompliziert umgesetzt werden und weist ein ausgewogenes Verhältnis von Oberkörper- zu Unterkörpertraining auf. Um technisch die Powerlifts verbessern zu wollen, genügen die Standardsätze aber bei weitem nicht, hier muss nachjustiert werden. Hier fehlt die Spezifität, da für Powerliftingverhältnisse zu viel Wert auf die OH Press anstelle des Bankdrückens gelegt wird.

Aber so soll es ja auch sein: Jeder kann sich sein individuelles 5/3/1-Programm mit Wendlers Empfehlungen zusammentackern. Das einzige Problem, das bestehen bleibt, ist die Plan- und Denkarbeit, die er seinen Nutzern am Ende selbst überlassen muss. Dennoch sollte es einem klar sein: Anfänger halten sich an die einfache Basis-Vorlage, Fortgeschrittene dürfen sich schon bei den weiterführenden Vorschlägen bedienen.

Wer sich für Wendlers Programm in all seinen Varianten interessiert, der ordert sich auf https://www.jimwendler.com/ oder Amazon das E-Book des aktuellen Beyond 5/3/1.

The Juggernaut Method 2.0
Chad Wesley Smith

Bei der Juggernaut Method (JM) von Chad Wesley Smith war es nicht allzu einfach, sich zu entscheiden, ob die JM zu den allgemeinen Kraftprogrammen gehört oder ob sie schon ein Powerlifting Programm darstellt. Nach ausführlicher Lektüre muss ich aber davon ausgehen, dass es auch dazu in der Lage ist, mehrere Dinge zu leisten. Egal ob Powerlifting-Neuling, Leichtathlet, Rugbyspieler oder jeder andere, der schneller, stärker und besser werden will, Smith bedient jeden und zwar richtig gut.

Das Programm besteht aus vier Einheiten pro Woche und jede Einheit widmet sich einer Hauptübung, gefolgt von ein paar Assistenz- und Ergänzungsübungen. Die Hauptübungen sind Kniebeugen, Bank-drücken, Kreuzheben und die Overhead Press. Die Übungen wechseln sich entsprechend meiner Aufzählung nach Unter- und Oberkörper ab.

Die Prozentwerte entstammen, wie bei Wendlers 5/3/1, einem Training Maximum. Dies entspricht ungefähr einem 1RM abzüglich 10%. Die verbleibenden 90% werden dann als absoluter Wert von 100% eingesetzt, davon ausgehend werden alle weiteren Prozentwerte berechnet.

Das Programm

The Juggernaut Method				
	Woche 1 Akkumulation	**Woche 2** Intensifikation	**Woche 3** Realisation	**Woche 4** Deload
10er Phase	60% x 4 x 10 60% x 10+*	55% x 5 62,5% x 5 67,5% x 2 x 10 67,5% x 10+**	50% x 5 60% x 3 70% x 1 75% x 10+***	40% x 5 50% x 5 60% x 5
8er Phase	65% x 4 x 8 65% x 8+*	60% x 3 67,5% x 3 72,5% x 3 x 7 72,5% x 7+**	50% x 5 60% x 3 70% x 2 75% x 1 80% x 8+***	40% x 5 50% x 5 60% x 5
5er Phase	70% x 5 x 5 70% x 5+*	65% x 2 72,5% x 2 77,5% x 4 x 4 77,5% x 4+**	50% x 5 60% x 3 70% x 2 75% x 1 80% x 1 85% x 5+***	40% x 5 50% x 5 60% x 5
3er Phase	75% x 6 x 3 75% x 3+*	70% x 1 77,5% x 1 82,5% x 4 x 3 82,5 x 3+**	50% x 5 60% x 3 70% x 2 75% x 1 80% x 1 85% x 1 90% x 3+***	40% x 5 50% x 5 60% x 5
	*__*2-3 Wdh__* *bei allen (+) Sätzen aufsparen*	*__**1-2 Wdh__* *bei allen (+) Sätzen aufsparen*	*__***keine Wdh__* *bei allen (+) Sätzen aufsparen*	
Prozent x Sätze x Wiederholungen				

Progression und Periodisierung

Die JM macht sich die progressive Überlastung zu eigen und kombiniert diese mit den (+) Sätzen. Diese multidimensionale Steigerung durch vorgeschriebene Zahlen plus die persönliche Tagesleistung, erlaubt es sowohl Gewichts- als auch individuelle Wiederholungsrekorde zu setzen.

Die 16 Wochen sind in vier Mesozyklen mit den bekannten Bezeichnungen organisiert: Akkumulation, Intensifikation, Realisation und einem Deload, der für die Erholung sorgen soll.

Zur besseren Übersicht:

1. Woche/4 Einheiten: Akkumulation
Volumen hoch, niedrigere Intensität
10er Wdh

2. Woche/4 Einheiten: Intensifikation
Volumen moderat, höhere Intensität
8er Wdh

3. Woche/4 Einheiten: Realisation
Volumen niedrig, höchste Intensität
3er Wdh

4. Woche/4 Einheiten: Deload/Erholung
Volumen niedrig, sehr niedrige Intensität
5er Wdh

Die JM nutzt die klassische **lineare Periodisierung** und bewegt sich von hohen Wiederholungen in Richtung niedrigen Wiederholungen. Mit den 10er Wiederholungen beginnt man sehr hypertrophielastig, danach bewegt man sich aber von dieser Seite des Spektrums immer mehr auf die kraftorientierte Seite. Innerhalb jeder Phase unterläuft man eine Form der **Blockperiodisierung**, da von Akkumulation zu Intensifikation, hin zu Realisation, gearbeitet wird. Insgesamt stellt C. W. Smith dadurch sicher, dass im Großen und Ganzen von

Hypertrophie hin zur Kraft gearbeitet wird. Durch die Mini-Blöcke gewährleistet er aber auch, dass einzelne Kraftqualitäten parallel entwickelt oder zumindest aufrechterhalten werden können. Für mäßig bis weit fortgeschrittene Athleten ist dies ein sehr geeignetes Modell.

Autoregulation

Die (+) Sätze nutzen die guten Tage und erlauben es, einen Wiederholungsrekord zu setzen, ansonsten begnügt man sich mit den Standardwiederholungen. Die Steigerungsrate für den nächsten Mesozyklus kann dadurch auch beeinflusst werden. Smith empfiehlt das Trainings Max nach Abschluss der Realisationsphase beim Drücken um 1,25kg und beim Beugen und Heben um 2,5kg zu steigern. Hat man aber in der jeweiligen Realisationsphase in der 10er-, 8er-, 5er- oder 3er-Phase ein deutliches Plus an Wiederholungen erzielt, kann das Trainings Max zusätzlich erhöht werden. Wenn auf der Bank in der 10er Phase beim (+) Satz, anstelle von 10 sogar 14 Wiederholungen möglich waren, verrechnet man den Wert folgendermaßen:

14 - 10 Wdh = 4
4 x 1,25kg = 5kg

Somit würde man das Trainings Max im Bankdrücken in der nächsten Phase nicht standardmäßig um 1,25, sondern gleich um 5kg erhöhen. Dies ist eine ambitionierte Anwendung der Autoregulation in Bezug auf die Steigerungsrate.

Spezifität

Ohne dem von mir in vielerlei Hinsicht geschätzten Jim Wendler frech am Bart zupfen zu wollen, so muss ich Chad Wesley Smith zugestehen, dass er mit der Juggernaut Method 2.0 eine etwas wissenschaftlichere Version des erfolgreichen 5/3/1 kreiert hat. Ohne Frage ist die originale Juggernaut Method Version genauso wenig für das fortgeschrittene Powerlifting geeignet, wie Wendlers Originalversion von 5/3/1. Beide sind nicht spezifisch genug. Die JM hat zudem das Problem, dass innerhalb von 16 Wochen gerade mal 4 Wochen Gewichte ab 80% verlangt werden. Für Powerlifter ist das zu wenig. Und wenn man vom Training Max ausgeht, ist es bedingt durch die von vorneherein abgezogenen 10% sogar noch weniger. Powerlifter müssen ca. 75% ihrer Hauptübungen im Bereich von 80-90% ausführen, die JM liegt irgendwo bei 75%. Aber Smiths Absicht war es auch nie, ein Powerlifting Programm zu entwickeln, auch wenn er im Buch eine zusätzliche Vorbereitungsroutine für einen Powerlifting Wettkampf bereitstellt. Na, wer sagt es denn?! Hier wird jeder bedient, und wie bereits erwähnt, sogar *richtig gut*!

Fazit

Wie bei vielen amerikanischen Programmen widmet man sich pro Tag einer einzigen Hauptübung. Smith bietet in seinem Buch aber auch eine 6-Tage-Routine an. Hier wird an zwei Tagen gebeugt, einmal pro Woche gehoben und sogar an drei Einheiten gedrückt. Wie bei Beyond 5/3/1 ist es mir hier ähnlich ergangen: Im jeweiligen Buch gibt es viele tolle Modifikationen, das System auf die individuellen Bedürfnisse zurecht zu schnitzen, aber dafür müsste ich jeweils ein eigenes Kapitel schreiben. Für die Absicht, hervorragende Grundkraft und Muskelmasse aufzubauen, eignet sich die Juggernaut Method aber unbedingt. Es würde mich sehr wundern, wenn jemand hier keine Zuwächse erlangen würde. Als Daywalker Programm gehört es wirklich zu den besten seiner Art.

Grey Skull Linear Progression
John Sheaffer

John Sheaffer, alias Johnny Pain, wie er sich gerne nennt, könnte mir nicht ähnlicher sein. Der wesentliche Unterschied liegt aber darin begraben, dass er gute Trainingsprogramme schreibt und ich nur darüber schreibe. Aber sonst würde es ganz gut passen: Wir sind Fans der *Masters of the Universe*, daher der Name Grey Skull, sind Träger kahlgeschorener Köpfe, hören harten Metal und geben gerne viel Geld für Tätowierungen aus. Ok, das mag jetzt auf viele Typen aus dem Kraftsport zutreffen, allen voran auch Jim Wendler. Aber schön, lassen wir das, bevor noch jemand bemerkt, dass die Grenzen der eigenen Ego-Projektion und die Glorifikation persönlicher Heldenfiguren bei mir schon lange verwischt wurden.

Bei *Grey Skull Linear Progression* (GSLP) handelt es sich um eine Einsteiger-Routine, wie sie auch bei Starting Strength zu finden ist. Es gibt aber ein paar signifikante Besonderheiten, die sich deutlich von anderen Beginner-Programmen unterscheiden.

Das Programm

Grey Skull Linear Progression Basis Programm		
Montag	Mittwoch	Freitag
Übung	Übung	Übung
Sätze x Wdh	Sätze x Wdh	Sätze x Wdh
Bankdrücken/ Overhead Press*	Bankdrücken/ Overhead Press*	Bankdrücken/ Overhead Press*
2 x 5/1 x 5+AMRAP**	2 x 5/1 x 5+AMRAP**	2 x 5/1 x 5+AMRAP**
Kniebeuge	Kreuzheben	Kniebeuge
2 x 5/1 x 5+AMRAP	1 x 5+AMRAP	2 x 5/1 x 5+AMRAP
*Beide Übungen werden so abgewechselt, dass nie an zwei Einheiten in Folge dieselbe Übung ausgeführt wird. **AMRAP *As Many Reps As Possible*		

Zwei Eigenschaften stechen sofort ins Auge:
Erstens: Es ist ein 3er-Splitt, nicht wie z.B. bei Starting Strength oder Strong Lifts 5x5, diese Programme arbeiten mit einem 2er-Splitt.
Zweitens: Interessant ist die Platzierung der Lifts: Das Bankdrücken und die Overhead Press wird immer *vor* den Kniebeugen und dem Kreuzheben ausgeführt. Dies hat den Vorteil, dass, egal wie schwer das Kniebeugen oder Kreuzheben an diesem Tag verläuft, es wird die Drückbewegung nicht negativ beeinflussen. Wer schon einmal eine harte Kniebeuge-Session durchlaufen hat, weiß genau, dass das

anschließende Bankdrücken darunter leiden kann. Umgekehrt ist das eher selten der Fall.

Periodisierung

Wie der Namenszusatz *Linear Progression* bereits zugibt, findet hier keine wirkliche Periodisierung statt. Oder vielleicht doch?

Nun, ein paar kleine Optionen schmuggeln doch so etwas wie Periodisierung in das Programm, was natürlich eine gute Sache ist. Sheaffer lässt das Trainingsgewicht um 10% reduzieren, wenn man bei einer Übung nicht mehr weiterkommt und auf einem Plateau festhängt. Dies wirkt sich speziell bei den AMRAP-Sätzen auf die Wieder-holungszahl, somit auf das Volumen und die Kraftqualität aus. Der Athlet kann sich durch die Gewichtsreduzierung wieder in deutlich höheren Wdh-Bereichen bewegen. Auch wenn es sich pro Trainingseinheit hierbei nur um ein oder zwei AMRAP-Sätze handelt, so beeinflusst diese vorübergehende Modifikation das Trainingsprinzip und ist eine Form der Periodisierung. Je nach Wahl des nachfolgenden **Plug-in** ergeben sich zusätzliche Wiederholungsbereiche, was für eine nicht-lineare Periodisierung spricht.

Specials

Sheaffer bietet zum Basis-Programm verschiedene Ergänzungen an, er nennt diese Plug-in. Hier darf sich der Beginner, je nach Schwerpunkt, bedienen. Es gibt u.a. ein Plug-in für Beginner mit Powerlifting-Ambitionen oder auch für diejenigen, die einfach stärkere Arme brauchen:

Grey Skull Linear Progression Armtraining *Plug-in*		
Montag	Mittwoch	Freitag
Übung Sätze x Wdh	Übung Sätze x Wdh	Übung Sätze x Wdh
Bankdrücken/ Overhead Press* 2x5/1x5+AMRAP**	Bankdrücken/ Overhead Press* 2x5/1x5+AMRAP	Bankdrücken/ Overhead Press* 2x5/1x5+AMRAP
Langhantelcurls*** 2x10-12	Langhantelcurls*** 2x10-12	Langhantelcurls*** 2x10-12
Chinups*** 2x6-8	Chinups*** 2x6-8	Chinups*** 2x6-8
Kniebeuge 2x5/1x5+AMRAP	Kreuzheben 1x5+AMRAP	Kniebeuge 2x5/1x5+AMRAP
*Beide Übungen werden so abgewechselt, dass nie an zwei Einheiten in Folge dieselbe Übung ausgeführt wird. **AMRAP *As Many Reps As Possible* ***Langhantelcurls werden beim Bankdrücken ausgeführt, Chinups an den Overhead Press-Einheiten.		

In seinem Buch bietet er nicht nur Plug-ins an, sogar ein 6-wöchiger Vorbereitungsplan für einen Powerlifting Wettkampf ist enthalten. Dieser ist zwar sehr einfach strukturiert, aber für einen Beginner, der keine Vorerfahrung hat, bestens geeignet.

Wichtig wäre zu wissen, dass John regelrecht diktiert, man müsse Microplates oder Fractional Plates verwenden. Diese Mini-Gewichtsscheiben gibt es bereits ab 0,125kg zu kaufen. Da in den meisten Gyms die Gewichtsplatten erst ab 1,25kg beginnen, sieht er es als unerlässlich an, auch kleine Steigerungen vornehmen zu können. Sinnvoll wäre es zumindest, ein Paar 0,5kg Scheiben zu besitzen, somit kann man auf der Langhantel bereits mit 1kg steigern und nicht nur mit den standardmäßigen 2,5kg (2 x 1,25kg).

Überlastung

GSLP sieht beim Kreuzheben und Kniebeugen eine mindestens wöchentliche Steigerung von 2,5kg und beim Bankdrücken/Overhead Press 1,25kg vor. Daher ergibt die Verwendung von Fractional Plates definitiv Sinn. Die Erhöhungen dürfen nach Sheaffers Ansicht auch in größeren Sprüngen erfolgen, wenn die vorgegebenen Wiederholungen verdoppelt werden könnten. Aber selbst wenn die gewählten Gewichte eventuell mal nicht hoch genug sein sollten, so sorgt der AMRAP-Satz zumindest für einen harten Satz je Grundübung.

Pros

John Sheaffer macht wirklich sehr vieles richtig. Er führt zuerst die Drückbewegung aus, dann die Beuge- oder Hebebewegung. Für Nicht-Powerlifter, die sich nicht an die traditionelle Wettkampfabfolge der Übungen (1) Kniebeugen (2) Bankdrücken (3) Kreuzheben bereits im Training gewöhnen müssen, scheint dies ideal zu sein.

Die Möglichkeit, sich bei verschiedenen Plug-ins zu bedienen, wird dem individuellen Prinzip gerecht. Schließlich bringt nicht jeder Beginner die gleichen Voraussetzungen mit, einige brauchen zusätzliche Hypertrophie, andere verstärkt technisches Training. Die Plug-ins werden ruhig und besonnen eingebaut, ohne das eigentliche System zu missbrauchen. Sein Programm richtet sich an diejenigen, die in erster Linie stärker werden wollen, aber auch eine gute Portion Muskelmasse aufbauen möchten. Sein primäres Publikum sind nicht die Powerlifter, dennoch gibt es Modifikationen, die den Powerliftern gerecht werden, sogar den Olympischen Gewichthebern. Der Athlet entscheidet selbst, wo seine Prioritäten liegen: Kraftaufbau, Fettabbau, Muskelmasse oder Kraftkonditionierung für andere Sportarten.

Contras

John Sheaffers individuelle Baupläne für sein GSLP sind eine sinnvolle Option, aber natürlich werden sie einem hohen Spezifizierungsanspruch nicht gerecht. Wer ein reinrassiges Powerlifting oder Bodybuilding Programm sucht, der wird hier

Kompromisse eingehen müssen. Aber darum geht es ja: Ein Anfänger wird immer gut damit beraten sein, eine Mischform aus Kraft und Hypertrophie zu betreiben, sein unverbrauchtes Potential versetzt ihn in die Lage, gleichzeitig Kraft, Hypertrophie und technische Fortschritte erzielen zu können. Weiter fortgeschrittene Athleten benötigen aber ein anspruchsvolleres System.

Fazit

Wer einen sinnvollen Mix aus Kraft und Hypertrophie in einem einfach aufgebauten Programm sucht, der wird hier definitiv sehr zufrieden sein. GSLP ist einfach genug, um einen Beginner nicht mit Prozentwerten zu überfordern, aber dennoch vollständig genug, um alles zu bedienen, was eben ein Beginner für ein erfolgreiches erstes Trainingsjahr benötigt.

Wer sich einen Überblick über Johns Werke verschaffen will, der schaut bei Amazon vorbei, zum Zeitpunkt der VÖ dieses Buches war Johns Seite http://www.strengthvillain.com/ nicht mehr online.

Westside For Skinny Bastards
Joe DeFranco

Joe DeFranco ist ein weltweit anerkannter Kraft- und Konditionstrainer und Inhaber von DeFranco's Gym. In den letzten zwei Jahrzehnten haben Athleten aus der ganzen Welt DeFranco wegen seiner bemerkenswerten Fähigkeit, Kraft, Leistung, Geschwindigkeit und sportartspezifische Ausdauer zu verbessern, engagiert. Westside For Skinny Bastards (WS4SB) wurde bereits 2004 von DeFranco als effektives Krafttrainingsprogramm für Einsteiger entwickelt und wurde seitdem zweimal überarbeitet und ergänzt. In diesem Kapitel widme ich mich allen drei Varianten dieses Systems und werde versuchen, die Grundstruktur und die dahinter liegenden Prinzipien und Methodiken von DeFranco herauszudestillieren.

DISCLAIMER

WS4SB ist kein Powerlifting Programm, deshalb habe ich es den Daywalker Programmen zugeordnet. Das Programm ist für gemeinhin jeden Kraftsportler konzipiert, von Oberstufenschülern bis hin zu berufstätigen Sportlerinnen und Sportler.
Obwohl es vom Westside Barbell Club inspiriert ist, hat es nichts mit Westside oder Louie Simmons zu tun. Wie Westside, ist WS4SB ein schematischer Ansatz für das Krafttraining, kein Standardprogramm, das strikt auf Prozentwerten des 1RM basiert. Dies erfordert, dass man ein wenig nachlesen und interpretieren muss, um das Programm zu verstehen. Aber lass dich davon nicht einschüchtern – WS4SB ist ein sorgfältig ausgearbeitetes Trainingsprogramm.

Joe DeFranco & Zach Even-Esh:
Die wahren Entrepreneure

Es gibt nur zwei Menschen, die meines Erachtens den wahren Spirit eines Underground Gyms einer breiten Öffentlichkeit nähergebracht haben: Zach Even-Esh und Joe DeFranco. Diese beiden US-Amerikaner haben Anfang der 2000er Jahre etwas entstehen lassen, das die Begriffe "Back to Basics" und "Effizienz" verschmelzen ließ und haben das Geschäft mit Garagen- und Lagerhallen-Gyms revolutioniert. DeFranco ist hier businessmäßig einen Schritt weitergegangen, als es Even-Esh bereit war zu tun, dieser wollte nicht um jeden Preis expandieren. Viele Branchenführer schreiben vor allem Joe den Paradigmenwechsel zu, den wir heute bei Leistungszentren erleben. Bevor Joe sein Unternehmen gründete, war man der Meinung, dass man eine große, mehrere Millionen Dollar teure Anlage bräuchte, um erfolgreich zu sein. Doch nachdem er seine ursprüngliche 500qm² Lagerhalle in ein Mekka für Sportler verwandelt hatte, war es plötzlich angesagt, ein kleines Garagen- oder Lagerhaus-Fitnessstudio zu besitzen.

Diese beiden, speziell DeFranco, haben mich damals bereits inspiriert, einmal über den Tellerrand der standardmäßigen Public Gyms, die man bis Ende der 2000er so besucht hat, hinauszublicken. Jenseits der damals vorherrschenden Wellness- und Großraumfitnessstudios haben DeFranco und Even-Esh mit einem geringen Budget ihr eigenes Equipment hergestellt und die örtlichen Schrottplätze geplündert. Traktorreifen, Ketten, Zugschlitten, selbstgeschweißte Powerracks, Sandsäcke und Medizinbälle wurden mit rostigen Gewichtsscheiben, Kettlebells und gebrauchten Langhanteln ergänzt. Das Ergebnis waren hochgradig erfolgreiche Athleten, die vorrangig in amerikanischen Ball- und Kontaktsportarten eine Karriere verfolgten. Die beiden nutzten bereits modifizierte Trainingsvarianten aus den Bereichen Strongman, Gewichtheben, Calisthenics, Powerlifting und Bodybuilding – noch vor dem Siegeszug der Crossfit-Bewegung und dem allgemeinen Trend "Zurück zur Langhantel".

Joes Trainingstechniken wurden auf ESPN, Spike TV, NFL Network, WWE Network, Men's Health Magazine, Men's Fitness Magazine und in Tim Feriss' Bestseller *The 4-Hour Body* vorgestellt. In seiner Vita finden sich NFL-Spieler aller 32 Teams, MLB- und NBA-Spieler, WWE-Stars, UFC-Kämpfer, olympische Athleten sowie High School- und College-All-Americans.

Seit knapp 15 Jahren verfolge ich DeFrancos Arbeit und muss mit einem Grinsen feststellen, Joe ist trotz seines Erfolges immer noch ein richtiger Guido[XXIX] aus New Jersey: laut, hart, prollig – aber mit viel Herz, Charakter und Verstand.

Begrifflichkeiten klären

Nachdem bereits geklärt wurde, dass WS4SB sich konzeptionell an der Westside Barbell Methode orientiert, jedoch keinerlei Verbindungen hier bestehen, übernimmt der gute Joe dennoch ein paar der Begriffe, die von Zatsiorsky und Verkhoshansky definiert wurden, aber erst durch Louie Simmons bekannt wurden. Ich werde bei den Begrifflichkeiten größtenteils das englischsprachige Stammwort verwenden und nur dann eine deutsche Übersetzung einsetzen, wenn es die Verständlichkeit unbedingt verlangt. Daher gibt es jetzt ein kleines Glossar, dann bin ich später auf der sicheren Seite.

[XXIX] Google die Begriffe *Guido New Jersey*, dann verstehst du, was ich meine.

Max Effort Method
Übung für den Maximalkraftbereich von 1-5 Wdh.

Dynamic Effort Lift
Übung für den Schnell- und Explosivkraftbereich.

Repetition Method
Wiederholungsmethode für Hypertrophie. Im Normalfall sind dies AMRAP-Sätze (As Many Reps As Possible), deren verwendete Gewichte und Wiederholungen autoreguliert sind. DeFranco schreibt für eine bestimmte Übung ein bestimmtes Gewicht vor, welches bis zum Versagen gehoben oder gedrückt wird. Die Pausenzeiten sind standardisiert z.B. 60 oder 90sec.

Supplemental Lift
Eine ergänzende Übung, die den Max Effort Lift verbessern soll. Meistens handelt es sich um eine Variante der Max Effort Übung mit ähnlichem Bewegungsmuster. Führt man Bankdrücken mit der Langhantel als Max Effort aus, so könnte Bankdrücken mit Kurzhantel als Supplemental Lift gewählt werden. Im Regelfall arbeitet man mit 6-10 Wiederholungen.
Supplemental Lifts werden beim Unterkörpertraining u.a. in Kategorien wie **Posterior Chain Movement**, dem Training der hinteren Kette, bestehend aus Beinbeuger, Rückenstrecker und Gesäßmuskel, oder **Unilateral Movement**, einer einbeinigen Bewegung wie Ausfallschritte oder Split Squats, unterteilt.

Accessory Exercise
Diese Übungen stehen in der Hierarchie unterhalb der Supplemental Lifts und decken im Prinzip die Muskelgruppen und Bewegungsmuster ab, die beim Max Effort und Supplemental Lift nicht involviert sind. Die Klassiker sind hier Ruderbewegungen in verschiedenen Dimensionen, Isolationsübungen kleiner Muskelgruppen wie der hinteren Schulter, Bizeps, Trizeps oder des Trapezmuskels, sowie das Training der Rumpfmuskulatur oder individuelle Schwerpunkte wie Griffkrafttraining.

Die Methoden von WS4SB
Max Effort

Die Max Effort Method dient in erster Linie dazu, wie es der Name vorwegnimmt, die Maximalkraft zu entwickeln. Die meisten sportlichen Qualitäten hängen stark von der Maximalkraft ab und sie bildet die Grundlage für alle anderen Kraftqualitäten wie Schnellkraft und Kraftausdauer.

Traditionell arbeiten sich die meisten fortgeschrittenen Heber bei dieser Übung bis zu einer maximalen Wiederholung hoch. Dies ist neurologisch sehr anspruchsvoll und erfordert ein hohes Maß an **intra- und intermuskulärer Koordination** (IK). Da die IK der meisten Anfänger weniger effizient ist, gibt DeFranco in diesem modifizierten Programm eine Maximalleistung von 3 bis 5 Wiederholungen vor. Dies ermöglicht es dem Heber immer noch mit maximalen Lasten zu trainieren, ohne bei dem Versuch eines 1RM zu kollabieren. Die zusätzlichen Wiederholungen erhöhen auch die **Time Unter Tension**, was wiederum die Hypertrophie begünstigt. DeFranco empfiehlt, alle zwei bis drei Wochen eine neue Übung zu absolvieren, um zu verhindern, dass das Nervensystem ausbrennt und/oder der so genannte **Repeated Bout Effect**[72] auftaucht.

Es wird nicht versucht, bei der Max Effort Method ein echtes Maximum zu erreichen. Sobald mehr aktives Laufen in das Training der Athleten einfließt, senkt Joe die Prozentsätze bei den Max Effort Übungen. Dadurch wird verhindert, dass der Sportler ausbrennt und gleichzeitig bleibt das Kraftniveau erhalten, während man den konditionellen Aspekt des Programms steigern kann. Er schlägt u.a. vor, 2 Sätze mit 3 Wiederholungen bei 80-82% des 1RM für die Maximalkraft zu absolvieren. Wenn man ein fortgeschrittener Athlet ist, kann man bis zu 2-3 Einzelwiederholungen bei 90-92% seines 1RM für die maximale Kraftanstrengung einplanen. Sollte man sich an einem bestimmten Tag wirklich gut fühlen, kann man sich ausnahmsweise auch mal auf ein echtes oder neues 1RM hocharbeiten.

Das Ganze stellt eine softere Herangehensweise dar, als das, was Louie Simmons als die **Conjugated Method** etabliert hat: hier wird von einer Einheit zur nächsten immer die Maximalkraftübung durch eine verwandte Variante rotiert. Aber egal, ob man nun eine Maximalleistung von 3 oder 5 Wiederholungen anstrebt, das Ziel ist es, jede Woche den bisherigen Rekord zu brechen!

Dynamic Effort

Die Dynamic Effort Method taucht erst im dritten WS4SB Programm, *The Final Chapter*, auf. Dies ist offensichtlich die größte Veränderung gegenüber seinem ursprünglichen Skinny-Bastard-Programm. DeFranco vertritt die These, dass seine Anfänger sich erst um den Muskel- und Kraftaufbau bemühen müssen und erst zu einem späteren Zeitpunkt neuronale Qualitäten, wie Speed und Power, verfeinern sollten. Obwohl der Hauptschwerpunkt seines modifizierten Westside-Programms nach wie vor auf dem Muskel- und Kraftaufbau liegt, postuliert DeFranco, dass er enorme Erfolge verbuchen konnte, indem er bei *The Final Chapter* einen Tag für das dynamische Training des Unterkörpers einprogrammiert hätte.

Sein **dynamischer Unterkörpertag** ist jedoch nicht das, was man erwarten würde, wenn man an Louie Simmons und die Westsider denkt. Ich entschuldige mich stellvertretend für Joe bei all den schmächtigen Jungs und Mädels, die jetzt gerade dabei waren, ihre Chuck Taylors zu schnüren, ihr Lieblings-Westside-T-Shirt anzuziehen, ein paar Bänder an die Langhantel zu fummeln und gleich mit explosiven Box-Squats loslegen wollten. Sorry! Dafür seid ihr noch nicht b(e)reit genug!
Gemäß DeFranco passen sich junge Athleten mit wenig Muskelsubstanz nicht besonders gut daran an, zweimal die Woche eine schwere Langhantel auf dem Rücken zu beschleunigen. Sie sind neuronal noch nicht effizient genug, überlasten sich damit und können sich entsprechend nicht davon erholen – ein Umstand, der die gesamte Trainingswoche negativ beeinflussen würde. Dieses Argument würde ich bei reinen Kraftathleten, die außer ihrem Krafttraining keine weiteren sportlichen Leistungen vollbringen müssen, nur

bedingt unterstützen. Aber im Kontext der weiteren athletischen Anforderungen und Herausforderungen, denen Joes Klienten unterstellt sind, muss ich ihm beipflichten. Worin Joe DeFranco aber zweifelsfrei recht hat, ist der Umstand, dass ein Anfänger zunächst damit klarkommen muss, eine schwere, kontrollierte Kniebeuge zu erlernen. Bevor er dies nicht gemeistert hat, müssen wir ihm keine dynamischen (Box-)Kniebeugen mit Bändern beibringen.

Dynamic Effort: Jump!

Wie bringt man junge Athleten dazu, ihre neu entdeckten Muskeln so zu trainieren, dass sie sich explosionsartig kontrahieren und zwar auf sichere und effektive Weise? Joes Antwort ist relativ simpel und könnte dem 1984er Song *Jump* von Van Halen entnommen worden sein: *»Go ahead and jump!«*

Grundlegendes Sprungtraining in Form von Boxsprüngen, vertikalen Sprüngen, Weitsprüngen und Hürdensprüngen wirkt sich sehr positiv auf die Explosivität und die Leistung seiner Sportler aus. Der Box- oder Kastensprung ist ein perfektes Beispiel dafür. Um einen Sprung auf einen hohen Kasten auszuführen, muss man eine hervorragende Flexibilität und Beweglichkeit sowie ein hohes Maß an Gleichgewicht entwickeln, um die Landung zu meistern. Übungsvarianten, die gleichzeitig Explosivkraft, Beweglichkeit und Gleichgewicht fördern, sind hier das Mittel der Wahl.

Ein weiterer positiver Aspekt des Springens ist, dass es muskulär nicht so ermüdend ist, wie z.B. die Kniebeuge, da bei Sprüngen auf ein erhöhtes Objekt zum Stoppen der Flugphase keine exzentrischen Kräfte auftreten. Das ist wichtig, denn wir wollen nicht, dass der Dynamic Effort des Unterkörpers den Max Effort des Unterkörpers beeinträchtigt. In den Trainingsbeispielen wird man feststellen, dass Joe aus diesem Grund auch das Volumen der Assistenzübungen für den Dynamic Effort Tag sehr niedrig hält.

Repetition Method

Die Repetition Method, oder auch Wiederholungsmethode, ist ein fester Bestandteil des Skinny-Bastard-Programms für den

Oberkörper. Man führt die Hauptübung immer auf dieselbe Weise aus: Wählt eine Übung und führt 3 Sätze mit maximalen Wiederholungen und minimaler Pause aus. Obwohl der Begriff "maximale Wiederholungen" verwendet wird, empfiehlt DeFranco, kein Muskelversagen bei den ersten beiden Sätzen zu erzwingen. Bei den ersten beiden Sätzen sei es sinnvoll, eine oder zwei Wiederholungen im Tank zu lassen (Reps In Reserve/RIR 2) und erst beim dritten ans Limit zu gehen (RIR 0).

Repetition Method: Pausenzeiten

Die Erfahrung habe laut DeFranco gezeigt, dass 60sec Pause für die meisten Sportler nicht ausreichend sei. Im Original WS4SB empfiehlt er am Wiederholungstag noch eine 60sec Satzpause, im dritten *The Final Chapter*-Protokoll rät er zu 90sec Pause zwischen den Sätzen. Dies sei für die meisten Frauen und Anfänger am geeignetsten. Bei sehr starken Athleten propagiert Joe sogar eine Pausenzeit von bis zu 3min.

Wer die Diskussion über Pausenzeiten jetzt für unnötigen und kleinschrittigen Firlefanz hält, dem rate ich zu einem schweren Satz Kniebeugen mit 10 Wdh @RIR 0, gefolgt von 60sec Pause und einem weiteren Satz mit 10 Wdh @RIR 0. Wer solche Belastungen tatsächlich erfahren hat versteht, dass es hier sowohl aus psychologischen als auch aus physiologischen Gründen (Energiebereitstellung) sehr wohl eine Rolle spielt, ob man für weitere 30, 60 oder 90sec pausieren darf oder eben nicht. Was es die Hypertrophie betrifft, so weiß man seit weit über zehn Jahren, dass die Pausenzeiten im Vergleich zur mechanischen Überlastung (Muskelversagen) eine untergeordnete Rolle spielen. Hierzu ein kleiner Ausschnitt aus dem Fazit der **2005er Studie von Ahtiainen und Kollegen**[73], die sich mit Pausenzeiten im Kontext der Hypertrophie und Kraftentwicklung befasst hat:

> *»Darüber hinaus waren die trainingsbedingten Anpassungen in Bezug auf Muskelmasse und Kraft über den 3-monatigen Zeitraum bei den Protokollen mit kurzer und langer Ruhezeit ähnlich groß. Daher ist die Länge der Ruhepausen zwischen den Sätzen bei*

hypertrophen Trainingsprotokollen möglicherweise kein entscheidender Faktor, solange die Muskeln mit mehreren Sätzen bis zum konzentrischen Versagen überlastet werden. In der Praxis deutet die vorliegende Studie darauf hin, dass bei hypertrophen Übungen ein großer Trainingsreiz entweder mit mehreren Trainingssätzen mit kurzen Ruhezeiten zwischen den Sätzen oder mit etwas weniger Sätzen mit längeren Erholungszeiten zwischen den Sätzen, aber mit etwas höherer Intensität erreicht werden könnte.«

(Übersetzung M. Beuter)

Repetition Method und Bodybuilding Method

Eine weitere Änderung im dritten WS4SB, die vorgenommen wurde, besteht darin, dass bei der Repetition Method nicht immer 3 Sätze mit maximalen Wiederholungen bei den Hauptübung ausgeführt werden. Manchmal verwendet man einfach ein traditionelles Bodybuilding Satz-Wiederholungs-Schema. Anstelle von 3 Sätzen mit maximalen Wiederholungen beim Schrägbankdrücken führt man zum Beispiel einfach 4 Sätze mit 12 Wiederholungen und 2-3min Pause zwischen den Sätzen aus, hält sich aber vom Muskelversagen noch 1-2 Wdh entfernt.

Was steckt hinter diesem Ansatz? Nun, es ist Tatsache, dass die übliche Herangehensweise mit Wiederholungsrekorden bei manchen Athleten zum **Overreaching** (Vorbote des Übertrainings) führen kann. DeFranco nutzt daher das Bodybuilding-Schema als eine Art **Intensitäts-Deload**. Alle 4-6 Wochen ersetzt er damit für zwei bis drei Einheiten die typischen Maximalwiederholungen. Zum Beispiel lässt er seine Athleten 2 Wochen lang Liegestütze mit Zusatzgewicht für 3 Sätze für maximale Wiederholungen machen. Anschließend folgt ein weiterer 2Wochen-Zyklus mit KH-Bankdrücken und 3 Sätzen maximaler Wiederholungen und einem vorgegebenen Gewicht. Nachdem der Sportler somit 4 Wochen lang in beiden Übungen an sein Wiederholungsmaximum herangeführt wurde, ordnet DeFranco für 2 Wochen einen Deload in der Hauptübung des Repetition Method Tags an. Beispielsweise kann der Sportler als Erholungsmaßnahme einfach 4 Sätze zu 12 Wiederholungen Kurzhantel-

Schrägbankdrücken mit einem moderaten Gewicht ausführen. Dieser Switch von maximalen zu moderaten Wiederholungen ist eine zielführende Methode, um sowohl Muskeln aufzubauen als auch zu verhindern, dass der Sportler ausbrennt (Overreaching).

Die Varianten von WS4SB

Meine Recherchen fußen in erster Linie auf den drei ursprünglichen WS4SB-Artikeln[74], die DeFranco selbst verfasst hat. Es gibt drei Varianten, die von DeFranco entwickelt wurden. Aus Gründen der Übersichtlichkeit liste ich hier lediglich die Kategorien der Übungen, später, in der dritten WS4SB Version, kommen noch die jeweiligen Satz- und Wiederholungsempfehlungen dazu. Einen Übungsindex aufzulisten würde den Rahmen meiner Arbeit sprengen, denn Joe hat für jede Kategorie zwischen fünf und zehn Übungsvorschläge parat, von denen gut die Hälfte recht exotisch bzw. unkonventionell ist. Hier muss ich auf die originalen Artikel, die teilweise bebildert und mit Videos verlinkt sind, verweisen.

Schauen wir uns die Aufteilung der Trainingswoche an.

1. Original WS4SB

Die Basisversion besteht aus drei Trainingseinheiten:

Tag 1. Max Effort Oberkörper
Max Effort Lift
Supplemental Lift
Horizontale Ruderübung
Hintere Schulter/oberer Rücken
Rumpftraining mit Zusatzgewicht

Tag 2. Max Effort Unterkörper
Max Effort Lift
Unilaterale Übung
Beinbeuger/hintere Kette
Griffkrafttraining

Tag 3. Repetition Method Oberkörper
Repetition Lift
Supplemental Lift (Trizepsübung)
Vertikale Zugübung
Seitliche Schulter/Trapezius
Armbeuger (sämtliche Curl-Varianten)
Zirkeltraining Rumpfübungen

Details

Das originale WS4SB ist kein traditionelles Powerlifting Programm und gewährt ganz bewusst Raum für sportspezifisches Athletiktraining. Nach DeFrancos Idee könnte eine **alternative Aufteilung** der Krafttrainingseinheiten für einen Sportler, der sein Ausdauertraining, Sprints und dergleichen innerhalb seiner Trainingswoche unterbringen muss, folgendermaßen aussehen:

Montag, vormittags
Max Effort Oberkörper
Montag, nachmittags
Sprints, Kraftausdauer, GPP (general physical preparedness)
oder sportartenspezifisches Training
Dienstag
Pausentag oder aktive Erholung
Mittwoch
Sprints, Kraftausdauer, GPP
oder sportartenspezifisches Training
Donnerstag
Repetition Method Oberkörper
Freitag
Sprints, Kraftausdauer, GPP oder sportartenspezifisches Training
Samstag
Max Effort Unterkörper
Sonntag
Pausentag oder aktive Erholung

Kein Dynamic Effort?

Aus diesem recht hohen Gesamtvolumen ergibt sich die Erklärung, warum Joe in der Basisversion des WS4SB die berühmten Dynamic

Effort Tage nicht integriert hat. Er hat einfach die Tage mit dynamischer Anstrengung durch Wiederholungstage (Repetition Effort) für den Oberkörper ersetzt. Dies ist vielleicht die größte Veränderung gegenüber dem traditionellen Westside-Schema von Louie Simmons. Seiner Begründung nach habe er festgestellt, dass dies einer der Schlüssel zum Erfolg für den Muskelaufbau bei seinen jüngeren Athleten sei. Einfach ausgedrückt: Der Dynamic Effort mit Widerstandsbändern und dem Simmon´schen Wiederholungsprotokoll von 10 x 2 Wdh ist, egal ob beim Bankdrücken, den Box Squats oder beim Kreuzheben, für die noch schwachen, dünnen Jungs einfach nicht so produktiv. Leuchtet mir ein.

Erinnern wir uns daran, dass dieses modifizierte Westside Programm für Athleten zusammengestellt wurde, denen es an Muskelmasse fehlt. Der Aufbau von Muskelmasse mit Hilfe der Wiederholungsmethode ist eine hervorragende Grundlage für die später folgenden dynamischen Tage der Fortgeschrittenen. DeFranco führt beispielsweise auf, dass er in der Anfangsphase der Off-Season bei seinen NFL-Footballspielern die dynamischen Tage sogar durch Wiederholungstage ersetzt. Das läge seiner Erfahrung nach daran, dass das Wiederholungstraining nach einer zermürbenden Saison die Gelenke schont und eine gute Möglichkeit sei, die während der Saison verlorene Muskelmasse wieder aufzubauen. Analog dazu präsentieren sich auch die meisten Powerlifting Programme, die nach einer intensiven Peaking Phase im 90-100% Bereich für den Wettkampf, zunächst wieder mit hypertrophielastigen Wiederholungsblöcken arbeiten.

GPP, Kraftausdauer und Extra Workouts

Bedenke, dass nahezu der gesamter Kundenkreis DeFrancos aus Athleten besteht, die bereits eine Primärsportart betreiben. Dies ist der Grund, warum es "nur" drei Krafttrainingseinheiten in seiner Vorlage gibt – es muss Raum für Konditionstraining, GPP und sportartenspezifisches Training bleiben. Wenn dein Schwerpunkt auf dem Krafttraining liegt und du nur zum Spaß und aus Gründen der Abwechslung weitere Aktivitäten verfolgst, dann könntest du

Extra Workouts an trainingsfreien Tagen einplanen oder am Ende des Oberkörpertags (Repetition Method) zusätzliches Volumen mit moderater Intensität für die Beinmuskulatur z.B. durch das Ziehen eines Gewichtsschlittens, das Schieben eines Prowlers oder Walking Lunges, einplanen.

2. WS4SB & Sprint Training

Die zweite Version dieses Programms legt einen noch größeren Fokus auf den Bereich des Athletiktrainings. Die drei grundlegenden Krafttrainingseinheiten aus dem Original WS4SB bleiben bestehen, jedoch hat sich der gute Joe etwas mehr Gedanken über das Athletiktraining gemacht. Im Anschluss an die Wochenstruktur werde ich nur sehr kompakt auf diese WS4SB Version eingehen, da für die meisten Leserinnen und Leser der Kraft- und Muskelaufbau im Fokus steht – dieser wird im Übrigen in der dritten WS4SB Variante sehr gut bedient.

Die Aufteilung der Trainingswoche (Beispiel)

Montag, vormittags
Training des Energiesystems Schwerpunkt Richtungswechsel
Montag, nachmittags
Max Effort Oberkörper
Dienstag
Max Effort Unterkörper
Mittwoch
Training des Energiesystems Schwerpunkt lineares Sprinten
Donnerstag
Repetition Method Oberkörper
Freitag
Strongman-Konditionierung oder sportartspezifische Übungen
Samstag
Pause oder leichtes aerobes Erholungstraining z.B. Gehen, Joggen, Radfahren
Sonntag
Pause

DISCLAIMER
Wenn du bisher noch nicht aktiv gelaufen, gejoggt oder gesprintet bist, solltest du dich nicht gleich in diese Lauftrainings stürzen. Lass dich nach bestem Wissen und Gewissen langsam in das Programm hineinziehen. Bedenke, dass es sich bei den aktiven Lauftrainings um Beispieltrainings handelt. Nach 2 oder 3 Wochen sollte man für Abwechslung bei den Richtungswechseln und bei linearen Schnelligkeitsübungen sorgen.

Das Training des Energiesystems & das Strongman Training
Diese Einheiten sind im Wesentlichen die Neuerungen in diesem Programm. Der dazugehörige Übungsindex würde den Rahmen dieses Formates sprengen, daher reduziere ich mich auf die Aufteilung und Kategorisierung der Übungseinheiten.

Schwerpunkt Richtungswechsel
Dynamisches Aufwärmen (Dynamic Warm-up)
Allgemeines Aufwärmen (General Warm-up Phase)
Mobilitätsübungen auf dem Boden (Ground-Based Mobility Phases)
Intervalltraining (Frequency Phase)
Sprints mit Richtungswechsel (Change of Direction Drills)

Schwerpunkt Richtungswechsel
Dynamisches Aufwärmen (Dynamic Warm-up)
Allgemeines Aufwärmen (General Warm-up Phase)
Hürdentraining (Hurdle Mobility Phase: 4-5 Hürden)
Intervalltraining (Frequency Phase)
Sprinttraining geradeaus (Linear Speed Workout)

Strongman Training
Medizinball, Sandsack oder Fasswerfen überkopf
5 Würfe – 30sec Pause dazwischen

Tire Flip – Traktorreifen umdrehen
Rep-Method: 3 Sätze á 5 Tire Flips, 3min Satzpause
Time-Method: 3 x 30sec nonstop Tire Flips, 3-4min Satzpause

Zick-Zack Farmers Walk
Mit den Farmers Walk Hanteln 20-25m laufen, wenden ohne abzusetzen, 20-25m zurücklaufen ohne abzusetzen – dies entspricht einer Runde. Absolviere 3 Runden mit 3-4min Satzpause dazwischen. Wähle das schwerstmögliche Gewicht, mit dem du einigermaßen zügig gehen kannst.

Gewichtsschlitten rückwärtsgehend
Ziehe im Rückwärtsgehen einen schweren Gewichtsschlitten für 45 Meter. 2 Runden mit einer 60sec Pause sollten genügen.

Finisher: Tauziehen
Wer mindestens zu zweit oder in der Gruppe trainiert, was bei einem Strongman Training ohnehin mehr Freude und Wettbewerb mit sich bringt, schließt die Einheit mit einem klassischen Tauziehen ab. Wer 2 von 3 oder 3 von 5 Runden gewinnt, ist der Tagessieger. Pausiert wird zwischen jedem Antritt nur 60sec.

Wer keinen Zugriff auf Strongman Equipment hat, der darf diesen Tag mit einem weiteren Energiesystemtraining oder einem Kettlebelltraining ersetzen.

3. WS4SB – The Final Chapter

The Final Chapter ist wirklich die umfassendste Variante der WS4SB-Trilogy, wenn es darum geht, noch stärker und muskulöser zu werden. Wenn du mich auf der Straße auffordern würdest, dir das grundlegendste Powerbuilding Programm zu skizzieren, würde ich dich auf Joes Entwurf von The Final Chapter verweisen. Das Innovative an diesem Programm sind die folgenden Komponenten (und bitte nicht vergessen – es ist bereits vor gut 14 Jahren entstanden):

1. 4 Tage Krafttraining anstelle von bisher nur 3 Tagen
2. Die Notwendigkeit von Warm-Ups
3. Neue Wege Schnellkraft und Kraftausdauer-Konditionierung einzubauen
4. Die Wichtigkeit von sogenannten Indikatorübungen.

Die Aufteilung
Montag
Max Effort Oberkörper
Dienstag
Dynamic Effort Unterkörper
Mittwoch
Pause
Donnerstag
Repetition Method Oberkörper
Freitag
Max Effort Unterkörper
plus optionale Kraftausdauer-Konditionierung
Samstag
Pause oder: Schnellkrafttraining
Sonntag
Pause

Na, das sieht doch beinahe wie der traditionelle Westside Barbell Split aus, oder? Bei Westside wäre jedoch anstelle der Repetition Method für den Oberkörper der s.g. Dynamic Effort für den Oberkörper (Speed Bench Press mit Bändern) vorgesehen.

Alternativ wäre auch diese Abfolge möglich:

Montag
Max Effort Unterkörper
plus optionale Kraftausdauer-Konditionierung
Dienstag
Pause oder: Schnellkrafttraining
Mittwoch
Max Effort Oberkörper
Donnerstag
Pause
Freitag
Dynamic Effort Unterkörper
Samstag
Pause
Sonntag
Repetition Method Oberkörper

Das Programm

Da es sich in der dritten Version um ein sehr ausführliches Krafttrainingsprogramm handelt, ergänze ich die Aufteilung mit DeFrancos Vorgaben hinsichtlich Sätze, Wiederholungen und Beispielen für Supersätze.

Montag – Max Effort Oberkörper
A. Max Effort: hocharbeiten auf 3-5 Wiederholungen
B. Supplemental Lift: 2 Sätze, max. Wiederholungen
C. Horizontales Ziehen/Hintere Schulter Supersatz:
Kombiniere eine Übung aus Gruppe 1 und Gruppe 2.
Absolviere 3-4 Supersätze zu 8-12 Wdh je Übung.

Gruppe 1
KH Rudern
LH Rudern
Sitzendes Kabelrudern
T-Hantel Rudern
Rudern Oberkörper gestützt

Gruppe 2
Reverse Cable Flys
Scarecrows
Face pulls
Sitzende KH Power Cleans
Band Pull-Aparts

D. Trapezius: 3-4 Sätze zu 8-15 Wdh
E. Armbeuger/Bizeps: 3-4 Sätze zu 8-15 Wdh

Dienstag – Dynamic Effort Unterkörper
A. Sprungkrafttraining: 5-8 Sätze zu jeweils 1-3 Sprüngen
B. Unilateral Lift (erweiterter ROM): 2-3 Sätze zu 8-10 Wdh
C. Hüftextension: 3 Sätze zu 8-12 Wdh
D. Rumpftraining mit Zusatzgewicht: 4 Sätze zu 10-15 Wdh.

Donnerstag – Repetition Method Oberkörper

A. Repetition Lift: 3 Sätze mit max. Wiederholungen
ODER 4 Sätze zu 12-15 Wdh bis kurz vor Muskelversagen.

B. Vertikales Ziehen/Hintere Schulter Supersatz:
Kombiniere eine Übung aus Gruppe 1 und Gruppe 2.
Absolviere 3-4 Supersätze zu 8-12 Wdh je Übung.

Gruppe 1
Latziehen
Chin-ups (nicht verwenden, wenn diese bereits als Übung A. ausgewählt wurde)
Pulldowns mit geraden Armen

Gruppe 2
Reverse Cable Flys
Scarecrows
Face pulls
Sitzende KH Power Cleans
Band Pull-Aparts

C. Seitliche Schulter: 4 Sätze zu 8-12 Wdh.

D. Trapezius/Bizeps ODER Trizeps Supersatz
Kombiniere eine Übung aus Gruppe 1 und Gruppe 2.
Absolviere 3 Supersätze.

Gruppe 1 (8-10 Wdh)
KH Shrugs
LH Shrugs
Safety Squat Bar Shrugs
LH Shrugs hinter dem Rücken

Gruppe 2 (8-10 Wdh)
LH Curls
KH Curls
Schrägbank KH Curls

Hammer Curls
Zottmann Curls
Iso-hold KH Curls
KH Trizeps Extension (10-15 Wdh!)
Pushdowns am Kabel/Band (15-25 Wdh!)

E. Griffkraft/Unterarme
Anmerkung: Kein Griffkraft/Unterarmtraining, wenn am nächsten Tag Kreuzheben gemacht werden soll.

Freitag – Max Effort Unterkörper
A. Max Effort Lift: hocharbeiten auf 3-5 Wiederholungen
B. Unilateraler Lift: 3 Sätze zu 6-12 Wdh
C. Beinbeuger/Hintere Kette: 3 Sätze zu 8-12
D. Zirkeltraining Rumpfübungen:
4 verschiedene Übungen, 10-20 Wdh, 2-3 Runden
1-2min Pause zwischen den Runden.

Das richtige Warm-Up

Die Anzahl der Aufwärmsätze hängt davon ab, wie stark ein Athlet ist. Je stärker, desto mehr Aufwärmsätze werden von Nöten sein. DeFranco bevorzugt es, mehrere Sätze mit niedrigen Wiederholungen zum Aufwärmen am Max Effort Tag zu absolvieren, anstelle von nur 1 oder 2 Sätzen mit 6-8 Wiederholungen vor der ersten Übung.

Bevor man sich mit Gewichten aufwärmt, sollten ein allgemeines Aufwärmprogramm von 5-15 Minuten eingeplant sein – leichtes Anschwitzen ist hier die Prämisse.

Hier ein Beispiel für das Aufwärmen auf einen maximalen Satz von 3 Wiederholungen in der Kniebeuge. Angenommen, das Ziel des Athleten ist es, 140 kg für 3 Wiederholungen zu beugen, dann würde ein Beispiel für das Aufwärmen in etwa so aussehen:

40kg x 5
60kg x 5
80kg x 3
100kg x 3
125kg x 3
130kg x 3
140kg x 3

Es sei darauf hingewiesen, dass diese Steigerungsrate nicht in Stein gemeißelt ist! Manche Trainierende machen gerne größere Sprünge, andere bevorzugen kleinere. Man muss herausfinden, was individuell am besten funktioniert. Aber für junge, noch etwas schwächere Athleten, sind insgesamt 5 Sätze (4 x Warm-Up + 1 x Top Satz) ein guter Richtwert, um neben der Intensität das nötige Maß an Volumen und Technikschulung zu erfahren.

Am Repetition Effort für den Oberkörper – an dem 3 Sätze mit maximaler Wiederholung ausgeführt werden, müssen weniger Warm-Up Sätze gemacht werden, als am Max Effort Tag.

Schnellkraft- und Kraftausdauer-Konditionierung: Das Training hierfür kann an ein oder zwei Tagen die Woche eingeschoben werden, siehe Auflistung der beiden Vorschläge zur Trainingswoche von *The Final Chapter*.

Allgemeines Aufwärmen (5-15min): Ziel dieses Trainings ist es, die Kerntemperatur durch grundlegende Bewegungsübungen und Calisthenics zu erhöhen. Beispiele: Kniebeugen mit dem eigenen Körpergewicht, Jumping Jacks, Joggen oder Sprinten auf der Stelle, etc.

Beweglichkeit am Boden (5-15 Minuten): Sobald man ins Schwitzen kommt und die Muskeln aufgewärmt sind, empfiehlt DeFranco 5-15min lang Beweglichkeitsübungen am Boden auszuführen. Beispiele: V-Sits, Fire Hydrant Circles, Mountain Climbers, Groiners, usw.

Intervalltraining (2-3min): Hier soll das ZNS nochmal gepusht werden, bevor es an das Schnelligkeitstraining geht. Diese Übungen sollten nur 5-10sec dauern und 2-3 Sätze umfassen. Beispiel: Pogo-Jumps, Wideouts, Ankling Drills, usw.

Schnelligkeitstraining: Schnelligkeitstraining wird immer von Kraftausdauer-Konditionierung getrennt. Wenn Joe von Schnelligkeitstraining für Nicht-Leichtathleten spricht, meint er damit Distanzen von 60 Yards (54m) oder weniger, mit vollständiger oder annähernd vollständiger Erholung zwischen den Sprints.
Das Ziel dieses Trainings ist es, tatsächlich schneller zu werden. Deshalb wird es am Anfang der Woche durchgeführt, wenn die Beine noch frisch sind. Wenn ein Footballspieler beispielsweise einige Combine-Tests in seine wöchentliche Planung einbauen möchte, wäre heute der ideale Tag dafür.

Ein Beispieltraining würde folgendermaßen aussehen:
- 10-Yard-Läufe: 8 Sprints mit 60sec Pause zwischen den Sprints
- 20-Yard-Shuttle: 5-6 Läufe mit 1-2min Pause zwischen den Sprints
- 3-Cone Drill: 4 Läufe mit 2-3min Pause zwischen den Sprints

Ein Footballspieler, der keine Bedenken hat, Combine-Tests in sein Training einzubauen, könnte als Beispiel für ein lineares Geschwindigkeitstraining Folgendes absolvieren:
- 10-Yard-Sprints: 10 Sprints mit 1min Pause
- 20-Yard-Sprints: 6 Sprints mit 2min Pause
- 40-Yard-Sprints: 4 Sprints mit 4min Pause

Es lässt sich natürlich nicht für jede Sportart und jede Position dutzende verschiedene Beispieltrainings auflisten. Ich hoffe, man verstehen das Ziel dieses Trainings und kann für sich selbst einen Plan entwerfen, der den eigenen Bedürfnissen am besten entspricht. **Einfach ausgedrückt sollte dieses Training aus kurzen, explosiven Sprints oder Beweglichkeitsübungen mit vollständiger Erholung bestehen.**

Kraftausdauer-Konditionierung

Am effizientesten wäre es, dieses Training im Anschluss an den Max Effort Unterkörper Trainingstag zu legen. Im Wesentlichen geht es darum, Übungen zu verwenden, die kaum einen exzentrischen Bewegungsteil mit sich bringen, um die Anforderungen an die Regeneration so gering wie möglich zu halten. Am besten eigenen sich dazu kurze, aber intensive Belastungsphasen mit kurzen Pausen. Gute Tools sind hier z.B. Prowler Sprints, Gewichtsschlitten ziehen oder schieben, Farmers Walk oder Sprints auf einen Air-Bike wie z.B. das Assault Air Bike, Rogue Echo Bike oder Schwinn Airdyne Bike.

Indikatorübungen

DeFranco ist der festen Überzeugung, dass jedes Kraftprogramm Indikatorübungen enthalten muss. Diese Indikatorübungen sind im Grunde genommen ein Instrument der **Evaluation** (Testung), die dokumentieren, wie gut das Trainingsprogramm funktioniert. Es gibt keine Regeln dafür, wie die Indikatorübungen aussehen sollten, aber DeFranco empfiehlt, 3-5 Übungen auszuwählen, die man persönlich für die wichtigsten Übungen innerhalb des Programms hält, um seine Fortschritte zu ermitteln. Man sollte herausfinden, welche Übungen zur Verbesserung dieser Indikatorübungen beitragen und welche Übungen sich nicht auf die Indikatorübungen übertragen lassen. Man hält im Laufe der Zeit an den Übungen fest, welche die Indikatorübungen stärken und eliminiert oder reduziert die Übungen, die sich nicht übertragen lassen.

Im Allgemeinen empfiehlt es sich, in unserem Kraftprogramm vier Indikatorübungen zu listen: zwei für den Oberkörper und zwei für den Unterkörper.

#Nr. 1 - Kniebeuge
#Nr. 2 - Vertikaler Sprung und/oder Box Jump
#Nr. 3 - Bankdrücken
#Nr. 4 - Klimmzüge

Für die meisten Athleten sind alle anderen Übungen, die wir in WS4SB durchführen, dazu gedacht, die vier Indikatorübungen aufzubauen. Wenn wir diese vier Übungen gleichzeitig verbessern können, wissen wir, dass wir viele verschiedene Aspekte der Kraft entwickeln. So erfordern beispielsweise die Kniebeuge und das Bankdrücken absolute Kraft für den Unter- bzw. Oberkörper. Beim Vertikalsprung, oder Box Jump, muss ein Athlet seine Kraft schnell abrufen können (Power/Explosivkraft) und es wurde außerdem festgestellt, dass die Sprunghöhe direkt mit der Sprintgeschwindigkeit eines Athleten korreliert.

Der Klimmzugtest erfordert eine enorme relative Körperkraft, die ebenfalls mit der Sprintgeschwindigkeit des Sportlers korreliert. Wenn man diese vier Indikatorübungen verbessern kann, ist man auf der sicheren Seite und hat Gewissheit darüber, sich kraftmäßig ausgewogen zu entwickeln. Dies ist eine hervorragende Grundlage für alle Sportler.

Wenn sich dagegen die Werte für das Bankdrücken und die Kniebeuge eines Athleten verbessert haben, sich aber der Vertikalsprung und die Klimmzugleistung verschlechtert haben, wissen wir, dass wir das Programm ändern und evtl. die Ernährungsgewohnheiten des Athleten neu bewerten müssen. Wenn ein Athlet nur seine absolute Kraft steigert, ohne seine relative Kraft oder seine Explosivkraft zu verbessern, kann er langsamer und weniger beweglich werden. Aus diesem Grund legt WS4SB großen Wert auf die Verbesserung aller vier Indikatorübungen.

Wenn man herausgefunden hat, welches die geeigneten Indikatorübungen sind, kann man ein produktiveres Programm für sich selbst erstellen. Teste dich alle paar Wochen oder Monate in den Indikatorübungen und du hast Kontrolle über deine Fortschritte.

Fazit: Ehre, wem Ehre gebührt

Die Tatsache, dass DeFranco sein Programm Westside For Skinny Bastards getauft hat, stößt auf verschiedene Reaktionen: die einen würde es Trittbrettfahrerei, die anderen Autoritätsbeweis nennen.

Wenn man sich, wie ich, seit Jahren durch unzählige Krafttrainingsprogramme gefressen hat und darüber in Büchern und Fachartikeln schreibt, so ist es meines Erachtens nach eher ein Testament für die Autorität der Arbeit von Louie Simmons. Wenn man schon allein durch den Titel des propagierten Programms keinen Hehl daraus macht, woher die Inspiration stammt, zeugt das von Selbstbewusstsein. Joe ist selbstbewusst genug, um zugeben zu können, das etablierte Programm einer Trainerlegende für seine Zwecke modifiziert zu haben – und er ist smart genug, seine Änderungen zu erklären.

Powerbuilding – die Geschichte eines Missverständnisses

Wer meine Arbeit kennt, der weiß mit Sicherheit, dass ich dem Begriff "**Powerbuilding**" kritisch gegenüberstehe. Das liegt nicht daran, dass Programme, die unter diesem Begriff zusammengefasst sind, nicht zielführend wären. Nein, Powerbuilding als Begriff sorgt für zusätzliche Verwirrung, da die eigentliche Bedeutung des Wortes "**Power**" schon seit der Entstehung der Disziplinen Powerlifting und Olympisches Gewichtheben falsch verwendet wird. Das Wort Power steht in seiner Bedeutung für den Sport für eine (maximale) Kraft, die schnell und explosiv abgerufen werden kann. Wer sich die olympischen Gewichtheber anschaut, stellt sofort fest, dass die Kraft, die nötig ist, um eine Langhantel umzusetzen, sich explosiv entfalten muss. Es ist physikalisch nicht möglich, eine schwere Langhantel in Zeitlupe vom Boden über den Kopf zu reißen. Im Kontrast dazu kennen wir die Videos von Rekordversuchen im Powerlifting, wo die Aufwärtsbewegung einer Kniebeuge bis zu 3sec dauern kann.
Powerlifting verlangt nach reiner Maximalkraft, das hat nur wenig mit Schnell- und Explosivkraft zu tun. Somit müsste im Englischen das "**Olympic Weightlifting**" eigentlich "**Olympic Powerlifting**" heißten – und im Umkehrschluss müsste man Powerlifting in Weightlifting umbenennen. Aber gut, so ist es eben, das ließe sich jetzt auch nicht mehr ändern, die Fanartikel wurden bereits verkauft.

Wenn man Joe DeFrancos Programm nach dem Aspekt der Power im wahrsten Sinne seiner Bedeutung prüft, wird umgehend klar, dass hier versucht wird, starke und muskulöse Athleten zu schmieden, die absolut in der Lage sind, ihre Kraft mehrdimensional einzusetzen.

Für wen ist WS4SB geeignet?
Eine ehrliche Antwort darauf könnte lauten: für jeden, der an Abwechslung und neuen Herausforderungen interessiert ist. Wer sich als reinen Bodybuilder, Powerlifter, Gewichtheber oder Crossfitter definiert, erhält mit WS4SB die Chance, sich neu auszuprobieren und neue Fertigkeiten zu erlernen. Je nach eigenem sportlichem Background, Ziel und Voraussetzungen kann Joes Vorlage individuell angepasst werden. Meine persönliche Prämisse an dich lautet aber in erster Linie: hab Spaß damit! Dieses Programm ist vermutlich am besten für die jungen Wilden geeignet, die sich noch nicht auf eine Sportart oder Kraftdisziplin festlegen wollen, aber ernsthaft und strukturiert ihr volles Potential ausschöpfen möchten.

IV. Programme anpassen

Das vierte Kapitel schließt die Lücken, die noch offen sind. Im Wesentlichen geht es um die Bereiche:

1) Warm-Up
2) Nachbelastungsphase
3) Organisation der Übungsreihenfolge

Alle nachfolgenden Methoden dürfen als Tool-Box verstanden werden, aus der man sich die Werkzeuge nimmt, die für den momentanen Trainingsstil bzw. das praktizierte Trainingsprogramm Sinn ergeben. Einige davon sind echte Dauerbrenner, die man immer verwenden kann, andere sind wiederum recht speziell und müssen gezielt in dein Programm eingeführt werden. Alles in allem werden diese Tools dabei helfen, dein Programm zu individualisieren, ohne, und dies ist ganz wichtig, die grundlegende Struktur des Programms zu verändern.

Ein Trainingsprogramm ist immer nur die Route, die dir Google Maps errechnet hat, um möglichst schnell und sicher vom Start, an den gewünschten Zielpunkt zu gelangen. Google Maps erklärt dir aber nicht, wann du mal mit deinem Auto zum Kundendienst gehen solltest oder was genau Aquaplaning bei starkem Regen auf der Straße für dich bedeutet. Google Maps weiß auch nicht, ob dein PKW ein Schaltgetriebe hat oder wie gut du Autofahren kannst. Daher beginnen wir mit der ersten Frage, die von so ziemlich keinem Trainingsprogramm genau beantwortet wird:

Was genau mache ich eigentlich am besten vor und nach meinen Hauptsätzen?

Die Angaben dazu sind oftmals vage und die Autoren überlassen hier vieles der Entscheidungsgewalt des Trainierenden selbst. Ist man ein Powerlifter, werden nach den Hauptsätzen ein paar Back-Off Sätze trainiert und danach wird einigermaßen willkürlich auf Assistenzübungen verwiesen, die man sich irgendwie zusammenbauen muss.

Auch der Trainingsteil vor den Hauptsätzen verweilt im Schatten. Klar, man wärmt sich meistens **allgemein** (Herzfrequenz erhöhen, Mobilität herstellen) und dann **spezifisch** auf (mit der ersten Übung) – aber sind solche Standardempfehlungen nicht irreführend und schlimmstenfalls Zeitverschwendung? Man macht entweder zu viel unnötigen Firlefanz, der zu lange dauert, oder man macht zu wenig und dies womöglich auch noch falsch.

Die Hauptsätze sind der einfachste Teil der Planung, schließlich kann man sich unzähliger guter Programme bedienen und kennt die einschlägige Literatur, die definiert, wie Hauptsätze für die Ausbildung von Kraft und Muskelmasse aufgebaut werden müssen.

Das grundlegende Konzept einer jeder ergebnisorientierten Trainingsplanung soll die Frage beantworten: Wie viele Sätze und Wiederholungen müssen gemacht werden, um die Ziele dieser Planung zu erreichen.

In der Praxis lassen sich durch theoretisches Vorwissen in Verbindung mit Erkenntnissen aus der eigenen Erfahrung sowie dem Austausch mit Athleten und Trainern, die Basics der Trainingsplanung für die individuellen Kraftziele recht schnell umsetzen. Die meisten von uns wissen was Periodisierung bedeutet und dass festgelegte Wiederholungsbereiche unterschiedliche Kraftqualitäten ausbilden.

In diesem Kapitel werde ich einen Schritt zurück gehen, weg von der übergeordneten Makroebene, und mich mit der kleinstmöglichen Planungseinheit befassen, die der serbische Sportwissenschaftler, Kraft- und Konditionstrainer sowie Autor Mladen Jovanovic als "Prescription Unit"[75] bezeichnet:

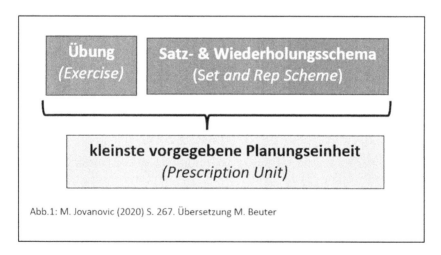

Abb.1: M. Jovanovic (2020) S. 267. Übersetzung M. Beuter

Pre-Work Sets & After-Sets

Hat man erst diese Planungsebene voll und ganz durchdrungen, gelingt es uns wesentlich besser, aus den übergeordneten, langfristigen

Trainingsphasen, das Bestmögliche herauszuholen. Denn eine Frage ist uns die Literatur oftmals schuldig geblieben: **Was genau mache ich eigentlich am besten vor und nach meinen Hauptsätzen?**[xxx]

Der Aufbau von Sätzen und Wiederholungen

Die folgende Abbildung 2 beschreibt den Aufbau eines allgemeinen Satz- und Wiederholungsschemas. Natürlich ist dies stark vereinfacht, aber es hilft uns die verschiedenen Sequenzen besser zu durchdringen. Jeder Block besteht aus einer Vielzahl an Komponenten (z.B. Sätzen), das Einzige, was lediglich in den meisten Darstellungen beschrieben wird, sind die Hauptsätze – denn nur hier findet das eigentliche Krafttraining statt. Dieser Umstand wird aber der Tatsache, dass es sich bei Satz- und Wiederholungsschemata um eine komplexe und reichhaltigere Situation handelt, nicht gerecht.

[xxx] **Anmerkung:** *Die gängige Verwendung des Begriffs "Arbeitssätze" erfasst meines Erachtens nicht mehr die Aussage, die eigentlich damit beschrieben werden soll, schließlich ist jeder Satz ein Arbeitssatz. Die Formulierung "Hauptsätze" (Main Sets) definiert ganz klar, dass es sich hierbei um die schweren Sätze des Tages handelt, die der gesamten Trainingseinheit übergeordnet sind.*

```
┌─────────────────────────────────────┐
│         ┌───────────────┐           │
│         │   Warm-Up     │           │
│         └───────────────┘           │
│      ┌─────────────────────┐        │
│      │   Warm-Up Sätze     │        │
│      │   (Pre-Work Sets)   │        │
│      └─────────────────────┘        │
│      ┌─────────────────────┐        │
│      │     Hauptsätze      │        │
│      │    (Main Sets)      │        │
│      └─────────────────────┘        │
│      ┌─────────────────────┐        │
│      │   Nachbelastung     │        │
│      │    (After Sets)     │        │
│      └─────────────────────┘        │
│                                     │
│  Abb.2: M. Jovanovic (2020) S. 268. Übersetzung M. Beuter │
└─────────────────────────────────────┘
```

Warm-Up

Effizient und sinnvoll

Das Warm-Up ist nicht alleiniges Mittel, um die Kerntemperatur vor dem Training zu erhöhen und das Nervensystem auf die nachfolgende Belastung vorzubereiten. Sinnvoller wäre es, das Warm-Up als eine Art Investition zu verstehen, mit dessen Hilfe man gezielt bestimmte Qualitäten üben und entwickeln kann. Einfach nur 10min lockeres Cardio, gefolgt von halbherzigen Mobilitätsübungen und dem anschließenden Aufwärmen mit der Stange für bspw. das

Kniebeugen, sind per se nicht falsch, aber es geht auch smarter. Während des Aufwärmens kann man verschiedene Qualitäten, deren Aneignung sich lohnt, "ganz nebenbei" trainieren. Zum Beispiel könnte man Rehabilitation, Mobilität, Pre-Hab, Rumpftraining, Stabilisierung und so weiter durchführen sowie parallel dazu die Hauptübung trainieren. Dies ist besonders zu Beginn des Trainings sinnvoll, wenn man eine bestimmte Übung zuerst absolviert.

Die Aufwärmphase des Trainings kann mit dem Hauptteil des Trainings kombiniert werden, indem die Aufwärmsätze der ersten Übung im Wechsel mit bestimmten Warm-Up Übungen durchgeführt werden.

Im nachfolgenden Beispiel[76] beschreibt Mladen Jovanovic exemplarisch eine Warm-Up Routine für das Bankdrücken, bei dem 5x5 Wdh bei 75 Prozent des 1RM als Hauptsätze geplant sind.

Warm-Up 15-20min
→Konzentration auf die Qualitäten, die man verbessern möchte, z.B.

- **Foamrolling und Atemübungen** falls nötig (wer gerade nach neun Stunden im Büro durch den stressigen Feierabendverkehr fahren musste, hat dies eventuell nötig)
- **Mobilitätsübungen** auf dem Boden
- **Rumpfübungen**
- **Kettlebell-Serien oder Körpergewichtsübungen**, möglichst vielfältig zusammengestellt

Warm-Up Sätze (Bankdrücken)
plus Übungsbeispiele im Wechsel ausgeführt
Bankdrücken mit der leeren Stange x 10 Wdh
+ Band Pull-a-Parts x 10 Wdh + Latissimus Stretch mit Band

Bankdrücken 30-40% x 5 Wdh.
Beginne mit isometrischem Halten auf der Brust und versuche die Steifigkeit in der Endposition auf der Brust zu lösen.
+ Thorakaler Stretch (Brustwirbelsäule) + Facepulls

Bankdrücken 40-50% x 5 Wdh
+ Hüftbeuger stretchen (falls nötig, kann auf der Bank die Fußposition verbessern, speziell bei Anwendung einer starken Brücke beim Drücken)
+ YTWLs[XXXI] für die Schulter.

Bankdrücken 50-60% x 5 Wdh
+ Zusätzliche Mobilitäts-/Rumpfübung oder besser noch: explosive Push-Ups.

Hauptsätze Bankdrücken
5 x 5 Wdh @75%

Das vorgenannte Beispiel zeigt einen angenehmen Übergang vom Aufwärmteil zur ersten Übung und nicht den abrupten Wechsel. Die Aufwärmsätze, insbesondere für die ersten Übungen eines Trainings, können als Gelegenheit dienen, andere Qualitäten und Probleme (Schwächen) anzusprechen sowie die Qualität der Ausführung der Hauptbewegung (oder sogar die variable Ausführung, z. B. mit unterschiedlichen Griffweiten, Tempi, Pausen, Tiefen usw.) zu üben.

Warm-Up als Anamnese

Komplexere Bewegungen, wie z. B. olympisches Heben, erfordern möglicherweise einen längeren Vorlauf zu den Hauptsätzen und das Hinzufügen zusätzlicher Elemente, z. B. Beweglichkeit. Aufwärmsätze können auch dazu dienen, zu überprüfen, ob alles in Ordnung ist und den Hauptsatz entsprechend anzupassen. Ich weiß zum Beispiel ziemlich genau, was ich von meinem Training erwarten kann, wenn ich beim Laden der Hantel die 25-kg-Platten in die Hand nehme. Andere Methoden könnten die Schätzung des 1RM mit Hilfe des **geschwindigkeitsbasierten Trainingsansatzes** (Velocity Based Training)[XXXII] beinhalten.

[XXXI] **YTWLS:** auf einer Schrägbank mit sehr leichten Kurzhanteln oder Hantelscheiben ausgeführt.
Video Youtube: https://www.youtube.com/watch?v=1RsEmC4Us9c
[XXXII] **Velocity Based Training (VBT)**: Ein moderner Ansatz für Kraft- und Krafttraining, der die Geschwindigkeits-Tracking-Technologie nutzt, um umfassende

Manchmal fühlt man sich schlecht, aber sobald das Aufwärmen beendet ist, kommt eine magische Energie zum Vorschein und man ist wieder richtig in Schwung. Aber auch das Gegenteil kann passieren – man fühlt sich vor dem Training großartig, aber während des Aufwärmens tauchen ein paar Probleme auf, die ein Abweichen von den Hauptsätzen oder eine Änderung der Übung oder des gesamten Trainings erforderlich machen, z. B. wenn man ein seltsames Zwicken in der Schulter feststellt und beschließt, für das Bankdrücken lieber die Swiss Bar oder Kurzhanteln anstelle einer geraden Langhantel zu verwenden. Aus diesem Grund sind die Aufwärmsätze sehr wichtig und informativ. Sie dienen nicht nur dazu, ein paar Wiederholungen zum Aufwärmen zu absolvieren, sondern auch dazu, den Prozess zu testen und entsprechend anzupassen.

Die Aufwärmsätze können viel kürzer sein und ohne Extras für die späteren Übungen auskommen, wenn der Athlet bereits aufgewärmt ist. Aber auch hier hängt es von den nachfolgenden Übungen ab. Wenn zum Beispiel Kniebeugen auf das Bankdrücken folgen, könnte ein zusätzliches Aufwärmen des Unterkörpers erforderlich sein. Es gibt mehrere Möglichkeiten, die Aufwärmsätze in Richtung Hauptsätze zu steigern, aber in der Regel geht es darum, entweder höhere Wiederholungen bei niedrigeren Prozentsätzen durchzuführen oder vice versa. Zum Beispiel:

40%   x 10 Wdh
50%   x 8 Wdh
60%   x 6 Wdh

Es ist zwar wichtig, sich aufzuwärmen und die Technik zu üben, aber es ist auch wichtig, bei den Aufwärmsätzen keine unnötige Ermüdung zu provozieren. Aus diesem Grund kann es ratsam sein, die

---

objektive Daten als Mittel zur Motivation und Unterstützung von Echtzeitanpassungen im Trainingsplan eines Athleten bereitzustellen. Genutzt werden meistens 40-60-80% des 1RM unter Verwendung einer linearen Regression zur Schätzung der Gewichtsbelastung bei einer bestimmten Geschwindigkeit beim 1RM.

Wiederholungen niedrig zu halten (d.h. unter 6) und mit **viel RIR** (Reps in Reserve) oder sehr **niedrigen RPEs** (Rate of Perceived Exertion) zu arbeiten. Folglich darf man mit Aufwärmsätzen von 40-60 Prozent und 10-20 Wiederholungen, nicht den Pump oder gar ein Muskelbrennen anstreben. Das wäre nicht sehr klug. Alles andere, einschließlich der Gewichtssteigerung und der Anzahl der Aufwärmsätze, ist individuelle Präferenz.

Tipp: Je stärker man ist und je mehr Kilos man auf die Hantel packt, desto mehr muss man sich aufwärmen.

Warm-Ups sind auch Typsache

Zu beachten ist auch, dass manche Sportler ein längeres Aufwärmen bevorzugen, während andere sofort loslegen, sobald sie die Sporthalle betreten. Man kann also damit experimentieren, die Aufwärmphase zu verlängern oder zu verkürzen. Ich persönlich bevorzuge längere, sanftere Aufwärmübungen und brauche im Allgemeinen länger, um mich aufzuwärmen. Vielleicht liegt das daran, dass ich 38 und nicht mehr 23 bin. Wenn es darum geht, bei einem Test maximale Kraft und Leistung zu erzeugen, unterscheiden sich die Sportler. Es könnte an der unterschiedlichen Ausrichtung des ZNS liegen, die von Person zu Person variieren kann. Man kann natürlich versuchen, den Athleten zu ändern oder sich an den Athleten anzupassen. Mich persönlich überraschen stets die Online-Trainer, die regelmäßig behaupten »*Hast du jemals einen Löwen gesehen, der sich aufwärmt, bevor er eine Gazelle jagt?*«

Dann denke ich über die Gegenfrage nach »*Schon mal einen Löwen gesehen, der 10 Stunden lang am Schreibtisch seines Büros sitzt? Ich auch nicht!*«.

Man sollte nicht so dogmatisch sein – der Athlet soll an zielorientiertes Aufwärmen herangeführt werden, aber gleichzeitig seine individuellen Bedürfnisse im Blick haben. Es ist ein sich gegenseitig ergänzendes Verhältnis.

Zu beachten ist auch, dass Aufwärmsätze in den **Dosis-Wirkungs-Modellen** (dose-response-model) nicht berücksichtigt werden. Der

Schwellenwert (threshold) für diese Aufwärmsätze mit geringer Intensität ist nicht groß genug. Aber wie sich gezeigt hat, so auch die Meinung Jovanovics[77], stellen sie eine sehr effiziente Komponente der kleinsten vorgegebenen Planungseinheit (*prescription unit*) dar, die in den evidenzbasierten Labormodellen oft übersehen wird.

Warm-Up Sätze mit Over Warm-Ups

Dieser Teil des Satz- und Wiederholungsschemas wird normalerweise völlig vernachlässigt. Das erste Mal, dass ich von einem neuen Konzept hörte, war in *Base Building* von Coach Paul Carter[78], in dem er die Verwendung von Over Warm-Ups vorschlug. Over Warm-Ups sind Aufwärmsätze, die über das Gewicht hinausgehen, welches man für die Hauptsätze verwenden möchte. Im obigen Beispiel der Bankdrückserie mit 5x5 @75% könnte das Folgendes bedeuten:

20kg	**x 10-12 Wdh (leere Stange)**
40%	**x 5 Wdh**
50%	**x 5 Wdh**
60%	**x 3 Wdh**
70%	**x 1 Wdh**
80%	*x 1 Wdh Over Warm-Up*
75%	**x 5 x 5 Wdh Hauptsätze**

Hier stellen 80% x 1 Wdh einen Aufwärmsatz dar. Ich weiß nicht, ob es jemandem aufgefallen ist, aber ohne Over Warm-Ups fühlt sich der erste Satz mit 75% x 5 Wdh oft ein bisschen unangenehm und steif an, aber die späteren Sätze sind deutlich smoother und man kommt besser in die Technik rein. Um diesen Effekt zu vermeiden und um sich auf die Hauptsätze vorzubereiten, können Over Warm-Ups verwendet werden. Diese sind in der Regel 5-10% höher als die Hauptsätze, und man kann sich tatsächlich bis zum **EDM (Every Day Maximum)** hocharbeiten, ohne mit zu hohen Erwartungen und emotionaler Aufregung kämpfen zu müssen.

Tagesmaximum (Every Day Maximum) ermitteln

Dieses Tagesmaximum kann zur Berechnung von Arbeitsgewichten verwendet werden, z. B. 75% des Tagesmaximums, anstelle des 1RM, welches vor dem Zyklus ermittelt wurde und welches sich im Verlauf eines Trainingszyklus durchaus nach oben oder nach unten verschieben kann.

20kg	**x 10-12 Wdh (leere Stange)**
40%	**x 5 Wdh**
50%	**x 5 Wdh**
60%	**x 3 Wdh**
70%	**x 1 Wdh**
80%	**x 1 Wdh**
90%	**x 1 Wdh**
100%	*x 1 Wdh (Tagesmaximum ermitteln)*
75%	**x 5 x 5 Wdh (basierend auf Tagesmaximum)**

Dies ist eine fortschrittlichere Methode, obwohl sie das Problem in sich birgt, das EDM in die Gleichung einzubeziehen sowie die individuelle Veränderungsrate und die täglichen Schwankungen zu berücksichtigen. Die Methode ist sehr wirkungsvoll, aber sie ist auch ein zweischneidiges Schwert, denn um sie häufig anzuwenden, muss man lernen, entspannt zu sein und es nicht zu übertreiben, ohne dass es zu emotionalem Stress und **Overreaching** (Vorstufe des Übertrainings) führt. Kein Durchdrehen, kein Hochputschen, nur damit das EDM möglichst hoch ausfällt – der Preis dafür ist zu hoch. Wenn man dies bei mehreren Übungen in der Trainingswoche praktizieren würde, wäre das ein potenzielles Problem. Dies ist aber leichter gesagt als getan, vor allem an schlechten Tagen, wenn das Tagesmaximum zu sinken droht. Kenne dein Ego und lass es im Umkleideraum.

Warm-Up Sätze isometrisch & explosiv unterstützt
Bei den Warm-Up Sätzen können auch isometrische Überwindungsübungen (isoPush[XXXIII]) oder explosive Bewegungen eingesetzt werden. Im Beispiel der Aufwärmsätze wurden vor dem letzten Aufwärmsatz explosive Liegestütze durchgeführt.

20kg	x 10-12 Wdh (leere Stange)
40%	x 5 Wdh
50%	x 5 Wdh
60%	x 3 Wdh
70%	x 1 Wdh + isoPush für 6sec
80%	x 1 Wdh + explosive Liegestütze x 6 Wdh
75%	x 5 x 5 Wdh

Weitere Techniken, die vor dem Training eingesetzt werden können, sind **Walk-Outs** und **Holds**, die schwerer sein können als das eigene 1RM. Dies ist besonders nützlich, wenn die Arbeitssätze über 90%+ liegen. Dabei wird ein sehr schweres Gewicht verwendet, das in der Ablageposition gehalten wird (Bankdrücken Startposition bzw. Log-Out Position), oder man läuft mit dem Gewicht in die Ausgangsposition (Kniebeugen). Ich bin mir nicht sicher, ob dies etwas ist, das man häufig anwenden sollte, da es das ZNS sehr fordert, aber es ist eine praktikable Strategie, wenn man sie sparsam und klug einsetzt.

Hauptsätze
Hauptsätze sind das Kreatin und Whey Protein eines jeden Satz- und Wiederholungsschemas, jedoch sind sie nicht Teil dieses Kapitels, damit haben wir uns in den Programmbesprechungen auseinandergesetzt. Der Vollständigkeit halber sind nach Jovanovic in Abbildung 3 die gängigen Vorgaben für Satz- und Wiederholungsschemata, insbesondere für die Hauptsätze, aufgeführt. Die Darstellung hat eine ganz besondere Ästhetik und erinnert mich stark an den

---

[XXXIII] **isoPush**: die mittlere Position der Liegestütze wird isometrisch gehalten.

Matheunterricht, jedoch mit dem maßgeblichen Unterschied, dass ich Mladens Zahlengewitter verstanden habe.

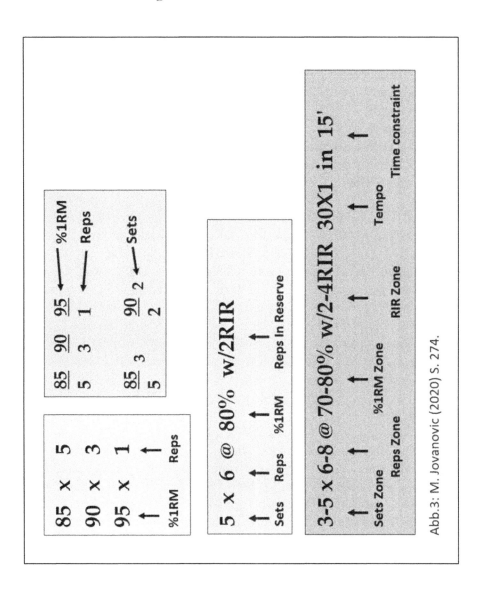

Abb.3: M. Jovanovic (2020) S. 274.

Nachbelastung

After-Sets
After-Sets repräsentieren ein zusätzliches Angebot im Training und es gibt verschiedene Varianten, die genutzt werden können. Betrachten wir die gängigsten davon. Ich haben dabei immer das Standardbeispiel beim Bankdrücken für die Hauptsätze mit 5x5 Wdh @75% gewählt.

Plus Sets/AMRAP Sets
Nachdem die Hauptsätze (5x5@75%) beendet wurden schließt der letzte Satz der 5x5 Serie mit einem Satz bis zum Muskel- bzw. technischem Versagen ab (AMRAP: As Many Reps As Possible).

75% x 5
75% x 5
75% x 5
75% x 5
75% x 5+

Der letzte Satz ist ein Plus-Set, bei dem der Sportler versucht, so viele hochwertige Wiederholungen wie möglich zu absolvieren, möglichst ohne allzu große mentale Belastung und Aufputschen. Dies kann als Test und Schätzung des 1RM verwendet werden, wenn man die Rep-Max-Formel[XXXIV] verwendet, oder als einfache Verstärkung der Hypertrophie am Ende der Hauptsätze.

TIPP
Ein kleiner Blick auf die **Load-Max Reps Table**[79] von Epley kann einen ganz guten Überblick dazu bieten, die vom 1RM abgeleiteten

---

[XXXIV] **Rep-Max-Formel**
Wdh * Gewicht = X * 0,0333 = X + Gewicht = theoretisches 1RM
Beispiel: 4* 100kg = 400kg * 0,0333 = 13.32kg + 100kg = 113.32kg

Prozentwerte in maximale Wiederholungen zu überführen. Natürlich, wie bei fast allen Modellen, stammen diese Werte aus der Erhebung unzähliger praktischer Daten, und soll lediglich als theoretischer Durchschnitt zur Orientierung dienen. Individuelle Unterschiede am oberen oder unteren Ende der Skala sind stets zu erwarten. Wer sich nun denkt, »*Moment mal, das kommt mir irgendwie bekannt vor!*«, hat recht: Das sehr erfolgreiche Krafttrainingsprogramm **5/3/1 von Jim Wendler** basiert auf diesem Belastungsmodell.

Max Reps	1	2	3	4	5	6	7	8	9	10
% 1RM	100%	94%	91%	88%	86%	83%	81%	79%	77%	75%
Max Reps	11	12	13	14	15	16	17	18	19	20
% 1RM	73%	71%	70%	68%	67%	65%	64%	63%	61%	60%

Abb 4. Epley's Load-Max Reps table

Nachbelastung: Joker-Sets

Joker Sets werden von Jim Wendler in seinem 5/3/1-Programm vorgeschlagen. Sie beinhalten das Hinzufügen einiger Sätze mit 5%+ oder mehr nach den Hauptsätzen. Es gibt mehrere Möglichkeiten, dies zu realisieren. Wenn man sich zum Beispiel nach den Hauptsätzen gut fühlt, kann man ein oder zwei Sätze mit zusätzlichen 5% zu den Hauptsätzen hinzufügen:

75%   **x 5**
75%   **x 5**
75%   **x 5**
75%   **x 5**
75%   **x 5**
80%   x 5 *(Joker #1)*
85%   x 5 *(Joker #2)*
90%   x 3 *(Joker #3 – keine 5 Wdh erreicht!)*

Ein anderer Ansatz könnte darin bestehen, mit Einzelwiederholungen bis zum Tagesmaximum (Every Day Maximum) fortzufahren, welches aufgrund der Vorermüdung durch die Hauptsätze verringert sein dürfte.

75%   x 5
75%   x 5
75%   x 5
75%   x 5
75%   x 5
80%   x 1 (Joker #1)
85%   x 1 (Joker #2)
90%   x 1 (Joker #3)
95%   x 1 (Joker #4)
100% x 1 (Joker #5)

Nachbelastung: Back-Off Sets

Back-Off Sets stellen eine Fülle von Methoden dar, um das Trainingsvolumen zu erhöhen. In der Regel geschieht dies, indem man den ersten Satz um 10-20 % reduziert und entweder die gleiche oder eine höhere Anzahl von Wiederholungen im Vergleich zu den Hauptsätzen absolviert.

75% x 5 x 5 (Hauptsätze)
Option #1: 65% x 5 Wdh x 3 Sätze
(Fokus auf ideale technische Ausführung)
Option #2: 65% x 10 Wdh x 3 Sätze
(Fokus auf muskuläre Nachermüdung/Hypertrophie)
Option #3: 65% x maximale Wdh
(Fokus auf Wiederholungsrekord)

Wendler verwendet die Option **First Set Last** (FSL) oder **Second Set Last** (SSL), um mehr Volumen zu generieren. Beide stellen eine Variation der Back-Off Sets dar. Back-Off Sets, insbesondere wenn sie leichter und mit höheren RIR verwendet werden, können die

Technik verbessern oder sie können verwendet werden, um mehr Volumenstress zu erzeugen.

An dieser Stelle des Trainings (Nachbelastung) erscheint es laut Jovanovic legitim, auch bodybuildinghafte **Intensitätstechniken** wie Drop Sätze, erzwungene Wiederholungen, Negative, etc. einzusetzen[80].

Nachbelastung: Myo-Reps
Eine dieser Methoden, die aus dem Bodybuilding stammt, erscheint besonders lohnenswert: die Myo-Reps bzw. Rest-Pause Techniken. Diese können mit demselben Gewicht wie bei den Hauptsätzen, oder mit reduziertem Gewicht, absolviert werden. Alle Wdh des Rest-Pause Satzes werden bis zum Muskelversagen oder kurz davor ausgeführt, die anschließende Pause beträgt mindestens 15 bis max. 30sec Pause.

75% x 5 x 5 (Hauptsätze)
Option #1: 75% x 6 + 2 + 2 + 1 Wdh
Option #2: 65% x 10 + 4 + 4 + 3 Wdh

Nachbelastung: Dynamic Effort
Diese Methode ist bereits von Louie Simmons (Westside Barbell Club) bekannt, findet hier jedoch in der Nachbelastungsphase statt. Speziell für Athleten, die ihre Kraft und Explosivität über zusätzliches Volumen, ohne dominante Hypertrophiereize, verbessern wollen, dürfen damit experimentieren. Man reduziert das Gewicht nach den Hauptsätzen auf 40-70% des 1RM und performt Sätze mit 1-3 Wdh so schnell (dynamisch) wie möglich – die Verwendung von Gummibändern (um die Hantelaufnahme geschlungen und am Boden/Rack verankert) ist unbedingt zu empfehlen, speziell, wenn sich das Gewicht am unteren Ende der Prozentwerte vom 1RM orientiert (unter 50%).

75% x 5 x 5 (Hauptsätze)
Option #1: 75% x 5 x 5 Wdh
Option #2: 60% x 8 x 3 Wdh

Nachbelastung: Isometrics
Gelegentlich kann man Hauptsätze mit wenigen Sätzen und reduziertem Gewicht beenden, indem man isometrische Halteübungen (isometric holds) durchführt. Dies ist eine großartige Trainingsmethode, um mit einer guten Technik am meist kritischen Wendepunkt der Bewegung, abzuschließen.

75% x 5 x 5 (Hauptsätze)
50% x Isometrisches Halten
für 10-20sec in der Endposition (bottom) x 2-3 Sätze

Vorteile und Möglichkeiten der Nachbelastungsphase
1) Variabilität
Alle genannten After-Sets werden mit der gleichen Übung durchgeführt (Beispiel Bankdrücken). Jim Wendler verwendet zuweilen **Supplement Lifts** für die Back-Off Sätze. So kann man z.B. nach 5x5@75% beim Bankdrücken 3x10@65% als Back-Off Sätze mit Schrägbankdrücken oder Ring-Push-Ups machen. Dies kann nützlich sein, um einem chronischen **Überlastungssyndrom** vorzubeugen, aber auch um Variabilität in das Training einfließen zu lassen. Die Back-Off Sätze können zum Beispiel mit verschiedenen Übungen innerhalb derselben Bewegungsgruppe, mit verschiedenen Tempi (langsame Exzentrik, lange Haltephasen usw.), mit verschiedenen Griffbreiten, mit Bändern und Ketten bei der dynamischen Belastung oder mit verkürztem oder erweitertem Bewegungsumfang durchgeführt werden. Es kann auch bedeuten, dass nach den Hauptsätzen (die als **Arbeit** betrachtet werden dürfen) einige **Spiel-, Spaß- und Erkundungselemente** eingebaut werden. Zum Beispiel könnte man den Sportlern anbieten »*Wenn ihr mit der vorgeschriebenen Übung fertig seid, könnt ihr eine andere Übung aus diesem Übungspool auswählen und ein paar zusätzliche Sätze machen*«. Dies kann das Gefühl der

Kontrolle und den Spaßfaktor erhöhen, der nicht zu vernachlässigen ist und in den Laborkittelmodellen häufig zu kurz kommt.

2) Nachbelastung: Einschleichen einer neuen Übung

Bei Mannschaftssportlern, die häufig an Wettkämpfen teilnehmen müssen, birgt der periodische Wechsel der Übungen ein besonderes Risiko für Muskelkater aufgrund der neuartigen Bewegung, kann aber wiederum notwendig sein, um Langeweile und ein chronisches Überlastungssyndrom zu vermeiden. Dieses Problem kann durch das Einführen der zunächst neuen Hauptbewegungen in den After-Sets gemildert werden. Zum Beispiel kann man nach 3x5Wdh in der Kniebeuge ein paar leichte Sätze der Frontkniebeuge machen, die wir in der nächsten Trainingsphase betonen wollen. Auf diese Weise ist man technisch auf die nächste Phase vorbereitet, vermeidet aber auch mögliche Nachteile aufgrund von Muskelkater und schwerfälligen Beinen. Auch für normal trainierende Kraftsportler, die nicht auf ihre Performance auf dem Spielfeld achten müssen, ist dies ein sinnvoller Ansatz und allemal den Versuch wert.

3) Nachbelastung: Zeitersparnis

Zwischen den Hauptsätzen können die Aufwärmsätze der nächsten Übung im Training durchgeführt werden. Wenn zum Beispiel die Kniebeuge die nächste Übung sein wird, kann man nach 5x5@75% im Bankdrücken während der Back-Off Sets im Bankdrücken ein paar Goblet Squats oder Kniebeugen mit der leeren Stange machen. Dies hängt natürlich von den logistischen Gegebenheiten im Fitnessstudio und den Gerätebeschränkungen ab, aber es ist eine praktikable Strategie, um Zeit zu sparen.

4) Nachbelastung: Kombination

Ja, es gibt hier viele gute Ansätze zu entdecken, die im Einzelnen alle lohnenswert sind, ausgetestet, protokolliert und evaluiert zu werden. Danke dafür an die Herren Jovanovic und Wendler.
Aber, und ich weiß, dass sich darüber die meisten freuen werden, gäbe es auch die Option, einen sinnvollen Mix der beschriebenen

Nachbelastung zusammenzustellen – dieser wäre natürlich nur eine Variante, an der man sich orientieren kann. Hier eine Option:

Bankdrücken
4 x 5 Wdh @75% Hauptsätze
1 x 5 Wdh @75% Plus Set
85% x 3 Wdh (Joker Set #1)
95% x 1 Wdh (Joker Set #2)

Kurzhantelbankdrücken (Back-Off & Variabilität)
Wechsel von Flach-, zu Schräg- und negative Schrägbank bei jedem Satz
3 x 8-12 Wdh @60-70%

Organisation der Übungsreihenfolge

Beschäftigt man sich mit dem Status Quo der Trainingslehre, so könnte man meinen, es sei lediglich entscheidend, dass am Ende einer Trainingswoche, das Volumen, die Frequenz und die Intensität einigermaßen austariert sind. Das ist zwar wichtig, denn die meisten organisieren ihren Mesozyklus über die traditionelle 7-Tage-Woche.
Aber wie organisiert man sinnvoll eine einzelne Trainingseinheit als in sich geschlossenen Mikrozyklus? Was ist effizient und was ist effektiv? In diesem Kapitel versuche ich, in Anlehnung an das Warm-Up und die Nachbelastung, etwas Struktur in die Organisation der Übungsreihenfolge und -Kombination zu bringen.

Wie bereits erläutert, ist die elementare Einheit eines Krafttrainingsprogramms die **kleinstmögliche Planungseinheit**, die sogenannte *Prescription Unit*. Sie besteht aus einer Übung sowie einem Satz- und Wiederholungsschema. Die gesamte Trainingseinheit (Mikrozyklus) besteht jedoch aus mehreren dieser kleinstmöglichen Einheiten, die irgendwie organisiert sein sollten. Nehmen wir an, dass die folgenden Übungen in einem Training ausgeführt werden sollen:

Hauptübungen
Kniebeugen 3 x 5 @75%
Bankdrücken 3 x 5 @80%

Assistenzübungen
Oberkörper Zugbewegung (pull movement)
3 x 8-12 Wdh
Hüftdominante Bewegung[XXXV] (hip hinge movement)
3 x 8-12 Wdh
Rumpfübung mit Rotation (core movement rotational)
3 x 10-20 Wdh

Die Kniebeuge und das Bankdrücken verlaufen nach strikten Vorgaben, während die Assistenzübungen eher unverbindlich, mit einem offenen Satzschema und Auswahlmöglichkeiten bei der eigentlichen Übung, daherkommen. Diese können in diesem speziellen Beispiel als komplementäres Paar aus **Arbeit und Spiel** betrachtet werden, wobei die ersten beiden (Kniebeuge & Bankdrücken) als **Arbeit** (Hauptübungen) und der Rest als **Spiel** (Assistenzübungen) betrachtet werden können. Man kann alle Übungen stärker reglementieren und eher als Arbeit verstehen, oder etwas lockerer als Erkundungs- und Spielphase betrachten, je nach den Zielen, den Vorlieben der Athleten, der Trainingsphase und so weiter. **Dieses Denkmodell erachte ich als sehr praktisch und entlastend.**

Strikte Trennung: der Blocked Approach

Der bereits bekannte Kraft- und Konditionstrainer Mladen Jovanovic bezeichnet die klassische Organisation der oben aufgeführten Übungen als eine Art "Blocken" oder "Trennung" in zweierlei Übungsarten[81] (blocked approach/blocked organization):

[XXXV] **Hip Hinge**: Du beugst in der Hüfte, mit minimalen Kniebeugeanteil, und streckst die Hüfte mit einer starken Kontraktion der Hüftstrecker. Es beschreibt also die Bewegung der Hüfte, die du bei vielen Übungen im Krafttraining benötigst, um eine Bewegung einzuleiten oder abzuschließen. Gute Beispiele für reine Hip Hinge Movements sind Kettlebell Swings oder Rumänisches Kreuzheben.

komplexe Übungen →Mehrgelenksübungen
einseitigen Übungen →Isolationsübungen

Bei diesem getrennten Ansatz der Trainingsorganisation, gemäß unserem Beispiel, gibt es eine klare Trennung zwischen den Arbeits- und Spielelementen und eine klare Trennung zwischen den Übungen.

A. **Kniebeugen**
3 x 5 @75%

B. **Bankdrücken**
3 x 5 @80%

C. **Oberkörper Zugbewegung**
(pull movement)
3 x 8-12 Wdh

D. **Hüftdominante Bewegung**
(hip hinge movement)
3 x 8-12 Wdh

E. **Rumpfübung mit Rotation**
(core movement rotational)
3 x 10-20 Wdh

Grafik 1. *Blocked Organization* nach Mladen Jovanovic
(Quelle: Beuter 2021; adaptiert nach Jovanovic, 2020)

Alle Sätze einer Übung werden beendet, bevor mit der nächsten Übung fortgefahren wird. Diese Trainingsorganisation ist in den meisten öffentlichen Fitnessstudios üblich, wo man sich an eine bestimmte Übung mit einem bestimmten Gerät hält und dies mit seinem Leben, oder mit seinem Handtuch, verteidigt. Gott bewahre, dass man die Trainingsgeräte nicht mit anderen teilen muss. Aus rein physiologischer Sicht mag dieser Aufbau ideal erscheinen, da es zu keiner unnötigen Ermüdung kommt und alle Aufmerksamkeit auf eine Übung gerichtet ist, aber gibt es noch besser Möglichkeiten?

Was war zuerst da:
Die Fitnessstudios oder das Trainingsmodell?

Sind klassische Satz- und Wiederholungsschemata, wie oben aufgeführt, im Mainstream Fitness- und Krafttraining in erster Linie unter der Voraussetzung entstanden, dass sie sich unkompliziert in einem großen Fitnessstudio von Station zu Station abtrainieren lassen? Ja, es ist unkompliziert. Keine Absprache zwischen trainierenden Mitgliedern ist vonnöten. Erst das eine, dann das andere. Aber nur weil es für den gesamten Ablauf in einem Gym recht unkompliziert erscheinen mag, so frage ich mich, ob dies auch wirklich eine effiziente Lösung ist?

Für **Kraftspezialisten**, wie waschechte Bodybuilder oder Powerlifter, mag dies in Ordnung sein und seine Vorteile haben. Diese eingeschworenen Krieger am Eisen haben zum einen die nötige Zeit und zum anderen müssen sie nicht weitere Fähigkeiten ausbilden, schließlich ist Bodybuilding oder Powerlifting ihre Primärsportart. Der von Mladen Jovanovic beschriebene **Blocked Approach** kann für **Kraftgeneralisten** (Primärsportart z.B. Eishockey, Rugby oder Fußball sowie Leichtathletik) tatsächlich als Zeitverschwendung[82] betrachtet werden. Geht man davon aus, dass zwischen den Sätzen der Hauptübungen Satzpausen von zwei bis fünf Minuten eingehalten werden (in unserem Beispiel Kniebeugen 3x5 und Bankdrücken 3x5), wäre die Implementierung von Supersätzen ein interessantes Tool, über das es sich zu schreiben lohnt. Natürlich profitieren auch die Kraftspezialisten von solch einer Strategie.

Supersätze

Supersätze haben ihren Ursprung im Bodybuildingtraining der 1970er und ihren Gallionsfiguren Arnold Schwarzenegger und Franco Columbu und sind bereits in der ersten Auflage der Weider-Prinzipien zu finden. Ursprünglich wurden sie kreiert, um zwei Fliegen mit einer Klappe zu schlagen: mit Effizienz und Intensität. Supersätze können aber weitaus mehr leisten, als nur den Bizeps und den Trizeps im Wechsel zu trainieren, man muss sie nur in einem größeren Zusammenhang verstehen.

> »Eines der ersten Dinge, die manche Personen bemerken, wenn sie zu Cressey Sports Performance kommen, ist, dass wir oft die "Big Bang"-Kraft- und Power-Bewegungen mit Übungen geringerer Intensität kombinieren.«
> Eric Cressey[83]

Filler

Die Pausenzeiten zwischen den Sätzen der Hauptübung können genutzt werden, um andere Qualitäten zu fördern. So kann man beispielsweise zwischen den Sätzen bei der Kniebeuge (schon bei den Aufwärmsätzen beginnend) an der Oberkörperbeweglichkeit arbeiten oder beim Bankdrücken an der Hüftbeweglichkeit. Aus diesem Grund werden diese in der Regel mit **Fillern** (Füllerübungen) besetzt, bei denen es sich um Coreübungen, Prehab- oder Stabilisierungsübungen handeln kann, die die Ausführung der Hauptsätze nicht beeinträchtigen. Eric Cressey nannte fünf Gründe für den Einsatz von Fillern in Trainingsprogrammen und ich kann ihm nur zustimmen:

1. Filler regulieren fortgeschrittene Athleten bei schwerem Training

Ein optimales Kraft- und Leistungstraining setzt voraus, dass sich die Sportler zwischen den Trainingssätzen ausreichend Zeit nehmen, um sich zu erholen. Leider neigen viele Athleten (meist Kraftgeneralisten) dazu, diese Art von Krafttraining im Eiltempo zu absolvieren, da es nicht die gleiche Art von akuter Muskelermüdung verursacht, die man bei einem Satz mit höheren Wiederholungen erfährt. Muskuläre Ermüdung ist wesentlich deutlicher zu spüren als neurale Ermüdung. Drei bis fünf Minuten Pause bei schweren Kniebeugeeinheiten mit 3er Wiederholungen sind ideal – diese können für Mobilitätsarbeit genutzt werden, anstatt wie ein nervöser Tiger auf und ab zu laufen und auf die Uhr zu schauen.

2. Filler bieten zusätzliche Möglichkeiten, an grundlegenden Bewegungskompetenzen und Korrekturübungen zu arbeiten

Wenn etwas wichtig ist, macht man es jeden Tag. Für manche Athletinnen und Athleten könnte das die Beweglichkeit der Hüfte sein, für andere ist es vielleicht eine Übung für die Rotatorenmanschette. Man kann diese Übungen durchführen, während man normalerweise nur herumsteht und unnötigerweise den Status auf dem Smartphone checkt.

3. Filler verbessern die Trainingsökonomie und ermöglichen es, das Aufwärmen ein wenig zu verkürzen.

Dieser Punkt lässt sich am besten anhand eines Beispiels veranschaulichen. Nehmen wir an, ich mache normalerweise ein dynamisches Aufwärmprogramm mit 8 bis 10 Übungen, bevor ich mit dem Heben beginne. Dann wärme ich mich für ein Kreuzheben mit 220kg wie folgt auf:

60kg   x 8
80kg   x 5
100kg   x 3
120kg   x 1
140kg   x 1
160kg   x 1
180kg   x 1
200kg   x 1
220kg   x 1

Bei dieser Aufwärmprogression habe ich acht Pausen zwischen den Sätzen, um ein wenig zusätzliche Arbeit zu erledigen. Klar, ich belade die Stange mit Scheiben, aber das bedeutet nicht, dass ich nicht ein paar schnelle Wiederholungen für die Beweglichkeit der Sprunggelenke oder die Retraktion/Depression der Schulterblätter machen kann. Das kann sehr hilfreich sein, vor allem, wenn ich bei den schwereren Aufwärmsätzen bin, die etwas mehr Ruhe erfordern, denn so kann ich meine allgemeine Aufwärmphase ein wenig verkürzen.

Wenn es um die Trainingsökonomie geht, spricht jeder gerne über die Übungsauswahl (Auswahl von Mehrgelenksübungen) und darüber, wie man die Trainingsdichte erhöhen kann (mehr Volumen in einer bestimmten Zeit/Density). Dabei darf jedoch nicht vergessen werden, dass die Verbesserung der Bewegungsqualität oder Prehabilitationsübungen immer noch als "Arbeit" zu werten sind, die irgendwann abgeleistet werden muss. Also warum nicht gleich hier beim Kreuzhebe-Warm-up?

4. Filler tragen dazu bei, Rückstaus im Gym zu vermeiden

Dies ist ein zweischneidiges Schwert. Wenn man in einem belebten Fitnessstudio zwischen den Sätzen an seiner Hüftmobilität arbeitet, erhöht sich, wenn man nicht aufpasst, vermutlich die Wahrscheinlichkeit, dass währenddessen jemand das Squat Rack übernimmt.

Im Athletiktraining, wo kleine Gruppen zusammen trainieren, sind Filler ein organisatorisches Tool, wenn es darum geht, Gedränge zu vermeiden, wenn viele Athleten versuchen, dasselbe Gerät zur gleichen Zeit zu benutzen. Wenn sich drei Athleten dieselbe Trap Bar teilen, können Filler für einen reibungsloseren Ablauf sorgen – vor allem, weil sie unaufmerksame Athleten davon abhalten, zwischen den Sätzen herumzualbern.

5. Filler können dekonditionierten Athleten eine aktive Erholung zwischen den Sätzen ermöglichen

Für manche Sportler ist das Aufwärmen das eigentliche Training. Mit anderen Worten: Sie sind vielleicht so dekonditioniert, dass schon ein Satz Spiderman Stretching ihre Herzfrequenz in die Höhe treibt. Wenn man diese Mobilitätsübung mit einem Satz Inverted Rows (umgekehrtes Rudern) kombiniert, könnte das perfekt zu ihrem Fitnessniveau passen. Umgekehrt könnte es den Sportler überfordern, wenn man diese Übung mit einem Bulgarian Split Squat kombiniert. In diesem Fall ist der Filler kaum ein Filler, sondern die Hauptübung!

Filler haben vielleicht den Beigeschmack des Nebensächlichen, aber das ist weit entfernt von der Wahrheit. Versuche, sie in deine Programme einzubauen, um eine höhere Qualität des Trainings zu erzielen, die Trainingsökonomie zu verbessern und Schwachstellen zu beseitigen. Mal abgesehen von den oben beschriebenen Fillern, können Assistenzübungen in Kombination mit den Hauptübungen als Supersätze ausgeführt werden (Grafik 2.).

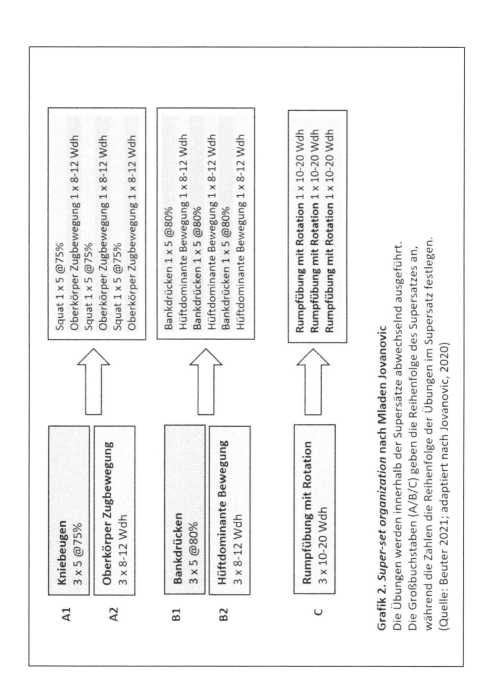

Grafik 2. *Super-set organization* nach Mladen Jovanovic
Die Übungen werden innerhalb der Supersätze abwechselnd ausgeführt. Die Großbuchstaben (A/B/C) geben die Reihenfolge des Supersatzes an, während die Zahlen die Reihenfolge der Übungen im Supersatz festlegen.
(Quelle: Beuter 2021; adaptiert nach Jovanovic, 2020)

Aus der Perspektive des motorischen Lernens könnte dieses variable und zufällige Übungsschema die Beibehaltung der Fähigkeiten im Vergleich zu der zuvor diskutierten Blockmethode tatsächlich verbessern. Aus physiologischer Sicht ist es vielleicht nicht optimal, aber aus praktischer Sicht ist es sehr zufriedenstellend. In der Bodybuilding-Literatur können Supersätze verschiedene Namen haben, je nach Art und Anzahl der beteiligten Übungen. Im obigen Beispiel wurde der Supersatz **Hauptübung-Nebenübung** verwendet, aber es gibt auch andere, die definitiv erwähnenswert sind und in der nachfolgenden Auflistung gerne als **Supersatz-Index** verstanden werden dürfen.

Supersatz Hauptübung-Nebenübung

Der Supersatz **Hauptübung-Nebenübung** bezieht sich auf die Kombination der Hauptübung mit der Nebenübung. In der Regel handelt es sich dabei um unterschiedliche Bewegungsmuster, daher spricht man auch von einer Nebenübung, nicht von einer Assistenzübung. Hier ist ein Beispiel für eine solche Paarung:

A1. Bankdrücken → Hauptübung
A2. Rumänisches Kreuzheben → Nebenübung

B1. Kniebeuge → Hauptübung
B2. Umgekehrtes Rudern → Nebenübung

Supersatz Oberkörper-Unterkörper

Das vorherige Beispiel kann auch als Oberkörper-Unterkörper-Satz betrachtet werden, da es zwischen Bankdrücken und Rumänischem Kreuzheben wechselt. Eine weitere häufige Option ist der Supersatz aus Kniebeugen und Klimmzügen oder einer Ruderbewegung.

Supersatz Einfach-Komplex

Die Einfach-Komplex-Paarung bezieht sich auf die Verwendung einfacher zusammengesetzter Bewegungen, gefolgt von komplexeren Bewegungen. Das Ziel eines solchen Ansatzes ist es, einen komplexeren Filler zu verwenden und Fähigkeiten auszubilden, die nicht im

Kontrast zur Hauptübungen stehen. Diese komplexeren Übungen werden für gewöhnlich mit hohen RIR (Reps in Reserve) und einer sehr guten Bewegungsqualität absolviert.

A1. Split Squat →einfach
A2. Reverse Lunge mit einem Slide-Board →komplex

Supersatz mit Vorermüdung

Ein Vorermüdungs-Supersatz bedeutet, dass eine Isolationsübung mit einer Hauptübung für dieselbe Muskelgruppe oder dasselbe Bewegungsmuster kombiniert wird. Die Idee hinter dieser Bro-Science ist, dass man durch die Verwendung von Isolationsübungen lernt, wie man sich bei den Verbundübungen auf diesen Muskel konzentrieren kann. Eine andere Erklärung ist, dass der Sportler durch das Vorermüden einer dominanten Muskelgruppe sich bei der Verbundübung mehr auf andere Muskeln verlassen muss, was wiederum Dysbalancen ausgleichen kann. Ein Beispiel könnte das Folgende sein:

A1. Kurzhantel Fliegende →Isolationsübung
Keine Pause oder sehr kurze Pause
A2. Bankdrücken →Verbundübung
Mehrminütige Satzpause

Supersatz mit Nachermüdung

Ähnlich wie bei der Vorermüdung wird bei der Nachermüdung eine Verbundübung mit einer Isolationsübung für dieselbe Muskelgruppe kombiniert. Die Idee hinter dieser Methode ist es, einer bestimmten Muskelgruppe einen zusätzlichen Reiz zu bieten, der mit der Verbundübung möglicherweise nicht erreicht werden kann. Im Gegensatz zur Vorermüdung wird bei der verwendeten Verbundübung das Gewicht nicht limitiert sein. Ein Beispiel:

A1. Bankdrücken →Verbundübung
Keine Pause oder sehr kurze Pause
A2. Kurzhantel Fliegende →Isolationsübung
Mehrminütige Satzpause

Supersatz mit Verbundübungen
Supersätze mit Verbundübungen verweisen darauf, zwei (oder mehr) Verbundübungen mit ähnlichen Bewegungsmustern zu kombinieren, zum Beispiel:

A1. Bankdrücken →Verbundübung
Keine Pause oder sehr kurze Pause
A2. Military Press →Verbundübung
Mehrminütige Satzpause

Supersatz mit Isolationsübungen
Dieser Supersatz bezieht sich auf die Paarung von zwei (oder mehr) Isolations- (oder Assistenz-) Übungen für die gleiche Muskelgruppe, die idealerweise verschiedene Bereiche des Muskels ansprechen - ja, das ist Bodybuilding Bro-Science, aber es funktioniert. Hier ist ein Beispiel für den Pectoralis:

A1. KH Fliegende 45° Schrägbank →Isolationsübung
Keine Pause oder sehr kurze Pause
A2. Cable Crossovers →Isolationsübung
Mehrminütige Satzpause

Giant-Sets
Kennst du noch Milos Sarcev, eine Bodybuildinglegende der 1990er? Er war bekannt dafür, irrwitzige Supersatz-Kombinationen bei sich und seinen Klienten anzuwenden – eine Vorgehensweise, die auch Charles Poliquin, inspiriert von Sarcev, übernahm. Sarcev verwendete Giant-Sets vornehmlich dann, wenn eine Muskelpartie sich in puncto Hypertrophie als äußerst unwillig erwies und schaltete vier bis fünf Übungen der Reihe nach, ohne geplante Pausen, und wiederholte diesen Zirkel zwei bis dreimal. Mehr Volumenreiz in kürzester Zeit geht nicht. Giant-Sets lassen sich mit Verbundübungen und/oder Isolationsübungen programmieren, solange es sich um dieselbe Muskelgruppe oder ein ähnliches Bewegungsmuster handelt. Folgendes Beispiel richtet sich an die Schultermuskulatur:

A1. Kurzhantel Seitheben →Isolationsübung
Keine Pause oder sehr kurze Pause
A2. Kurzhantel Reverse Flys →Isolationsübung
Keine Pause oder sehr kurze Pause
A3. Kurzhantel Frontheben →Isolationsübung
Keine Pause oder sehr kurze Pause
A4. Kurzhantel Schulterdrücken → Verbundübung
Keine Pause oder sehr kurze Pause
A5. Aufrechtes Rudern mit der SZ-Stange →Verbundübung
Mehrminütige Satzpause

Antagonistische Supersätze

Dies ist eine sehr verbreitete Supersatzstruktur, insbesondere für den Oberkörper. Dabei werden antagonistische Muskelgruppen oder Push- und Pull-Bewegungsmuster miteinander kombiniert. Dies funktioniert auch für den Unterkörper und man darf sowohl Verbund- als auch Isolationsübungen kombinieren. Der wichtigste Hinweis betrifft die Pausenzeiten bei der Kombination anspruchsvoller Verbundübungen, die mit hohen Gewichten ausgeführt werden können: nach den Kniebeugen wäre eine lohnende Pause dann angebracht, wenn man danach mit gestrecktem Kreuzheben arbeitet. Dein Kreislauf und deine Konzentration werden es dir danken. Dazu folgendes Beispiel:

A1. KH Bankdrücken → Oberkörper Push
A2. Umgekehrtes Rudern an Ringen → Oberkörper Pull

B1. Beinpresse →Unterkörper Push
B2. Rumänisches Kreuzheben →Unterkörper Pull

Supersätze nach der Kontrastmethode: grinden vs. ballistisch

Manche Leute bezeichnen Kontrast-Supersätze als Komplex-Training, aber dies ist kein angemessener Begriff. **Komplex** bezieht sich auf das gesamte Training und bedeutet, dass verschiedene Qualitäten im selben Training gefördert werden, z. B. die Maximalkraft und die Explosivität, während **Kontrast** sich hauptsächlich darauf bezieht, wie diese strukturiert sind. Der Kontrast bezieht sich auf die Kombination von langsamen, sehr schweren Bewegungen, man spricht vom **Grinding**[XXXVI] oder einfach nur **grinden**, mit explosiven, ballistischen Bewegungen im selben Supersatz. Auch die Kombo **schwer vs. leicht** ist denkbar, z. B. schwere ballistische gegen leichte reaktive ballistische Bewegungen wie z.B. schweres Schlittenschieben mit Gewicht gefolgt von einem Sprint, oder ein isoPush gegen ein unbewegliches Objekt gefolgt von Sprungkniebeugen. Es gibt zahlreiche verschiedene Anwendungen, z. B. kann es mehr als zwei Übungen geben, aber das Prinzip ist stets **grinden vs. ballistisch**. Hier ein paar Beispiele:

A1. Hex Bar Kreuzheben → grinden
A2. Squat Jumps mit 20kg Langhantel →ballistisch

B1. Bankdrücken mit Bändern → grinden
B2. Kniender Medizinball-Brustwurf →ballistisch

C1. isoPush (mittlerer Oberschenkelzug[XXXVII]**) 6sec** → grinden
C2. Kettlebell Swing 32kg x 10 Wiederholungen→ballistisch

Die Idee hinter der Kontrastmethode ist die sogenannte **PAP (Post-Aktivierungs-Potenzierung)**. Sie beschreibt den Effekt, den die erste Bewegung (grinden) auf die folgende ballistische Bewegung hat, indem sie deren Leistung verbessert. Athleten neigen dazu, ohne große Pause von einer Übung zur nächsten zu wechseln, mit dem Ziel, die soeben aufgebrachte Kraft in Explosivität zu

---

[XXXVI] **Grinden**: Dieses eingedeutschte Wort entstammt dem Englischen *grinding* (zu dt. *schleifen*) und beschreibt die konzentrische Phase eines schweren Lifts, den man gerade noch so bewältigen kann. Natürlich muss man nicht immer ans Limit gehen, aber es beschreibt den hier dargestellten Kontrast zur dynamischen, ballistischen Übung sehr bildlich.
[XXXVII] **isoPush-Mittlerer Oberschenkelzug**: Position des Kreuzhebens auf Höhe des Oberschenkels isometrisch halten.
Youtube-Video: https://www.youtube.com/watch?v=YHejszAvZ_M

transformieren. Leider ist ein pausenloser Übergang von A1. zu A2. nicht produktiv, denn man braucht mehr Pause zwischen den zwei Übungen, damit die PAP stattfinden kann und die Ermüdungseffekte aus A1. verschwinden.

Supersätze als Zirkeltraining

Das gute alte Zirkeltraining, was? Aber natürlich – wir alle kennen es und zumindest die Älteren unter uns verfluchen die Zeiten, als man im Schulsport lebensgefährliches Stationentraining über sich ergehen lassen musste, bevor der Sportlehrer durch einen Pfiff den nächsten Wechsel ankündigte. Diese Zirkel ähneln den Giant-Supersätzen, beziehen aber nicht unbedingt eine einzelne Muskelgruppe oder ein Bewegungsmuster ein, sondern eher den Oberkörper, den Unterkörper oder den gesamten Körper. Die Zirkel können zusammengesetzte, isolierte, einfache, komplexe, grinding und ballistische Bewegungen beinhalten. So ziemlich alles, was das Herz begehrt. Als Beispiel:

A1. Kniebeuge (Goblet Squat)
A2. Ring Push-Ups
A3. Hyperextension
A4. Klimmzüge
A5. Hip Thrusts
A6. Inverted Rows (umgekehrtes Rudern)
A7. KH Military Press
A8. Wadenheben
A9. Palloff Press

Die oben genannten Übungen werden in der Regel mit sehr kurzen Pausen, oder ohne, zwischen den Übungen durchgeführt. Manchmal werden mehrere Zirkel auf Zeit hintereinander absolviert, z. B. drei Durchgänge vor einer 5minütigen Pause. Die Übungen werden oft in Zeiteinheiten und nicht in Wiederholungen angegeben, z. B. wird jede Übung 30 Sekunden lang durchgeführt. Dies ist besonders nützlich, um beim Gruppentraining Engpässe und Warteschlangen zu vermeiden, gleichzeitig impliziert dies eine Form der

Autoregulation, um ein gewisses Gleichgewicht in puncto Volumen zu gewährleisten. Sinn und Zweck ist es vorrangig, die Arbeitskapazität zu erhöhen. Manchmal sind diese Zirkelrunden das Einzige, was mit einer Gruppe und begrenztem Equipment durchgeführt werden kann – daher auch ein simples Tool um zu Hause oder unterwegs mal ein Training zu improvisieren.

Komplexes

Komplexe sind vergleichbar mit dem Zirkeltraining, werden aber mit einem einzigen Gerät ausgeführt, ohne es aus der Hand zu legen, in der Regel einer Kurzhantel, Kettlebell, aber auch einer Langhantel. Bei Komplexen halten die Athleten während der gesamten Übungen dasselbe Trainingsgerät in der Hand und bewegen sich in der Regel nur wenig von der Stelle. Einer der bekanntesten Varianten sind die Komplexe von Istvan Javorek[84]. Hier ein Beispiel für die Langhantel:

A1. Aufrechtes Rudern x 6
A2. High Pull Snatch x 6
A3. Hinter dem Kopf Squat Push Press x 6
A4. Good Mornings x 6
A5. Vorgebeugtes Rudern x 6

Das Gewicht wird in der Regel auf der Grundlage der schwächsten Übung des Komplexes ausgewählt. Die Übungen des Komplexes eignen sich sowohl zum Aufwärmen als auch für den Finisher zum Abschluss des Trainings. Finisher haben gerne mal einen schlechten Ruf, da sie stark ermüden, aber in diesem Fall wird der Finisher nicht unbedingt so ausgeführt, dass der Sportler in einem Teich aus Schweiß und Erbrochenem endet. Vielmehr kann ein Finisher dazu dienen, Bewegungen, die in einer bestimmten Trainingseinheit oder Phase vernachlässigt wurden, schnell abzuarbeiten.
Im Oberkörpertraining zum Beispiel könnte nach all den Joker-Sätzen (Jim Wendler), Back-Off-Sätzen usw. nicht mehr viel Energie oder Zeit übrig sein, um andere Bewegungsmuster durchzuführen. In diesem Fall können Komplexe helfen, indem sie zumindest eine

minimale effektive Dosis bereitstellen, die vielleicht nicht stimulierend ist, aber für Abwechslung sorgt und auch mögliche Nachteile vermeidet, wenn diese Übungen später in der Woche als Hauptbewegungen ausgeführt werden. Beispielsweise könnte man das nachfolgende Oberkörpertraining durchführen und mit dem Kettlebell-Komplex abschließen, um andere Bewegungsmuster im Unterkörper anzusprechen.

A1. Bankdrücken
5 x 5 @75%
1 x 85%
1 x 95% (Joker-Satz)
3 x 10 @60% (Back Off)

A2. Langhantelrudern
5 x 5 @75%
1 x 85 % x 1
1 x 95 % x 1 (Joker-Satz)
3 x 10 @60% (Back Off)

B. Kettlebell Complex mit 20kg (3 Durchläufe)
Goblet Squat x 5
KB Swings x 10
Seitliche Ausfallschritte x 5 pro Seite
Military Press x 5 pro Seite
Turkish Get Up x 3 pro Seite

C. Rumpf und Beweglichkeit

Die Anzahl der Wiederholungen pro Übung im Komplex ist in der Regel einheitlich, von 3-10 Wiederholungen, meistens 4-6, aber sie kann natürlich auch von Übung zu Übung variieren, besonders wenn es einen großen Unterschied zwischen der stärksten und der schwächsten Übung gibt. In diesem Fall könnten für die stärksten Übungen mehr Wiederholungen durchgeführt werden. Komplexe, wie auch alle anderen Supersätze, können entweder auf die Kraft, die

Explosivität, die Muskel- und Stoffwechselausdauer oder auf alle drei abzielen.
Neben der Arbeit von Javorek gibt es keine besseren Informationen über Kettlebells und Komplexe als von der Legende auf diesem Gebiet, Pavel Tsatsouline.

Combos

Während man bei den Komplexen alle Wiederholungen pro Übung ausführt, bevor man zur nächsten Übung wechselt, wird bei den Combos nur eine Wiederholung ausgeführt und es gibt mehrere Durchgänge durch den Zirkel. Sprich, wenn man 10 Übungen in Folge absolviert, macht man bei jeder Übung nur eine Wiederholung und wechselt ohne Pause zur nächsten. Somit entspricht ein Durchgang mit 10 Übungen genau 10 Wiederholungen.

Kombinierte Übungen

Eine weitere Methode, die durchgeführt werden kann, sind kombinierte Übungen, wie z. B. Squat-&-Press, Clean-&-Squat, RDL-to-barbell-row, Step-up-to-reverse-lunge und so weiter.
Diese kombinierten Übungen können als eigenständige Combo ausgeführt werden oder sie können Teil eines anderen Supersatzes sein.
Exzentrisch erschwerte Übungen wie das Heben mit zwei Beinen oder Armen und das Absenken mit nur einem Bein oder Arm, das Drücken mit den Beinen und das Senken mit den Armen (z. B. Push Press mit dominantem Beineinsatz und langsamen Absenken der Stange zur oberen Brust) können ebenfalls als kombinierte Übungen betrachtet werden.

Die Kombination mehrerer Übungen in einem Supersatz kann das Training leicht in Richtung einer Stoffwechsel- und Ausdauerleistung verschieben, wie wir es nur von DCs The Flash oder Marvels Quicksilver kennen – vor allem, wenn höhere Wiederholungen oder eine höhere Gesamtzahl von Wiederholungen innerhalb der Supersatz-Option durchgeführt werden. Man kann sich mehr auf die Kraftentwicklung konzentrieren, indem man höhere Lasten und eine geringere Anzahl von Wiederholungen verwendet, aber wenn man die

Anzahl der Übungen erhöht (wie beim Zirkeltraining, bei Komplexen, Combos und kombinierten Übungen), ist ein Abdriften in Richtung **metabolischer Effekte** unvermeidlich. Das kann manchmal nützlich sein, aber auch nachteilig, wenn die Kraftentwicklung oder die Hypertrophie anvisiert wird. Es gibt einige Influencer, die nur noch Bodyweight-Zirkel oder Komplexe predigen und absolut großartig aussehen. Dabei vergessen die Nutzer (und die Influencer selbst), wie viele Jahre sie damit zugebracht haben, Leistung und Ästhetik mit simplen, aber schweren Übungen (grinden!) zu entwickeln. Aufrechterhaltung ist einfacher als Aufbau.

Hub-&-Spoke-Methode

Ok, zugegeben, der Name ergibt zwar Sinn, ist aber für uns nicht griffig genug, da hilft vielleicht die Darstellung in Grafik 3. Der Urheber dieser Methode ist Charles Staley, zumindest soweit ich das beurteilen kann, da meine Recherchen immer wieder bei Mr. Staley[85] enden. Diesen Ansatz habe ich bewusst ganz ans Ende gesetzt, da ich ihn als sehr erfrischend und effektiv erachte – leider ist die **Hub-&-Spoke-Methode** bis heute recht unbekannt, was vermutlich am schlechten Marketing des gewählten Namens liegen könnte.

"Hub-&-Spoke" bedeutet so viel wie das **"Naben- und Speichen-Prinzip"**, wie der Aufbau eines der Räder an einem Fahrrad. Man stelle sich diesen Vergleich so vor, dass eine Übung die "Nabe" (Hauptübung) bildet und dann 3-5 Übungen hinzugefügt werden, die die "Speichen" (Assistenzübungen) darstellen.

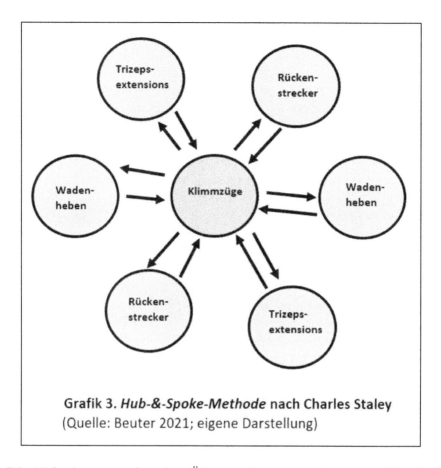

Grafik 3. *Hub-&-Spoke-Methode* nach Charles Staley
(Quelle: Beuter 2021; eigene Darstellung)

Die Nabe ist entweder eine Übung, die man verbessern will, oder eine Übung, die auf eine schwache Muskelgruppe abzielt. Die Speichen sind idealerweise Übungen, die auf verschiedene Muskelgruppen abzielen, die nicht an der Hauptübung beteiligt sind, um ungewollte Überschneidungen zu mindern, oder anders gesagt: es ergäbe wenig Sinn, Klimmzüge mit Latziehen und Facepulls zu kombinieren.

Die Hub-&-Spoke-Methode ermöglicht ein wiederholtes Training einer Übung oder eines hartnäckigen Bereichs, so dass man sich schneller und effizienter verbessern kann. Als einfaches Beispiel für ein Hub-&-Spoke-Workout nehmen wir das Klimmzugtraining als Nabe (A1.) und verwenden drei Speichenübungen: Rückenstrecker (A2.), Trizeps-Extensions (A3.) und Wadenheben (A4.).

So sieht die erste Runde aus – die Anzahl der Runden orientiert sich am Ziel des Athleten, seinem Zeitbudget und dem Kontext der gesamten Trainingswoche:

A1. Klimmzüge x 5
A2. Rückenstrecker x 10
A1. Klimmzüge x 5
A3. Trizeps-Extensions x 10
A1. Klimmzüge x 5
A4. Wadenheben x 10

In diesem Beispiel werden für die Klimmzüge 5 Wdh und für jede Speichenübung 10 Wdh ausgeführt. Man beginnt bei der Nabe (A1.), geht dann zu einer Speiche (A2.), dann zurück zur Nabe (A1.), dann zur nächsten Speiche (A3.) und so weiter (A.1→A3.). Für die Wiederholungen gibt es keine festen Regeln, aber wie man sieht, macht man am Ende etwa doppelt oder dreimal so viele Sätze für die Hauptübung wie für die einzelnen Assistenzübungen, also sollte man dies berücksichtigen.

Mir gefällt die Tatsache, dass die Nabe etwas von zentraler Bedeutung symbolisiert. So gut wie alle der erwähnten Supersatz-Optionen können auch bei dieser Methode eingesetzt werden (Antagonisten, Vorermüdung, Kontrast usw.).

Weitere Details der Hub-&-Spoke-Methode

Diese Art von Training wird am besten in den Aufbau- und nicht in den Leistungsphasen der Trainingsplanung durchgeführt. Der Grund dafür liegt in der möglichen Beeinträchtigung der Koordination, die durch die Kombination schwerer/ermüdender Übungen (Hub) und nicht zusammenhängender Übungen (Spoke) verursacht werden könnte.

Im obigen Beispiel wurden aus zwei Gründen konträre Spoke-Übungen in der Trainingseinheit verwendet. Erstens wird dadurch die Ermüdungsspezifität zwischen den Spoke- und Hub-Übungen verringert. Mit anderen Worten: Die Ermüdung, die bei einem bestimmten Spoke-Satz auftritt, hat nur minimale negative Auswirkungen auf den nachfolgenden Hub-Satz. Zweitens ermöglicht die Verwendung gegensätzlicher Übungen eine Art Ganzkörpertraining, so dass man auf diese Art die meisten Muskeln mehrmals pro Woche trainieren kann.

Die Spoke-Übungen sollten sorgfältig nach ihrem Potential ausgewählt werden, um dich auf dem Weg zu deinen Zielen voranzubringen. Insbesondere sollten sie Schwachstellen oder Defizite ansprechen, die durch die Hub-Übungen nicht adäquat angegangen werden.

Bei den Spoke-Übungen handelt es sich in der Regel um Übungen mit höheren Wiederholungen, um die Aufwärmsätze zu minimieren und einen gewissen metabolischen Gegenpol zu der Hub-Übung zu schaffen. Aber es gibt auch Fälle, in denen eine Speichenübung mit niedrigeren Wiederholungen ausgeführt werden kann. Bei diesen Entscheidungen solltest du einfach die Vor- und Nachteile jedes Ansatzes abwägen und dich dann entsprechend entscheiden.

Bringen wir alles zusammen
Nun haben wir nahezu alle erdenklichen Varianten gesammelt und erklärt, die man für die zielführende und effiziente Organisation der Übungsreihenfolge heranziehen kann. Es ist aber nicht das beabsichtigte Ziel meines Textes, dir vorzuschreiben, was du zu tun und zu lassen hast – mir geht es hier darum, dir einen Startpunkt zu bieten, die Optionen aufzuzeigen, Experimente anzuregen und eigene Anpassungen vorzunehmen. Das folgende Beispiel nach Jovanovic[86] kann dabei hilfreich sein, einen etwaigen Aufbau einer Trainingseinheit zu veranschaulichen:

Blocked Approach
A. Back Squat 5 x 5 @75%
Gefolgt von Joker-Sätzen
Gefolgt von Beinpresse 3 x 10-12 @60%

Hub-&-Spoke
B1. Pull-Ups 6 x 5 (steigern auf 5RM mit Zusatzgewicht)
B2. Ring Push-Ups mit Körpergewicht AMRAP (As many reps as possible)
B3. Kettlebell Press mit 28kg AMRAP (As many reps as possible)
B4. Side Plank 30sec mit 20kg Scheibe auf der Hüfte

Komplexes
C. Javorek Complex mit 15kg Kurzhanteln
3 Runden
jeweils 3min Pause am Ende jeder Runde

Sei dir deiner Ziele bewusst, kenne deine Schwachpunkte und überlege, ob die beschriebenen Supersatz-Optionen dein Training, oder einen bestimmten Teil davon, deinen Zielen ein Stück näherbringen kann.

Kontakt
Infos & Medien

E-Mail
markus@beuter.org

Website
markusbeuter.de

Instagram
markus_beuter

Facebook
Markus Beuter

Youtube
Markus Beuter

Spotify Podcasts suchen unter
Markus Beuter

Quellen

[1] **Rollins, Henry**: Iron and the soul
https://www.oldtimestrongman.com/articles/the-iron-by-henry-rollins/

[2] **Selye, Hans**: General Adaption Syndrom
https://explorable.com/general-adaptation-syndrome

[3] **Van Wingerden, B.A.M.**: Superkompensation
http://www.fobimed.de/upload/Partner/Superkompensation_van_Wingerden.pdf

[4] **Hartmann & Tünnemann (1990):** Das Grosse Buch der Kraft. Prinzip der Superkompensation. Sportverlag Berlin. Adaptiert aus Abb. 13. S. 32-33.

[5] **Israetel, Hoffmann & Smith (2020):** Scientific Principles of Strength Training: With Applications to Powerlifting. Renaissance Periodization. Kindle-Version. S.187.

[6] **Ebd.** S. 188.

[7] **Ebd.** S. 193f.

[8] **Ebd.** S. 196f.

[9] **Ebd.** S. 200.

[10] **Zatsiorsky & Kraemer (2006):** Science and Practice of Strength Training. Human Kinetics. S. 50f.

[11] **Austin & Mann (2012):** Powerlifting. Human Kinetics. SAID Principle. S. 5.

[12] **Zippel, Christian (2011):** HFT. Hochfrequenztraining & Auto-Regulation. Novagenics. S. 24.

[13] **Zatsiorsky & Kraemer (2006):** Science and Practice of Strength Training. Human Kinetics. S. 10.

[14] **Tuchscherer, Mike:** All About Intensity.
https://articles.reactivetrainingsystems.com/2016/05/04/all-about-intensity/

[15] **Intramuskuläre/intermuskuläre Koordination:** http://www.sportunterricht.de/lksport/intermusk.html

[16] **Intramuskuläre/intermuskuläre Koordination:** http://www.sportunterricht.de/lksport/intermusk.html

[17] **Austin & Mann (2012):** Powerlifting. Human Kinetics. Prilepin´s Table. S. 152. Table 9.1.

[18] **Zatsiorsky & Kraemer (2006)**: Science and Practice of Strength Training. Human Kinetics. S. 161. Table 8.1. Adaptiert und ins Deutsche übersetzt (Beuter 2019).

[19] **Jovanović, Mladen (2020):** Strength Training Manual. The agile periodization approach. Volume One and Two: Theory. S. 143.

[20] **Norwegisches Frequenzprojekt:** https://styrkeloft.no/2010/03/31/resultater-fra-frekvensprosjektet/

[21] **Nuckols, Greg**: High Frequency Training for a bigger total: Research on highly trained Norwegian Powerlifters. https://www.strongerbyscience.com/high-frequency-training-for-a-bigger-total-research-on-highly-trained-norwegian-powerlifters/

[22] **Koevoets, Martijn:** Hochfrequenztraining für eine größere Gesamtleistung: Forschung an hochgradig trainierten norwegischen Powerliftern. https://aesirsports.de/hochfrequenztraining-norwegian-powerlifting-experiment/

[23] **Unsöld, Wolfgang:** https://ypsi.de/simple-but-not-easy-2/

[24] **Schoenfeld & Contreras**: Do single-joint exercises enhance functional fitness? https://journals.lww.com/nsca-scj/Fulltext/2012/02000/Do_Single_Joint_Exercises_Enhance_Functional.10.aspx

[25] **Kraemer, William:** Strength Training Basics. http://staps.nantes.free.fr/L3/entrainement/force/Strength%20Training%20Basics.pdf

[26] **Pürzel, Andreas & Alexander (2015):** Trainingsplanung. 2. Auflage. S. 126.

[27] **Ebd.:** S. 130f.

[28] **Pürzel, Andreas & Alexander (2015):** Trainingsplanung. 2. Auflage. S. 131.
[29] **Stoppani, Jim (2019):** Krafttraining. Die Enzyklopädie. 3. Auflage. Riva Verlag. Trainingszyklen. S. 17
[30] **Pürzel, Andreas & Alexander (2015):** Trainingsplanung. S. 165.
[31] **Rhea & Aldermann**: Periodization. https://www.researchgate.net/publication/8058947_A_Meta-Analysis_of_Periodized_versus_Nonperiodized_Strength_and_Power_Training_Programs
[32] **Rippetoe & Kilgore (2011):** Starting Strength. 3rd Edition. Aasgaard Company. S. 365.
[33] **Pürzel, Andreas & Alexander (2015):** Trainingsplanung. 2. Auflage. S. 165.
[34] **Stoppani, Jim (2019):** Krafttraining. Die Enzyklopädie. 3. Auflage. Riva Verlag. Trainingszyklen. S. 17f.
[35] **Hofmann, Jay (2015)**: Physiological Aspects of Sport Training and Performance. 2nd edition. S. 132f.
[36] **Hofmann, Jay (2015)**: Ebd. S. 133f. Periodisierungsmodell nach Medveyev. Ins Deutsche übersetzt von Beuter 2019.
[37] **Pürzel, Andreas & Alexander (2015):** Trainingsplanung. 2. Auflage. S. 166f.
[38] **Hatfield, Frederick C. (1993):** Hardcore Bodybuilding. A Scientific Approach. S. 62. Adaptiert und ins Deutsche übersetzt von Beuter 2019.
[39] **Zatsiorsky & Kraemer (2006)**: Science and Practice of Strength Training. Human Kinetics. S. 80ff.
[40] **Simmons, Louie (2010)**: Das Westside Barbell Buch der Methoden. S. 108.
[41] **Nosaka & Aioki**: Repeated Bout Effect. https://www.researchgate.net/publication/228505821_REPEATED_BOUT_EFFECT_RESEARCH_UPDATE_AND_FUTURE_PERSPECTIVE

[42] **Poliquin, Charles**: Five steps to increasing the effectiveness of your strength training program.
https://www.lbs.co.il/data/attachment-files/2008/09/5512_Five.pdf

[43] **Stoppani, Jim (2019)**: Krafttraining. Die Enzyklopädie. 3. Auflage. Riva Verlag. S. 20.

[44] **Ebd.** S. 21.

[45] **Rippetoe & Baker (2013):** Practical Programming for Strength Training. 3rd Edition. Kindle Version. Aasgaard Company. Grafik entlehnt und übernommen von Beuter 2019.

[46] **Jovanovic, Mladen**: Planning the strength training.
https://complementarytraining.net/planning-the-strength-training-part-1/

[47] **Jovanovic, Mladen:** Periodization confusion.
https://complementarytraining.net/periodization-confusion-by-mladen-jovanovic/

[48] **Thibaudeau, Christian:** Pendulum Training.
https://www.t-nation.com/workouts/pendulum-training

[49] **Zatsiorsky/Kraemer (2006)**: Science and Practice of Strength Training. Human Kinetics.

[50] **Simmons, Louie (2010):** Das Westside Barbell Buch der Methoden. S. 108.

[51] **Zatsiorsky/Kraemer (2006)**: Science and Practice of Strength Training. Human Kinetics. Figure 2.7.
Development of maximal force over time. S. 26.

[52] **Mike Tuchscherer Rekorde**:
https://www.openpowerlifting.org/u/michaeltuchscherer

[53] **The Reactive Training Manual**:
https://store.reactivetrainingsystems.com/collections/books/products/rts-manual

[54] **Wendler, Jim (2013)**: Beyond 5/3/1: Simple Training for extraordinary results. Kindle Ausgabe. S. 6.

[55] **Sheiko, Boris (2018)**: Powerlifting Foundations and Methods (Renaissance Periodization Book 11). Kindle Ausgabe. S. 275
[56] **Ebd**. S. 276
[57] **Zatsiorsky & Kraemer (2006):** Science and Practice of Strength Training. Human Kinetics. Table 5.1 »Everyday Training Schedule of the Bulgarian Olympic Weightlifting Team« S. 90.
[58] **Ralston et al. (2018):** Weekly Training Frequency Effects on Strength Gain: A Meta-Analysis.
https://pubmed.ncbi.nlm.nih.gov/30076500/
[59] **Schoenfeld et al. (2016)**: Effects of Resistance Training Frequency on Measures of Muscle Hypertrophy: A Systematic Review and Meta-Analysis. https://pubmed.ncbi.nlm.nih.gov/27102172/
[60] **Perryman, Matt (2013):** Squat Every Day. Thoughts on Overtraining and Recovery in Strength Training. Myosynthesis.
[61] **Unsoeld, Wolfgang (2020):** The Wolfgang Unsoeld Podcast. Episode #82. Zeitmarker: 51.00-53.00min
https://wolfgangunsoeld.de/trainingsmethoden-powerlifting-teil-1-mit-markus-beuter-twup-82/
[62] **PLW American Best of the Best Lifter Rankings 2007 to Present:**
Male 181 Class Raw Open Rankings:
https://www.powerliftingwatch.com/all-time
[63] **Lewis, Jamie (2013):** Destroy The Opposition.
https://www.chaosandpain.com/destroy-the-opposition-powerlifting-opus/
[64] **Lewis, Jamie (2013):** Destroy the Opposition. Programming for Powerlifting. Kindle-Version.
[65] **Ebd.**
[66] **Lewis, Jamie (2014)**: Prepare For War.
https://www.chaosandpain.com/prepare-for-war-competition-prep-ebook/
[67] **Bigger-Stronger-Faster:**
https://www.biggerfasterstronger.com/pages/bfs-total-program

[68] **Narvaez, Izzy (2018):** ProgrammingToWin2. Programming For Competitive Powerlifters. Kindle Version.
[69] **RPE & Percent Chart**: Übernommen, übersetzt und gekürzt von Izzy Narvaez von powerliftingtowin.com.
[70] **Fitness-Fatigue-Modell vs. Supercompensation**:
https://www.strengthminded.com/what-is-fitness-fatigue-theory/
[71] **Wetzel & Gajda:** The Prep.
https://wissenistkraft.de/blog/2017/12/23/theprep/
oder hier:
https://www.thestrengthminds.de/kostenlose-programme
[72] **Nosaka & Aioki (2011)**: Repeated Bout Effect.
https://www.researchgate.net/publication/228505821_RE-PEATED_BOUT_EFFECT_RESEARCH_UPDATE_AND_FUTURE_PER-SPECTIVE
[73] **Ahtiainen et al. (2005):** Short vs. long rest period between the sets in hypertrophic resistance training:
https://paulogentil.com/pdf/Short%20vs.%20Long%20Rest%20Period%20Between%20the%20Sets%20in%20Hypertrophic%20Resistance%20Training%20Influence%20on%20Muscle%20Strength%2C%20Size%2C%20and%20Hormonal%20Adaptations%20in%20Trained%20Men.pdf
[74] **DeFranco (2004)**
https://www.t-nation.com/workouts/westside-for-skinny-bastards-1/
DeFranco (2005)
https://www.t-nation.com/workouts/westside-for-skinny-bastards-2/
DeFranco (2008)
https://www.defrancostraining.com/westside-for-skinny-bastards-part3/
[75] **Jovanović, Mladen (2020):** Strength Training Manual. The agile periodization approach. Volume One and Two: Theory. S. 267.
[76] **Ebd.**: S. 269.

[77] **Jovanović, Mladen (2020):** Strength Training Manual. The agile periodization approach. Volume One and Two: Theory. S. 271.
[78] **Carter, Paul (2013):** Base Building (English Edition). Kindle-Version. Copyright 2013 Paul Carter. Lift Run Bang.
[79] **Epley, Boyd (1985):** Poundage Chart. Boyd Epley Workout. Lincoln. Body Enterprises. S. 86.
[80] **Jovanović, Mladen (2020):** Strength Training Manual. The agile periodization approach. Volume One and Two: Theory. S. 276.
[81] **Ebd.** S. 279.
[82] **Ebd.** S. 280
[83] **Cressey, Eric:** 5 Reasons to Use "Fillers" in Your Strength and Conditioning Programs.
https://ericcressey.com/5-reasons-fillers-strength-and-conditioning-programs
[84] **Javorek, Istvan:**
http://www.istvanjavorek.com/page2.html
[85] **Staley, Charles:** The Hub and Spoke Method.
https://www.t-nation.com/training/the-hub-and-spoke-method/
[86] **Jovanović, Mladen (2020):** Strength Training Manual. The agile periodization approach. Volume One and Two: Theory. S. 289.

POWERLIFTING TRAINING 2.0
EINE EINFÜHRUNG IN DIE WICHTIGSTEN PROGRAMME ALLER ZEITEN

White Hand Powerlifting
& The Grinning Skull Logo
© Markus Beuter